Wirtschaftsrecht I

Grundrechte und Einführung in das Bürgerliche Recht

Von

Professor Dr. jur. Bernhard Nagel M.C.L.

4., völlig überarbeitete und stark erweiterte Auflage

R. Oldenbourg Verlag München Wien

Die Deutsche Bibliothek - CIP-Einheitsaufnahme

Nagel, Bernhard:
Wirtschaftsrecht / von Bernhard Nagel. – München ; Wien :
Oldenbourg

1. Grundrechte und Einführung in das bürgerliche Recht. – 4.,
völlig überarb. und stark erw. Aufl. - 2000
ISBN 3-486-25329-8

Rosenheimer Straße 145, D-81671 München
Telefon: (089) 45051-0, Internet: http://www.oldenbourg.de

Gedruckt auf säure- und chlorfreiem Papier
Gesamtherstellung: WB-Druck, Rieden

ISBN 3-486-25329-8

Vorwort zur 4. Auflage

Seit dem Erscheinen der ersten Auflage im Jahre 1987 sind mehr als zehn Jahre vergangen. Das Grundanliegen des Lehrbuchs, Anfängern des Jura- oder Ökonomiestudiums eine Einführung in die Problematik der wirtschaftlich relevanten Grundrechte und in das bürgerliche Vermögensrecht zu geben, ist unverändert. Ziel der Darstellung ist nach wie vor, die wirtschaftlichen und sozialen Bezüge der Rechtsnormen aufzuzeigen. Zugleich soll ein systematisches Basiswissen vermittelt werden. Das Buch baut auf Fallbeispielen auf. Die Studierenden sollen mit Hilfe einer induktiven Einführung in die juristischen Probleme die Fähigkeit erwerben, juristische Probleme anhand von Fällen zu durchdenken und diese Fälle auch zu lösen. Der Darstellung wird ein kurzer Abschnitt zum Begriff, zur Funktion und zur Auslegung des Rechts vorangestellt. Dieser Abschnitt ist allgemein gehalten. Er soll auch - wenigstens kurz - die historische Entwicklung des Rechts aufzeigen. Insbesondere zu den Grundrechten und zu den Grundprinzipien der Verfassung werden kurze Texte angefügt, die eine Vertiefung der knapp gehaltenen Beispiele ermöglichen sollen.

Auf dem ersten Band des Wirtschaftsrechts, in dem die Grundrechte, das Zivilrecht und die Verknüpfung der beiden Rechtsgebiete verdeutlicht werden sollen, bauen die Bände zwei und drei auf, die sich den zivil- und wirtschaftsrechtlichen Problemen des Eigentums, der Unerlaubten Handlung und des Vertrags (Wirtschaftsrecht II) sowie dem Unternehmens- und Konzernrecht (Wirtschaftsrecht III) widmen. Nur kurz ist in dieser Einführung das europäische Gemeinschaftsrecht angesprochen. Zum einen wird die Gerichtsbarkeit des Europäischen Gerichtshofs dargestellt und der Anwendungsvorrang des Gemeinschaftsrechts entwickelt, zum andern werden die Grundrechte des Gemeinschaftsrechts anhand von Fällen kurz dargestellt. Wer mehr zum Gemeinschaftsrecht erfahren will, kann u.a. auch mein Lehrbuch „Wirtschaftsrecht der Europäischen Union“ (Baden-Baden 1997) zu Rate ziehen.

Für ihre Mithilfe danke ich Antje Scholz-Maaß und Roman Jaich. Für Anregungen und Kritik bin ich dankbar. Meine Anschrift: Fachbereich 10 der Universität-Gesamthochschule Kassel, 34109 Kassel (e-mail nagel@hrz.uni-kassel.de).

Bernhard Nagel

Abkürzungen und Zitierhinweise

1. Rechtsprechung

a) Amtliche Sammlungen

BVerfGE 39, 258, 276: Entscheidungssammlung des Bundesverfassungsgerichts, Band 39, Seite 258 (Beginn der Entscheidung) und Seite 276 (Fundstelle des Zitats);
entsprechend BGHZ 65, 15, 23 (Bundesgerichtshof-Zivilsachen),
BGHSt (Bundesgerichtshof-Strafsachen)
BVerwGE (Bundesverwaltungsgericht-Entscheidungssammlung)
BAG (Bundesarbeitsgericht)
BSG (Bundessozialgericht)
BFH (Bundesfinanzhof)
RGZ (Reichsgericht-Zivilsachen)

b) Zeitschriften-Zitierbeispiel:

BVerfG NJW 1980, 2693, 2694 bedeutet: Entscheidung des Bundesverfassungsgerichts, abgedruckt in der Neuen Juristischen Wochenschrift (NJW), Jahrgang, Seite (Beginn der Entscheidung), Seite (Fundstelle).

c) Andere wichtige Zeitschriften

Betriebs-Berater (BB)
Der Betrieb (DB)
Zeitschrift für das gesamte Handels- und Wirtschaftsrecht (ZHR)
Die Aktiengesellschaft (AG)
GmbH-Rundschau
Arbeit und Recht (ArbuR)
Recht der Arbeit (RdA)
Juristenzeitung (JZ)
Juristische Schulung (JuS)
Neue Zeitschrift für Arbeits- und Sozialrecht (NZA)

d) nichtamtliche Entscheidungssammlungen:

Lindenmaier-Möhring, Nachschlagwerk des BGH, zitiert nach Paragraphen und numerierten Entscheidungen; also BGH LM 19 zu § 105 HGB; Arbeitsrechtliche Praxis (AP), also BAG AP Nr. 2 zu § 13 KSchG (Kündigungsschutzgesetz - muß nicht ausgeschrieben werden); Entscheidungssammlung zum Arbeitsrecht (EzA), also BAG EzA Nr. 1 zu § 626 BGB

e) Oberlandesgerichte, Oberverwaltungsgerichte etc. werden mit Ort zitiert: Also OLG Hamm NJW 1980, 2822, 2824

f) Nicht veröffentlichte Urteile werden mit Datum und Aktenzeichen zitiert: Also BAG 1 ABR 32/83 vom 10.9.1985.

2. Kommentare

Zitiert wird nicht nach Seitenzahl, sondern nach Paragraph und Randziffer.

Also: Palandt-Thomas, Kommentar zum BGB, 39. Aufl. 1980, § 831 Rz. 6: der erste Name kennzeichnet den Herausgeber (bzw, Namensgeber) des Kommentars, der zweite den Bearbeiter.
Viele Kommentare schlagen selbst die Zitierweise vor.
Also: Markert in Immenga/Mestmäcker, Kommentar zum GWB, 1981, § 26 Rz. 206 („erste Auflage" wird nicht vermerkt).
Wird mehrfach derselbe Kommentar zitiert, brauchen Titel und Auflage nicht immer angegeben zu werden. Also:Palandt-Thomas § 831 Rz. 21. Es muß aber deutlich sein, auf welches Gesetz sich der Kommentar bezieht und welche Auflage gemeint ist. Angaben im Literaturverzeichnis sind wichtig.

3.Lehrbücher, Monographien

K. Hesse, Grundzüge des Verfassungsrechts der Bundesrepublik Deutschland, 14. Aufl. 1984, S. 34;
E. Stein, Staatsrecht, 9. Aufl. 1984;
Wiethölter, Interessen und Organisation der Aktiengesellschaft, 1961, S. 40-54 (da es in der Literatur mehrere „Hesse" und „Stein gibt, ist die Beifügung des abgekürzten Vornamens zweckmäßig).

4. Aufsätze
Mestmäcker, Über die normative Kraft privatrechtlicher Verträge, JZ 1964, 441 ff. (folgende);
Ballerstedt, Vertragsfreiheit und Konzentration, in Arndt (Hg.)=(Herausgeber), Die Konzentration in der Wirtschaft, Band 1, 2. Aufl. 1971, S. 603 ff.
Werden Bücher oder Aufsätze mehrfach zitiert, kann mit a.a.O. (am angegebenen Ort) abgekürzt werden. Also Ballerstedt a.a.O. S. 606

5. Weitere Abkürzungen

AFG	Arbeitsförderungsgesetz
BB	Betriebs-Berater (Zeitschrift)
DB	Der Betrieb (Zeitschrift)
EuGH	Europäischer Gerichtshof (Sitz: Luxemburg)
EuGRZ	Europäische Grundrechtszeitschrift
GG	Grundgesetz
KJ	Kritische Justiz (Zeitschrift)
LAG	Landesarbeitsgericht
OVG	Oberverwaltungsgericht
SGB	Sozialgesetzbuch
SZ	Süddeutsche Zeitung
WR II	Nagel/Eger, Wirtschaftsrecht II, 3. Aufl. 1997
WR III	Nagel, Unternehmens- und Konzernrecht, 1994
WRV	Weimarer Rechtsverfassung von 1919
WuW	Wirtschaft und Wettbewerb (Zeitschrift)
ZIP	Zeitschrift für Wirtschaftsrecht

Im übrigen gilt die in der Neuen Juristischen Wochenschrift verwendete Zitierweise.

Literaturhinweise (Auswahl)

1. Zur Einführung

Wesel, U.: Fast alles was Recht ist, Jura für Nicht-Juristen, Frankfurt/M. 1991
Wesel, U.: Geschichte des Rechts, von den Frühformen bis zum Vertrag von Maastricht, München 1997

2. Politische und ökonomische Entwicklung der Bundesrepublik

Abelshauser, W.: Wirtschaftsgeschichte der Bundesrepublik Deutschland 1945-1980, Frankfurt/M. 1983
Henning, F.W.: Das industrialisierte Deutschland 1914 bis 1976, 4. Aufl., Paderborn 1978
Huffschmid, J.: Die Politik des Kapitals, Frankfurt/M. 1969
Liedtke, R.: Wem gehört die Republik? Die Konzerne und ihre Verflechtungen, Frankfurt/M. 1997
Sinn, G./Sinn, H.W.: Kaltstart, volkswirtschaftliche Aspekte der deutschen Vereinigung, 3. Aufl. München 1993
Weidenfeld, W./Korte, K.-R. (Hg.): Handwörterbuch zur deutschen Einheit, Bonn 1991

3. Entwicklung und Theorie der Grundrechte

Alexy, R.: Theorie der Grundrechte, Frankfurt/M. 1986
Damkowski, U.: Zur Problematik der verfaßten Studentenschaft, DVBl. 1978, S. 229 ff.
Dieterich, Th., Grundgesetz und Privatautonomie im Arbeitsrecht, RdA 1995, 129ff.
Frotscher, W.: Wirtschaftsverfassungs- und Wirtschaftsverwaltungsrecht, 2. Aufl. München 1994
Gusy, Ch.: Der Gleichheitsschutz des Grundgesetzes, JuS 1982, 30-36
ders.: Der Gleichheitssatz, NJW 1988, S. 2505-2512
Habermas, J.: Faktizität und Geltung, Beiträge zur Diskurstheorie des Rechts und des demokratischen Rechtsstaats, 4. Aufl. Frankfurt/M. 1994
Hammer, U./Nagel, B.: Hochschulzugang als Verfassungsproblem, NJW 1977, S. 1257 ff.
Hufen, F., Berufsfreiheit - Erinnerung an ein Grundrecht, NJW 1994, 2913ff.
Kittner, M.: Kommentierungen zu Art. 9 Abs. 3 und zum Sozialstaatsprinzip im Alternativkommentar zum Grundgesetz, Bd. 1, 2. Aufl. 1989
Kittner, M. (Hg.): Streik und Aussperrung, Frankfurt/M. 1977
Lamprecht, R.: Vom Untertan zum Bürger, die Erfolgsgeschichte der Grundrechte, Baden-Baden 1999
Meessen, M.: Das Grundrecht der Berufsfreiheit, JuS 1982, 397-404
Nagel, B.: Wirtschaftsrecht der Europäischen Union, Baden-Baden 1998
Perels, J. (Hg.): Grundrechte als Fundament der Demokratie, Frankfurt/M. 1979, darin u.a.:
Schneider, H.P.: Eigenart und Funktion der Grundrechte im demokratischen Verfassungsstaat, S. 11-48
Papier, H.-J.: Die Entwicklung des Verfassungsrechts seit der Einigung und seit Maastricht, NJW 1997, 2841
Rittstieg, H.: Eigentum als Verfassungsproblem, 2. Aufl. 1976
Säcker, F.-J./Oetker, H., Grundlagen und Grenzen der Tarifautonomie, 1992
Scholz, R./Konzen, H.: Die Aussperrung im System von Arbeitsverfassung und kollektivem Arbeitsrecht, 1980

Scholz, R.: Grundgesetz und europäische Einigung, NJW 1992, S. 2593 ff.
Simitis, S.: Die informationelle Selbstbestimmung - Grundbedingung einer verfassungskonformen Informationsordnung, NJW 1984, 398
Stober, Grundrechtsschutz der Wirtschaftstätigkeit, Köln u.a. 1989

4. Standardkommentare zum Grundgesetz

Alternativkommentar zum Grundgesetz, 2 Bände, 2. Aufl. 1989
Dreier, R. u. a. (Hg.), Grundgesetz-Kommentar, Bd. 1 1996, Bd. 2 1998
Fangmann, H./Blank, M./Hammer, U.: Grundgesetz, Basiskommentar, 2. Aufl. Köln 1996
Jarass, H./Pieroth, B.: Grundgesetz für die Bundesrepublik Deutschland, 4. Aufl. München 1997
Maunz, T./Dürig, G.: Grundgesetz, Loseblattkommentar, 7. Aufl. 1998
v. Mangoldt, H./Klein, F./Starck, Ch., Das Bonner Grundgesetz, 4. Aufl. München 1999
v. Münch, I./Kunig, P.: Grundgesetz-Kommentar, Bd. 1, 4. Aufl. 1992 (Präambel bis Art. 20)
Sachs, M., Grundgesetz, 2. Aufl. München 1998

5. Lehrbücher zum Verfassungsrecht (Auswahl)

Denninger, E.: Staatsrecht, Reinbek, Bd. 1 1973, Bd. 2 1979
Hesse, K.: Grundzüge des Verfassungsrechts der Bundesrepublik Deutschland, 19. Aufl., Karlsruhe 1993
Maunz, T./Zippelius, R.: Deutsches Staatsrecht, 30.Aufl., München 1998
Pieroth, B./Schlink, B.: Staatsrecht II, Grundrechte, 12. Aufl. Heidelberg 1996
Richter, I./Schuppert, G.F.: Casebook Verfassungsrecht, 3. Aufl., München 1996
Stein, E.: Staatsrecht, 15 Aufl., Tübingen 1995
Stern, K.: Das Staatsrecht der Bundesrepublik Deutschland, Bd. III 1 (1988) und Bd. III 2 (1995) München

6. Standardkommentare zum BGB

Alternativkommentar zum BGB, ab 1979
Erman, W./Westermann, H.P.: Handkommentar zum Bürgerlichen Gesetzbuch, Münster, 9. Aufl. 1993
Münchener Kommentar zum BGB, 2. Aufl. ab 1984, 3. Aufl. ab 1992
Palandt, Bürgerliches Gesetzbuch, 58. Aufl. 1999
Soergel, Kommentar zum BGB, 11. Aufl. ab 1978, 12. Aufl. ab 1987
v. Staudinger, Kommentar zum BGB, 12. Aufl. ab 1978

7. Lehrbücher zum deutschen Bürgerlichen Recht

a) leicht verständliche Darstellungen:

Brox, H.: Allgemeiner Teil des Bürgerlichen Gesetzbuchs,20. Aufl., Köln 1996
ders.: Allgemeines Schuldrecht, 21. Aufl., München 1993
ders.: Besonderes Schuldrecht, 20. Aufl., München 1995
Däubler, W.: Das Zivilrecht, 2 Bde. Reinbek 1997
Klunzinger, E.: Einführung in das Bürgerliche Recht, 7. Aufl., München 1997 (Allgemeiner Teil und Schuldrecht)
Medicus, D.: Grundwissen zum Bürgerlichen Recht, 2. Aufl. Köln u. a. 1995

Pottschmidt, G./Rohr, U.: Privatrecht für den Kaufmann, 10. Aufl., München 1994
Schwab, D.: Einführung in das Zivilrecht, 10. Aufl., Heidelberg 1991

b) zur Vertiefung:

Köhler, H.: BGB Allgemeiner Teil, 22. Aufl. München 1994
Larenz, K.: Allgemeiner Teil des deutschen Bürgerlichen Rechts, 7. Aufl., München 1989
Medicus, D.: Allgemeiner Teil des BGB, 6. Aufl., Heidelberg 1994
Rüthers, B.: Allgemeiner Teil des BGB, 8. Aufl., München 1991
Schmidt, E./Brüggemeier, G.: Zivilrechtlicher Grundkurs, 4. Aufl., Frankfurt/M. 1991

c) zur besonderen Situation in den Ländern der ehemaligen DDR:

Horn, N.: Das Zivil- und Wirtschaftsrecht im neuen Bundesgebiet, 2. Aufl. Köln 1991
Letzgus, K.: Transformation der Rechtsordnung von den alten in die neuen Bundesländer, Zeitschrift für Vermögens- und Immobilienrecht 1998 S. 1-9

8. Lehrbücher zum ausländischen und europäischen Zivilrecht (Einführungen)

Graf von Bernstorff, Ch., Einführung in das englische Recht, München 1996
Hübner, U./Constantinescu, V.: Einführung in das französische Recht, 3. Aufl. München 1994
Kindler, P., Einführung in das italienische Recht, München 1993
Adomeit, K./Frühbeck, G., Einführung in das spanische Recht, München 1993
Kötz, H.: Europäisches Vertragsrecht, Tübingen 1996
v. Bar, Ch., Gemeineuropäisches Deliktsrecht, Bd. 1, München 1996
Reimann, M.: Einführung in das us-amerikanische Privatrecht, München 1997

Verzeichnis der Schaubilder

Inhaltsverzeichnis

I. Einführung

1.Recht, Moral und Sitte

Am 8. Oktober 1992 wurde die 18jährige, schwangere Marion P. nach einem Verkehrsunfall für tot erklärt, da ihre Gehirnströme ausgesetzt hatten. Die Ärzte entschlossen sich, die Apparate nicht abzustellen und den Körper das Kind weiter austragen zu lassen. Es setzte eine lebhafte Diskussion darüber ein, ob dies moralisch und rechtlich zulässig sei. Die zuständige Erlanger Staatsanwaltschaft und fast alle Juristen hielten den Fall für strafrechtlich unbedenklich. Es gab aber auch andere Stimmen. Neben der rechtlichen wurde eine moralische Argumentation entwickelt, wonach der Gebrauch der Gerhirntoten als „preiswerter Inkubator" unerträglich sei. Der Streit verebbte, als es nach 40 Tagen zu einer Fehlgeburt kam.

Hätte es eine Norm des Strafgesetzbuchs gegeben, wonach das Austragen einer Schwangerschaft durch eine Gehirntote erlaubt, verboten, oder geboten sei, so hätte der Streit als rechtlicher Streit nicht entstehen können. Der moralische Streit um ein solches Vorgehen wäre damit aber nicht hinfällig gewesen. Was rechtlich zulässig ist, kann dennoch von vielen für moralisch verwerflich gehalten werden. Das beste Beispiel ist die Diskussion um die Zulässigkeit der Schwangerschaftsunterbrechung. Die jetzt geltende sogenannte Indikationslösung wird von vielen für unmoralisch gehalten, da auch sie die Tötung ungeborenen Lebens zulasse. Recht und Moral brauchen nicht übereinzustimmen. Umgekehrt läßt sich aber auch nicht behaupten, daß Recht und Moral völlig getrennt voneinander zu betrachten sind. **Moralische Gebote**, die die **inneren Überzeugungen** des Bürgers prägen, sind gleichzeitig Gerechtigkeitsvorstellungen, über welche sich das Recht nicht hinwegsetzen kann.

Rechtsnormen regeln nur das **äußere Verhalten** des Bürgers. Aber Rechtsnormen dienen nicht nur der Rechtssicherheit, sondern sollen auch materielle Gerechtigkeit herstellen. Dies bedeutet nicht, daß der Bürger eine Rechtsnorm nicht zu befolgen braucht, wenn er sie für ungerecht hält. Auch moralische Bedenken dürfen in der Regel nicht dazu führen, die Befolgung einer Rechtsnorm zu verweigern. Recht kann aber zum Unrecht werden, wie der Blick auf die Judengesetze der Nationalsozialisten und die gesetzliche Rechtfertigung von Todesschüssen an den Grenzen der DDR zeigen. Recht wird hier zum Unrecht. Es braucht nicht befolgt zu werden. Im Falle der Schüsse an der Mauer geht das Berliner Kammergericht sogar soweit, Grenzsoldaten zu bestrafen, die Todesschüsse an der Mauer abgegeben haben.[1] Der Bundesgerichtshof (BGH) bestätigt diese Rechtsprechung[2]. Das Bundesverfassungsgericht[3] erklärt es darüber hinaus für rechtens, daß die Mitglieder des ehemaligen Nationalen Verteidigungsrates des DDR wegen der Todesschüsse an der Mauer bestraft werden. Das Gericht beruft sich auf die völkerrechtlich in den Menschenrechtspakten geschützten Menschenrechte. Die Tatsache, daß Art. 103 Abs. 2 des Grundgesetzes (GG) eine Bestrafung nur zuläßt, wenn die Strafbarkeit gesetzlich bestimmt war, bevor die Tat begangen wurde, hält das Gericht für nachrangig. Das sog. Rückwirkungsverbot des Art. 103 Abs. 2 GG sei im Falle der Todesschüsse an der Mauer nicht zu beachten, da es sich hier um schwerstes kriminelles Unrecht handle und die in der Völkerrechtsgemeinschaft anerkannten Menschenrechte in schwerwiegender Weise mißachtet würden

---

[1] Vgl. Kammergericht NJW 1991, 2654
[2] BGHSt 39, 1 = NJW 1993, 141
[3] BVerfG DVBl 1997, 115

Man kann fragen, ob das Bundesverfassungsgericht in der Frage der Mauerschüsse moralische, völkerrechtliche oder gleichzeitig moralische und völkerrechtliche Erwägungen angestellt hat. Man muß ferner fragen, ob es sich nicht in Wahrheit auf Recht berufen hat, das als Naturrecht unabhängig von den geschriebenen Gesetzen der Völker gilt. Wenn es ein Naturrecht gibt, so muß dies etwas mit Moral zu tun haben. Man muß deshalb erneut fragen, wie das Verhältnis von Recht und Moral ist und inwieweit beide voneinander zu trennen sind. Recht als äußeres Gebot und Moral als inneres Gebot hängen miteinander zusammen. Sie lassen sich schon deshalb nicht randscharf trennen, weil moralische Begriffe in den Rechtsnormen auftauchen. Das beste Beispiel ist der Grundsatz von Treu und Glauben, der in § 242 des Bürgerlichen Gesetzbuchs (BGB) verankert ist. Der Gesetzgeber entscheidet sich hier dafür, daß innere Überzeugungen (der Mehrheit) maßgeblich für die Anwendung von Rechtsnormen werden können. Ein anderes Beispiel ist § 138 des Bürgerlichen Gesetzbuchs (BGB) , wonach sittenwidrige Rechtsgeschäfte nichtig sind. Ein drittes Beispiel ist § 826 des Bürgerlichen Gesetzbuchs, wonach im Falle einer vorsätzlichen, sittenwidrigen Schädigung Ersatz verlangt werden kann. Kriterien wie Treuwidrigkeit und Sittenwidrigkeit werden als unbestimmte Rechtsbegriffe Teile von Rechtsnormen und können von Richtern rechtlich verbindlich ausgelegt werden.

Sitten und Gebräuche werden durch gesellschaftliche Zwänge eingehalten. Es handelt sich um gesellschaftliche Normen oder Ordner, die wie die Rechtsnormen nur ein äußeres Verhalten des Bürgers einfordern. Die Sitte im Sinne von Sittlichkeit kann gleichzeitig eine innere, moralische Wertung beinhalten, die Sitte im Sinne von Brauchtum kann sich aber auch lediglich auf entstandene Gewohnheiten beziehen. Der Bräutigam, der in Jeans zur Hochzeit erscheint, handelt nicht unmoralisch, verletzt aber die Sitte im Sinne von Brauchtum. Der Begriff des Sittenwidrigkeit umfaßt also mehr als Moralverstöße. Umgekehrt sind alle Moralverstöße auch Verstöße gegen die Sitte. Dies gilt jedenfalls, wenn man wie die deutschen Gerichte Sittenwidrigkeit als Verstoß „gegen das Anstandsgefühl aller billig und gerecht Denkenden" definiert. Sitte wird damit moralisch aufgeladen, sie wird zur „guten" Sitte. Wenn der Gesetzgeber in § 138 BGB oder in § 826 BGB von Sittenwidrigkeit spricht, dann meint er eine zur äußeren Ordnung gewordenen „innere Ordnung".

Im Unterschied zur Sitte wird das Recht nicht nur durch gesellschaftliche Zwänge, sondern darüber hinaus durch eine funktionsfähige Organisation durchgesetzt. Träger dieser Organisation ist der Staat. Kennzeichnend für das Recht ist also die **Durchsetzbarkeit der Rechtsordnung durch staatliche Organisation und staatlichen Zwang**. Dieser staatliche Zwangsapparat garantiert den Rechtsfrieden und damit die Rechtssicherheit. Man spricht von der Herrschafts- und Ordnungsfunktion des Rechts. Gleichzeitig besteht die Aufgabe des Rechts aber darin, materielle Gerechtigkeit herzustellen. Diese „Gerechtigkeitsfunktion" des Rechts stimmt zwar in der Regel, aber nicht immer mit der Ordnungsfunktion überein. Es können Widersprüche und Konflikte entstehen.

Das Bedürfnis nach **Rechtssicherheit** erfordert generelle Regeln, die klare, übersichtliche und zuverlässige Verhaltensweisen aufstellen. Dieses Bedürfnis steht aber vielfach im Widerspruch zu dem Wunsch nach **materieller Gerechtigkeit**, dem durch eine Entscheidung nach den Erfordernissen des jeweiligen Einzelfalls Rechnung getragen werden soll. Dieser Widerspruch muß in der Rechtsanwendung gelöst werden. Es fragt sich, wie die Maßstäbe bei der Grenzziehung zwischen Gerechtigkeit und Ungerechtigkeit zu finden sind, die gleichzeitig ein größtmögliches Maß an Rechtssicherheit bieten. Mit dem Ziel der Rechtssicherheit setzt der Gesetzgeber abstrakte Rechtsnormen, die dann auf konkrete Lebenssachverhalte anzuwenden sind.

Bei der Normanwendung, die nicht zuletzt dem Ziel der materiellen Gerechtigkeit genügen soll, fragt der Jurist, ob eine Rechtsnorm auch auf einen konkreten Sachverhalt paßt. Hierbei stehen ihm mehrere **Interpretationsmöglichkeiten** offen. Er kann sich am Wortlaut der Norm orientieren, er kann auch nach dem Sinn und Zweck der Vorschriften fragen, indem er versucht, die Interessen aufzuspüren, die Anstoß und Gegenstand der Rechtsnorm sind. Die Rechtsanwendung weitet sich dann auf eine Güterabwägung aus, die sich an konkurrierenden und kollidierenden Interessen hinter den Rechtsnormen orientiert. Er kann die Bedeutung der Norm auch aus ihrer historischen Entwicklung ableiten. In vielen Fällen sind Lücken der Rechtsnormen auszufüllen. Bei dieser Lückenausfüllung ist der Jurist wiederum an gewisse Spielregeln gebunden. Die Schwierigkeit besteht darin, die Lücken der Rechtsnormen so auszufüllen, daß den gesellschaftlichen Gegebenheiten und Bedürfnissen angemessen Rechnung getragen wird. Die Rechtswissenschaft macht es sich zur Aufgabe, wissenschaftliche Maßstäbe zur Begründung und Interpretation von Rechtsnormen, auch zur Ausfüllung von Lücken der Rechtsnormen und allgemein zur Erklärung des Handelns von Juristen zu liefern. Außerdem muß das Recht systematisiert und seine Entwicklung erklärt werden.

Schließlich kann man die Frage stellen, welche **Anreize** durch eine bestimmte Rechtsauslegung für das Verhalten der Bürger in der Zukunft gesetzt werden. Ein Rechtsstaat ist auf das Vertrauen seiner Bürger angewiesen. Eine Rechtsprechung, die als inkonsistent oder ungerecht empfunden wird, beeinträchtigt dieses Vertrauen. Eine Rechtsprechung, die nur nach rückwärts schaut und abgeschlossene Fälle gerecht entscheiden will, läuft Gefahr, die Frage der Anreize dieser Entscheidungen für das Verhalten der Bürger in der Zukunft zu vernachlässigen. Es kann sein, daß die Bürger dazu angereizt werden, gesellschaftliche Ressourcen zu vergeuden. Dann wird die Gerechtigkeit „zu teuer". Der Staat kann es sich nicht mehr leisten, die Auswirkungen der von den Gerichten für gerecht erklärten Entscheidungen zu finanzieren. Es kann auch sein, daß die Bürger die Entscheidungen der Gerichte unterlaufen, ja sogar ignorieren. Dann kann geschriebenes und gesprochenes Recht hinfällig, obsolet werden. Es verliert dann als Recht seine Geltung. Mit den Anreizen, welche durch die Rechtssetzung und die Rechtsprechung geschaffen werden, befaßt sich die Rechtsökonomie, die eine Verschwendung gesellschaftlicher Ressourcen minimieren will.

Bei der Auslegung und Anwendung des Rechts haben sich verschiedene **Rechtsschulen** gebildet. Dies gilt insbesondere für die Interpretation des Bürgerlichen Rechts (Zivilrecht), das die Beziehungen der Bürger untereinander regelt. Die deutliche Zivilrechtsinterpretation steht heute noch stark unter dem Einfluß der sogenannten historischen Rechtsschule, die vor allem durch Friedrich Carl von Savigny (1779-1861) geprägt wurde. Im Jahre 1814 wandte sich Savigny mit seiner Schrift „Vom Beruf unserer Zeit für Gesetzgebung und Rechtswissenschaft" gegen die von Anton Friedrich Justus Thibaut (1772-1840) im selben Jahr in dessen Schrift „Über die Notwendigkeit eines allgemeinen bürgerlichen Rechts für Deutschland" vertretene Idee einer Kodifikation (Gesetzgebung). Savigny betonte den „organischen Zusammenhang des Rechts mit dem Wesen und Charakter des Volkes". Das Recht wachse mit dem Volke fort und bilde sich aus diesem. Das Recht entstehe durch Sitte und Volksglaube als Gewohnheitsrecht und erst in zweiter Linie durch die Jurisprudenz, es werde durch innere stillwirkende Kräfte, nicht durch die Willkür eines Gesetzgebers erzeugt. Erst für die Zeiten „steigender Kultur" sah Savigny die rechtserzeugende Kraft bei den Juristen und bei der Gesetzgebung als den Organen oder Repräsentanten des Volkes. Savigny begreift Rechtswissenschaft als eine geschichtliche Wissenschaft, weil alles Recht ebenso wie Sprache, Sitte und Verfassung organisch wachse. Ehe ein Rechtsvorrat kodifiziert werden könne, müsse sich die Rechtswissenschaft seiner insgesamt und mit Erfolg bemächtigt haben.

Savigny verabscheute die Zerschlagung des Ständestaats durch die französische Revolution und kritisierte die französischen Kodifikationen der napoleonischen Zeit. Damit teilte er die politischen Überzeugungen derer, die Europa nach der Niederlage Napoleons auf dem Wiener Kongreß neu ordneten. Wäre die politische Entwicklung damals anders verlaufen, hätte sich sicherlich Thibaut mit seiner Forderung nach einer Kodifizierung des Zivilrechts durchgesetzt. So aber mußte die Idee der Kodifikation auf ihre Verwirklichung warten. Erst im Jahre 1896 wurde das Bürgerliche Gesetzbuch für das Deutsche Reich verabschiedet. Die von Savigny geschaffene Rechtsdogmatik, die sich vor allem auf sein Verständnis der kantischen Philosophie stützt, setzte sich bei der Verabschiedung des Bürgerlichen Gesetzbuches (BGB) weitgehend durch. Begriffe wie „subjektives Recht" und „Privatautonomie" sind heute noch die Systemsäulen der Zivilrechtslehre.

In Frage gestellt wird diese zivilistische Rechtsinterpretation durch die Verfassungsrechtsprechung, die sich seit 1949 in der Bundesrepublik Deutschland entwickelt hat. Insbesondere bei der Auslegung der **Grundrechte** werden die politischen, sozialen und ökonomischen Zusammenhänge mit einbezogen. Da die Grundrechte auch auf die Auslegung und Anwendung der zivilrechtlichen Normen ausstrahlen, muß es eines der wesentlichen Ziele der Rechtswissenschaft sein, die Zusammenhänge und Spannungen zwischen Grundrechts- und Zivilrechtsinterpretation aufzuzeigen und daraus die Konsequenzen für die Entwicklung des Zivilrechts zu ziehen.

2. Die Rangordnung der Rechtsnormen

Oberste binnenstaatliche Rechtsnorm der Bundesrepublik Deutschland ist das Grundgesetz vom 23. Mai 1949. Es enthält nicht nur die wichtigsten Regeln über den organisatorischen Aufbau der Republik sowie über die Verteilung der Gesetzgebungs- und Verwaltungskompetenzen zwischen Bund und Ländern, sondern auch einen Grundrechtsteil, dessen Verletzung der Betroffene mit der Verfassungsbeschwerde gegenüber dem Staat geltend machen kann. Das Grundgesetz gilt seit dem 3. Oktober 1990 auch für die Gebiete der ehemaligen DDR.

Im Rang unterhalb des Grundgesetzes stehen die förmlichen Gesetze des Bundes. Sie sind in einem Gesetzgebungsverfahren, das im Grundgesetz (GG) genau geregelt ist, von Bundestag und Bundesrat verabschiedet und danach ausgefertigt und verkündet worden. Zum Teil gelten noch Gesetze des Deutschen Reichs als Bundesgesetze weiter. Das bürgerliche Gesetzbuch wurde z.B. im Jahre 1896 vom Reichstag verabschiedet und von Kaiser Wilhelm II verordnet. Vereinzelt sind noch Gesetze des alliierten Kontrollrats aus der Besatzungszeit nach dem 2. Weltkrieg in Kraft. Nachrangig gegenüber den förmlichen Gesetzen sind die Rechtsverordnungen des Bundes und die Satzungen, die von Körperschaften und Anstalten des öffentlichen Rechts erlassen werden können. Sie bedürfen einer Ermächtigungsgrundlage durch ein förmliches Gesetz. Im Rang unterhalb des Bundesrechts steht das Landesrecht, das sich wiederum in Landesverfassungsrecht, förmliches Gesetzesrecht und Rechtsverordnungs- bzw. Satzungsrecht gliedert.

Nicht erfaßt ist in dieser Aufstellung das supranationale Recht der Europäischen Gemeinschaft, auf die eine Reihe von Hoheitsrechten übertragen wurden (vgl. Art. 24 Abs. 1 GG). Die Europäische Gemeinschaft hat sich zu einer Rechtsgemeinschaft entwickelt, der heute 15 Staaten angehören. In einer Reihe von Entscheidungen hat der Europäische Gerichtshof in Luxemburg den Vorrang des Gemeinschaftsrechts gegenüber dem Recht der Mitgliedstaaten festgehalten. Das Bundesverfassungsgericht erkennt diesen sog. Anwendungsvorrang nicht vorbehaltlos an. In einer frühen Entscheidung[4] behielt es sich eine Letztentscheidungskompetenz in Grundrechtsfragen vor, „solange“ ein adäquater Grundrechtsschutz durch die Organe des Gemeinschaft nicht gewährleistet sei. Man spricht von der „Solange I- Entscheidung. Im Jahre 1986 hielt das Bundesverfassungsgericht in der „Solange II-Entscheidung“ den Grundrechtsschutz durch die Organe der Gemeinschaft für so zuverlässig, daß es keine Gerichtsbarkeit über das von ihnen gesetzte Recht mehr ausüben wollte, „solange“ die Gemeinschaft die Grundrechte schützt[5]. Im Jahre 1993 hielt es in seinem Urteil zu Verfassungsbeschwerden gegen die Verträge von Maastricht fest, daß die Gemeinschaft ihre Kompetenzen nicht überschreiten dürfe und sogenannte ausbrechende Rechtsakte durch das Bundesverfassungsgericht kontrolliert werden könnten[6]. Das Gemeinschaftsrecht ist also nicht generell höherrangig als das Grundgesetz. Es genießt nach der Rechtsprechung des Bundesverfassungsgerichts gegenüber dem nationalen Recht lediglich einen Anwendungsvorrang, solange es sich nicht um einen „ausbrechenden Rechtsakt“ handelt.[7]

Schaubild 1: Die Rangordnung der Rechtsnormen

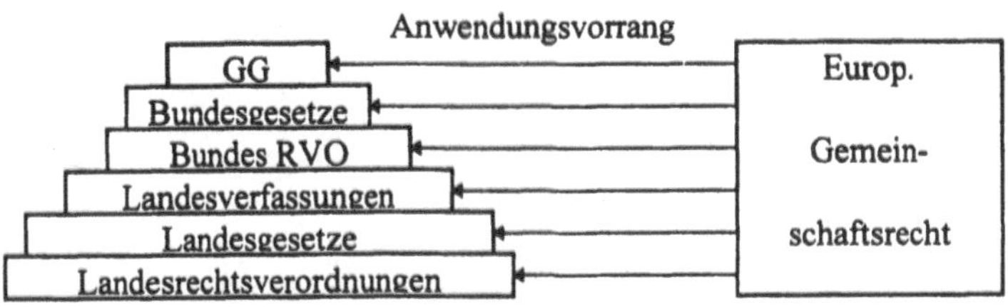

Neben dem schriftlich fixierten Recht steht das ungeschriebene Gewohnheitsrecht. Es handelt sich hier um überlieferte Regeln, welche die Rechtsgemeinschaft über einen längeren Zeitraum hinweg angewandt und als rechtsverbindlich anerkannt hat. Gewohnheitsrecht entsteht überwiegend dort, wo keine Gesetze bestehen oder Regelungslücken der Gesetze auszufüllen sind.

Kein Gewohnheitsrecht ist die sogenannte ständige Rechtsprechung, die aus der unbestrittenen Anwendung des gesetzten Rechts entsteht. Da die Richter in der kontinentaleuropäischen Rechtsordnung anders als im angelsächsischen Recht nicht an Präjudizien gebunden sind, kann sich diese Rechtsprechung jeden Tag ändern. Die Erfahrung spricht jedoch für die Kontinuität. Die ständige Rechtsprechung ist ein wichtiges und in der Praxis beachtetes Hilfsmittel bei der Anwendung der Rechtsnormen geworden.

3. Die Systematik der Rechtsordnung

Das deutsche Recht trennt zwischen privatem und öffentlichem Recht. Während das öffentliche Recht alle Rechtssätze umfaßt, welche die staatliche Organisation als solche und das Verhältnis zwischen Staat und Bürger regeln, befaßt sich das Privatrecht mit den Rechtsbeziehun-

[4] BVerfGE 37, 271 - Solange I -
[5] BVerfGE 73, 339 - Solange II -
[6] BVerfGE 89, 155 - Maastricht-Urteil -
[7] Auf das Problem wird in meinem Lehrbuch zum Europäischen Wirtschaftsrecht ausführlich eingegangen.

gen der einzelnen Staatsbürger untereinander. Zum öffentlichen Recht gehört das Staats- und Verfassungsrecht, dazu gehören auch die Grundrechte. Hinzu kommt das Verwaltungsrecht, das die engeren Beziehungen des Bürgers zu den einzelnen staatlichen Behörden regelt. Besondere Zweige des Verwaltungsrechts sind z.B. das Baurecht, das Gewerberecht, das Verkehrsrecht, das Kommunalrecht, das Polizeirecht und das Abgabenrecht. Zum öffentlichen Recht gehört auch das Strafrecht, das gemeinschaftsschädliche Verhaltensweisen ahndet. All diese Rechtsgebiete werden dem materiellen Recht zugeordnet. Hinzu kommt das Prozeßrecht, das Aufbau, Zuständigkeit und Verfahren der Gerichte regelt. Das gesamte Prozeßrecht gehört zum öffentlichen Recht, auch wenn es sich als Zivilprozeßrecht mit privatrechtlichen Rechtsstreitigkeiten befaßt. Aus dem Prozeßrecht ergeben sich die Zwangsbefugnisse der staatlichen Rechtspflegeorgane, demnach befaßt es sich mit staatlicher Organisation und mit dem Verhältnis zwischen Staat und Bürger.

Innerhalb des Privatrechts, das sich mit den Rechtsbeziehungen der Bürger untereinander befaßt, sind im wesentlichen die drei großen Teilgebiete des bürgerlichen Rechts, das Handelsrechts und des Arbeitsrechts zu unterscheiden. Das bürgerliche Recht umfaßt jede Privatperson ohne Rücksicht auf ihre Zugehörigkeit zu einem bestimmten Berufsstand. Das Handelsrecht ist das Sonderrecht des Kaufmanns. Es regelt die Kaufmannseigenschaft, trifft Sonderregelungen für Handelsgeschäfte und ordnet die Rechtsverhältnisse der Handelsgesellschaften. Soweit es nicht Handelsgesellschaften betrifft, gehört das Gesellschaftsrecht dem bürgerlichen Recht an. Zum Handelsrecht gehören auch das Wertpapierrecht, das Börsenrecht, das Bankrecht, das Seehandelsrecht und das Luftverkehrsrecht sowie allgemein große Teile des Wirtschaftsrechts. Als Handelsrecht im engeren Sinne werden die Teile des Handelsgesetzbuchs bezeichnet, die sich nicht mit Handelsgesellschaften befassen. Das Recht der Handelsgesellschaften wird mit dem der Gesellschaften des bürgerlichen Rechts zum Gesellschaftsrecht zusammengefaßt. Das Unternehmensrecht faßt das Gesellschaftsrecht mit dem Recht der Einzelkaufleute und der öffentlich-rechtlichen Unternehmen zusammen. Im Grenzbereich zwischen Handelsrecht und bürgerlichem Recht sind das Urheberrecht und der gewerbliche Rechtsschutz angesiedelt.

Das Arbeitsrecht behandelt die Dienstverhältnisse von Personen, die als Arbeitnehmer in der Gestaltung ihrer Tätigkeit von den Weisungen des Dienstherren, ihres Arbeitgebers, abhängig sind. Lediglich das Recht der Beamten gehört dem öffentlichen Recht an. Im Arbeitsrecht trennt man zwischen dem Recht des Einzelarbeitsvertrags (Individualarbeitsrecht) und dem kollektiven Arbeitsrecht. Hierzu gehören das Tarifvertragsrecht, das Arbeitskampfrecht, das Betriebsverfassungs- und Mitbestimmungsrecht. Hinzu kommt das Arbeitsschutzrecht, das dem öffentlichen Recht angehört.

Die Abgrenzung zwischen Privatrecht und öffentlichem Recht ist deshalb schwierig, weil die Behörden des Bundes, der Länder und Gemeinden sowie die sonstigen Körperschaften des öffentlichen Rechts zum Teil auch wie Privatleute Geschäfte abschließen. So mieten z.B. Behörden Häuser an, um ihre Bediensteten unterzubringen. Dem Privatrecht gehören derartige Geschäfte an, wenn sie vom Prinzip der Gleichordnung beherrscht sind. Das öffentliche Recht ist in der Regel durch das Prinzip von Über- und Unterordnung gekennzeichnet. Im öffentlichen Recht stehen die Allgemeininteressen im Vordergrund, während im Privatrecht die individuellen Interessen des Einzelnen geschützt werden. Schließlich werden durch das öffentliche Recht die juristischen Personen des öffentlichen Rechts gerade wegen ihrer Eigenschaft als Träger von Hoheitsgewalt mit bestimmten Befugnissen ausgestattet.

Der Begriff „Wirtschaftsrecht“ taucht in dieser Systematik nicht oder nur am Rande auf. Er setzt eine ökonomische Betrachtung des Rechts voraus. Wirtschaftsrecht ist demnach das wirtschaftlich relevante Recht. Darunter fallen die wirtschaftlich relevanten Teile des Verfassungsrechts, insbesondere auch Grundrechte wie das Eigentum und die Berufsfreiheit. Hinzu kommen der allgemeine Teil, das Schuldrecht und das Sachenrecht des BGB, die man auch als bürgerliches Vermögensrecht bezeichnet. Zum Wirtschaftsrecht gehören ferner das Handels- und Gesellschaftsrecht, das Wettbewerbs- und Kartellrecht und andere wirtschaftsrechtliche Gebiete, die man auch als Wirtschaftsrecht im engeren Sinne bezeichnet. Schließlich ist das Wirtschaftsverwaltungsrecht Teil des Wirtschaftsrechts, wobei die Grenzziehung, etwa zum Umweltverwaltungsrecht, fließend sind. Da der Begriff **„Wirtschaftsrecht“** eine **ökonomische Betrachtung** verlangt, sind die Grenzen auch auf anderen Gebieten fließend. So enthalten das Familien- und Erbrecht durchaus wirtschaftlich relevante Teile. Das Wirtschaftsrecht macht nicht an den nationalen Grenzen halt. Man spricht auch vom Wirtschaftsrecht der EG bzw. der EU und vom internationalen Wirtschaftsrecht.

Schaubild 2: Die Einteilung des Rechts

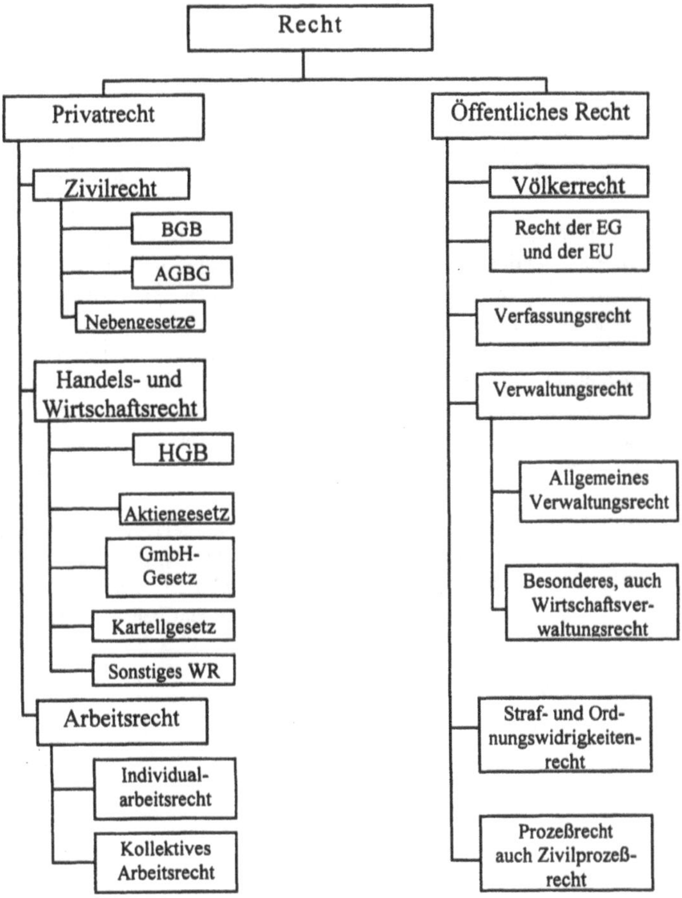

4. Die Gerichtszweige

Die Unterscheidung zwischen privatem und öffentlichem Recht ist auch für die Frage bedeutsam, welche Gerichtszweige für die Rechtsstreitigkeiten zuständig sind. Die Verfassungs-, Verwaltungs-, Finanz- und Sozialgerichte gehören dem Bereich der Anwendung öffentlich-rechtlicher Rechtsnormen an. Die Arbeitsgerichte entscheiden überwiegend privatrechtliche Fragen. Innerhalb der **ordentlichen Gerichtsbarkeit** wenden die Strafgerichte öffentliches Recht, die sonstigen Gerichte Privatrecht an. Zur ordentlichen Gerichtsbarkeit gehören nach § 13 des Gerichtsverfassungsgesetzes (GVG) die Zivil- und Strafgerichtsbarkeit. Die Zivilgerichtsbarkeit befaßt sich mit den „bürgerlichen Rechtsstreitigkeiten" und der freiwilligen Zivilgerichtsbarkeit (Vormundschafts-, Nachlaß-, Register- und Grundbuchsachen). Die streitige Zivilgerichtsbarkeit kennt die Rechtszweige der ersten Instanz, der Berufung und der Revision. In der Revision wird nur noch über Rechtsfragen, nicht mehr über Tatsachenfeststellungen, gestritten. Je nach Streitwert oder sonstigen Zuweisungen beginnen die Verfahren am Amtsgericht und können vor dem Landgericht und dem Oberlandgericht weiterbetrieben werden, oder sie gehen vom Landgericht über das Oberlandesgericht zum Bundesgerichtshof in Karlsruhe. Dieselben Instanzenzüge gelten für die Strafsachen. Als besondere Gerichtsbarkeit des Privatrechts besteht die **Arbeitsgerichtsbarkeit** mit Arbeitsgerichten, Landesarbeitsgerichten und dem Bundesarbeitsgericht in Kassel.

Für öffentlich-rechtliche Streitigkeiten gibt es die allgemeine **Verwaltungsgerichtsbarkeit** mit Verwaltungsgerichten, Oberverwaltungsgerichten (in Hessen und Baden-Württemberg Verwaltungsgerichtshöfe genannt) und dem Bundesverwaltungsgericht in Berlin. Besondere Gerichtsbarkeiten sind hier die **Sozialgerichtsbarkeit** mit Sozialgerichten, Landessozialgerichten und dem Bundessozialgericht in Kassel sowie die **Finanzgerichtsbarkeit** in Steuersachen mit den Finanzgerichten und dem Bundesfinanzhof in München. Ein gemeinsamer Senat der fünf obersten Gerichtshöfe wurde 1968 geschaffen, um eine Auseinanderentwicklung der Rechtsprechung zu verhindern. Im Zuge der Wiedervereinigung wird der Sitz des Bundesarbeitsgerichts nach Erfurt, der Sitz des Bundesverwaltungsgerichts nach Leipzig und der Sitz neu einzurichtender Strafsenate des Bundesgerichtshofs ebenfalls nach Leipzig verlegt. Schließlich gibt es das **Bundesverfassungsgericht** in Karlsruhe zur Interpretation des Grundgesetzes u.a. bei Verfassungsbeschwerden und die Länderverfassungsgerichte bzw. Staatsgerichtshöfe zur Interpretation der jeweiligen Landesverfassung.

Über die Auslegung des supranationalen Rechts der Europäischen Gemeinschaft, d.h. des EG-Vertrages und der auf ihm fußenden Verordnungen der Gemeinschaft, entscheidet in letzter Instanz der bereits erwähnte **Europäische Gerichtshof** in Luxemburg. Ein Teil der EG-rechtlichen Probleme wird von einem erstinstanzlichen europäischen Gericht entschieden, das ebenfalls in Luxemburg angesiedelt ist.

Schaubild 3: Gerichtszweige und Instanzen

Bundesgerichtshof (BGH)
|
Oberlandesgericht (OLG)
|
Landgericht (LG)
|
Amtsgericht (AG)

Bundesverfassungsgericht (BVerfG)

Bundesarbeitsgericht (BAG)
|
Landesarbeitsgericht (LAG)
|
Arbeitsgericht (ArbG)

Bundessozialgericht (BSG)
|
Landessozialgericht (LSG)
|
Sozialgericht (SG)

Bundesverwaltungsgericht (BVerwG)
|
Oberverwaltungsgericht (OVG)
|
Verwaltungsgericht (VG)

Bundesfinanzhof (BFH)
|
Finanzgericht (FG)

5. Die gerichtlichen Entscheidungen und ihre Wirkung

Das Verfahren für die Rechtsstreitigkeiten vor den Gerichten der verschiedenen Gerichtszweige ist in eigenen Gesetzen geregelt. Der praktisch wichtigste Prozeß ist der **Zivilprozeß**. Er befaßt sich mit Rechtsstreitigkeiten zwischen Privatleuten und ist in der Zivilprozeßordnung geregelt. Sie stammt aus dem Jahr 1877 und wurde mehrmals novelliert.

Im Zivilprozeß sind die Amtsgerichte und Landgerichte die Gerichte der ersten Instanz, d.h. jeder Prozeß beginnt vor einem dieser beiden Gerichte. Gegen diese erstinstanzlichen Entscheidungen, Urteile oder Beschlüsse, kann die unterlegene Partei Berufung oder Beschwerde einlegen. Über die Berufung bzw. Beschwerde entscheidet das nächsthöhere Gericht, also das Landgericht oder das Oberlandesgericht. In der zweiten Instanz werden sowohl die Tatsachen als auch die Rechtsfragen der Entscheidung überprüft. Ist die unterlegene Partei auch mit dieser Entscheidung nicht zufrieden, so kann sie unter gewissen Voraussetzungen Revision oder Rechtsbeschwerde zum Bundesgerichtshof einlegen, wenn das Landgericht erstinstanzlich entschieden hat. Hier wird über Rechtsfehler der vorinstanzlichen Entscheidung entschieden, Tatsachen werden nicht mehr überprüft. Gegen ein erstinstanzliches Urteil des Landgerichts kann man auch direkt „Sprungrevision" beim BGH einlegen. Hat der BGH entschieden, so ist diese letztinstanzliche Entscheidung rechtskräftig. Dasselbe gilt, wenn gegen eine Entscheidung des erstinstanzlichen Gerichts oder des Berufungsgerichts kein Rechtsmittel eingelegt wird.

Man unterschiedet die formelle und die materielle Rechtskraft von Entscheidungen. Formelle Rechtskraft bedeutet, daß die Entscheidung weder vom Gericht selbst noch von einem anderen Gericht abgeändert werden darf. Eine Ausnahme gilt nur für die seltenen Fälle einer erfolgreichen Nichtigkeitsklage oder Wiederaufnahme des Verfahrens. Materielle Rechtskraft bedeutet, daß die Entscheidung des Gerichts für die Parteien verbindlich ist. Über den entschiedenen Streitgegenstand darf nicht nochmals verhandelt werden. Außerdem ist in einem Prozeß, in dem das Bestehen oder Nichtbestehen des rechtskräftig festgestellten Anspruchs zu prüfen ist, jedes Gericht an die Entscheidung des ersten Rechtsstreits gebunden.

Die Entscheidungen des **Bundesverfassungsgerichts** entfalten nach § 31 des Bundesverfassungsgerichtsgesetzes darüber hinaus in einer Reihe von Fällen **Gesetzeskraft**. Sie binden den Gesetzgeber dann wie ein Bundesgesetz. Der Gesetzgeber ist aber nicht daran gehindert, eine ähnliche oder sogar gleiche Rechtsansicht in einem neuen Gesetz zu vertreten. Dieses neue Gesetz geht dann als „späteres Gesetz" der Entscheidung des Bundesverfassungsgerichts vor.[8] Der Gesetzgeber riskiert allerdings, daß das Bundesverfassungsgericht auch dieses Gesetz für verfassungswidrig und nichtig erklärt und daß dann auch dieser Entscheidung des Gerichts Gesetzeskraft zukommt. Auch verschiedene Landesverfassungen, wie z. B. die nordrhein-westfälische, sehen vor, daß den Entscheidungen ihrer Landesverfassungsgerichte Gesetzeskraft zukommt.

Nach Art. 100 Abs. 1 GG muß ein Gericht, wenn es ein Gesetz für verfassungswidrig hält, das Verfahren aussetzen und das Bundesverfassungsgericht zur Vorabentscheidung über die Gültigkeit dieses Gesetzes anrufen.

6. Außergerichtliche Entscheidungen

Nach einer groben Schätzung sind allein in Deutschland über 100 000 Juristen tätig. Als Rechtsanwälte, Richter, Verwaltungsbeamte, Unternehmens- und Verbandsjuristen bedienen sie einen Justiz- und Verwaltungsapparat, der zunehmend teurer wird. Die Bände der Gerichtsentscheidungen und die juristische Fachliteratur wachsen an. Das Recht wird immer weiter ausdifferenziert. Es wird komplizierter, in vielen Fällen auch unverständlicher. Prozesse sind teuer und werden laufend teurer. Da das Recht immer komplizierter wird, können die Ergebnisse der Prozesse immer weniger prognostiziert werden. Da die Gerichte stark belastet sind, dauern die Verfahren immer länger. Wer am Landgericht einen Zivilprozeß beginnt, muß damit rechnen, daß es 5 Jahre dauert, wenn der Prozeß durch alle Instanzen getrieben wird.

Gerade im Wirtschaftsrecht, insbesondere im kaufmännischen Rechtsverkehr, sind rasche Entscheidungen wichtig. Gleichzeitig sind oft technische und wirtschaftliche Spezialkenntnisse erforderlich, die sich der zuständige Richter in der staatlichen Gerichtsbarkeit erst mühselig durch Gutachten und eigenes Studium der Literatur besorgen müßte. In dieser Situation gewinnt die Schiedsgerichtsbarkeit an Bedeutung. Nach der Zivilprozeßordnung können die Parteien die Entscheidung des Prozesses einem oder mehreren Schiedsrichtern zur Entscheidung überlassen. Das Schiedsgericht kann Beweise erheben und den Sachverhalt ermitteln. Es ist hierbei an das Vorbringen der Parteien nicht gebunden. Zwangsbefugnisse stehen ihm nicht zu. Es darf auch keine Eide abnehmen. Es muß die Parteien aber hören. Wer einen Schiedsspruch gegen die andere Partei vollstrecken will, muß ihn durch die staatlichen Gerichte für vollstreckbar erklären lassen.

Die Parteien können, wenn sie einen Vertrag schließen von vornherein vereinbaren, daß ein eventueller Rechtsstreit durch ein **Schiedsgericht** entschieden werden soll. Sie können den oder die Schiedsrichter benennen oder das Verfahren der Benennung festlegen. Ein gängiges

[8] BVerfGE 77, 84

Verfahren ist: Jede Seite benennt ein Mitglied, die Mitglieder des Schiedsgerichts einigen sich auf ein zusätzliches Mitglied, das den Vorsitz übernimmt.

Es gibt auch ständige Schiedsgerichte, insbesondere in wirtschaftlich bedeutenden Städten wie Paris, Hamburg, Frankfurt a.M. und Zürich. Sie bestehen meist bei Industrie- und Handelskammern. Vertragsparteien können sich von vorneherein darauf verständigen, im Streitfall ein bestimmtes Schiedsgericht anzurufen.

Auch das Verfahren vor den Schiedsgerichten ist vielfach noch zu langwierig und zu kompliziert, die Parteien können sich deshalb auf **autonome Schlichtungsmechanismen** einigen. Derartige alternative Streitschlichtungsklauseln können vorsehen, daß die Parteien selbst den Streit schlichten, u.U. durch ein gerichtsähnliches Verfahren, das sie selbst betreiben. Diese alternativen Verfahren haben sich z. B. in Fällen bewährt, in denen mehrere Unternehmen ein größeres Bauvorhaben zu einem bestimmten Zeitpunkt fertigstellen müssen und daher besonderen Wert auf die Schnelligkeit des Verfahrens legen.

II. Grundrechte und Wirtschaftstätigkeit

1. Wirtschaftsordnung und Verfassung

Im Gegensatz zur Weimarer Reichsverfassung, die in Art. 151 bis 161 sehr detaillierte, allerdings meist nicht verwirklichte Vorschriften zur Ausgestaltung des Wirtschaftslebens enthielt, verzichtet das Grundgesetz fast völlig auf Aussagen zur Wirtschaftsordnung. Zum einen verstand der Parlamentarische Rat das von ihm geschaffene Grundgesetz als Provisorium, zum andern waren die dort vertretenen ordnungspolitischen Vorstellungen derart unterschiedlich, daß eine Einigung über eine in der Verfassung festzulegende Wirtschaftsordnung kaum hätte erzielt werden können.

Nach Inkrafttreten des Grundgesetzes im Jahre 1949 fehlte es nicht an Versuchen, doch noch eine Entscheidung für eine bestimmte Wirtschaftsordnung aus der Verfassung heraus zu interpretieren. Nipperdey,[9] Präsident des Bundesarbeitsgerichts, erklärte in den fünfziger Jahren die „soziale Marktwirtschaft" für die einzig verfassungsmäßige Wirtschaftsform. Insbesondere die Anerkennung der Wettbewerbsfreiheit in Art. 2 Abs. 1 GG (allgemeine Handlungsfreiheit) bedeute zugleich die institutionelle Garantie einer marktwirtschaftlichen Verfassung. Die soziale Komponente der Marktwirtschaft folge insbesondere aus der Sozialpflichtigkeit des Eigentums nach Art. 14 GG.

Dieser Interpretation schob das Bundesverfassungsgericht in seinem „**Investitionshilfeurteil**" vom 20.7.1954[10] einen Riegel vor. Zu entscheiden war über eine Regelung des Investitionshilfegesetzes von 1952, wonach die gewerbliche Wirtschaft eine Umlage in Höhe von 1 Mrd. DM aufzubringen hatte, um den vordringlichen Investitionsbedarf des Kohlebergbaus, der eisenschaffenden Industrie und der Energiewirtschaft zu decken. Aus dem Sondervermögen wurden Darlehen vergeben. Die Begünstigten mußten Aktien oder Schuldverschreibungen im Nennbetrag des Darlehens zur Zeichnung anbieten, die von den Belasteten übernommen werden konnten. Die Verzinsung betrug 3 % jährlich. Das Gericht sah hierin keinen Verfassungsverstoß. Das Grundgesetz garantiert, so das Gericht, weder die wirtschaftspolitische Neutralität der Regierungs- und Gesetzgebungsgewalt, noch eine nur mit marktkonformen Mitteln zu steuernde „soziale Marktwirtschaft". Die „wirtschaftspolitische Neutralität" des Grundgesetzes besteht lediglich darin, daß sich der Verfassungsgeber nicht ausdrücklich für ein bestimmtes Wirtschaftssystem entschieden hat. Dies ermöglicht dem Gesetzgeber, die ihm jeweils sachgemäß erscheinende Wirtschaftspolitik zu verfolgen, sofern er dabei das Grundgesetz beachtet. Die gegenwärtige Wirtschafts- und Sozialordnung ist zwar eine nach dem Grundgesetz mögliche Ordnung, keineswegs aber die allein mögliche. Sie beruht auf einer vom Willen des Gesetzgebers getragenen wirtschafts- und sozialpolitischen Entscheidung, die durch eine andere Entscheidung ersetzt oder durchbrochen werden kann. Daher ist es verfassungsrechtlich ohne Bedeutung, ob das Investitionshilfegesetz im Einklang mit der bisherigen Wirtschafts- und Sozialordnung steht und ob das zur Wirtschaftslenkung verwandte Mittel „marktkonform" ist.

Verfassungsrechtliche Vorgaben, an die sich der Gesetzgeber halten muß, sind die Kompetenzzuweisungen des Grundgesetzes und die Grundrechte. Die Gesetzgebungskompetenz folgt hier, so das Gericht, aus Art. 74 Nr. 11 GG (Recht der Wirtschaft). Grundrechte sind nicht

---

[9] Soziale Marktwirtschaft und Grundgesetz, 3. Aufl. 1965
[10] BVerfGE 4, 7

verletzt. Insbesondere greift das Gesetz nicht unzulässig in das Grundrecht der allgemeinen Handlungsfreiheit nach Art. 2 Abs. 1 GG ein, das auch die Entfaltung des Unternehmens schützt. Dieses Grundrecht ist nur im Rahmen der verfassungsmäßigen Ordnung geschützt. Zu dieser gehören alle formell und materiell rechtmäßigen Rechtsnormen, also auch das Investitionshilfegesetz (Einzelfälle zu Art. 2 Abs. 1 GG vgl. unten).

Seit 1967 ist das **Stabilitätsgesetz** in Kraft. In § 1 bestimmt es, daß Bund und Länder bei ihren wirtschafts- und finanzpolitischen Maßnahmen das gesamtwirtschaftliche Gleichgewicht zu beachten und diese so zu treffen haben, daß sie im Rahmen der marktwirtschaftlichen Ordnung gleichzeitig

zur Stabilität des Preisniveaus,
zu einem hohen Beschäftigungsstand und
zu außenwirtschaftlichem Gleichgewicht
bei stetigem und angemessenem Wirtschaftswachstum

beitragen. Im gleichen Jahr 1967 wurde Art. 109 Abs. 2 in das Grundgesetz eingefügt, wonach Bund und Länder bei ihrer Haushaltswirtschaft den Erfordernissen des gesamtwirtschaftlichen Gleichgewichts Rechnung zu tragen haben. Es hat nicht an Versuchen im Schrifttum gefehlt, hieraus eine verfassungsrechtliche Festschreibung der global gesteuerten Marktwirtschaft abzuleiten.[11] Aber auch diese Versuche blieben erfolglos.

Das Bundesverfassungsgericht hat in seinem **Mitbestimmungsurteil** aus dem Jahre 1979[12] ausdrücklich an seiner bisherigen Rechtsprechung festgehalten und betont, daß das Grundgesetz wirtschaftspolitisch offen sei. Der Gesetzgeber kann sich danach zwar für ein anderes Wirtschaftssystem entscheiden. Er muß jedoch die Rahmenvorgaben des Grundgesetzes beachten. In den Grundrechten sind individuelle Freiheiten garantiert.

Am 18. Mai 1990 wurde zwischen der Bundesrepublik und der DDR ein **Staatsvertrag über die Schaffung einer Währungs-, Wirtschafts- und Sozialunion** abgeschlossen. Darin wurde nicht nur die D-Mark zum einzigen gesetzlichen Zahlungsmittel der DDR erklärt, sondern auch eine Reihe von wirtschafts- und sozialpolitischen Grundsätzen verbindlich festgeschrieben. Der Vertrag definiert die Wirtschaftsverfassung der Bundesrepublik Deutschland als soziale Marktwirtschaft (Art. 1 Abs. 3 Staatsvertrag). Die soziale Marktwirtschaft wird mehrfach als Rechtsbegriff gebraucht, so daß man sich fragen kann, ob es sich hier nur um eine abgekürzte Beschreibung des Staatszustandes oder darüber hinaus um eine Bestimmung des Staatsziels[13] handelt. In jedem Fall handelt es sich um eine rechtliche Bezeichnung für den Zusammenklang von Grundrechten und Kompetenzzuweisungen des Grundgesetzes. Eine Änderung des Grundgesetzes war mit der Aufnahme des Begriffs „soziale Marktwirtschaft" in den Staatsvertrag jedenfalls nicht beabsichtigt. Sonst hätte nach Art. 79 Abs. 1 S. 1 GG der Wortlaut des Grundgesetzes ausdrücklich geändert oder ergänzt werden müssen. Im Ratifizierungsverfahren sprach auch kein Parlamentarier davon, daß die Rechtsprechung des Bundesverfassungsgerichts korrigiert werde. Dennoch haben beide Parlamente durch ihre Ratifikation - übrigens mit verfassungsändernder Mehrheit - die Benutzung eines wirtschaftspolitischen Begriffs als Rechtsbegriff anerkannt, der jedenfalls die gegenwärtige Verfassungswirklichkeit beschreibt.

[11] Vgl. die zusammengefaßten Nachweise bei *Weimar/Schimikowski*, Grundzüge des Wirtschaftsrechts, 2. Aufl. 1992, S. 19 ff.

[12] BVerfGE 50, 290

[13] so *Horn*, das Zivil- und Wirtschaftsrecht im neuen Bundesgebiet, 1991, S. 16 ff.

Aus einer Zusammenschau der Rechtsprechung des Bundesverfassungsgerichts insbesondere zu Art. 12 (Berufsfreiheit), Art. 14 (Eigentumsschutz), Art. 9 Abs. 3 (Koalitionsfreiheit), Art. 3 (Gleichheitssatz) und Art. 2 Abs. 1 (allgemeine Handlungsfreiheit) folgt heute, daß die Einführung einer straffen Zentralverwaltungswirtschaft verfassungswidrig wäre. Die in Art. 20 GG verankerten Prinzipien des Sozialstaats und des Rechtsstaats hat das Bundesverfassungsgericht inzwischen so konkretisiert und ausdifferenziert, daß eine Entscheidung des Gesetzgebers für die radikale Verwirklichung des marktwirtschaftlichen Prinzips ebenfalls verfassungswidrig wäre, auch wenn in der öffentlichen Diskussion von einigen ein anderer Eindruck erweckt wird. Zwischen diesen beiden „Eckpunkten" verbleibt ein breiter Handlungsspielraum für die staatlichen wirtschaftspolitischen Aktivitäten. Allerdings ist bei jeder Maßnahme des Gesetzgebers oder der Verwaltung zu prüfen, inwieweit die Grundrechte oder andere Grundgesetznormen wie das Sozialstaats- und Rechtsstaatsprinzip dem staatlichen Handeln Grenzen setzen.

Auch der **EG-Vertrag** schränkt die staatlichen Handlungsmöglichkeiten im Bereich der Wirtschaft ein. In Art. 98 S. 2 EGV heißt es: „Die Mitgliedstaaten und die Gemeinschaft handeln im Einklang mit dem Grundsatz einer offenen Marktwirtschaft mit freiem Wettbewerb, wodurch ein effizienter Einsatz der Ressourcen gefördert wird, und halten sich dabei an die in Art. 4 genannten Grundsätze." Der Europäische Gerichtshof wird gut daran tun, diese Formulierung als Abgrenzung zur zentralen staatlichen Planwirtschaft und nicht als Abkehr von den Prinzipien eines Sozialstaats zu behandeln und daraus keine Rechtswirkungen im Sinne einer Rückkehr zu radikal marktwirktschaftlichen Prinzipien des 19. Jahrhundert abzuleiten.

Das Europäische Gemeinschaftsrecht setzt den Handlungsmöglichkeiten des nationalen Gesetzgebers Grenzen. Das unmittelbar geltende Gemeinschaftsrecht ist von allen nationalen Behörden zu beachten und von den Gerichten anzuwenden. Man spricht vom **Anwendungsvorrang des Gemeinschaftsrechts**. Unmittelbar gelten die Normen des EG-Vertrages und die Verordnungen der Gemeinschaft. Sogenannte Richtlinien verpflichten die EG-Mitgliedstaaten zu einer richtlinienkonformen Gesetzgebung, die dann unmittelbar geltendes Recht schafft. Werden die vorgegebenen Fristen für die Umsetzung von Richtlinien in nationales Recht nicht eingehalten, so können sich daraus für die säumigen Mitgliedstaaten Pflichten zur Zahlung von Schadensersatz an ihre Bürger ergeben.[14] Alle staatlichen Gerichte können, die obersten Bundesgerichte müssen sogar solche Fälle dem Europäischen Gerichtshof vorlegen, in denen Gemeinschaftsrecht angewendet werden muß und sich bei der Auslegung Zweifel ergeben. Der Europäische Gerichtshof zieht zur Urteilsbildung auch die Europäische Menschenrechtskonvention heran. Dies hat das Bundesverfassungsgericht in seiner Rechtsprechung zu den Grundrechten bewogen, im Gegensatz zu seiner früheren Rechtsprechung jetzt keine Gerichtsbarkeit mehr über das von Gemeinschaftsorganen gesetzte „abgeleitete Recht" auszuüben, „solange die Gemeinschaft die Grundrechte schützt"[15] (vgl. oben). Das Gericht macht allerdings einen Vorbehalt bei sog. ausbrechenden Rechtsakten (vgl. oben).

---

[14] Vgl. Nagel, Wirtschaftsrecht der Europäischen Union, 1998, S. 48 ff.

[15] BVerfGE 73, 339

2. Berufsfreiheit

a) Texte

§ 133 der Paulskirchen-Verfassung von 1849

Jeder Deutsche hat das Recht, an jedem Orte des Reichsgebietes seinen Aufenthalt und Wohnung zu nehmen, Liegenschaften jeder Art zu erwerben und darüber zu verfügen, jeden Nahrungszweig zu betreiben, das Gemeindebürgerrecht zu gewinnen.

Die Bedingungen für den Aufenthalt und Wohnsitz werden durch ein Heimatgesetz, jene für den Gewerbebetrieb durch eine Gewerbeordnung für ganz Deutschland von der Reichsgewalt festgesetzt.

§ 158 der Paulskirchen-Verfassung

Es steht einem jeden frei, seinen Beruf zu wählen und sich für denselben auszubilden, wie und wo er will.

Artikel 111, Satz 2 und 3 der Weimarer Reichsverfassung von 1919

Jeder hat das Recht, sich an beliebigem Orte des Reichs aufzuhalten und niederzulassen, Grundstücke zu erwerben und jeden Nahrungszweig zu betreiben. Einschränkungen bedürfen eines Reichsgesetzes.

Artikel 151 der Weimarer Reichsverfassung von 1919

Die Ordnung des Wirtschaftslebens muß den Grundsätzen der Gerechtigkeit mit dem Ziele der Gewährleistung eines menschenwürdigen Daseins für alle entsprechen. In diesen Grenzen ist die wirtschaftliche Freiheit des einzelnen zu sichern.

Gesetzlicher Zwang ist nur zulässig zur Verwirklichung bedrohter Rechte oder im Dienst überragender Forderungen des Gemeinwohls. Die Freiheit des Handels und Gewerbes wird nach Maßgabe der Reichsgesetze gewährleistet.

Artikel 12 Abs. 1 des Grundgesetzes

Alle Deutschen haben das Recht, Beruf, Arbeitsplatz und Ausbildungsstätte frei zu wählen. Die Berufsausübung kann durch Gesetz oder aufgrund eines Gesetzes geregelt werden.

b) Drei-Stufen-Theorie

Ein angestellter Apotheker aus Traunstein (Oberbayern) stellte in den fünfziger Jahren den Antrag, im benachbarten Traunreut eine eigene Apotheke zu errichten. Dieser wurde von der zuständigen bayerischen Behörde mit der Begründung abgelehnt, es fehle das nach Art. 3 Abs. 1 des bayerischen Apothekengesetzes erforderliche „öffentliche Interesse" zur Sicherung der Versorgung der Bevölkerung mit Arzneimitteln. Die Errichtung einer Apotheke sei erst bei einem Einzugsbereich von 7000 bis 8000 Personen erforderlich. Der Einzugsbereich der geplanten Apotheke betrage allenfalls 6000 Personen. Der Betroffene legte Verfassungsbeschwerde ein.[16]

Im Jahre 1958 entscheidet das Bundesverfassungsgericht[17], die Vorschrift sei verfassungswidrig, weil sie gegen Art. 12 Abs. 1 GG verstoße. Zur Begründung entwickelt das Gericht die **Drei-Stufen-Theorie**. Inhalt dieser Theorie ist eine verfeinerte Auslegung von Art. 12 Abs. 1 GG. Es wird nicht mehr nur zwischen Berufswahl (Einschränkung unzulässig) und Berufsausübung (Einschränkung durch Gesetz oder aufgrund eines Gesetzes zulässig) unterschieden, sondern zwischen reinen **Regelungen der Berufsausübung,** zwischen **subjektiven und objektiven Zulassungsbeschränkungen**.

Reine **Ausübungsregelungen** (1. Stufe) darf der Gesetzgeber vornehmen, wenn sie bei vernünftiger Betrachtungsweise zweckmäßig erscheinen. Die Berufsfreiheit wird nicht direkt eingeschränkt, es werden nur einzelne Tätigkeitsfelder im Beruf geregelt. Der Grundrechtsschutz beschränkt sich auf die Abwehr in sich verfassungswidriger, weil etwa übermäßig belastender und nicht zumutbarer gesetzlicher Auflagen.

Subjektive Zulassungsbeschränkungen (2. Stufe) sind an die Person bzw. an die persönlichen Eigenschaften dessen gebunden, der eine bestimmte berufliche Tätigkeit aufnehmen will. Hierzu gehören insbesondere Qualifikationserfordernisse. Solche Regelungen sind nur zulässig, wenn wichtige Gemeinschaftsgüter geschützt werden sollen und die Einschränkung der Berufswahl zu dem angestrebten Zweck der ordnungsmäßigen Erfüllung der Berufstätigkeit nicht außer Verhältnis steht. Es muß geprüft werden, ob das Mittel der Regelung erforderlich ist und ob das mildeste Mittel gewählt wurde (Grundsatz der Verhältnismäßigkeit).

Objektive Zulassungsbeschränkungen (3. Stufe) sind von persönlichen Eigenschaften und Verhältnissen des Bewerbers für eine bestimmte Berufstätigkeit unabhängig. Sie stehen außerhalb seiner Einflußsphäre. Hier handelt es sich um die schwerste Einschränkung des Berufszugangs. Sie ist nur zulässig, wenn die Regelung zur Abwehr nachweisbarer oder höchst wahrscheinlicher schwerer Gefahren für ein überragend wichtiges Gemeinschaftsgut erforderlich ist und wenn das mildeste im Rahmen der Erforderlichkeit zumutbare Mittel gewählt wurde.

Der Apothekenfall ist ein typisches Beispiel für eine objektive Zulassungsbeschränkung. Der Zugang zum Beruf des selbständigen Apothekers in einem bestimmten Ort wird von einer Bedürfnisprüfung abhängig gemacht. Der einzelne Bewerber kann auf diese Prüfung keinen Einfluß nehmen. Diese Beschränkung seines Berufszugangs muß von ihm als um so schwerer empfunden werden, je länger und je fachlich spezialisierter die Ausbildung war, je eindeutiger also mit der Wahl dieser Ausbildung zugleich dieser konkrete Beruf gewählt wurde. Gerade bei einer so schwerwiegenden Grundrechtsbeschränkung muß die Gefahr des Eindringens sachfremder Motive mit besonderer Sorgfalt abgewehrt werden. Insbesondere darf die Zugangsbeschränkung nicht dem Schutz der bereits im Beruf Tätigen vor unliebsamer Konkurrenz dienen. In diesem Fall ist die Zulassungsschranke verfassungswidrig und nichtig.

Schon im Apothekenurteil hat das Bundesverfassungsgericht die Drei-Stufen-Theorie nur als mögliche, nicht als zwingende Differenzierung der Eingriffsmöglichkeiten für den Gesetzgeber bezeichnet. In späteren Entscheidungen hat sich das Gericht von einer allzu engen Bin-

[16] Vgl. jetzt Art. 93 Abs. 1 Nr. 4a GG
[17] BVerfGE 7, 377

dung an diese Theorie gelöst und unmittelbar auf die Güterabwägung im Rahmen des Grundsatzes der Verhältnismäßigkeit abgestellt. Auf diesem Weg sind einige Urteile bemerkenswert:

c) Fälle

Altersgrenze für Hebammen

Einer Hebamme wurde nach Vollendung des 70. Lebensjahres die weitere Ausübung ihres Berufes wegen Erreichens der Altersgrenze untersagt Das Bundesverfassungsgericht[18]. betrachtete dies als eine subjektive Zulassungsbeschränkung. Das Alter liege im persönlichen Bereich der Hebamme. Das Gericht erklärte die Regelung für zulässig. Die Entscheidung betrifft die Freiheit der Berufsbeendigung, demnach die Freiheit der Berufswahl. Entgegen der Auffassung des Bundesverfassungsgerichts ist eine Altersgrenze vom einzelnen Berufstätigen aber nicht beeinflußbar, es handelt sich daher nach den Kriterien der Drei-Stufen-Theorie um eine objektive Zulassungsschranke. Sie ist nur zu rechtfertigen, wenn sie konkret zum Schutze überragend wichtiger Gemeinschaftsgüter erforderlich ist. Bei Hebammen fragt es sich, ob nicht durch eine Prüfung festgestellt werden kann, wie leistungsfähig eine Siebzigjährige ist. Sollte dies möglich sein, so wäre die Zulassungsschranke verfassungswidrig, da sie unverhältnismäßig ist.

Altersgrenze für öffentlich bestellte Sachverständige

Eine Höchstaltersgrenze für öffentlich bestellte Sachverständige in Satzungen von Industrie- und Handelskammern erklärte das Bundesverfassungsgericht[19] für vereinbar mit Art. 12 GG. Im Unterschied zum Hebammenurteil handelt es sich hier um eine bloße Berufsausübungsregelung, da der Sachverständige privat weiter arbeiten kann. Es fragt sich aber, ob nach dem übergreifenden Grundsatz der Verhältnismäßigkeit die Höchstaltersgrenze für derartige Sachverständige dem Zwang zur Berufsbeendigung gleichkommt; dies müßte zumindest für solche Gruppen von Sachverständigen gelten, deren private Tätigkeit keinen nennenswerten Umfang hat.

Amtstracht der Rechtsanwälte

In einer frühen Entscheidung erklärte das Bundesverfassungsgericht[20] das Erfordernis einer Amtstracht (Robe) für Rechtsanwälte, die vor Gericht auftreten, für eine reine Berufsausübungsregelung, die bei vernünftiger Betrachtungsweise zweckmäßig erscheine.

Befähigungsnachweis im Handwerk

Das Erfordernis eines Befähigungsnachweises (der Meisterprüfung) im Handwerk wurde vom Bundesverfassungsgericht 1962 für zulässig angesehen[21]. Die Rechtfertigung wurde darin gesehen, daß ein Interesse an der Erhaltung und Förderung eines gesunden, leistungsfähigen Handwerksstandes als Ganzen bestehe. Hinzu kommen andere Überlegungen, wonach ein hochqualifiziertes Handwerk dem Gesundheitsschutz, der öffentlichen Sicherheit und einer qualitativ hochwertigen Berufsausbildung diene. Andererseits ist zu bedenken, daß in der

[18] BVerfGE 9, 338
[19] BVerfG NVwZ 1991, 358
[20] BVerfGE 28, 21
[21] BVerfGE 13, 97

Handwerksordnung und in ihren Anlagen Berufsbilder festgeschrieben werden, die durch die moderne Entwicklung, insbesondere auch durch die Informations- und Kommunikationstechnologien, überholt werden. Ferner ist zu bedenken, daß die Bewerber schon ihre Gesellenprüfung abgelegt haben, ihre fachliche Qualifikation also bewiesen haben. Schließlich könnte die Befähigung zur Berufsausbildung von der Zulassung zum Handwerksberuf getrennt werden. Die Entscheidung des Gerichts erscheint heute überholt. Sie läuft im Ergebnis vielfach auf den Versuch eines ohnehin kaum wirkungsvollen Bestandsschutzes kleiner Betriebe gegenüber industriell arbeitenden, im Konkurrenzkampf vielfach überlegenen Großbetrieben hinaus.[22]

Sachkundenachweis im Einzelhandel

Vier Jahre nach dem Handwerksurteil entschied das Bundesverfassungsgericht im Jahre 1966[23] für den Bereich des Lebensmitteleinzelhandels, daß ein Sachkundenachweis nicht bei allen Warenarten verlangt werden könne. Einem Antragsteller, der wegen unerlaubten Aufstellens eines Zigarettenautomaten belangt worden war, gab das Gericht recht. Von ihm könne der große Sachkundenachweis nicht verlangt werden.

Im Jahre 1976 erklärte das Gericht[24] auch den Sachkundenachweis im Einzelhandel für verfassungswidrig, soweit er sich auf Arten von Lebensmitteln wie z.B. Kaugummi erstrecke, für die eine solche Prüfung nicht erforderlich sei.

Kapazitätsbeschränkung für Mühlen

Ein Verbot der Errichtung und Kapazitätserweiterung von Mühlen betrachtete das Bundesverfassungsgericht als zulässig[25]. Es ordnete die Maßnahmen zwar als objektive Zulassungsbeschränkung ein, hielt aber die gesetzgeberische Maßnahme immer noch für das mildeste Mittel, um das angestrebte Ziel, den notwendigen Kapazitätsabbau für Mühlen, zu erreichen. Alternativen wären ein Zwangsquotenkartell oder eine Subventionierung der Mühlen gewesen. Beides hätte wirtschaftliche Nachteile im Vergleich zur Kapazitätsbeschränkung gebracht; die Subventionierung hätte darüber hinaus öffentliche Mittel erfordert. Der Gesetzgeber erleichterte die Entscheidung des Gerichts dadurch, daß er die Untergrenze der Gesetzesanwendung von ursprünglich einer Tonne auf drei Tonnen Tagesleistung heraufsetzte; jede Mühle wurde verpflichtet, bei Überschreiten der bisherigen Vermahlungsleistung eine Ausgleichsabgabe zu zahlen. Das Gesetz, das diese Abgabe vorsah, wurde später vom Bundesverfassungsgericht ebenfalls für verfassungsgemäß angesehen[26].

Mineralölbevorratung

Im Jahre 1971, also noch vor der ersten Erdölkrise des Jahres 1973, entschied das Bundesverfassungsgericht[27] über ein Gesetz, das Mineralölimporteure und -händler zur Anlegung von Mindestvorräten verpflichtete. Eine derartige Lagerhaltung kostet Lagerraum und bindet Kapital. Da das Gesetz nicht die Aufnahme der Geschäftstätigkeit betraf, wurde es nur als Berufsausübungsregelung behandelt. Das Gericht stellt jedoch fest, daß die konzernunabhängi-

---

[22] Vgl. Hufen, Berufsfreiheit - Erinnerung an ein Grundrecht, NJW 1994, 2913, 2921; zur EG-rechtlichen Problematik Vgl. Ehlers, NVwZ 1990, 810.

[23] BVerfGE 19, 330

[24] BVerfGE 34, 71

[25] BVerfGE 25, 1

[26] Vgl. BVerfGE 39, 210

[27] BVerfGE 30, 292

gen Importeure und Händler erheblich stärker als die konzerngebundenen betroffen seien. Hierin sah das Gericht eine Ungleichbehandlung, mit der eine eindeutig abgrenzbare Gruppe erheblich schlechter als eine andere Gruppe behandelt werde. Das Gericht vermochte für diese Differenzierung keinen sachlichen Grund zu finden, es erklärte sie nach Art. 3 GG (Gleichbehandlungsgrundsatz) in Verbindung mit Art. 12 GG (Berufsfreiheit) für unzumutbar und verfassungswidrig. Das Gesetz wurde aber nur insoweit für verfassungswidrig erklärt, als es die Bevorratungspflicht auch den unabhängigen Importeuren und Händlern auferlegte.

Schankerlaubnis für Gaststätten

Berits kurz nach seiner Errichtung hatte das Bundesverwaltungsgericht über mehrere Fälle zu entscheiden, in denen die Erteilung einer Schankerlaubnis für Gaststätten verweigert worden war. Die zuständigen Verwaltungsbehörden hatten eine Bedürfnisprüfung vorgenommen und das Bedürfnis jeweils im konkreten Falle verneint. Das Gericht behandelte eine derartige Prüfung als eine objektive Zulassungsschranke. Es hielt sie für unverhältnismäßig, also für verfassungswidrig und nichtig[28].

Kassenarztzulassung

Bereits in einer frühen Entscheidung erklärte das Bundesverfassungsgericht[29] eine Bedürfnisprüfung bei der Zulassung von praktischen Ärzten zu den gesetzlichen Krankenkassen und Ersatzkassen für verfassungswidrig. Es handle sich zwar nur um eine Ausübungsregelung, da der Zugang zum Beruf des praktischen Arztes nicht beeinträchtigt werde. Angesichts des hohen Prozentsatzes von Kassenpatienten behandelte das Gericht die Ausübungsregelung aber wie eine objektive Zulassungsbeschränkung, da die Wirkung einer Zulassungsregelung gleichkomme.

Ende 1992 wurde das Gesundheitsstrukturgesetz verabschiedet. Nach § 95 SGB V gibt es nur noch eine einheitliche Zulassung zur vertragsärztlichen Versorgung, nicht mehr eine getrennte Zulassung zu den gesetzlichen Krankenkassen und Ersatzkassen. Die Kassenärzte heißen jetzt Vertragsärzte. Für sie gilt ab 1.1.1999 eine Altersgrenze von 68 Jahren (§ 95 Abs. 7 SGB V). Der Landesausschuß der Ärzte und Krankenkassen kann Zulassungsbeschränkungen verhängen, wenn nach § 101 SGB V eine sogenannte Überversorgung festgestellt wird, d.h. wenn der allgemeine „bedarfsgerechte" Versorgungsgrad um 10 % überschritten ist. Derartige Zulassungsbeschränkungen sind bis 1998 möglich. Ab 1999 soll nach dem neugefaßten § 102 SGB V, der vorerst nur Programmcharakter hat, die Zulassung aufgrund von gesetzlich festgelegten Verhältniszahlen erfolgen. Fraglich ist, ob diese Zulassungsbeschränkung das mildeste Mittel ist, um die Funktionsfähigkeit der gesetzlichen Krankenversicherung (überragend wichtiges Gemeinschaftsgut) zu erhalten. Eine Alternative wäre eine Budgetierung der Arzthonorare auf Dauer, möglicherweise mit Ausschluß der Honorierung nach Einzelleistungen. Mit der bisherigen Entscheidungspraxis des Bundesverfassungsgerichts ist diese Neuregelung im Gesundheitsstrukturgesetz nicht vereinbar.[30] Das Bundesverfassungsgericht hat inzwischen bereits einige Anträge auf vorläufigen Rechtsschutz durch einstweilige Anordnung abgelehnt, dabei aber zur materiellrechtlichen Frage der Vereinbarkeit mit Art. 12 nicht Stellung genommen[31]

[28] BVerwGE 1, 48, 54, 269
[29] BVerfGE 11, 30
[30] Vgl. Rüfner, Das Gesetz zur Sicherung und Strukturverbesserung der gesetzlichen Krankenversicherung (Gesundheitsstruktugesetz), NJW 1993, 753, 754; Hufen, a.a.O., S. 2920, 2921.
[31] BVerfG NJW 1993, 1520

Verbot der Leiharbeit am Bau

Das gesetzliche Verbot der Leiharbeit am Bau betrachtete das Bundesverfassungsgericht[32] im Jahre 1988 als einen Eingriff in die Berufsausübung der Leiharbeitgeber; er sei so schwerwiegend, daß er einem Eingriff in die Freiheit der Berufswahl nahekomme. Das Gericht erklärte den Eingriff aber für zumutbar, da er sich gegen soziale Mißstände wende, zu denen es bei der Überlassung von Arbeitnehmern (Leiharbeit) in der Baubranche gekommen sei.

Karenzentschädigung für Handelsvertreter

Ein Handelsvertreter, der sich vertraglich verpflichtet hatte, nach Vertragsende zwei Jahre lang jede Tätigkeit für ein Konkurrenzunternehmen zu unterlassen, verlangte für diesen Zeitraum eine sogenannte Karenzentschädigung, d.h. eine finanzielle Vergütung für die Ausfallzeit. Im Vertrag war diese ausgeschlossen, wenn der Vertrag aus einem vom Handelsvertreter verschuldeten wichtigen Grund beendet wurde. Dies entsprach auch § 90 Abs. 2 Satz 2 des Handelsgesetzbuchs (HGB) in der damaligen Fassung. Das Bundesverfassungsgericht[33] erklärte im Jahre 1990, der generelle Ausschluß einer Karenzentschädigung nach dieser Vorschrift verstoße gegen Art. 12 Abs. 1 GG. Die Berufsfreiheit des ehemaligen Handelsvertreters werde in einer Weise beschränkt, die einer Beeinträchtigung der Berufswahl nahekommt. Das Gericht befaßt sich insbesondere mit der Beziehung der Grundrechte zur Privatautonomie der Vertragsparteien. Das Grundgesetz habe objektive Grundentscheidungen getroffen, die für alle Bereiche des Rechts, also auch für das Zivilrecht gelten. Keine bürgerlich-rechtliche Vorschrift dürfe im Widerspruch zu diesen Prinzipien stehen, die in den Grundrechten zum Ausdruck kommen. § 90a Abs. 2 Satz 2 HGB (alte Fassung) sehe eine Ausnahme von der Pflicht zur Karenzentschädigung vor, wenn das Vertragsverhältnis aus wichtigem Grund wegen schuldhaften Verhaltens des Handelsvertreters gekündigt worden sei. Der Vertragspartner habe, wenn durch das Verhalten des Handelsvertreters ein Schaden entstanden sei, Ersatzansprüche. Darüber hinaus könne ihm ein Lossagungsrecht eingeräumt werden oder der Anspruch auf Karenzentschädigung eingeschränkt werden. Jedenfalls verstoße die undifferenzierte Verweigerung dieser Karenzentschädigung gegen die Berufsfreiheit des Handelsvertreters und damit gegen Art. 12 Abs. 1 GG. Das Urteil hält zum erstenmal fest, daß der Staat schützend aktiv werden muß, wenn ein Bürger im Arbeitsleben offensichtlich außerstande ist, seine Berufsfreiheit wahrzunehmen. Das Bundesverfassungsgericht bejaht also **staatliche Schutzpflichten** aus Art. 12 Abs. 1 GG, die sich auf den Gesetzgeber und die Gerichte beziehen.

d) Recht auf freie Wahl des Arbeitsplatzes

Im Zusammenhang mit der Auflösung der zentralistischen Staatsverwaltung der DDR schufen Bundesrepublik und DDR im Einigungsvertrag die sog. Warteschleifenregelung. Danach konnten öffentliche Einrichtungen „abgewickelt", d.h. aufgelöst werden. Die Arbeitsverhältnisse konnten dort zum Ruhen gebracht und befristet werden. In diese Warteschleife wurden über hunderttausend Beschäftigte aus der ehemaligen DDR versetzt. In einem ersten Urteil erklärte das Bundesverfassungsgericht[34] am 24. April 1991 die Warteschleifenregelung grundsätzlich für verfassungsgemäß, für verfassungswidrig und nichtig jedoch in dem Teil, in dem

[32] BVerfGE 77, 84
[33] BVerfGE 81, 242
[34] BVerfGE 84, 133

der Kündigungsschutz für Schwangere und Mütter nach der Entbindung durchbrochen wird. Das Urteil ist nicht nur wegen der großen Zahl von Betroffenen bedeutungsvoll, sondern auch, weil zum erstenmal höchstrichterlich genauere Aussagen zu Art und Umfang des Grundrechts auf freie Wahl des Arbeitsplatzes in Art. 12 Abs. 1 GG getroffen werden. Die Beschränkung vieler Entscheidungen zu Art. 12 GG auf Probleme der freien Berufe und des Mittelstandes war damit überwunden.

Während es bei der Berufswahl um die Entscheidung des einzelnen geht, auf welchem Feld er sich beruflich betätigen will, betrifft die Arbeitsplatzwahl die Entscheidung, an welcher Stelle er dem gewählten Beruf nachgehen möchte. Die Arbeitsplatzwahl ist, wie das Gericht ausführt, der Berufswahl nachgeordnet und konkretisiert diese. Mit der Wahlfreiheit ist weder ein Anspruch auf Bereitstellung eines Arbeitsplatzes eigener Wahl noch eine Bestandsgarantie für den einmal gewählten Arbeitsplatz verbunden. Ebensowenig verleiht das Grundrecht unmittelbaren Schutz gegen den Verlust eines Arbeitsplatzes aufgrund privater Dispositionen. Insoweit gibt es kein Recht auf Arbeit. Dem Staat obliegt aber eine aus Art. 12 Abs. 1 GG folgende **Schutzpflicht**, den geltenden Kündigungsvorschriften hinreichend Rechnung zu tragen. Direkte staatliche Eingriffe in bestehende Arbeitsverhältnisse müssen sich im Rahmen dieser Schutzpflicht stets an dem Grundrecht auf freie Wahl des Arbeitsplatzes messen lassen.

Im einzelnen führt das Gericht zum Umfang der Schutzpflicht aus:
Wenn eine Regelung in die freie Wahl des Arbeitsplatzes mit ähnlicher Wirkung eingreift wie eine objektive Zulassungsschranke in die Freiheit der Berufswahl, ist sie nur zur Sicherung eines entsprechend wichtigen Gemeinschaftsguts unter Wahrung des Grundsatzes der Verhältnismäßigkeit zulässig. Das gilt auch für Arbeitsplätze im Öffentlichen Dienst. Zwar können in diesem Bereich Sonderregelungen in Anlehnung an Art. 33 GG die Wirkung des Grundrechts aus Art. 12 Abs. 1 GG zurückdrängen. Insbesondere unterliegt die Zahl der Arbeitsplätze der Organisationsgewalt des Staates, die von Art. 12 GG nicht berührt wird. Die angegriffene Regelung ist aber mit Art. 12 Abs. 1 in Verbindung mit Art. 6 Abs. 4 GG insoweit unvereinbar und nichtig, als dadurch die Kündigungsvorschriften im Bereich des Mutterschutzrechts durchbrochen werden. Für Schwangere und Mütter nach der Entbindung stellt die angegriffene Regelung eine unzumutbare Härte dar. Das Grundgesetz gewährt ihnen in Art. 6 Abs. 4 einen Anspruch auf den Schutz und die Fürsorge der Gemeinschaft. Der Gesetzgeber durfte ihre Arbeitsverhältnisse nicht ohne weiteres beenden und sie von einem Tag auf den anderen in eine Lage bringen, die der Arbeitslosigkeit zumindest nahekommt. Die Regelungen nehmen auch keine Rücksicht auf besonders schwer Betroffene. Dazu gehören namentlich Schwerbehinderte, ältere Arbeitnehmer und Alleinerziehende. Ihnen ist die Entlassung nur zuzumuten, wenn ihnen eine begründete Aussicht auf eine neue Stelle im öffentlichen Dienst geboten wird. Auch muß ihnen durch Fortbildungs- und Umschulungsangebote geholfen werden.

Im zweiten Warteschleifenurteil vom 10.3.1992[35] wird den Arbeitnehmern ein Vertrauensschutz zugebilligt. Ihnen muß rechtzeitig mitgeteilt werden, daß sie nach einer Abwicklung nicht weiterbeschäftigt werden sollen. Die Auslauffrist muß mindestens einen Monat betragen.

Nach den Warteschleifenurteilen präsentiert sich die Rechtsprechung des Bundesverfassungsgerichts zu Art. 12 GG als eine Ausprägung der bereits in der Entscheidung zu den Handelsvertretern eingeleiteten Anerkennung von staatlichen Schutzpflichten. Daraus folgt weder ein

[35] dazu BAG DB 93, 1676 und 1830, schwächer als LAG Berlin BB 93, 75; BVerfG EuGRZ 1992, 110

Anspruch auf Bereitstellung eines Arbeitsplatzes noch eine Bestandsgarantie für Arbeitsplätze, wohl aber die Anerkennung eines spezifisches Schutzbedürfnisses. Auch Machtausübung mit privatrechtlichen Gestaltungsmitteln, sei es im Handelsvertreterrecht oder im Arbeitsrecht, kann diese Freiheit beeinträchtigen.[36]

Bestandsschutz des Arbeitsplatzes (Kündigungsschutz im Kleinbetrieben)

Nach § 23 des Kündigungsschutzgesetzes in der Fassung, die bis 30. 9. 1996 galt[37]- diese Fassung gilt wieder seit 1.1.1999, waren Betriebe mit fünf oder weniger Arbeitnehmern als. sog. Kleinbetriebe vom Kündigungsschutz freigestellt. Darüber hinaus waren Betriebe mit einer beliebig großen Zahl von Arbeitnehmern vom Kündigungsschutz freigestellt, wenn diese wöchentlich nur bis zu zehn Stunden oder monatlich nur bis zu 45 Stunden beschäftigt waren. Diese Personen zählten für den Kündigungsschutz nicht. Für einen Betrieb mit genau fünf Vollbeschäftigten und nicht weniger als 45 nur bis zu 10 Stunden wöchentlich bzw. 45 Stunden monatlich Beschäftigten hielt das Bundesverfassungsgericht[38] im Jahre 1998 fest, daß die Vorschrift verfassungskonform ausgelegt werden müsse. Die Anrechnungsregel der seit 1. 10. 1996 geltenden Fassung des Gesetzes müsse auch auf die alte Fassung angewendet werden. Danach werden Arbeitnehmer mit einer wöchentlichen Arbeitszeit von nicht mehr als 10 Stunden mit einem Faktor von 0,25 angerechnet, solche mit nicht mehr als 20 Stunden mit dem Faktor 0,5 und solche mit nicht mehr als 30 Stunden mit dem Faktor 0,75. Das Gericht stellt die Interessen von Arbeitgebern und Arbeitnehmern gegenüber: Der Arbeitnehmer ist nach Art. 12 Abs. 1 GG in dem Interesse an der Erhaltung seines Arbeitsplatzes geschützt, der Arbeitgeber nach Art. 12 Abs. 1 und Art. 2 Abs. 1 GG in seinem Interesse, nur Mitarbeiter zu beschäftigen, die seinen Vorstellungen entsprechen, und ihre Zahl auf das von ihm bestimmte Maß zu beschränken. Der Gesetzgeber besitzt einen weiten Gestaltungsfreiraum bei der Einschätzung der Rahmenbedingungen und bei der Bewertung der Interessen. Wenn er die Interessen der einen Seite denen der anderen in einer Weise unterordnet, daß von einem angemessenen Ausgleich nicht mehr gesprochen werden kann, verletzt er eine Schutzpflicht aus Art. 12 Abs. 1 GG. Kleinbetriebe darf er vom Kündigungsschutz ausnehmen, weil beide Seiten hier typischerweise persönlich zusammenarbeiten, insbesondere auch der Arbeitgeber im Betrieb mitarbeitet, und weil Finanzausstattung und Verwaltungskapazität des Unternehmens gering sind. Ansonsten ist ein verfassungsrechtlicher Mindestschutz des Arbeitsplatzes vor Verlust durch private Disposition zu gewährleisten. Bei typisierender Abgrenzung darf der Gesetzgeber nicht Betriebe, die überwiegend Teilzeitkräfte beschäftigen, völlig von der Anwendung des Kündigungsschutzgesetzes ausnehmen. Der Wortlaut der Norm läßt eine verfassungskonforme Auslegung, bei der die Teilzeitkräfte berücksichtigt werden, zwar nicht zu. Im Wege teleologischer Reduktion kann die Anwendung der Norm jedoch auf Fälle beschränkt werden, in denen die nach der Neufassung des Gesetzes geltende Anrechnungsregel zu einem Ausschluß vom Kündigungsschutz führt. Danach unterliegt der fragliche Betrieb dem Kündigungsschutz. Mit der Entscheidung wird ein Mindestmaß an Kündigungsschutz aus Art. 12 Abs. 1 GG abgeleitet.

e) Ausbildungsfreiheit

Auf studentischen Wunsch nahm der parlamentarische Rat bei den Beratungen zum Grundgesetz neben dem Recht auf freie Wahl des Berufs auch das Recht auf freie Wahl der Ausbil-

---

[36] Vgl. Dieterich in Erfurter Kommentar zum Arbeitsrecht, GG 10, Art. 12 Rz. 11

[37] Diese Fassung gilt im wesentlichen wieder seit 1.1.1999

[38] BVerG NJW 1998, 1475ff. und 1478ff.

dungsstätte in Art. 12 Abs. 1 GG auf. Gedacht war an einen freien Studienplatzwechsel, insbesondere von Bundesland zu Bundesland. Als gegen Ende der sechziger Jahre an immer mehr Hochschulen ein Numerus clausus in Fächern wie Medizin und Zahnmedizin eingeführt wurde, hielten mehrere abgewiesene Bewerber diese Maßnahme für verfassungswidrig. Im **ersten Numerus clausus-Urteil** von 1972 hob das Bundesverfassungsgericht[39] den inneren Zusammenhang zwischen Berufsausbildung und Berufsaufnahme hervor und schloß daraus, daß zumindest dann, wenn die Aufnahme eines Berufs wie bei Ärzten eine bestimmte staatliche Ausbildung voraussetze, Beschränkungen im freien Zugang zu der vorgeschriebenen Ausbildung ähnlich streng zu beurteilen seien wie die Zugangsvoraussetzungen für den Beruf selbst. Als objektive Zulassungsbeschränkung im Sinne der Drei-Stufen-Theorie sei ein absoluter Numerus clausus nur verfassungsmäßig, wenn er erstens in den Grenzen des unbedingt Erforderlichen unter erschöpfender Nutzung der vorhandenen, mit öffentlichen Mitteln geschaffenen Ausbildungskapazitäten angeordnet werde, und wenn zweitens die Auswahl und Verteilung nach sachgerechten Kriterien mit einer Chance für jeden an sich hochschulreifen Bewerber und unter möglichster Berücksichtigung der individuellen Wahl des Ausbildungsorts getroffen würden.

Im zweiten Numerus clausus-Urteil von 1977 wurden diese Grundsätze vom Bundesverfassungsgericht[40] noch weiterentwickelt. Der Gesetzgeber wurde insbesondere verpflichtet, in „harten" Numerus-clausus-Fächern auch den Bewerbern mit weniger guten Abiturnoten durch das Auswahlverfahren eine Chance auf einen Studienplatz einzuräumen. Dies bezog sich insbesondere auf Human-, Zahn- und Tiermedizin.[41] Das Bundesverfassungsgericht entwickelte hier für den Bereich der Ausbildungsfreiheit bereits die Schutzpflichten, die später auch für die Berufsfreiheit im engeren Sinne (Handelsvertreterentscheidung) und für die freie Wahl und den Schutz des Arbeitsplatzes (Warteschleife, Kleinbetriebsklausel) Bedeutung erlangen sollten.[42]

Unter die Freiheit der Berufswahl fällt auch die freie Wahl der schulischen Ausbildungsstätte. Dies bedeutet nicht, daß sich die Schulkinder ihr Schulhaus aussuchen könnten. Es heißt aber, daß sie wie alle Staatsbürger beim Zugang zu Bildungs- und Ausbildungseinrichtungen lediglich den Schranken der Drei-Stufen-Theorie unterworfen sind. Man kann sie also auf die lokal zuständige Grundschule verweisen, man kann ihnen aber nicht den Übertritt in die höhere Schule verbieten.

Im Bereich der beruflichen Ausbildung besteht nach wie vor die beherrschende Stellung der Industrie- und Handelskammern und des einzelnen Unternehmers, der über den Abschluß des Ausbildungsvertrages zu entscheiden hat. Wenn der Staat sich auf den Bereich der Berufsschule beschränkt und den Arbeitgebern die praxisbezogene Berufsausbildung überläßt, so muß er erwarten, daß sie diese Aufgabe nach ihren objektiven Möglichkeiten und damit so erfüllen, daß alle ausbildungswilligen Jugendlichen die Chance auf einen Ausbildungsplatz erhalten.[43] Auch hier gelten die Schutzpflichten, die der Staat in einer Art und Weise erfüllen muß, daß er sich nicht nur um den Zugang zu den vorhandenen Ausbildungsplätzen, sondern auch um ein Mindestangebot an Ausbildungsplätzen kümmert, ohne das die Ausbildungsfreiheit im Bereich der beruflichen Bildung leerlaufen würde.

---

[39] BVerfGE 33, 303
[40] BVerfGE 43, 291
[41] Vgl. hierzu Hammer/Nagel, NJW 1977, 1257
[42] Vgl. Dieterich in Erfurter Kommentar zum Arbeitsrecht, GG 10, Art. 12 Rz. 4
[43] BVerfGE 55, 274, 312 ff.

f) Wiederholung

A war ein kleiner Bäckermeister in Karlsruhe. Nach § 5 Abs. 1 des aus dem Jahre 1936 stammenden (und bis 1996 geltenden) Gesetzes über die Arbeitszeit in Bäckereien und Konditoreien bestand ein Nachtbackverbot. A fühlte sich dadurch in seiner beruflichen Entfaltung beeinträchtigt, daß Großbäckereien aus dem nahen französischen Elsaß jeden Morgen riesige Mengen von Brot und Brötchen über die Grenze brachten. Für sie galt kein Nachtbackverbot. War A durch das Gesetz in seiner Berufsfreiheit verletzt?

Lösungsvorschlag

A könnte in seiner Berufsfreiheit aus Art. 12 Abs. 1 GG verletzt sein, weil ihm das Gesetz einen erheblichen Nachteil in seiner wirtschaftlichen Entfaltungsmöglichkeit zufügt. Er ist gegenüber ausländischen Bäckereien durch das Nachtbackverbot benachteiligt. Nach der Drei-Stufen-Theorie (bitte ausführen) handelt es sich um eine Berufsausübungsregelung. Sie ist zulässig, wenn sie auf vernünftigen Erwägungen des Gemeinwohls beruht. In diesem Fall soll die Regelung dem Schutz der Arbeitnehmer gegen übermäßige Ausnutzung und Abnutzung ihrer Arbeitskraft und damit der Erhaltung ihrer Gesundheit dienen. Mit dieser Begründung läßt sich auch ein erheblicher Eingriff in die Freiheit der beruflichen Betätigung und in die wirtschaftlichen Entfaltungsmöglichkeiten der Bäckereien rechtfertigen. Man könnte daran denken, für grenznahe Bäckereien eine Ausnahme zu machen, um ihre Konkurrenzfähigkeit gegenüber ausländischen Bäckereien zu sichern. Hierzu ist jedoch zu bedenken, daß der grenznahe Bereich nur relativ schwer räumlich bestimmt werden kann. Im übrigen würde wegen der Ausnahmen vom Nachtbackverbot ein erheblicher Verwaltungsaufwand entstehen, der sich auch zu Lasten der Bäckereien auswirken würde. Das Bundesverfassungsgericht[44] erklärte die Regelung für verfassungsmäßig. Es befaßte sich insbesondere auch mit der Frage, ob der Gesetzgeber für Großbäckereien die Möglichkeit zum Schichtwechsel einräumen müsse. Es hielt ihn hierzu nicht für verpflichtet. Der Gesetzgeber schütze die kleinen Bäckereien, also mittelständische Unternehmen, indem er einen solchen Schichtwechsel nicht ermögliche. Dies sei eine zulässige Korrektur des freien Spiels der Kräfte, um die vom Gesetzgeber erstrebte Wirtschafts- und Sozialordnung zu erreichen. Diese Beschränkung sei für die Großbäckereien nicht übermäßig belastend und nicht unzumutbar[45].

Das Problem war mit dieser Entscheidung rechtspolitisch noch nicht erledigt. Es wurde argumentiert, ein geregelter Schichtbetrieb mit einer gelegentlichen Nachtarbeit für die Arbeitnehmer sei vorteilhafter als ein früher Arbeitsbeginn der Bäcker. Der allgemeine Kostendruck, die Notwendigkeit teurer Investitionen, die erhöhten Lohnkosten und die Konkurrenz aus Ländern wie Frankreich und Österreich, in denen es kein Nachtbackverbot gibt, seien eine unzumutbare Belastung.[46].

Der Gesetzgeber nahm diese Argumente auf. Nachdem das spezielle, für Bäckereien geltende Gesetz im Jahre 1996 aufgehoben wurde, gelten heute die allgemeinen Vorschriften des Arbeitszeitgesetzes, wonach die Arbeitszeiten der Nacht- und Schichtarbeitnehmer „nach den gesicherten arbeitswissenschaftlichen Erkenntnissen über die menschengerechte Gestaltung der Arbeit" festzulegen sind. Als Nachtzeit gilt für Bäckereien die Zeit zwischen 22 Uhr und 5

---

[44] BVerfGE 23, 50

[45] Vgl. auch BVerfGE 41, 360

[46] Vgl. Steinberg/Luhberger, Nachtbackverbot und Ausnahmegenehmigung, 1987, S. 16 ff.; EuGH Slg. 1981, 1993=NJW 1981, 1885 Oebel; jetzt auch BVerfG DB 93, 538=BBVerfGE 87, 363 BGH NJW-RR 1989, 297 BVerwG NJW-RR 1989, 643; Hufen NJW 1994, 2913

Uhr früh, in den anderen Bereichen die Zeit zwischen 23 Uhr und 6 Uhr früh (§ 2 Abs. 3 ArbZG). Die Bäcker „dürfen" also eine Stunde früher als die anderen Arbeitnehmer anfangen zu arbeiten, ohne den besonderen Vorschriften über die Nachtarbeit zu unterfallen. Außerdem dürfen nach § 10 Abs. 2 des Arbeitszeitgesetzes heute die Bäcker und Konditoren sonntags für bis zu drei Stunden mit der Herstellung und dem Austragen oder Ausfahren von Konditorwaren und „an diesem Tag zu Verkauf kommenden Backwaren" beschäftigt werden. Das Dauerthema „Nachtbackverbot" dürfte sich damit aus verfassungsrechtlicher Sicht erledigt haben.[47]

g) Vertiefung

aa) Berufsfreiheit und Gewerbeaufsicht

Während die Wirtschaft der merkantilistischen Epoche von den Reglementierungen des Monarchen abhängig war und seine Hofhaltung zu finanzieren hatte, konnte sich in der liberalen Wirtschaftsordnung unter dem Schlagwort „laissez faire, laissez aller" das Bürgertum mit Hilfe der Gewerbefreiheit vom feudalen Staat emanzipieren. Die Gewerbefreiheit wurde durch die Stein-Hardenbbergschen Reformen in Preußen eingeführt und setzte sich in der ersten Hälfte des 19, Jahrhunderts - wenn auch langsam - im Deutschen Bund durch. Damit erreichte Deutschland ökonomisch den Anschluß an Frankreich und England. Ökonomische Basis der liberalen Gewerbefreiheit war die Entfaltung der Warenproduktion im Kapitalismus. Dieser ermöglichte die Entwicklung weiterer neuer Technologien in der sog. industriellen Revolution.

Da die Entfaltung der Gewerbefreiheit entgegen der Theorie von Adam Smith nicht automatisch zur bestmöglichen ökonomischen Entwicklung führte, sondern sich im Gegenteil die gesellschaftlichen und ökonomischen Krisen des Kapitalismus herausbildeten, erwies sich die Weiterführung der schon aus dem Merkantilismus stammenden Gewerbeaufsicht als notwendig. Der Staat sollte sich nach der liberalen Gesellschaftstheorie allerdings auf die Rolle eines „Nachtwächters" beschränken, er sollte lediglich durch die Polizei Gefahren abwehren, sich aber ansonsten aus dem ökonomischen Bereich heraushalten.

In Deutschland kam es jedoch nicht zu einer derartigen Selbstbeschränkung des Staates: Im Gegenteil: Der Staat erließ Gesetze zur Erhaltung der ökonomischen Funktionsfähigkeit der Unternehmen und zum Schutz der von der unternehmerischen Tätigkeit Betroffenen. Die gewaltige Ausdehnung der Produktivkräfte im Kapitalismus führte auch zu einer Ausdehnung der Gewerbeaufsicht. Schon 1838 wurde die Eisenbahn- und Sparkassenaufsicht geschaffen. 1845 folgte die Allgemeine Gewerbeaufsicht in Preußen, 1869 die Gewerbeordnung im Norddeutschen Bund, die später auf das Deutsche Reich ausgedehnt wurde. Es folgten 1879 die Lebensmittelaufsicht, 1896 die Börsenaufsicht, 1899 die Aufsicht über die Hypothekenbanken, 1901 die Versicherungsaufsicht, 1922 die Luftfahrtaufsicht, 1923 die Kartellaufsicht (später verbessert durch das Gesetz gegen Wettbewerbsbeschränkungen von 1957 und seine Novellierung von 1973), die Aufsicht über Banken und Bausparkassen im Jahre 1931, die Atomaufsicht von 1959 und schließlich das Bundesimmissionsschutzgesetz von 1974, um nur einige wichtige Beispiele aus der deutschen Reichs- und später Bundesgesetzgebung zu nennen. Man sieht, wie sehr diese Entwicklung von den jeweiligen Problemlagen der Zeit abhängig ist. Die jeweiligen gesellschaftlichen Krisensymptome erfordern eine Antwort, die der Staat - wenn auch meist mit Verzögerung und unzureichend - gibt. Diese Ausdehnung der

---

[47] Vgl. auch die Ausführungen zu Art. 3 GG und zum Verbot der Nachtarbeit von Frauen

Wirtschaftsaufsicht darf man keineswegs nur quantitativ verstehen, sie führt vielmehr auch zu einer qualitativen Veränderung. Die wachsende Interventionstätigkeit führt zur Herausbildung der Globalsteuerung und damit zum planmäßig steuernden und lenkenden Staat der Gegenwart, der sich von der klassisch-liberalen Reduktion auf die Aufsichtstätigkeit weit entfernt hat.

Bezeichnenderweise kam es gegenüber der Verstärkung der Aufsicht zu einer gegenläufigen Bewegung: Während es in Art. 151 Abs. 3 der Weimarer Reichsverfassung lediglich geheißen hatte „Die Freiheit des Handels und Gewerbes wird nach Maßgabe der Reichsgesetze gewährleistet", konstatierte das Grundgesetz eine allgemeine Berufs- und Ausbildungsfreiheit. Art. 12 des Grundgesetzes lautet: „Alle Deutschen haben das Recht, Beruf, Arbeitsplatz und Ausbildungsstätte frei zu wählen. Die Berufsausübung kann durch Gesetz geregelt werden ...".

Zur Interpretation dieser Vorschrift schuf das Bundesverfassungsgericht die „Drei-Stufen-Theorie". Es unterschied zwischen Regelungen der Berufsausübung und der Berufszulassung. Die geringsten Anforderungen stellt das Gericht an reine Ausübungsregelungen (z.B. Qualitätsvorschriften, Amtstracht, Talarzwang). Sie sind zulässig, wenn sie bei vernünftiger Erwägung des Allgemeinwohls zweckmäßig erscheinen. Im weiteren unterscheidet das Gericht zwischen objektiven und subjektiven Zulassungsregelungen. Subjektiv bedeutet, daß es um den Besitz bzw. Nachweis persönlicher Eigenschaften, Fähigkeiten oder Fertigkeiten geht (z.B. Examina, Meisterprüfungen, Sachkundenachweise). Subjektive Zulassungsregelungen sind zulässig, wenn ein wichtiges Gemeinschaftsgut geschützt werden soll und die subjektiven Voraussetzungen nicht außer Verhältnis zum angestrebten Zweck ordnungsgemäßer Berufsausübung stehen. Objektive Zulassungsvoraussetzungen sind vom Willen und den Handlungsmöglichkeiten des Bewerbers unabhängig (z.B. das Vorliegen eines Bedürfnisses für das Gewerbe, die Vereinbarkeit mit der gesamtwirtschaftlichen Entwicklung bzw. mit Entwicklungsplänen). Sie sind nur zulässig, wenn nachweisbare oder höchstwahrscheinliche schwere Gefahren für ein überragend wichtiges Gemeinschaftsgut abzuwehren sind. Es wird verschiedentlich versucht, diese Rechtsprechung als Schutz einer liberalen, auf dem Privateigentum an allen Produktionsmitteln basierenden, Gesellschaftsordnung zu interpretieren. In Wirklichkeit dient sie dem Schutz des Individuums (Grundrecht) und sollte sich auch in diesem Schutz erschöpfen.

Da die Grundrechte nach Art. 19 Abs. 3 GG grundsätzlich nicht nur für natürliche, sondern auch für juristische Personen gelten, führt diese Rechtsprechung zu einer paradoxen Situation: Auf der einen Seite schützt man den Bürger gegenüber dem Staat, der immer mehr steuernd und lenkend in die Wirtschaft eingreift. Auf der anderen Seite schwächt man die Position des Bürgers gegenüber gesellschaftlichen Machtkomplexen wie Konzernen und multinationalen Unternehmen, indem man diesen den Schutz von Individualgrundrechten gegenüber Maßnahmen zugesteht, die der Staat zum Schutze der Bürger gegen solche Machtkomplexe ergreifen könnte. Man muß daher die - zweifellos sinnvolle - Begrenzung der staatlichen Eingriffsbefugnisse gegenüber privater Wirtschaftsmacht an dem Zweck ausrichten, dem diese Eingriffe dienen sollen. Die Gewerbefreiheit der organisierten Großwirtschaft darf nicht in eine staatliche Garantie für die Ausnutzung dieser Machtposition gegenüber den dieser Gewalt Unterworfenen umschlagen. Die wirtschaftliche Macht muß im Gegenteil wirksam kontrolliert werden, damit nicht die Voraussetzungen für das individuelle Grundrecht der Berufsfreiheit in der gesellschaftlichen Wirklichkeit zunichtegemacht werden. Das Bundesverfassungsgericht entwickelt hierzu Schutzpflichten, durch die das soziale Übergewicht nicht nur des wirktschaftlich stärkeren Vertagspartners beim Handelsvertretervertrag, sondern auch des Arbeitgebers beim Abschluß des Arbeitsvertrages und bei der vertragsrechtlichen Regelung der

Arbeitsbedingungen kontrolliert werden können. Ein Mindestmaß an arbeitsvertraglicher Ausgewogenheit und an Kündigungsschutz ist heute verfassungsfest.

bb) Recht auf freie Wahl des Arbeitsplatzes

In seinem Urteil aus dem Jahre 1991 zur Warteschleifenregelung des Einigungsvertrages (vgl. oben) hat das Bundesverfassungsgericht erstmals genauere Umrisse des Grundrechts auf freie Wahl des Arbeitsplatzes aus Art. 12 Abs. 1 GG entwickelt. Es schützt den einzelnen in seinem Entschluß, eine konkrete Beschäftigungsmöglichkeit in dem gewählten Beruf zu ergreifen, beizubehalten oder aufzugeben, gewährt aber keinen Anspruch auf Bereitstellung eines Arbeitsplatzes eigener Wahl. Das Grundrecht richtet sich zunächst gegen den Staat. Greift eine Regelung in die freie Wahl des Arbeitsplatzes mit ähnlicher Wirkung ein wie eine objektive Zulassungsschranke in die Freiheit der Berufswahl, so ist dies nur zur Sicherung eines entsprechend wichtigen Gemeinschaftsguts unter Wahrung des Grundsatzes der Verhältnismäßigkeit zulässig. Die staatlichen Schutzpflichten beziehen sich zum einen auf Schwangere und Mütter im Bereich des Mutterschutzes; in diesem Bereich ist der Einigungsvertrag nichtig. Ihr Kündigungsschutz genießt im Zusammenhang mit Art. 6 Abs. 4 GG Verfassungsrang. Geschützt sind auch Schwerbehinderte, Ältere und Alleinerziehende. Ihnen ist die Entlassung nur zuzumuten, wenn ihnen eine begründete Aussicht auf eine neue Stelle im Öffentlichen Dienst geboten sowie durch Fortbildungs- und Umschulungsangebote geholfen wird. Damit wird ein Grundrechtsschutz durch Organisations- und Verfahrensregelungen entwickelt, der ein Mindestmaß an Kündigungsschutz verfassungskräftig festhält. Die Interpretation von Art. 12 GG entwickelt sich auch durch diese Entscheidung immer weiter über den klassischen Schutz der Gewerbefreiheit hinaus.[48]

cc) Ausbildungsfreiheit und Ausbildungsmöglichkeit

Unter die Freiheit der Berufswahl fällt auch die freie Wahl der Ausbildungsstätte. Dies bedeutet nicht, daß sich die Schulkinder ihr Schulhaus aussuchen könnten. Es heißt aber, daß sie wie alle Staatsbürger beim Zugang zu Bildungs- und Ausbildungseinrichtungen lediglich den Schranken der Drei-Stufen-Theorie unterworfen sind. Man kann sie also auf die lokal zuständige Grundschule verweisen, man kann ihnen aber nicht den Übertritt in die höhere Schule verbieten. Virulent wird die Drei-Stufen-Theorie bei der gegenwärtigen **Numerus-clausus-Praxis** in der Bundesrepublik.

Bei der Auswahl unter den Studienplatzbewerbern nach Abiturnoten handelt es sich keineswegs um eine subjektive Zulassungsvoraussetzung, wie man aus der Tatsache folgern könnte, daß die schulischen Leistungen des Bewerbers - also der Nachweis persönlicher Fertigkeiten - den Ausschlag geben sollen. Grundlage für diesen Auswahlmodus ist nämlich die objektive Höchstzahl von Studierenden, die aufgrund der Kapazitätsermittlung an den deutschen Hochschulen berechnet wird. Die Durchschnittsnote ist lediglich ein Kriterium zur Verteilung der Plätze innerhalb der als objektiv festgelegten Höchstzahl. Es handelt sich also um eine objektive Zulassungsregelung, für welche die genannten strengen Anforderungen gelten.

In einer grundlegenden Entscheidung hat das Bundesverfassungsgericht den praktizierten Numerus clausus als „am Rande des verfassungsrechtlich Hinnehmbaren" bezeichnet. Zulassungsbeschränkungen sind erst möglich, wenn der Staat im Rahmen des finanziell Möglichen alles zur Erweiterung der Ausbildungskapazitäten getan hat. Wie sich jedoch empirisch nach-

---

[48] Vgl. schon Dieterich RdA 1992, 330

weisen läßt, hat der Staat nicht nur beim Ausbau der Hochschulen Mittel verschwendet und fehlgeleitet, er orientiert sich auch bei der Verteilung der vorhandenen Plätze zum Teil nicht an den Kapazitäten, sondern an einem - wie immer prognostizierten oder geschätzten - Akademikerbedarf im jeweiligen Fach. Dies widerspricht dem Grundgesetz.[49] Bereits hier entwickelt das Bundesverfassungsgericht seine Entscheidungspraxis zu den staatlichen Schutzpflichten im Bereich der Grundrechte.

Obwohl die Ausbildungsfreiheit im Bereich der Hochschule besonders leidenschaftlich und besonders kontrovers diskutiert wird, sind anderswo die Ausbildungsmöglichkeiten sehr viel stärker beschränkt. Im Bereich der beruflichen Ausbildung besteht nach wie vor die beherrschende Stellung der Industrie- und Handelskammern und des einzelnen Unternehmers, der über den Abschluß des Ausbildungsvertrages zu entscheiden hat. Wenn der Staat sich auf den Bereich der Berufsschule beschränkt und den Arbeitgebern die praxisbezogene Berufsausbildung überläßt, so muß er erwarten, daß sie diese Aufgabe nach ihren objektiven Möglichkeiten und damit so erfüllen, daß alle ausbildungswilligen Jugendlichen die Chance auf einen Ausbildungsplatz erhalten.[50] Die staatlichen Schutzpflichten beziehen sich auch darauf, einen Mindeststandard an realen Ausbildungsmöglichkeiten im Bereich der beruflichen Bildung bereitzustellen.

In der Bundesrepublik gab es in den 60er Jahren eine breite Kampagne „Schick Dein Kind länger auf bessere Schulen". Dies führte dazu, daß sich allein zwischen 1971 und 1975 die Zahl der Abiturienten verdoppelte - von 87000 auf 172000. Der prozentuale Anteil der Studienanfänger an der gleichaltrigen Bevölkerung wuchs von 7,9 % im Jahre 1960 auf 15,4 % im Jahre 1970. Bis 1974 erhöhte er sich weiter auf 22 %. Die Möglichkeit und das Recht zum Besuch der höheren Schulen hatten schon vorher bestanden. Aber erst jetzt wurden die materiellen Voraussetzungen dafür geschaffen, daß die Möglichkeiten und Rechte auch massenhaft in Anspruch genommen wurden.

An diesem Zahlenbeispiel wird deutlich, daß man nicht bei der formalen Ausbildungsfreiheit stehen bleiben darf. Es ist vielmehr notwendig, diesen Begriff zu materialisieren. Dann verlagert sich die Diskussion von den abstrakten Begriffen zu den empirisch feststellbaren Tatsachen. In der Bundesrepublik ist z.B. festzustellen, daß weibliche Studierende und Arbeiterkinder an den Hochschulen immer noch unterrepräsentiert sind. Es gilt immer noch die Faustformel, daß die berufliche Ausbildung die Allgemeinbildung der Beherrschten und die Allgemeinbildung die berufliche Ausbildung der Herrschenden ist. Dies zeigt sich auch bei einer Analyse der Ausbildungsinhalte. So wird an den Gymnasien immer noch - wenn auch mit abnehmender Tendenz - das besondere Gewicht auf die historisch-philologischen Fächer gelegt. Da die Arbeiterkinder mir ihrer durch das Elternhaus geprägten mehr praktisch-technischen Begabung hierbei benachteiligt sind, führt nicht nur diese Schwerpunktbildung, aber auch sie, zu einer schichtenspezifischen Selektion, an deren Ende die Arbeiterkinder unterrepräsentiert sind. Dies bedeutet nicht, daß man schematisch einen bestimmten Anteil von Arbeiter- und Bauernkindern in den Ausbildungsinstitutionen festsetzen sollte, dies heißt aber wohl, daß man Lehrinhalte daran ausrichten sollte, was Schüler und Studenten in einer demokratischen Gesellschaft brauchen.

Die inhaltliche Ausbildungsfreiheit und die Organisation der Ausbildungsstätten können nicht voneinander getrennt werden. Es ist umstritten, in welchem Umfang es neben der Wissen-

[49] Vgl. BVerfGE 33, 303
[50] BVerfGE 55, 274, 312 ff.

schaftsfreiheit des Artikels 5 Abs. 3 GG auch eine pädagogische Freiheit an der Schule gibt und geben kann. Eine grundlegende Darstellung des Problems gibt bereits 1792 Condorcet[51] in seiner Denkschrift zur Organisation des gesamten Bildungswesens für die französische Nationalversammlung. Er baut auf dem Gedanken der Selbstverwaltung, der Kooptation der Lehrenden der höchsten Stufe, des freien Wettbewerbs mit privaten Bildungseinrichtungen und der akademischen Lehrfreiheit auf.

Will man einen Begriff wie Freiheit für praktisches Handeln fruchtbar machen, so darf man sich nicht an abstrakte oder idealistische Vorstellungen von der Freiheit halten. Man muß die Freiheit vielmehr aus ihrem begrifflichen Gegenpart, der Herrschaft, verstehen und begrenzen. Demokratische Politik äußerst sich darin, daß die individuelle Freiheit und die Freiheit von gesellschaftlichen Gruppen durch die Herrschaft des Volkes begrenzt und bedingt ist. Daraus folgt, daß die Freiheit des wirtschaftenden Individuums dort aufhören muß, wo sie in Widerspruch zur Herrschaft des Volkes gerät. Das Parlament und die von ihm eingerichteten staatlichen Organe müssen die Mittel und die Befugnisse haben, um wirtschaftliche Macht zu kontrollieren und beherrschen. Daraus folgt weiter, daß die Ausbildungsfreiheit des einzelnen nicht zu Ausbildungsstrukturen führen darf, welche die materielle Ausbildungsfreiheit der Mehrheit über das Maß hinaus einschränken, das der Leistungsgedanke in Verbindung mit dem demokratischen Gedanken rechtfertigt.

3. Eigentumsschutz

a) Texte

§ 164 der Paulskirchen-Verfassung von 1849

Das Eigentum ist unverletzlich.
Eine Enteignung kann nur aus Rücksichten des gemeinen Besten, nur aufgrund eines Gesetzes und gegen gerechte Entschädigung vorgenommen werden.

Das geistige Eigentum soll durch die Reichsgesetzgebung geschützt werden.

Artikel 153 der Weimarer Reichsverfassung von 1919

Das Eigentum wird von der Verfassung gewährleistet. Sein Inhalt und seine Schranken ergeben sich aus den Gesetzen.

Eine Enteignung kann nur zum Wohle der Allgemeinheit und auf gesetzlicher Grundlage vorgenommen werden. Sie erfolgt gegen angemessene Entschädigung, soweit nicht ein Reichsgesetz etwas anderes bestimmt. Wegen der Höhe der Entschädigung ist im Streitfalle der Rechtsweg bei den ordentlichen Gerichten offenzuhalten, soweit Reichsgesetze nichts andres bestimmen. Enteignung durch das Reich gegenüber Ländern, Gemeinden und gemeinnützigen Verbänden kann nur gegen Entschädigung erfolgen.

Eigentum verpflichtet. Sein Gebrauch soll zugleich Dienst sein für das Gemeine Beste.

---

[51] Rapport et projet de décret sur l'organisation générale de l'instruction publique, présentés à l'Assemblée nationale, Paris 1792

Artikel 14 des Grundgesetzes

Das Eigentum und das Erbrecht werden gewährleistet. Inhalt und Schranken werden durch die Gesetze bestimmt.

Eigentum verpflichtet. Sein Gebrauch soll zugleich dem Wohle der Allgemeinheit dienen.

Eine Enteignung ist nur zum Wohle der Allgemeinheit zulässig. Sie darf nur durch Gesetz oder aufgrund eines Gesetzes erfolgen, das Art und Ausmaß der Entschädigung regelt. Die Entschädigung ist unter gerechter Abwägung der Interessen der Allgemeinheit und der Beteiligten zu bestimmen. Wegen der Höhe der Entschädigung steht im Streitfall der Rechtsweg vor den ordentlichen Gerichten offen.

b) Historische Entwicklung des Eigentumsschutzes bis 1945

Die politische und rechtliche Frage, ob der Staat aufgrund besonderer Zielsetzungen oder wegen allgemeiner gesellschaftlicher Veränderungen Eigentumsrechte der Bürger entziehen darf, wurde von Savigny zwar grundsätzlich positiv beantwortet, jedoch hielt er eine Entschädigung für unabdingbar. Dies galt auch für den vieldiskutierten Fall der Sklavenbefreiung.[52] Savigny hielt sie zwar entgegen der These von der Unantastbarkeit erworbener Rechte für zulässig. Man könne "unmöglich irgend einem einzelnen Zeitalter die Macht einräumen, durch sein eigentümliches Rechtsbewußtsein alle künftigen Zeiten zu bannen und zu beherrschen". Eine Entschädigung des enteigneten Sklavenhalters hält Savigny allerdings in jedem Fall für erforderlich. Demgegenüber führte der am hessischen Oberappellationsgericht tätige Pfeiffer aus, von einem Anspruch auf Entschädigung könne nur dort die Rede sein, wo das aufgehobene Recht an und für sich vom Staat anerkannt werde, nicht aber bei "den im Staate reprobierten Rechten".

Virulent wurden die Meinungsunterschiede der Juristen, weil die Bauernbefreiung anders als in der französischen Revolution in Preußen nur gegen eine Entschädigung der Feudalherren zugelassen worden war. Zwar wurde durch das Edikt vom 9. Oktober 1807 die persönliche Gutsuntertänigkeit aufgehoben und die Veräußerung des Bodens erleichtert. Damit erloschen entschädigungslos die mit der Untertänigkeit verbundenen Rechte wie Gesindezwangsdienst, Abzugs- und Heiratsgelder. Unberührt blieben allerdings die Frondienste und andere drückende Pflichten, die auf dem bäuerlichen Boden hafteten oder als Folge der Patrimonialgerichtsbarkeit verstanden wurden. Als Entschädigung für die Ablösung der Frondienste wurde die Übertragung von einem Drittel und bei schlechterem Besitzrecht der Hälfte des bäuerlichen Bodens an den Gutsherrn vorgesehen (Hardenbergsches Regulierungsedikt vom 14. September 1811). Erst durch das Gesetz vom 16. März 1857 wurde ein Schlußtermin für die behördlich durchzuführenden Ablösungen bestimmt, die Feudalherrschaft also endgültig in bürgerliches Eigentum - teils der befreiten Bauern, teils der entschädigten Gutsherren - umgewandelt.

Demgegenüber sah der Sozialdemokrat Ferdinand Lassalle die Ablösung überlebter Feudalrechte auf Kosten der Verpflichteten als einen Raub der Gutsbesitzer an den ärmsten Klassen an[53]. Etwas Widerrechtliches könne nicht entschädigt werden. Wer in diesen Fällen Entschädigung verlange, spreche den betreffenden Individuen das Recht zu, "dem öffentlichen Geist einen Tribut für seine Fortentwicklung aufzuerlegen". In einer Anmerkung stellte er aus-

[52] *Rittstieg*, Eigentum als Verfassungsproblem, 2. Aufl. 1976, S. 212/213

[53] *Rittstieg*, S. 214/215

drücklich die Frage nach der Rechtfertigung des Produktionsmitteleigentums, das für die Masse der Bevölkerung anstelle der feudalen eine neue Abhängigkeit von fremden Willen bedeute. Damit stellte Lassalle nicht nur die Feudalherrschaft, sondern auch das bürgerliche Privateigentum in Frage.

Der theoretische Ausgangspunkt von Ferdinand Lassalle ist der Satz, das Individuum könne "sich und anderen nur insoweit und auf solange Rechte sichern, insoweit und solange die jederzeit bestehenden Gesetze diesen Rechtsinhalt als einen erlaubten ansehen". Voraussetzung seiner Deduktion sind Individualismus und Willensfreiheit, deren gesellschaftliche Bedingtheit er jedoch im Gegensatz zu Savigny ständig voraussetzt. Grundlage und Existenzbedingung jedes einzelnen Rechts sei die allgemeine Rechtsordnung. Daher könne und müsse das einzelne Recht von einem allgemeinen Wandel erfaßt werden. Das Individuum schwinge sich selbst zum Gesetzgeber auf, wolle es einen nach dem gegenwärtigen Gesetz erworbenen Rechtsinhalt über die Dauer dieses Gesetzes hinaus in die Zeit einer anderen, diesen Rechtsinhalt anschließenden Gesetzgebung perpetuieren. Es läßt sich also vom Individuum, so Lassalle, kein Pflock in den Rechtsboden schlagen und sich mittels desselben für selbstherrlich für alle Zeiten und gegen alle künftigen zwingenden oder prohibitiven Gesetze erklären.

Die Diskussion um die Entschädigungspflicht bei der Ablösung feudaler Rechte verlagerte sich nach 1918 auf die Frage, ob für die Ablösung oder Einschränkung von „bürgerlichen“ Eigentumsrechten Entschädigung gezahlt werden müsse. Es ging hierbei auch um die Interpretation von Art. 153 der Weimarer Reichsverfassung.

Das Reichsgericht sprach sich selbst im Jahre 1921 das Recht zu, Gesetze auf ihre materielle Verfassungsmäßigkeit zu prüfen.[54] Es bezog sich hierbei auf eine nicht vorhandene Rechtsprechungstradition. Die zeitgenössische Literatur bezeichnete diese Behauptung mit Recht als judizielles Märchen. Schwerpunkt dieser materiellen Rechtskontrolle war die Sicherung des Privateigentums als Rechtsinstitut. Zurückgehend auf Martin Wolff[55] sah das Reichsgericht das Eigentum im Sinne von Art. 153 der Weimarer Reichsverfassung als vorverfassungsrechtlich durch das bürgerliche Eigentum geprägt an. Martin Wolff hatte betont, "gegenüber linksradikalen Ideen, daß an den körperlichen Sachgütern ein Privateigentum möglich bleiben soll, das den Namen Eigentum verdient, bei dem also Beschränkungen des Herrschaftsbeliebens Ausnahmen sind". Nach Wolff mußte die Judikative über die Frage entscheiden, ob die Enteignung gemeinwohldienlich und daher zulässig sei.

1925 entschied das Reichsgericht über die landesgesetzliche Einziehung des Familienvermögens der Herzöge von Sachsen-Gotha.[56] Der Herzog hatte wie die meisten landesherrlichen Familien noch vor 1918 dafür gesorgt, daß sein Vermögen zwischen dem Land und dem herzoglichen Haus geteilt wurde. Der bei dem herzoglichen Haus verbleibende Teil wurde ausdrücklich zu dessen Privateigentum erklärt. Mit dieser Rechtsförmlichkeit gab sich das Reichsgericht zufrieden, auf Erwerbsgrund und Funktion der Vermögenswerte zurückzugehen, lehnte es ausdrücklich ab. Deshalb hielt es die entschädigungslose Enteignung für unvereinbar mit Art. 153 der Weimarer Reichsverfassung. Die Entscheidung war für das damalige Land Thüringen finanziell untragbar. Die Parallelen zur Entschädigung des Sklavenhalters

[54] RGZ 102, 161

[55] Reichsverfassung und Eigentum, in: Festgabe für Kahl, 1923

[56] RGZ 111, 123

und des Grundherren sind unverkennbar. Hier trifft die Entschädigungspflicht allerdings den Staat, der durch die geänderte Rechtsordnung begünstigt wird.

Anders entschied sich das Reichsgericht im Aufwertungsstreit nach der Inflation von 1923.[57] Es fand sich mit dem Aufwertungsgesetz vom 16. Juli 1925 ab. Danach wurden Hypothekenforderungen auf 25 Prozent der neuen Rentenmark festgesetzt, während Industrieobligationen mit 15 Prozent und die Gläubiger von Staatspapieren in einem gesonderten Gesetz mit 2,5 Prozent festgesetzt wurden[58]. Zum Wohle der Allgemeinheit diene eine Enteignung auch dann, wenn die allgemeine Wirtschaft gefördert werde. Diese Argumentation war doppeldeutig: Begünstigt durch die Begrenzung der Aufwertung von Industrieobligationen waren die industriellen Großunternehmen, also nur ein Teil der Wirtschaft.

In zwei Entscheidungen zur Städteplanung erklärte das Reichsgericht später die Ausweisung von Fluchtlinienplänen der Gemeinden zur entschädigungspflichtigen Enteignung.[59] Fluchtlinien bestimmten die Grenzen, bis zu denen Grundstücke an einer Straße bebaut werden durften. Diese Festsetzungen stützten sich auf das preußische Fluchtliniengesetz von 1875, das eine Entschädigung erst bei Abtretung der als Freifläche ausgewiesenen Grundstücke an die Gemeinde vorsah. Das Gericht erklärte eine Entschädigung, deren (nachträgliche) Zahlungszeit vom freien Ermessen des Enteignenden (der Gemeinde) abhängt, für unangemessen. Der Eigentümer werde unmittelbar durch Festsetzung der Fluchtlinie enteignet. Er erwerbe den Entschädigungsanspruch mit diesem Zeitpunkt unabhängig davon, ob das Grundstück bereits vollständig bebaut sei oder ob durch die Fluchtlinie lediglich ein Neubau oder Ausbau bestehender Gebäude verhindert werde. Die Wirkung dieser Entscheidungen kam einer Katastrophe gleich. Die hierbei entstehenden Entschädigungsansprüche waren nicht zu bezahlen. Sie mußten durch eine Notverordnung des Reichspräsidenten vom 5. Juni 1931 eingeschränkt werden.[60]

Es ist festzustellen:
Ausgangspunkt des Reichsgerichts ist ein Verständnis des Eigentums, das bürgerlich-rechtlich geprägt ist und eine absolute Sachherrschaft garantiert. Jeder nicht unwesentliche staatliche Eingriff in dieses Eigentum soll entschädigungspflichtig sein. Die richterliche Kontrolle von Gesetzen auf ihre materielle Verfassungsmäßigkeit diente der Korrektur des Gesetzgebers in die konservative Richtung. Zum Teil wurden die Entscheidungen ohne Rücksicht auf die finanziellen Folgen gefällt.

c) Das Eigentum als subjektives vermögenswertes Recht

Als „Eigentum" i.S. von Art. 14 GG ist „jedes subjektive, private, vermögenswerte Recht" geschützt. Dieses Verständnis der Eigentumsgewährleistung geht über den Schutz des Sacheigentums, d.h. des Eigentums an beweglichen und unbeweglichen Sachen (Immobilien) weit hinaus. Es geht ebenfalls auf Martin Wolff[61] zurück. Der Gesetzgeber oder die Verwaltung dürfen derartige Rechte nicht entziehen, es sei denn, sie gewähren eine Entschädigung nach Art. 14 Abs. 3 GG. Die Enteignung eines Grundstücks oder die Beschlagnahme eines Bankkontos sind eindeutige Fälle, in denen man den Staat dazu verpflichten kann, eine Enteignungsentschädigung zu zahlen. Sehr viel schwieriger wird es jedoch, wenn der Staat geltend

[57] RGZ 107, 370, 375; 111, 320, 326
[58] *Rittstieg*, S. 265
[59] RGZ 128, 18; 132, 69
[60] 5.6.1931, RGBl. I, S. 279, 6. Teil, Kap. III.
[61] Reichsverfassung und Eigentum, in: Festgabe für Kahl

macht, er habe gar kein subjektives Recht des Betroffenen verletzt, oder der staatliche Eingriff sei als sogenannte **Sozialbindung** oder **Inhaltsbestimmung** des Eigentums gerechtfertigt. In Art. 14 Abs. 2 heißt es nämlich: Eigentum verpflichtet. Sein Gebrauch soll zugleich dem Wohle der Allgemeinheit dienen.

Das Grundgesetz hält sich in Art. 14 im wesentlichen an die Formulierungen des Art. 153 WRV. Nach Art. 14 Abs. 3 S. 4 entscheiden die ordentlichen Gerichte über die Höhe einer Enteignungsentschädigung. Der BGH übernahm schon in einer Grundsatzentscheidung des Großen Senats vom 10.6.1952[62] das Leitbild des Reichsgerichts. Als Eigentum war, wie in der Weimarer Republik, jedes subjektive, vermögenswerte (private) Recht geschützt, also auch das Recht am „eingerichteten und ausgeübten Gewerbebetrieb".[63] Der Gesetzgeber sollte zur „Sozialbindung" des absolut gedachten Privateigentums befugt sein. Er durfte aber nicht die Grenze zum „Sonderopfer" überschreiten, das den einzelnen Eigentümer im Verhältnis zu den anderen ungleich trifft. Alle diese privaten Rechte wurden zuerst einmal voll als durch Art. 14 geschützt angesehen; Begrenzungen und Interpretationen mußten als Sozialbindung gerechtfertigt werden. Durch Randkorrekturen vermied der BGH offensichtlich abwegige Ergebnisse. Im Bereich des Grundeigentums führte er als Korrektiv die „Situationsgebundenheit" des Eigentums ein: Der planungsrechtliche Ausschluß von Nutzungen, die auch der vernünftige und einsichtige Eigentümer von sich aus mit Rücksicht auf die gegebene besondere Situation nicht ins Auge fassen würde, sei nicht entschädigungspflichtig. Damit konnten Bauverbote und -beschränkungen als nicht entschädigungspflichtige Sozialbindung behandelt werden.[64] Zeitliche Beeinträchtigungen des Gewerbebetriebs durch Straßen- und U-Bahn-Bauarbeiten waren je nach Art und Dauer des Eingriffs entschädigungspflichtig oder nicht; die „Intensität" des Eingriffs wurde als Korrektiv zum „Sonderopfer" verwendet.[65]

Im folgenden sollen zuerst Fälle behandelt werden, in denen um die Frage gestritten wird, ob überhaupt ein subjektives vermögenswertes Recht verletzt sei. Sodann wird zu klären sein, wo die Grenze zwischen Sozialbindung oder Inhaltsbestimmung des Eigentums einerseits und Enteignung andererseits zu ziehen ist.

Krabbenfischer

An der Elbemündung gibt es einen Leitdamm zum Schutz der Schiffahrt. Dieser war bisher in der Mitte durch eine Sturmflut unterbrochen. Seit Jahren fahren die Krabbenfischer von Cuxhaven aus in ihre Fischgründe und können noch am selben Abend zurückkehren. Der Leitdamm wird jetzt geschlossen, weil dies zur Sicherung der Schiffahrt und des Dammes erforderlich erscheint. Krabbenfischer F verlangt eine Enteignungsentschädigung, weil er jetzt um den ganzen Damm herumfahren müsse und nicht mehr am selben Abend nach Hause zurückkehren könne.

Zu fragen ist, ob der Staat das Eigentum des F verletzt hat. In Frage kommt jedes subjektive, vermögenswerte, private Recht. In diesem Fall geht es um das Recht am eingerichteten und

---

[62] BGHZ 6, S. 270 ff.

[63] Vgl. schon RG 58, S. 24-31; dazu *Wiethölter*, Zur politischen Funktion des Rechts am eingerichteten und ausgeübten Gewerbebetrieb, KJ 1970, S. 121-139; Vgl. zum Schutz nach Art. 14 GG schon BVerfGE 1, S. 264, 276 ff. und BGH NJW 1963, S. 484

[64] Vgl. BGHZ 23, 30 - Grünflächen -; BGH LM Art. 14 Nr. 60 - Buchendom -; *Rittstieg*, Grundgesetz und Eigentum, NJW 1982, S. 721

[65] Vgl. z.B. BGHZ 57, S. 359, 366 - Frankfurter U-Bahn - und *v. Brünneck*, Die Eigentumsgarantie des Grundgesetzes, 1984, S. 179 ff.

ausgeübten Gewerbebetrieb, das von der Rechtsprechung als Eigentum i. S. von Art. 14 GG anerkannt wird[66]. Die Frage ist jedoch, ob das Recht so weit geht, daß auch die Zufahrt zu den Fischgründen durch eine Lücke in einem Leitdamm gesichert ist.

Der BGH hat in einem Fall, der hier vereinfacht dargestellt ist, die Zufahrt zu den Fischgründen im offenen Meer oder in einer Wasserstraße (Elbe) nicht als durch Art. 14 GG geschütztes Eigentumsrecht anerkannt; es handele sich vielmehr um eine bloße Erwerbschance, auf deren Fortbestand der Betroffene nicht vertrauen dürfe[67].

Moselkanalisierung

Nach der Kanalisierung der Mosel verlangen die Moselfischer vom Staat eine Enteignungsentschädigung. Das Wasser der Mosel fließe jetzt schneller. In der Tat verlassen die Fische zunehmend die traditionellen Fischgründe. Können die Fischer nach Art. 14 eine Enteignungsentschädigung verlangen?

Auch hier entschied sich der BGH dafür, daß den Fischern nur eine Erwerbschance genommen werde. An den Fischen bestehe kein Eigentum, sondern nur ein Aneignungsrecht, soweit dies im Rahmen einer Fischpacht gestattet sei[68]. Daß die Mosel jetzt schneller fließt, beeinträchtigt lediglich die Erwerbschancen der Fischer, nicht ihre Eigentumsrechte i. S. von Art. 14.

Rheinfähre

A ist Inhaber einer staatlichen Fährgerechtigkeit und betreibt eine Rheinfähre. Als 3 km entfernt eine neue Brücke in Betrieb genommen wird, geht das Transportaufkommen so zurück, daß er seinen Fährbetrieb einstellen muß. Kann er eine Entschädigung nach Art. 14 Abs. 1 GG verlangen? Die Fährgerechtigkeit ist zwar ein subjektives, vermögenswertes Recht, also Eigentum i.S. von Art. 14. Sie hindert den Staat aber nicht daran, Brücken zu errichten. Sie garantiert kein Mindestverkehrsaufkommen. Der Verkehr beruht auf einem bloß faktischen Lagevorteil, der nicht durch Art. 14 geschützt ist[69].

Knäckebrot

Ein Knäckebrothersteller wehrt sich dagegen, daß der Außenzoll für Knäckebrot gesenkt wird. Er habe darauf vertraut, durch diesen Zoll gegen den Import von schwedischem Knäckebrot gesichert zu sein. Der BGH stellte fest, daß es kein subjektives, vermögenswertes Recht auf die Bewahrung der Höhe des Außenzolls gibt. Der Knäckebrothersteller konnte nicht auf die Beibehaltung der Zölle vertrauen. Er kann keine Enteignungsentschädigung verlangen[70].

Erdrosselungssteuer (Grundfreibetrag)

Das Bundesverfassungsgericht[71] erklärt es für verfassungswidrig, wenn die Einkommensteuer „erdrosselnd" wirkt. Dem Steuerpflichtigen muß ein Existenzminimum verbleiben, d.h. so-

[66] enger *Dieterich* im Erfurter Kommentar zum Arbeitsrecht, 10 GG Art. 14 Rz. 5
[67] BGHZ 45, 150
[68] Vgl. im einzelnen BGHZ 49, 231
[69] BGHZ, 94, 373
[70] BGHZ 45, 83
[71] DB 1992, 2217

viel, wie er zur Bestreitung seines notwendigen Lebensunterhalts und unter Berücksichtigung von Art. 6 Abs. 1 GG desjenigen seiner Familie bedarf. Für den Mindestbedarf sind die Sätze des Sozialhilferechts maßgeblich. Das Gericht legt sich nicht fest, ob es seine Entscheidung auf Art. 14 Abs. 1, Art. 12 Abs. 1 oder Art. 2 Abs. 1 GG (vgl. unten) stützt.

AFG-Anwartschaftszeit

A ist Arbeitnehmer und zahlt die Arbeitslosenversicherung. Nachdem er 200 Tage beschäftigt ist, wird vom Gesetzgeber § 104 Abs. 1 des Arbeitsförderungsgesetzes (AFG) geändert. Die Anwartschaftszeit für die Arbeitslosenversicherung ist nicht mehr wie bisher nach 180, sondern erst nach 360 Kalendertagen erfüllt. A wird nach 300 Tagen arbeitslos. Als ihm das Arbeitslosengeld verweigert wird, klagt er beim Sozialgericht. Dieses setzt den Prozeß nach Art. 100 GG aus, um vom Bundesverfassungsgericht die Frage klären zu lassen, ob der nachträgliche Entzug der Anwartschaft für das Arbeitslosengeld durch Gesetzesänderung mit Art. 14 GG vereinbar sei.

> Das Bundesverfassungsgericht[72] behandelt die Rechtsposition des Arbeitnehmers in diesem Fall als subjektives, vermögenswertes Recht. Maßgeblich ist hierfür insbesondere, daß der versicherte Arbeitnehmer sich die Anwartschaft durch seine Beiträge erworben hat. Die Beitragsanteile des Arbeitgebers sind ihm hierbei zuzurechnen.[73] Die Verlängerung der gesetzlichen Anwartschaftszeit ist zwar zulässig, der Gesetzgeber kann jedoch nicht in Rechtspositionen der Versicherten eingreifen, die bereits in der Vergangenheit entstanden sind, es sei denn, er macht ein öffentliches Interesse geltend und greift nicht unverhältnismäßig in die Rechtsposition des Betroffenen ein. Das Gericht hält den Eingriff hier für unverhältnismäßig. Demnach ist die Beseitigung der bereits entstandenen Anwartschaften auf Arbeitslosenversicherung durch den Gesetzgeber als Verstoß gegen Art. 14 GG verfassungswidrig.

d) Inhaltsbestimmung des Eigentums und Enteignung

Die meisten Fälle, die zu Art. 14 GG entschieden werden, befassen sich mit der Abgrenzung zwischen einer zulässigen und nicht entschädigungspflichtigen Inhaltsbestimmung des Eigentums, die auch Sozialbindung genannt wird, und der entschädigungspflichtigen Enteignung. Soweit sich Klagen und Verfassungsbeschwerden wie beim Arbeitsförderungsgesetz gegen Entscheidungen des Gesetzgebers richten, muß entschieden werden, wie weit die Befugnis des Gesetzgebers zur Bestimmung von Inhalt und Schranken des Eigentums reicht und wo die Enteignung anfängt. Dazu zwei Fälle:

Buschkrugbrücke

Während der Straßen- und U-Bahnbauarbeiten, in deren Verlauf die Buschkrugbrücke in Berlin auseinandergeschnitten werden mußte, wurde die Straße solange gesperrt, daß ein Kino an der Buschkrugallee immer mehr Kundschaft verlor und schließlich geschlossen werden mußte.

---

[72] NJW 1986, 1159

[73] BVerfGE 69, 272, 302

Der BGH[74] entschied, daß ein Anspruch auf Entschädigung wegen enteignungsgleichen (rechtswidrigen) Eingriffs bestehe, wenn Straßenbauarbeiten durch behördliche Schlamperei in erheblichem Maße verzögert werden und der Anlieger vermeidbare und unzumutbare Verzögerungen in Kauf nehmen muß. Selbst bei rechtmäßigem Eingriff kann ein Gewerbetreibender, für den die Verbindung zur Straße lebensnotwendig ist, bei drohender Existenzvernichtung eine Entschädigung verlangen.

Frankfurter U-Bahn

Während des Baues der Frankfurter U-Bahn wurde der Zugang zu einer stark von der Laufkundschaft abhängigen Drogerie für zweieinhalb Jahre so stark behindert, daß der Gewinn nicht mehr zur Bestreitung des Existenzminimums ausgereicht hätte.

Hier bejahte der BGH eine Entschädigungspflicht,[75] weil das Ausmaß des Eingriffs unzumutbar sei.

Naßauskiesung

Das Bundesverfassungsgericht korrigierte diese Rechtsprechung des BGH in seiner berühmten Entscheidung zur Naßauskiesung.[76] 1972 hatte der BGH die Staatsseite zur Zahlung einer Enteignungsentschädigung an mehrere Kiesgrubenbesitzer verurteilt, weil sie die wasserrechtliche Erlaubnis zur Auskiesung auf ihren Grundstücken nicht erhalten hatten.[77] Die Begründung, die Auskiesung gefährde die Wasserversorgung einer nahegelegenen Stadt und verstoße gegen das Wasserhaushaltsgesetz, hinderte den BGH nicht daran, die Entschädigungspflicht zu bejahen. Die Ausbeutung einer Kiesgrube sei von der Natur der Sache her gegeben, sie biete sich aus den Gegebenheiten der örtlichen Lage und der Beschaffenheit der Grundstücke bei vernünftiger und wirtschaftlicher Betrachtungsweise an.

Die hiergegen eingelegte Verfassungsbeschwerde wies das Bundesverfassungsgericht zwar ab, weil die beschwerten öffentlichen Hände nicht Grundrechtsträger seien.[78] Aufgrund der geänderten Gesetzeslage, die eine Entschädigungspflicht des Staates explizit verneinte, mußte der Fall jedoch erneut vorgelegt werden, weil der BGH in diesem Gesetz eine entschädigungslose Enteignung sah.[79] Das Bundesverfassungsgericht wies die Rechtsansicht des BGH zurück. Der Begriff des von der Verfassung gewährleisteten Eigentums müsse aus der Verfassung selbst gewonnen werden. Aus Normen des einfachen Rechts, die im Range unterhalb der Verfassung stehen, könne weder der Begriff des Eigentums im verfassungsrechtlichen Sinn abgeleitet, noch könne aus der privatrechtlichen Rechtsstellung der Umfang der Gewährleistung des konkreten Eigentums bestimmt werden. Bürgerliches Recht und öffentlich-rechtliche Gesetze seien gleichrangig zu betrachten. Entschädigungspflichtig sei die Bindung der Naßauskiesung an eine vorherige Bewilligung nur dann, wenn von einer nach früherem Recht möglichen Nutzungsbefugnis bereits Gebrauch gemacht worden sei und durch eine Rechtsänderung diese Befugnis entzogen werde. Im übrigen müsse man zwischen Enteignung und Inhaltsbestimmung des Eigentums trennen. Greife der Staat durch eine Inhaltsbestimmung des Eigentums unverhältnismäßig und für den Betroffenen unzumutbar in dessen Eigentum ein, so sei

[74] BGH NJW 1965, 1907
[75] BGHZ 57, 359
[76] BVerfGE, 58, 300
[77] BGHZ 60, 126
[78] BVerfGE 45, 63
[79] BGH NJW 1978, 2290

die inhaltsbestimmende Regelung unwirksam. Man könne hiergegen die Verwaltungsgerichte anrufen (Abwehrrecht), nicht aber eine Entschädigung verlangen.[80] Den Grundsatz des BGH "dulde und liquidiere" wendet das Bundesverfassungsgericht nur auf Enteignungen an; gegen übermäßig belastende Inhaltsbestimmungen des Eigentums gewährt er ein Abwehrrecht.

Im Gegensatz zum Reichsgericht und zum Bundesgerichtshof erkennt das Bundesverfassungsgericht kein vorverfassungsrechtlich durch die bürgerliche Eigentumsordnung geprägtes Eigentum im Sinne von Art. 14 GG an. Wörtlich führt das Bundesverfassungsgericht aus: „Der Begriff des von der Verfassung gewährleisteten Eigentums muß aus der Verfassung selbst gewonnen werden. Aus Normen des einfachen Rechts, die im Range unterhalb der Verfassung stehen, kann weder der Begriff des Eigentums im verfassungsrechtlichen Sinn abgeleitet, noch kann aus der privatrechtlichen Rechtsstellung der Umfang der Gewährleistung des konkreten Eigentums bestimmt werden."[81]

Bei der Bestimmung der verfasssungsrechtlichen Stellung des Eigentümers wirken demnach bürgerliches Recht und öffentlich-rechtliche Gesetze, also auch Wasserhaushaltsgesetze, gleichrangig zusammen. Erst aus der Zusammenschau aller in einem bestimmten Zeitpunkt geltenden Gesetze ergibt sich der Inhalt des Eigentums. Es ist eine bloße Frage der Gesetzgebungstechnik, ob die Rechtsstellung im einen Gesetz oder in der einen Norm umfassend definiert wird, um dann in einer anderen Norm eingeschränkt zu werden, oder ob Definition und Einschränkung miteinander in einem Gesetz oder in einer Norm verbunden werden.

Das Bundesverfasssungsgericht fragt, ob bereits beim Erwerb des Eigentums die Befugnis zur wasserrechtlichen Beeinträchtigung des Grundwassers miterworben wurde. Zwar heißt es in § 903 des Bürgerlichen Gesetzbuches (BGB), daß der Eigentümer einer Sache, soweit nicht das Gesetz oder Rechte Dritter entgegenstehen, mit der Sache nach Belieben verfahren und andere von jeder Einwirkung ausschließen kann. Bereits bei Inkrafttreten des BGB sei aber die wasserrechtliche Nutzung des Eigentums nicht erfaßt gewesen. Schon damals sei der Landesgesetzgeber für das Wasserrecht, der Reichsgesetzgeber für die Regelung des Bodeneigentums zuständig gewesen. Da der Eigentümer somit ein Recht zur wasserrechtlichen Nutzung des Grundeigentums nicht erworben habe, sei eine Inhaltsbestimmung seines Eigentums durch das Wasserhaushaltsgesetz zulässig, durch die die wasserrechtliche Benutzung an eine vorherige Erlaubnis oder Bewilligung gebunden wird. Diese Inhaltsbestimmung des Eigentums sei auch nicht unverhältnismäßig und unzumutbar, da die Versagung der Erlaubnis bzw. Bewilligung mit dem Schutz der Wasserversorgung einer nahegelegenen Stadt begründet werde. Eine Enteignungsentschädigung sei nicht zu bezahlen.

Anders hätte das Bundesverfassungsgericht den Fall entschieden, wenn von einer nach früherem Recht möglichen Nutzung bereits Gebrauch gemacht worden wäre und dieses Nutzungsrecht durch Gesetz entzogen würde. Dies wäre eine Legalenteignung (Enteignung durch Gesetz), die an die Voraussetzungen des Art. 14 Abs. 3 GG gebunden ist, insbesondere daran, daß eine Entschädigung gezahlt werden muß.

Eine Administrativenteignung (Enteignung aufgrund eines Gesetzes) würde z.B. dann vorliegen, wenn über das Grundstück des Kiesgrubenbesitzers eine Straße gebaut würde und die zuständige Behörde ihn für diese Zwecke enteignen würde. Auch eine solche Enteignung ist nach Art. 14 Abs. 3 GG entschädigungpflichtig.

---

[80] BVerfGE 58, 300, 335
[81] BVerfGE 58, 300, 335

e) „enteignungsgleicher“ Eingriff trotz „Naßauskiesung“?

Der Bundesgerichtshof ging wie erwähnt ursprünglich von einer völlig anderen Enteignungsrechtsprechung als das Bundesverfasssungsgericht aus. Er trennte nicht zwischen Inhaltsbestimmung und Enteignung, sondern fragte nach der Intensität des staatlichen Eingriffs. Legt danach der Eingriff dem Betroffenen ein besonderes Opfer auf, so stellt er eine Enteignung dar. Überschreitet ein Eingriff diese Schwelle nicht, so ist er noch eine (ohne Entschädigung zulässige) Inhaltsbestimmung des Eigentums. Als enteignungsgleichen Eingriff bezeichnete der BGH einen rechtswidrigen Eingriff. Da schon bei einem rechtmäßigen Eingriff, der ein Sonderopfer auferlegt, eine Entschädigung verlangt werden könnte, mußte dies - so der BGH - erst recht beim rechtswidrigen Eingriff gelten.

Der BGH beharrte entgegen der für ihn eigentlich maßgeblichen Auffassung des Bundesverfassungsgerichts auf seiner Position, wonach eine konkrete, auf ein Gesetz gestützte Maßnahme vor die Zivilgerichte gebracht und dort als entschädigungspflichtige Enteignung behandelt werden kann[82]. Später schränkte es diese Position allerdings ein[83]. Damit setzte sich der BGH über die Rechtsprechung des Bundesverfassungsgerichts hinweg.[84] Er führte auch die Rechtsprechung zum enteignungsgleichen Eingriff fort, indem er Enteignungsentschädigung dann zuerkannte, wenn eine gesetzliche Rechtfertigung des Staatshandelns nicht besteht. So wurde einem Grundstückseigentümer wegen der mehrjährigen Geruchsbelästigung durch eine benachbarte Kläranlage eine Enteignungsentschädigung zugesprochen.[85] In diesem Fall füllte der BGH jedoch eine Lücke aus. Sie besteht darin, daß Schäden der Bürger nicht nur durch den Vollzug von Gesetzen sowie von Inhalts- und Schrankenbestimmungen des Eigentums durch die Verwaltung, sondern auch durch Nebenwirkungen von nicht als Enteignung oder Inhaltsbestimmung gedachten Maßnahmen der öffentlichen Hand entstehen können. Der BGH konnte sich aber nicht mehr auf Art. 14 GG stützen, weil dem die Entscheidung zur Naßauskiesung des Bundesverfassungsgerichts entgegensteht. Deshalb berief er sich auf einen allgemeinen Aufopferungsgrundsatz, der aus §§ 74 und 75 der Einleitung zum preußischen allgemeinen Landrecht von 1794 folgt und nach der Auffassung des BGH als Richterrecht wirksam sein sollte.[86] Dieser Grundsatz wurde bereits früher zur Begründung einer Haftung für Impfschäden herangezogen.[87]

f) Verhältnismäßigkeitsausgleich

Es wäre verfehlt, die Rechtsprechung des BGH als Trotzreaktion auf die Naßauskiesungsentscheidung des Bundesverfassungsgerichts abzutun. Der BGH muß vielmehr ein Problem bewältigen, das in dieser Verfassungsgerichtsentscheidung (noch) nicht präzise benannt ist. In der Tat gibt es bei Schäden aus rechtmäßigem Staatshandeln, die nur eine vermeidbare oder unvermeidliche Nebenfolge, nicht jedoch der Zweck dieses Handelns sind, keine Entschädigung aus Art. 14 GG. Es handelt sich weder um eine Enteignung, da der Staat nichts entziehen will, noch um eine entschädigungslos hinzunehmende Inhalts- und Schrankenbestimmung des Eigentums, da der Staat nicht gezielt in die Eigentumssphäre der Betroffenen eingreift. Eine

---

[82] BGHZ 90, 4
[83] einschränkend BGHZ. 110,12
[84] Vgl. *Lege*, Enteignung und „Enteignung“, zur Vereinbarkeit der BGH-Rechtsprechung mit Art. 14 GG, NJW 1990, 864, 870
[85] BGHZ 91, 20
[86] Vgl. BGHZ 91, 20
[87] Vgl. BGHZ 9, 83

Entschädigung erscheint aber sinnvoll. Dem einzelnen Bürger wird ein besonderes Opfer auferlegt, das zwar nicht Ziel, wohl aber Folge staatlichen Handelns ist. Eine Entschädigung ist aber nur dann zu gewähren, wenn der Eingriff unverhältnismäßig und unzumutbar ist.[88]

Vorkaufsrecht

Eine wichtige Weiterentwicklung und Klarstellung der Rechtsprechung zur Naßauskiesung brachte die Entscheidung des Bundesverfassungsgerichts zum **Vorkaufsrecht**[89] im Jahre 1991.

In der Entscheidung ging es darum, ob es mit Art. 14 GG vereinbar ist, wenn bei der Neure gelung des Bergrechts nach §171 Abs. 1 BBergG das Erlöschen eines bis dahin bestehenden gesetzlichen Vorkaufsrechts angeordnet wird. Das Gericht hält fest, daß die gesetzliche Beseitigung eines nach Art. 14 Abs. 1 S. 1 GG geschützten Rechts nicht in jedem Fall eine (Legal)-Enteignung ist. Wenn der Gesetzgeber im Zuge der generellen Neuregelung eines Rechtsgebietes bestehende Rechte abschafft, dann ist Art. 14 Abs. 3 GG (Enteignungsentschädigung) nicht unmittelbar anwendbar. Der Gesetzgeber kann vielmehr im Zuge der Umgestaltung auch alte Rechte entziehen, grundsätzlich ein Fall rechtmäßigen Staatshandelns. Diese Entziehung ist eine Inhalts- und Schrankenbestimmung des Eigentums, keine Enteignung. Der Gesetzgeber muß hierbei aber die verfassungsrechtlichen Schranken, insbesondere den Grundsatz der Verhältnismäßigkeit, beachten. Der gesetzgeberische Eingriff kann sich für den Betroffenen wie eine Enteignung auswirken. Das Staatshandeln kann im Einzelfall also rechtswidrig sein. Der Gesetzgeber muß die Umgestaltung oder Beseitigung des Rechts zwar nicht durchweg mit einer Entschädigungs- oder Übergangsregelung abmildern. Die völlige, übergangslose und ersatzlose Beseitigung einer Rechtsposition kann aber nur unter besonderen Umständen in Betracht kommen. Durch das bloße Bedürfnis nach Rechtseinheit im Zuge einer Neuregelung wird sie nicht gerechtfertigt[90]. Der Gesetzgeber ist zwar nicht generell verpflichtet, bei einer unverhältnismäßigen Inhalts- und Schrankenbestimmung eine Entschädigung zu bezahlen, er muß aber einen Ausgleich schaffen, also zumindest Übergangs- und Härtefallregelungen vorsehen. Er kann auch eine Entschädigung vorsehen. Das Gericht fand damit für die Fälle des rechtmäßigen Staatshandelns, das mit unzumutbaren Belastungen für das Eigentum eines Bügers verbunden ist, einen neuen Lösungsweg.

Bestandsschutz

Die Problematik von Entscheidungs- bzw. Ausgleichsleistungen bei rechtmäßigem Staatshandeln wird von der Rechtsprechung auch in den baurechtlichen Fällen des sogenannten **Bestandsschutzes** gesehen. Art. 14 Abs. 1 Satz 1 GG sichert das durch die Eigentumsausübung Geschaffene. Nach Art. 14 GG ist zu fragen, ob eine beabsichtigte Investition dem Ausbau, der Verbesserung oder der Erhaltung eines bereits vorhandenen Anlagenbestandes und damit einem schon vergegenständlichten Unternehmenszweck dient oder ob die Schaffung eines völlig neuen, erst noch zu errichtenden Betriebes ermöglicht werden soll. Je nachdem, wie diese Frage beantwortet wird, ist die Verhältnismäßigkeit eines Eingriffs im konkreten Fall zu

[88] Vgl. *Lege*, NJW 93, 2565, Enteignung als Güterbeschaffungsvorgang BGH NJW 93, 2605 Flugsanddünen; Vgl. auch BGH NJW 1988, 478 (Waldsterben)

[89] BVerfGE 83, 201, 211ff. - Vorkaufsrecht -, bestätigt durch BVerfG DÖV 1993, 82 und Kammerbeschluß BVerfG NJW 1998, 367 - Donauauen im Niederalteicher Gries

[90] BVerfGE 83, 201, 213 - Vorkaufsrecht -; Vgl. zum Verhältnismäßigkeitsausgleich schon *Roller*, Genehmigungskaufhebung und Entschädigung im Atomrecht, 1994, S. 202-210 m. w. N.

bejahen oder zu verneinen. Insofern ist der Eigentümer eines Bauwerks dagegen geschützt, daß bei einer Änderung des materiellen Rechts nachträglich der Bestandsschutz endet. Er darf das im Einklang mit dem seinerzeit geltenden Baurecht, ausgeführte Bauwerk weiter so nutzen, wie dies ursprünglich genehmigt wurde, auch wenn die nunmehrigen baurechtlichen Bestimmungen entgegenstehen.[91] Die Rechtsprechung gestattet dem Eigentümer auch Folgeinvestitionen, z.B. Reparatur- und Wiederherstellungsmaßnahmen, soweit die Identität des Bauwerks bewahrt bleibt.[92] Man bezeichnet dies als aktiven Bestandsschutz, der über die bloße Respektierung des Status quo des passiven Bestandsschutzes hinausgeht. Fraglich ist schließlich, ob es auch einen "überwirkenden Bestandsschutz" gibt. Danach sollen die Bauwerke auf einem Grundstück als Einheit betrachtet werden. Begrenzte Erweiterungen und Nutzungsänderungen wären demnach zulässig, soweit sie zur Gewährleistung einer zeitgemäßen Wirtschaft notwendig sind.[93] Auch hier muß aber die Identität der baulichen Anlagen gewahrt bleiben. Zulässig ist demnach nur eine untergeordnete Erweiterung der Bausubstanz, die man nicht als Neuerrichtung oder Ersatzbau bezeichnen kann, die also keine wesentliche Änderung gegenüber dem Bestand darstellt.[94] Bestandsschutz wird für zusätzliche Güllesilos bejaht;[95] verneint wird er, wenn eine Produktionshalle neu gebaut wird[96] oder ein Verbrauchermarkt erweitert wird.[97] Der überwirkende Bestandsschutz reicht nicht so weit, daß die Modernisierung des Betriebes durch eine Betriebserweiterung gestattet würde, auch wenn das für die Konkurrenz- und Existenzfähigkeit des Unternehmens notwendig sein sollte. Andererseits kann man diesen Grundsatz aber zur Rechtfertigung eines gesteigerten Umweltschutzes heranziehen. Entscheidend ist, daß man den Bestandsschutz nicht isoliert von der verfassungsrechtlichen Gewährleistung der Privatnützigkeit des Eigentums sieht, die insbesondere die freie Nutzbarkeit des Eigentums schützen soll.[98]

g) Unternehmensmitbestimmung

Im Jahre 1979 entschied das Bundesverfasssungsgericht über die Vereinbarkeit der Unternehmensmitbestimmung nach dem Gesetz von 1976 mit dem Grundgesetz[99]. Das Gericht untersuchte insbesondere auch die Frage, ob das Mitbestimmungsgesetz von 1976 gegen den Eigentumsschutz aus Art. 14 GG verstoße. Das Mitbestimmungsgesetz 1976 enthält für die Arbeitnehmervertreter im Aufsichtsrat von Aktiengesellschaft und GmbH fast eine paritätische Vertretung im Aufsichtsrat gegenüber der Anteilseignerseite. Deren leichtes Übergewicht resultiert aus zwei Faktoren: Zum einen sitzt auf der Arbeitnehmerbank auch ein leitender Angestellter, der erfahrungsgemäß häufig mit der Kapitaleignerseite abstimmt. Zum anderen besitzt der Aufsichtsratsvorsitzende, nach dem Wahlverfahren in aller Regel ein Vertreter der Kapitaleignerseite, im Falles eines sogenannten Entscheidungspatts ein Doppelstimmrecht. Gegen dieses Gesetz wurde Verfassungsbeschwerde eingelegt und unter Berufung auf Art. 14 GG behauptet, die Substanz des unternehmerischen Eigentums sei verletzt. Der Aktionär oder GmbH-Gesellschafter sei jetzt einem ungewissen Entscheidungsablauf in den Vorständen und Aufsichtsräten ausgesetzt. Die Beschwerde wurde vom Gericht verworfen. Insbesondere wur-

---

91 BVerwG BVerfwGE 66, 301, 303; BVerwG Bayerisches Verwaltungsblatt 1970, 213; BVerwG DÖV 1981, 457

92 BVerwGE 47, 126, 128

93 BVerfwGE 49, 365, 368; 50; 49, 55; 72, 362, 364

94 BVerwGE 72, 362, 364

95 BGH Bayerisches Verwaltungsblatt 1984, 699

96 BGH Bayerisches Verwaltungsblatt 1985, 185

97 Bayerischer Verwaltungsgerichtshof Bayerisches Verwaltungsblatt 1986, 757

98 BVerwG NJW 1977, 766

99 BVerfG 50, 290

de der soziale Bezug des Eigentums an Produktionsmitteln herausgestellt. Dies gelte gerade für Großunternehmen.

Das Gericht fährt fort:

Soweit es um die Funktion des Eigentums als Element der Sicherung der persönlichen Freiheit des einzelnen geht, genießt es nach Art. 14 GG einen besonders ausgeprägten Schutz[100]. Dies gilt vor allem für Eigentum, das durch eigene Leistung erworben wurde. Dagegen hat der Gesetzgeber eine um so weitergehende Befugnis zur Inhalts- und Schrankenbestimmung, je mehr das Eigentumsobjekt in einem sozialen Bezug und einer sozialen Funktion steht.[101] Der soziale Bezug äußert sich darin, daß Nutzung und Verfügung Belange anderer Menschen berühren, die auf die Nutzung des Eigentums angewiesen sind, um ihr eigenes Leben zu gestalten und ihre eigene Freiheit zu sichern. Umgekehrt bedarf es zur Nutzung des Anteilseigentums immer der Mitwirkung der Arbeitnehmer, andernfalls ist ein Funktionieren des Unternehmens und damit eine systemgerechte Nutzung des Anteilseigentums nicht möglich. Im übrigen ist auch die Befugnis der anderen Anteilseigner zur Mitgestaltung des Unternehmens ein sozialer Bezug des Anteilseigentums.

Das Gericht erklärt die Mitbestimmung in Großunternehmen mit mehr als 2000 Beschäftigten für vereinbar mit Art. 14 GG. Der Eigentumsschutz der Anteilseigner müsse hier wegen des sozialen Bezugs des Eigentums zurücktreten.

Anknüpfend an die Entscheidung „Naßauskiesung“[102] lassen sich zusätzliche Argumente zur Rechtfertigung der Unternehmensmitbestimmung finden. Bei der Abgleichung von Anteilsrechten der Gesellschafter und von Mitbestimmungsrechten der Arbeitnehmer handelt es sich nicht nur um ein eindimensionales Problem der Freiheitssicherung und des Grundrechtsschutzes, wie dies im Verhältnis zwischen Staat und Grundstückseigentümern der Fall ist und auch der Entscheidung „Naßauskiesung“ zugrundeliegt (Grundrechte als **Abwehrrechte**). Der Gesetzgeber hat vielmehr einen Interessenausgleich zwischen den Menschen durch Recht herzustellen, zumindest zu ermöglichen. Hierbei sind auch die Grundrechte der Arbeitnehmer zu beachten, das Mitbestimmungsurteil nennt ausdrücklich die Berufsfreiheit, die für alle sozialen Schichten von Bedeutung sei.[103] Der Staat hat hier **mehrdimensionale Freiheitsprobleme** zu bewältigen, indem er unterschiedliche Gruppen im Unternehmen einander zuordnet und Normen schafft, die ein Ausbalancieren der gegenseitigen und vielfach gegensätzlichen Interessen ermöglichen.[104] Wie Kollisionen dieser Interessen, hinter denen kollidierende Grundrechte stehen können, aufzulösen oder sonst zu bewältigen sind, muß der Gesetzgeber selbst entscheiden. Die Verfassung schreibt ihm nichts vor - die Unternehmensmitbestimmung ist durch das Grundgesetz weder gefordert noch verboten -, er hat aber ihre Wertung zu beachten und Schutzaufträge insbesondere zur Sicherung von Grundrechten wahrzunehmen.[105]

Das Bundesverfassungsgericht bejaht auch einen Eigentumsschutz von Kapitalgesellschaften gegen Eingriffe des Gesetzgebers in ihre innere Organisation und in das Verfahren ihrer Willensbildung, verneint aber eine Eigentumsverletzung durch das Mitbestimmungsgesetz.[106]

---

[100] Vgl. BVerfGE 14, S. 288, 293; 42, 64, 77; 42, 263, 293, 294 f.; 50 290, 340

[101] BVerfGE 50, 290, 340 m.w.N.

[102] BVerfGE 58, 300

[103] Vgl. BVerfGE 50, 290, 349

[104] Vgl. *Schuppert*, Funktionellrechtliche Grenzen der Verfassungsinterpretation, 1980, S. 40 ff.

[105] Vgl. H.H. *Rupp*, Vom Wandel der Grundrechte, Archiv für öffentliches Recht 101, 1976, S. 161 ff., 175

[106] BVerfGE 50, 290, 352

Auch Organisations- und Verfahrensnormen haben, so das BVerfG, in aller Regel materielle Wirkungen und können gegen Grundrechte verstoßen. Nach Art. 19 Abs. 3 GG gelten die Grundrechte ja auch für inländische juristische Personen, soweit sie ihrem Wesen nach auf diese anwendbar sind. Das Gericht will nur einen Mindeststandard einer funktionsfähigen Organisations- und Willensbildungsstruktur sichern. Es erkennt damit zwar an, daß Grundrecht und Grundfreiheiten auch durch Organisation ausgeübt und gewährleistet werden können. Es verneint aber einen allgemeinen Bestandsschutz der Organisation.

Offen bleibt, woher das Bundesverfassungsgericht die Maßstäbe für die Ausfüllung des Begriffs „Funktionsfähigkeit" nimmt. Das Grundgesetz registriert den gesellschaftlichen Wandel, der die individuelle, subjektive Form der Freiheitsausübung weitgehend gesprengt hat. Deshalb garantiert es in Art. 19 Abs. 3 auch die organisatorischen Handlungsmöglichkeiten der Verbände, nicht nur die dahinterstehenden, vielfach vom Verband unterschiedlichen Individualrechte seiner Mitglieder. „Funktionsfähigkeit" des Unternehmens ist demnach etwas anderes als die Sicherung der Handlungsmöglichkeiten der Gesellschafter. Organisation bedeutet also auch, daß Zwecke, Rollen und Verhältnisse zwischen den Individuen dauerhaft institutionalisiert werden, die nicht auf die Persönlichkeit dieser Individuen reduzierbar sind.[107] Aus den Grundrechten ergeben sich jedoch inhaltliche Grenzen zur Regelung auch interner Organisationsstrukturen, wobei die Funktionsfähigkeit am jeweiligen Grundrecht zu messen ist.[108]

Das Grundgesetz ist wirtschaftspolitisch offen. Es verschafft den Unternehmen einen weiten Handlungsspielraum, dem Gesetzgeber einen weiten Regelungsspielraum, solange er sich in den Grenzen hält, die ihm insbesondere durch die Grundrechte (darunter auch die allgemeine Handlungsfreiheit in Art. 2 Abs. 1 GG) und durch die Kompetenzzuweisungen des Grundgesetzes gezogen werden. Nur in Extremfällen ist ein Verstoß gegen Art. 14 GG wegen Funktionsunfähigkeit der inneren Organisation und Willensbildung denkbar.

Heute würde das Bundesverfassungsgericht im Sinne der Entscheidung zum Vorkaufsrecht argumentieren, daß es sich um eine entschädigungslos zulässige Inhalts- und Schrankenbestimmung des Eigentums handelt. Es werden lediglich bestehende Rechte umgewandelt, keine Rechte entzogen. Niemand kann schließlich behaupten, daß die Einführung der Unternehmensmitbestimmung auf die betroffenen Anteilseigner und Gesellschaften als Entziehung des Eigentums gewirkt habe. Der Eingriff ist zumutbar und entschädigungslos hinzunehmen. Anders wäre nur zu entscheiden, wenn für eine Gruppe von betroffenen Anteilseignern oder Gesellschaften eine substanzielle Beeinträchtigung ihres Eigentums i. S. von Art. 14 Abs. 1 GG zu bejahen wäre.

h) Zusammenhang zwischen Art. 12 und Art. 14

Oldtimer Werbefahrten

Ein Unternehmer in Köln betrieb fünf Lastwagen, ein Londoner Taxi und zwei Pariser Busse. Er fuhr damit in der Innenstadt von Köln umher und betrieb ausschließlich Werbung. 1971 trat § 33 Abs. 1 Satz 2 StVO in Kraft. Dort heißt es: „Das Umherfahren und das Parken von Fahrzeugen nur zum Zweck der Werbung sind verboten." Der Unternehmer legte Verfassungsbeschwerde ein, da durch diese Vorschrift seine Berufsfreiheit verletzt sei.

---

[107] Vgl. *Teubner*, Organisationsdemokratie und Verbandsverfassung, 1978, S. 149ff.

[108] Vgl. *Ladeur* AK-GG Art. 19 Abs. 3 Rz. 23; *Badura*, Paritätische Mitbestimmung und Verfassung, 1985, S. 60

Der Bund besitzt Gesetzgebungskompetenz nach Art. 74 Nr. 22 GG (konkurrierende Gesetzgebung) für den Straßenverkehr; dazu gehört auch die Gefahrenabwehr im Bereich des Straßenverkehrs. Rechtsgrundlage für die Verordnung ist § 6 Abs. 1 Nr. 3 StVG. Unmittelbar soll nur das Fahren mit Werbeautos getroffen werden. Mittelbar ist jedoch auch die Fahrzeugwerbung als Beruf beeinträchtigt. Es gibt zwar vernünftige Erwägungen des Gemeinwohls für ein solches Verbot, insbesondere soll die Sicherheit und Leichtigkeit des Straßenverkehrs erhalten bleiben und eine Überlastung der Innenstädte vermieden werden. Andererseits gibt es auch Werbung an öffentlichen Verkehrsmitteln. Eine pauschale Regelung hielt das Gericht für unvertretbar. Als milderes Mittel wäre ein Erlaubnisverfahren mit Verbotsvorbehalt zu wählen gewesen, insofern ist die Lösung des Gesetzgebers (Verbot mit Ausnahmeerlaubnis) unverhältnismäßig und nach Art. 12 Abs. 1 GG nichtig.

Der Betroffene ging zum Bundesgerichtshof und verlangte eine Enteignungsentschädigung. In BGHZ 78, 41 wurde festgehalten, daß eine solche Entschädigung grundsätzlich verlangt werden kann. Das verletzte Eigentumsrecht sei der eingerichtete und ausgeübte Gewerbebetrieb. Durch die bis 1971 bestehende Regelung in der Straßenverkehrsordnung sei ein Vertrauenstatbestand geschaffen worden, auf den sich der Unternehmer verlassen habe. Deshalb habe er sich auf Verkehrsmittelwerbung spezialisiert. Da hier nur ein Erlaubnisverfahren mit Verbotsvorbehalt rechtmäßig gewesen wäre (vgl. oben), müsse man hypothetisch prüfen, ob bei einem solchen Verfahren ein Verbot des Fahrens mit Werbeträgern möglich gewesen wäre.

Der BGH entschied den Fall noch vor dem Naßauskiesungsbeschluß des Bundesverfassungsgerichts.[109] Nach dessen scharfer Trennung zwischen der Enteignung und der (möglicherweise unzumutbaren und daher entschädigungspflichtigen) Inhalts- und Schrankenbestimmung des Eigentums ergibt sich eine neue Beurteilung. Entgegen der Entscheidung des BGH[110] ist nach der neuen Konzeption des BVerfG wohl keine Entschädigung zu gewähren. Der Betroffene ist darauf beschränkt, die Verfügung, die ihm seine Werbefahrten verbietet, vor dem Verwaltungsgericht unter Berufung auf seine Berufsfreiheit anzugreifen. In der Verletzung seiner Berufsfreiheit[111] liegt auch eine unzulässige Inhalts- und Schrankenbestimmung seines Eigentums, eine Entschädigung kann er aber nicht verlangen, da er unter Berufung auf die Berufsfreiheit seine Eigentumsbeeinträchtigung abwehren kann.

Schokoladenüberzug

A stellt Puffreisriegel mit einem Überzug aus Schokolade und einer Bindemasse aus glasiertem Fett und Kakaopulver her. Er kennzeichnet die Riegel mit der Aufschrift „Puffreisriegel in Pflanzenfettglasur mit Schokoladenüberzug". Die zuständige Behörde verbietet ihm, die Riegel in den Verkehr zu bringen, weil die Bindemasse mit Schokolade verwechselt werden könne. Sie stützt das Verbot auf eine Rechtsnorm, die später in einem anderen Fall vom Bundesverfassungsgericht wegen Verstoßes gegen Art. 12 Abs. 1 GG für nichtig erklärt wird. Es handle sich um eine verfassungswidrige Berufsausübungsregelung, die als absolutes Verkehrsverbot unverhältnismäßig sei und durch ein milderes Mittel des Eingriffs in die Berufsfreiheit ersetzt werden könne.[112] Nun verlangt A eine Enteignungsentschädigung. Zu Recht?

---

[109] BVerfGE 58, 300
[110] BGHZ 78, 41
[111] Vgl. BVerfGE 40, 371
[112] BVerfGE 53, 135

Der BGH[113] lehnt eine derartige Entschädigung ab. In Frage komme nur der Gesichtspunkt des enteignungsgleichen Eingriffs, der aus dem allgemeinen Aufopferungsgedanken der §§ 74, 75 der Einleitung zum preußischen allgemeinen Landrecht abgeleitet wird.[114] Es handle sich um eine rechtswidrige Beeinträchtigung des Eigentums, die auf eine Norm unterhalb der Ebene eines Gesetzes zurückzuführen sei. Die Maßnahme greife aber nicht in die Substanz des Gewerbebetriebs ein, da sie nur das „Wie“ der Ausgestaltung eines einzelnen Produktes betreffe und nicht das „Ob“ der Herstellung. Also handle es sich um eine, wenn auch rechtswidrige, Inhalts- und Schrankenbestimmung des Eigentums, nicht aber um eine entschädigungspflichtige Aufopferung, die nach enteignungsrechtlichen Grundsätzen zu einer Entschädigung führen würde. Nachzutragen bleibt, daß A gegen die behördliche Maßnahme klagen müßte, wenn er sie für rechtswidrig hält.[115] Schäden, die ihm trotz erfolgreicher Klage verbleiben, fallen als unzumutbare Beeinträchtigungen seines Eigentums unter Art. 14 Abs. 1 S. 2 GG. Es handelt sich nicht um eine Entziehung von Eigentum, also nicht um eine Enteignung, wohl aber um eine entschädigungspflichtige Inhalts- und Schrankenbestimmung des Eigentums.

i) Wiederholung

In Kenntnis der BVerfG-Entscheidung „Naßauskiesung“ beantragt der Kiesgrubeneigentümer A bei der zuständigen Behörde, ihm die Genehmigung zur „Trockenauskiesung“ einer Kiesschicht zu erteilen, die bis in 10 m Tiefe reicht. Die grundwasserführende Schicht beginnt erst in 12 m Tiefe. Es stellt sich heraus, daß durch die „Trockenauskiesung“ die Wasserversorgung der nahegelegenen Stadt gefährdet wird, da das Wasserwerk nur 200 m entfernt ist und Schmutzteile in erheblichem Umfang in die Grundwasserschicht gelangen können[116].

a) Die Behörde lehnt den Antrag ab, zu Recht?
b) Kann A eine Enteignungsentschädigung verlangen?

Lösungsvorschlag

a) Art. 12 GG kann grundsätzlich nur bei Regelungen verletzt sein, die sich zielgerichtet auf eine berufliche Tätigkeit beziehen. Dies ist hier nicht der Fall, A wird lediglich die Genehmigung zur Ausbeutung einer bestimmten Kiesschicht versagt.

A könnte durch das Verbot in seinem Grundrecht aus Art. 14 GG verletzt sein, da in sein Eigentum an der Kiesgrube eingegriffen wurde. Es ist zu prüfen, ob das Auskiesungsverbot eine ohne Ausgleichsleistung zulässige Inhalts- und Schrankenbestimmung des Eigentums darstellt. Das Wasserhaushaltsgesetz definiert Inhalt und Schranken des Grundeigentums in zulässiger und für den Betroffenen zumutbarer Weise (siehe Naßauskiesungsentscheidung des BVerfG - ist auszuführen). A hat noch nicht ausgekiest, er hat also nicht bereits von einer Befugnis des Eigentümers Gebrauch gemacht, ihm wird also nicht entzogen. Für ihn haben sich durch eine Umgestaltung seiner Rechte lediglich bestimmte Chancen für die zukünftige Nutzung seines Grundstücks erledigt. Eine solche Beeinträchtigung zukünftiger Handlungsmöglichkeiten ist ohne Ausgleich möglich. Er kann keine Entschädigung verlangen.

---

[113] BGHZ 111, 349
[114] BGHZ 102, 91
[115] Vgl. auch BVerfG NJW 1992, 36 - Entscheidung nicht nach Art. 14 GG überprüfbar
[116] Einen ähnlichen Fall entschied der Bundesgerichtshof, Vgl. BGHZ 84, 223, 230

Es macht keinen Unterschied, ob die Wasserversorgung der nahegelegenen Stadt wegen einer Auskiesung in der Grundwasserschicht oder unmittelbar in der Nähe dieser Schicht gefährdet wird. Die entschädigungslose Inhalts- und Schrankenbestimmung ist nach Art. 14 GG zulässig.

b) Eine Enteignungsentschädigung kann nur verlangt werden, wenn eine Enteignung vorliegt. Das Bundesverfassungsgericht trennt zwischen Inhalts- und Schrankenbestimmung einerseits und Eigentumsentzug andererseits. Da hier kein Eigentum entzogen wurde, kommt eine Enteignungsentschädigung nach Art. 14 GG nicht in Frage.

k) Vertiefung

Im Oktober 1981 führte **Helmut Rittstieg** auf einer Tagung der Evangelischen Akademie Hofgeismar zu den Funktionen des Eigentums im Rahmen eines Referats folgendes aus:

„Die Frage nach Funktionen des Eigentums ist gleichbedeutend mit der Frage, welche Wirkungen das Eigentum in der individuellen und gesellschaftlichen Existenz der Gegenwart entfaltet. Diese Fragestellung schließt notwendig eine Differenzierung nach unterschiedlichen Eigentumsobjekten ein, da es auf der Hand liegt, daß persönliches Sacheigentum, Bodeneigentum, Produktionsmitteleigentum oder Immaterialgüterrechte und Rechte aus Sozialversicherungen unterschiedliche Funktionen entfalten. In der Verfassungsdoktrin ist allerdings diese funktionale Differenzierung noch keineswegs eine Selbstverständlichkeit.[117] Die traditionelle sozialphilosophische Lehre vom Eigentum hat, beginnend mit dem englischen Naturrecht im 17. Jahrhundert, traditionell Eigentum als Einheit behandelt. Diese Abstraktheit des Eigentums machen sich die herkömmlichen Rechtfertigungen des Eigentums zu Nutzen, um das Gesamtinstitut im sozialen Bewußtsein zu verankern und zu rechtfertigen. Jeder hat in irgendeiner Weise Eigentum und fühlt sich daher angesprochen, ohne zu bemerken, daß die Funktionen von Großeigentum an Produktionsmitteln ganz andere sein können als die Funktionen persönlichen Eigentums. Eine funktionale Differenzierung ist allerdings heute auch verfassungsrechtlich nicht mehr zu umgehen. Das zeigt etwa das Mitbestimmungsurteil des Bundesverfassungsgerichts vom 1.3.1979,[118] das die gesetzgeberischen Befugnisse zur Umgestaltung des Produktionsmitteleigentums aus der spezifischen Funktion von Produktionsmitteln begründet.

1. Völlig unbestritten ist die **Ordnungsfunktion** des Eigentums. Jede Rechtsordnung muß in irgendeiner Weise Sachgüter Personen oder Personengemeinschaften zuordnen. Die Möglichkeit, Eigentum Personengemeinschaften zuzuordnen, impliziert, daß die individuelle Form des Eigentums nicht die einzig denkbare ist. Im übrigen kann die Ordnungsfunktion durch andere Detentionsformen erfüllt werden, die mit weniger weitgehenden Befugnissen ausgestattet sind. Träger der Ordnungsfunktion ist nämlich im bürgerlichen Recht auch der Besitzschutz. Im Rahmen von Personengemeinschaften kann die organisatorische Zuweisung ein funktionales Äquivalent des Eigentums darstellen. Das kommt in der Umgangssprache dadurch zum Ausdruck, daß der dienstlich zugewiesene Arbeitsraum und der Schreibtisch ohne weiteres als „mein“ Dienstzimmer und als „mein“ Schreibtisch bezeichnet werden. Diese Feststellungen

---

[117] Siehe zum Ganzen *Helmut Rittstieg*: Eigentum als Verfassungsproblem. Zur Geschichte und Gegenwart des bürgerlichen Verfassungsstates. Darmstadt 1975.
Karl Renner: Die Rechtsinstitute des Privatrechts und ihre soziale Funktion. Tübingen 1929, bes. S. 175 ff.
[118] BVerfGE 50, 290 ff.

deuten darauf hin, daß das bürgerlich-rechtliche Eigentum im Hinblick auf die reine Ordnungsfunktion einen überschüssigen Regelungsgehalt aufweist.

2. Im Zusammenhang seiner menschenrechtlichen Interpretation der Eigentumsgewährleistung hat das Bundesverfassungsgericht gerade auch im Mitbestimmungsurteil die **personale Funktion** des Eigentums hervorgehoben. Diese Sichtweise wurde insbesondere in der Philosophie des deutschen Idealismus herausgearbeitet. So bezeichnet *Hegel* das Eigentum in seiner Rechtsphilosophie als „äußere Sphäre" oder als „erstes Dasein" der Freiheit.[119] Daß diese Sichtweise eine reale Funktion des Eigentums bezeichnet, braucht kaum hervorgehoben zu werden. Menschliches Handeln und menschliche Persönlichkeitsentfaltung bedürfen eines Betätigungsfeldes im Bereich der körperlichen Gegenstände.

Allerdings hat diese Funktion des Eigentums als äußerer Bereich der Freiheit ihre Grenzen und darf nicht verabsolutiert werden. Das zeigen die nachfolgenden Erwägungen:

(a) Die Eigentumsfreiheit erschöpft nur einen Teil personaler Möglichkeiten. Künstlerische und geistige Betätigung, zwischenmenschliche Kontakte und zahlreiche Möglichkeiten des Lebensgenusses liegen auf einer Ebene jenseits der Eigentümerfreiheit. Wenn *Hegel* sagt, Eigentum sei das „erste Dasein" der Freiheit, so muß man fortfahren, nach dem weiteren und höherem Dasein zu fragen.

(b) Die Freiheit, verstanden als Eigentümerfreiheit, hat auch immer den Aspekt der Abgrenzung und der Ausgrenzung des anderen. Eigentümerfreiheit ist wesentlich mit der Vorstellung verbunden, Freiheit bestehe darin, den eigenen Vorteil zu vermehren und andere auszugrenzen. Als Freiheit zum Wettbewerb ist sie eine ungesellige Form der Freiheit, deren Überbetonung mit manifesten gesellschaftlichen Problemen, wie etwa der Vereinsamung, verbunden ist. Es ist eine alte Erfahrung der europäischen Moralphilosophie, die in jüngerer Zeit vom Psychoanalytiker *Erich Fromm* erneut hervorgehoben wurde,[120] daß die Verabsolutierung des Erwerbes und des Eigentumsstrebens zu einer neurotischen Verengung der Persönlichkeit führt. Eine Gesellschaft, deren einzig anerkannter Wert die persönliche Bereicherung ist, ist eine kranke Gesellschaft. Das zeigt sich in manchen Erscheinungen, die in der Bundesrepublik Deutschland zu beobachten sind. Gegen diese Verengung des gesellschaftlich anerkannten Wertsystems wendet sich bewußt oder unbewußt ein Teil des Protestes der jungen Generation.

(c) Daß gerade auch das persönliche Eigentum Instrument der Unfreiheit sein kann, belegt die von Soziologen hervorgehobene Beobachtung, daß in der Unter- und Mittelschicht das Eigentum an langlebigen Konsumgütern ebenso wie Haus und Garten die wesentlichen Statussymbole sind. Der Erwerb derartiger Güter wird zum wesentlichen Moment sozialer Geltung und damit zum sozialen Zwang. Das führt wiederum zu einem Zugriff auf künftiges Eigentum in Gestalt von Ratenkrediten und Grunderwerbsdarlehen. In der Verpflichtung, derartigen Zugriff auf künftiges Einkommen abzuarbeiten, kommt die durch Eigentumserwerb bedingte Unfreiheit sinnfällig zum Ausdruck.

Mit den Grenzen des wirtschaftlichen Wachstums zeigen sich auch die Grenzen der Freiheit durch Eigentum. Die Welt ist nicht geeignet, für alle Gegenstand unbegrenzter Appropriation zu sein. Mangels der Möglichkeit für jeden Einzelnen, die für sein Leben benötigten Gegen-

[119] *Georg Wilhelm Friedrich Hegel*: Grundlinien der Philosophie des Rechts. §§ 41, 45, in *G.W.F. Hegel*: Werke in zwanzig Bänden (Theorie-Werkausgabe) VII. Frankfurt 1970, S. 102, 107
[120] Z.B. *Erich Fromm*: Haben oder Sein. Die seelischen Grundlagen einer neuen Gesellschaft. Stuttgart 1976

stände einschließlich der Produktionsmittel und der Behausung zu Eigentum zu erwerben - das schien unter vorindustriellen Bedingungen angesichts der Weite des amerikanischen Kontinents für die europäischen Einwanderer dort noch möglich -, bedeutet Eigentum jenseits des persönlichen Bereichs nur für den Eigentümer einen Zuwachs an Freiheit. Gleichzeitig ist es ein Instrument zur ökonomischen Unterwerfung des einen unter den Willen des anderen. Vielleicht ist die durch Eigentum vermittelte Unterwerfung die erträglichste Form, solange sie durch den Markt objektiviert wird und dem Abhängigen, sei es in seiner Rolle als Arbeitnehmer oder als Mieter, das Ausweichen auf andere Eigentümer gestattet. Auch unter diesen Voraussetzungen bleibt es allerdings bei einem Transfer von Freiheit zwischen Nichteigentümern und Eigentümern.[121] Derjenige, der eine Kapitalrendite oder die Grundrente empfängt, gewinnt an Handlungsfreiheit, während der andere, der sie zahlt, seine Arbeitskraft verkaufen muß, um die Mittel zu erwerben, die ihm Zugang zu den benötigten Sachgütern ermöglichen. In diesem Zusammenhang kann auf die Gedanken der englischen Utilitaristen des 19. Jahrhunderts verwiesen werden. *Jeremy Bentham* hob hervor, daß die Ungleichheit der Eigentumsverteilung eine Verfehlung des maximalen gesellschaftlichen Nutzens bedeute, weil der Grenznutzen zusätzlichen Eigentums bei gleicher Glücksfähigkeit jeweils für den Ärmsten am größten sei. Die Gleichheit des Eigentums werde allerdings nicht glücklich machen, wenn kein Eigentum zu verteilen sei. Und wichtigster Antrieb für wirtschaftliche Aktivitäten sei eben die Möglichkeit des Eigentumserwerbs.

3. Eine traditionelle Funktion des Eigentums ist es, mit seiner Hilfe für die Wechselfälle des Lebens und für das Alter **Vorsorge zu treffen**. Diese Vorsorgefunktion erfüllt Eigentum nach wie vor. Es ist jedoch bekannt, daß für die Masse der Bevölkerung die wichtigsten Vorsorgefunktionen nicht durch Eigentum, sondern durch das Sozialrecht erfüllt werden. Dem entspricht es, daß das Bundesverfassungsgericht Anwartschaften und Ansprüche aus der Rentenversicherung in die Eigentumsgewährleistung einbezogen hat.[122] Man sollte sich allerdings nicht darüber täuschen, daß Rentenerwartungen ganz andere Grundlagen haben als das bürgerliche Eigentum. Durch den Ausbau der sozialen Sicherung wurden Funktionen des Eigentums auf Rechtsinstitute anderer Art übertragen.

4. Die **ökonomischen Funktionen** des Eigentums werden vor allem in zwei Richtungen gesehen:

(a) Eigentum soll die sparsame **Ressourcenverwendung** sichern. Da der Eigentümer in der Beschaffenheit seiner Sache und in den Früchten, die sie ihm bringt, mit den gegenständlichen und ökonomischen Folgen seiner Eigentumsverwendung konfrontiert wird, läßt sich das Eigentum als Rechtsinstitut auch im Sinne eines kybernetischen Regelkreises verstehen. Die Folgen der Eigentumsverwendung fallen auf den Eigentümer zurück, und das veranlaßt den Eigentümer zu einer entsprechend sorgsamen Verwendung. Als Beispiel wird in diesem Zusammenhang gern die Landwirtschaft in den Ostblockstaaten angeführt. Der Vernachlässigung von Kolchosländereien und ihrem geringen Ertrag wird die sorgsame Pflege der Privatländereien der Kolchosebauern und ihr größerer Ertrag gegenübergestellt.

Auch diese Argumentation darf allerdings nicht verabsolutiert werden. Eigentum ist mit Sicherheit nicht das einzige Stimulans sorgsamer Ressourcenverwendung. Bei vielen Eigentumsverwendungen ist im übrigen der genannte kybernetische Regelkreis gerade nicht ge-

[121] *C.B. Macpherson:* Die plitische Theorie des Besitzindividualismus. Von Hobbes bis Locke. Frankfurt/M. 1974 (Suhrkamp Taschenbuch Wissenschaft 41).
[122] BVerfGE 53, 257 ff.

schlossen, wenn nämlich die Eigentumsverwendung Auswirkungen auf andere, insbesondere auf die Umwelt hat. In der Ökonomie wird von „sozialen Kosten" gesprochen, weil bestimmte Auswirkungen der wirtschaftlichen Betätigung sich nicht in der Betriebsabrechnung niederschlagen. Die Vorschrift des Art. 14 Abs. 2 GG „Eigentum verpflichtet" gewinnt gerade aus der Tatsache ihren Sinn, daß Eigentum in vielen Fällen keinen geschlossenen Regelkreis darstellt.

Dem entsprechen zahlreiche Zuwendungen der Öffentlichen Hand zugunsten des Eigentums in Gestalt von Infrastrukturleistungen, Subventionen usw. Auch diese öffentlichen Zuwendungen wären ohne öffentliche Funktion des Eigentums nicht gerechtfertigt.

(b) Es wurde bereits erwähnt, daß seit den englischen Utilitaristen des 19. Jahrhunderts die Möglichkeit des Eigentumserwerbs als das wichtigste Stimulans wirtschaftlicher Betätigung gilt. Es ist kein Zweifel, daß die Eigentumsmarktgesellschaft insoweit enorme Erfolge gehabt hat. Die wirtschaftliche Entwicklung der westlichen Industrienationen und ihr gegenwärtiger Lebensstandard wurde im wesentlichen durch dieses Stimulans bestimmt.

Eigentum kann allerdings nur dort als unmittelbares Stimulans wirtschaftlicher Betätigung dienen, wo es der Eigentümer noch selbst verwaltet. Unmittelbarer Wirkungsbereich dieser Funktion ist daher der Bereich mittelständischer Wirtschaft, in der Eigentum und Unternehmertätigkeit noch nicht auseinanderfallen. In der Großindustrie ist der Unternehmerbetrieb zur Ausnahme geworden. Dieses Faktum und die daraus folgenden institutionellen Veränderungen wurden bereits 1932 von *Adolf A. Berle* und *Gardiner C. Means* hervorgehoben.[123] Weitere Ernüchterungen ergaben sich insoweit aus der Erkenntnis, daß das Gewinnprinzip nicht selbsttätig zu einem gesamtgesellschaftlichen Optimum führt. Zur Geschichte der westlichen Industriegesellschaft gehören nicht nur die Erfolge in Gestalt hohen Lebensstandards, sondern auch Zeiten wirtschaftlicher Depression und der Arbeitslosigkeit. In bestimmten konjunkturell und strukturell bedingten wirtschaftlichen Situationen weicht das individuelle Nutzenkalkül des einzelnen Eigentümers deutlich vom gesamtgesellschaftlichen Interesse ab.

5. Eine **politische Funktion** des Eigentums wird darin gesehen, daß es als Element gesellschaftlicher Gewaltenteilung dient. Manche Vertreter der Pluralismustheorie bezeichnen die bürgerliche Eigentumsordnung geradezu als Voraussetzung politischer Freiheit. Diese Position vertritt etwa *Helmut Schelsky*.[124] Als Beleg für diese Position wird der Mangel politischer Freiheit in den Ostblockstaaten herangezogen, in denen Staat und Wirtschaft von derselben Partei beherrscht werden.

Allerdings ist auch diese Funktion des Eigentums nicht unproblematisch. Nach dem Zusammenbruch des Nationalsozialismus wurde von allen Parteien die Eigentumsordnung der Weimarer Republik mit als Voraussetzung des Faschismus angesehen. Die historische These geht dahin, daß die Gefährdung dieser Eigentumsordnung durch die Wirtschaftskrise und durch alternative Positionen die gesellschaftlich Herrschenden veranlaßt habe, den Faschismus als Ausweg zu wählen.

Unter bestimmten Voraussetzungen kann Eigentum auch zum Element politischer Unfreiheit werden. So sind auch in der Bundesrepublik Deutschland bestimmte Kommunen von Groß-

---

[123] *Adolf A. Berle/Gardiner C. Means:* The Modern Corporation and Private Property. New York 1932

[124] *Helmut Schelsky:* Mehr Demokratie oder mehr Freiheit?, in *H. Schelsky* Systemüberwindung, Demokratisierung und Gewaltenteilung. 3. Aufl. München 1973, S. 55-60.

unternehmen beherrscht. Einige multinationale Konzerne können sich fast völlig der einzelstaatlichen Einflußnahme entziehen ..."

In seinem Mitbestimmungsurteil von 1979 stellt das Bundesverfassungsgericht auf die personale Funktion ab, um den Eigentumsschutz zu begründen. Der soziale Bezug des Eigentums rechtfertigt die Schrankensetzungen durch den Gesetzgeber. Den sozialen Bezug des Eigentums sieht das Gericht darin, daß Nutzung und Verfügung nicht innerhalb der Sphäre des Eigentümers bleiben, sondern Belange anderer Rechtsgenossen berühren, die auf die Nutzung des Eigentumsobjekts angewiesen sind[125]. Gesetzgeber und Verwaltung haben einerseits das Zuordnungsverhältnis und die Substanz des Eigentums zu schützen, andererseits den Rechten und Interessen der Nichteigentümer Rechnung zu tragen, insbesondere auch ihre Grundrechte zu effektivieren, soweit sie ihrerseits auf die Nutzung des Eigentumsobjekts zu ihrer Freiheitssicherung und verantwortlichen Lebensgestaltung angewiesen sind. Das Gericht hat sich also mit den Funktionen des Eigentums insoweit befaßt, als es daraus verfassungsrechtliche Argumente für die Reichweite des Schutzes aus Art. 14 GG ableitete.

4. Koalitionsfreiheit - Artikel 9 Abs. 3 GG

a) Texte

Artikel 159 der Weimarer Reichsverfassung von 1919

Die Vereinigungsfreiheit zur Wahrung und Förderung der Arbeits- und Wirtschaftsbedingungen ist für Jedermann und für alle Berufe gewährleistet. Alle Abreden und Maßnahmen, welche diese Freiheit einzuschränken oder zu behindern suchen, sind rechtswidrig.

Artikel 165 der Weimarer Reichsverfassung

Die Arbeiter und Angestellten sind dazu berufen, gleichberechtigt in Gemeinschaft mit den Unternehmern an der Regelung der Lohn- und Arbeitsbedingungen sowie an der gesamten wirtschaftlichen Entwicklung der produktiven Kräfte mitzuwirken. Die beiderseitigen Organisationen und ihre Vereinbarungen werden anerkannt.

Artikel 9 Abs. 3 GG

Das Recht, zur Wahrung und Förderung der Arbeits- und Wirtschaftsbedingungen Vereinigungen zu bilden, ist für Jedermann und für alle Berufe gewährleistet. Abreden, die dieses Recht einschränken oder zu behindern suchen, sind nichtig, hierauf gerichtete Maßnahmen sind rechtswidrig. Maßnahmen nach den Artikeln 12a, 35 Abs. 2 und 3, Artikel 87a Abs. 4 und Artikel 91 dürfen sich nicht gegen Arbeitskämpfe richten, die zur Wahrung und Förderung der Arbeits- und Wirtschaftsbedingungen von Vereinigungen im Sinne des Satzes 1 geführt werden.

b) Historische Grundlagen

Im 19. Jahrhundert galt noch das Koalitionsverbot, wie es im Preußischen Allgemeinen Landrecht verankert war. Auf dieser Grundlage wurde auch die Preußische Gewerbeordnung

[125] BVerfGE 50, 290, 341

von 1845 verabschiedet. In der Revolution von 1848 wurde gegen das Koalitionsverbot ein freies Vereinigungsrecht gefordert. Nach dem Scheitern dieser Revolution setzte sich der Gedanke der Koalitionsfreiheit in Zusammenhang mit dem der Gewerbefreiheit dennoch durch. So wurde 1869 in der Gewerbeordnung des Norddeutschen Bundes, die später für das Deutsche Reich übernommen wurde, die Koalitionsfreiheit verankert (§ 152 Abs. 1). Nach den Sozialistengesetzen von 1878 wurden die Koalitionen in ihrer Betätigung stark eingeengt. Später konnten sie sich aber trotz vielfältiger Behinderungen durch Polizei und Gerichte wegen ihrer starken personellen Verankerung in der Arbeiterschaft entfalten. 1913 waren über 2,5 Mio. Arbeitnehmer gewerkschaftlich organisiert. Für 2 Mio. Arbeitnehmer waren etwa 13 500 Tarifverträge abgeschlossen worden.

Nach 1918 wurden in Zusammenhang mit dem Abkommen über die zentrale Arbeitsgemeinschaft die „roten" Gewerkschaften, die Tarifautonomie und das Streikrecht anerkannt. Voraussetzung für die Gewerkschaftseigenschaft war die „Gegnerfreiheit", d.h. die wirtschaftsfriedlichen, von den Unternehmern gegründeten oder bevorzugten Wirtschaftsverbände waren nicht als Tarifparteien anerkannt. Im Jahre 1922 waren 14,6 Mio. Arbeitnehmer durch Tarifverträge erfaßt. Danach ging die Schlagkraft und Bedeutung der Gewerkschaften zurück. Insbesondere wirkte sich auch die staatliche Zwangsschlichtung, 1923 eingeführt, negativ auf die Autonomie der Tarifvertragsparteien aus. Im Zusammenhang mit der Schwächung der Arbeiterbewegung und dem Erstarken des Nationalsozialismus in der Wirtschaftskrise nach 1929 kamen Tarifverträge, wenn überhaupt, nur noch durch staatliche Zwangsschlichtung zustande. Nach der Machtergreifung im Jahre 1933 wurde schließlich die NS-Arbeitsfront eingeführt. Ihre Organisation beruhte auf dem Prinzip von Führer und Gefolgschaft. Arbeitnehmerrechte bestanden kaum noch, die Koalitionsfreiheit war abgeschafft.

Nach 1945 wurden die Gewerkschaften wieder aufgebaut. Im Grundgesetz von 1949 wurde die Koalitionsfreiheit in Art. 9 Abs. 3 verankert. Die Formulierung entspricht in etwa Art. 159 der Weimarer Reichsverfassung. Daneben enthalten die meisten Länderverfassungen die Garantie der Koalitionsfreiheit.

c) Koalitionsbegriff

Koalitionen sind nur solche Vereinigungen, die entweder Arbeitnehmer oder Arbeitgeber zur Wahrung der Arbeits- und Wirtschaftsinteressen gegenüber der anderen Seite als Mitglieder haben. Zum Koalitionsbegriff gehört die Gegnerfreiheit und die Unabhängigkeit auch von der Staatsseite. Koalitionen müssen auf dem Prinzip des freiwilligen Beitritts beruhen und demokratisch strukturiert sein. Koalitionen müssen nicht auf Dauer angelegt sein, auch Spontan-Koalitionen sind durch Art. 9 Abs. 3 geschützt. Zum Koalitionsbegriff gehört nicht die Tarifwilligkeit oder die Tariffähigkeit. Es ist der freien Entscheidung der Koalition überlassen, mit welchen Mitteln sie die Arbeits- und Wirtschaftsbedingungen zu gestalten versucht. Ebensowenig muß die Koalition zum Arbeitskampf bereit sein.[126] Die Koalition muß weder parteipolitisch noch konfessionell neutral sein. Die Einheitsgewerkschaft ist zwar politisch wünschenswert, aber nicht durch die Verfassung vorgeschrieben. Als Gewerkschaft im Sinne des Tarifrechts wird eine Vereinigung anerkannt, die tariffähig und tarifwillig ist. Dies erfordert in aller Regel neben einer dauerhaften Organisation auch die Bereitschaft zum Arbeitskampf. Der Gewerkschaftsbegriff ist also enger als der Koalitionsbegriff. Anstelle der Arbeitskampfbereitschaft genügt bei Beamtengewerkschaften und ähnlichen Organisationen eine ausrei-

[126] Vgl. BVerfGE 18, 18 - Verband katholischer Hausgehilfinnen.

chende soziale Mächtigkeit, mit der Druck auf den sozialen Gegenspieler ausgeübt werden kann.

d) Fälle

Eine „Vereinigung zur Wahrung und Förderung der Arbeits- und Wirtschaftsbedingungen in der Fotoindustrie", die Arbeitgeber und Arbeitnehmer in ihren Reihen gegen die japanische Herausforderung vereinigt, ist keine Koalition im Sinne von Art. 9 Abs. 3. Es handelt sich um einen gemischten Zusammenschluß. Die Vereinigung ist nicht gegnerfrei.

Aufkleber auf Schutzhelme

Es ist nach einer Entscheidung des Bundesarbeitsgerichts aus dem Jahr 1979[127] nicht zulässig, gegen den Willen des Arbeitgebers, der Eigentümer der Schutzhelme ist, Aufkleber der IG Bau-Steine-Erden auf dem Helm anzubringen. Der Arbeitgeber kann nach § 1004 BGB wegen Beeinträchtigung seines Eigentums Beseitigung verlangen. Zu prüfen war hier nicht das Individualrecht aus Art. 9 Abs. 3 auf Gründung einer Koalition oder auf Betätigung in der Koalition, sondern auch der in Art. 9 Abs. 3 verankerte Bestandsschutz der Koalition, der sich u.a. in ihrer Tarifautonomie und ihrer Streikfähigkeit ausdrückt. BAG und Bundesverfassungsgericht beschränken den Bestandsschutz der Koalition auf einen Kernbereich der koalitionspolitischen Betätigung. Die Werbung mit Anstecknadeln ist z.B. zulässig. Zulässig ist auch die Verteilung von Flugblättern in den Pausen. Nicht für zulässig hält das BAG die Inanspruchnahme fremden Eigentums für Werbungszwecke im Fall des Schutzhelms. Die Entscheidung erscheint problematisch, weil sie überspitzt auf den Eigentumsschutz des Arbeitgebers gegenüber der Freiheit der Koalitionsbetätigung abstellt.

Aussperrung in der Druckindustrie

1978 streikte die IG Druck und Papier in einigen Zeitungsverlagen für einen Tarifvertrag zum Schutz der Arbeitnehmerrechte bei der Einführung neuer Technologien. Die Arbeitgeberseite reagierte mit einer bundesweiten befristeten Aussperrung, von der selektiv nur die in der IG Druck und Papier organisierten Arbeitnehmer erfaßt wurden. Die IG Druck und Papier organisierte Massenklagen der betroffenen Arbeitnehmer, die bis zum Bundesarbeitsgericht verfolgt wurden. Das BAG[128] leitete das Recht der Arbeitgeberseite zur Aussperrung aus dem Tarifvertragsgesetz ab, nicht jedoch aus Art. 9 Abs. 3 GG. Die Aussperrung ist also nicht ebenso wie das Streikrecht verfassungsrechtlich garantiert. Im übrigen unterliegt die Aussperrung dem Grundsatz der Verhältnismäßigkeit; maßgeblich für ihre Intensität ist der Umfang des Angriffsstreiks. Auf einen Teilstreik kann mit Teilaussperrung geantwortet werden, auf einen Flächenstreik mit Flächenaussperrung. Ob die Antwort hier unverhältnismäßig war, weil bundesweit ausgesperrt wurde, mag dahingestellt bleiben. Schließlich war die Aussperrung nur befristet, während der Angriffsstreik unbefristet durchgeführt wurde. Entscheidend für die Verfassungswidrigkeit der Maßnahme war, daß sie selektiv gegen die in der IG Druck und Papier Organisierten durchgeführt wurde. Eine solche Selektivität stellt einen rechtswidrigen Angriff auf die Koalitionsfreiheit der Betroffenen dar.

[127] BAG BB 1979, 887
[128] BAG, AP Art. 5 GG Arbeitskampf Nr. 64-66

Gewerkschaftseigenschaft

Am 16.11.1982 entschied das BAG[129] darüber, ob der **Verband der oberen Angestellten der Eisen- und Stahlindustrie** (VOE) tariffähig und damit eine **Gewerkschaft** ist. Der Verband hat etwa die Hälfte der oberen Führungskräfte dieses Unternehmensbereichs organisiert. Er ist tarifwillig. In seiner Satzung hat er sich den Abschluß von Tarifverträgen zum Ziel gesetzt. Dies wird auch von seinen Mitgliedern getragen, wie eine Umfrage im Jahre 1977 erwiesen hat. Er hat dieses Ziel allerdings in den letzten Jahren nicht mit Nachdruck verfolgt, da die Arbeitgeberverbände sich weigern, die Arbeitsbedingungen von Führungskräften tarifvertraglich zu regeln. Der Abschluß eines Tarifvertrags hätte nur mit einem Arbeitskampf erreicht werden können. Da hierzu aber rechtmäßig nur eine Gewerkschaft aufrufen kann, will der Verband seine Gewerkschaftseigenschaft klären. Das BAG bejaht diese, da der Verband genügend mächtig gegenüber der tarifpolitischen Gegenseite, tarifwillig und bereit zum Arbeitskampf sei.

Zulässigkeit von Warnstreiks

Am 21.6.1988 entschied das BAG darüber, ob **Warnstreiks** auch dann zulässig sind, wenn die Tarifverhandlungen nicht förmlich für gescheitert erklärt worden sind. Die Gewerkschaft Handel, Banken und Versicherungen hatte Warnstreiks in der Form der sogenannten neuen Beweglichkeit durchgeführt. Sie kündigte die Streiks vorher nicht an und beschränkte sie auf kurze Warnstreiks an wechselnden Orten. Das BAG verlangt für die Zulässigkeit von Streiks, daß sie nach Ablauf der Friedenspflicht das letzte Mittel zur Durchsetzung von Forderungen während laufender Tarifverhandlungen darstellen. Gegenüber kritischen Meinungen zu früheren Warnstreiksentscheidungen, in denen das BAG dieses Ultima-Ratio-Prinzip nur auf längerfristige oder zeitlich unbegrenzte Arbeitskämpfe bezog,[130] verlangt das Gericht jetzt, daß auch ein Warnstreik in der Form der neuen Beweglichkeit als letztes Kampfmittel an dem Ultima-Ratio-Prinzip ausgerichtet wird. Das Gericht überläßt es aber den Tarifparteien, wann sie die Verhandlungsmöglichkeiten ohne begleitende Arbeitskampfmaßnahmen als ausgeschöpft ansehen. Das Ultima-Ratio-Prinzip verlangt nicht, daß die Tarifverhandlungen förmlich für gescheitert erklärt werden, damit Streiks zulässig sind. In der Eröffnung von Streiks liegt vielmehr die freie und nicht nachprüfbare Entscheidung der Tarifvertragspartei über die Erschöpfung der Verhandlungsmöglichkeiten.[131]

Fristverträge an Hochschulen und Tarifautonomie

Am 24.4.1996 entschied das Bundesverfassungsgericht [132] über eine Verfassungsbeschwerde der Gewerkschaften ÖTV und GEW gegen das Hochschulfristvertragsgesetz aus dem Jahre 1985. Durch dieses Gesetz war ein geltender Tarifvertrag, der Bundesangestelltentarifvertrag (BAT), durchbrochen und eine zusätzliche Befristungsmöglichkeit für Arbeitsverträge mit Wissenschaftlichen Mitarbeitern an Hochschulen geschaffen worden. Das Gesetz errichtete auch eine Tarifsperre für die Zukunft, d.h. die Tarifparteien können diesen Bereich heute nicht mehr regeln. Das Gericht erkannte in dieser gesetzgeberischen Maßnahme einen Eingriff in die Koalitionsfreiheit, erklärte ihn aber für gerechtfertigt, da er verhältnismäßig sei. Es gestand dem Gesetzgeber hierbei einen Interpretationsspielraum zu, den er an die Stelle der Be-

[129] BAG AP Nr. 32 zu § 2 TVG
[130] Vgl. BAG DB 1977, 824; DB 1984, 2583
[131] BAG DB 1988, 1952
[132](1 BVR 712/86, EZA Nr. 61 zu Art. 9 Abs. 3 GG)

urteilung setzen kann, welche die Tarifparteien vorgenommen haben. Zur Frage der Tarifsperre für die Zukunft gab Kühling ein ablehnendes Minderheitsvotum ab. Er hielt sie für verfassungswidrig. Das Urteil wurde zum Teil heftig kritisiert[133]. In früheren Entscheidungen hatte das Gericht die Koalitionsfreiheit nur in einem Kernbereich als gewährleistet angesehen[134]. Diese Rechtsprechung („Kernbereichstheorie") gibt es jetzt auf.

e) Wiederholung

Eine Gewerkschaft verlangt von dem Unternehmer U, daß er die Wahl ihrer gewerkschaftlichen Vertrauensleute in seinem Betrieb - außerhalb der Arbeitszeit und während der Pausen - gestatte. Zu Recht?

Lösungsskizze

Da eine gesetzliche Regelung nicht besteht, kann die Gewerkschaft ihren Anspruch nur aus Art. 9 Abs. 3 GG direkt herleiten. Art. 9 Abs. 3 gewährleistet nicht nur die individuelle, sondern auch die kollektive Koalitionsfreiheit, also die Freiheit der koalitionsmäßigen Betätigung. Der Gesetzgeber und die Gerichte haben das Grundrecht dadurch zu sichern, daß sie einen Kernbereich einer Organisation und eines Verfahrens sicherstellen, mit deren Hilfe sich die Koalition betätigen kann. Zu fragen ist, ob die Wahl der gewerkschaftlichen Vertrauensleute im Betrieb zum Kernbereich dieser verfassungsmäßig gewährleisteten Koalitionstätigkeit gehört.

Die Vertrauensleute arbeiten im Rahmen der gewerkschaftlichen Organisation im Betrieb. Zu ihren Aufgaben gehört es, die Mitglieder zu informieren, neue Mitglieder zu werben, bei der Vorbereitung und Durchführung von Betriebsrats- und Aufsichtsratswahlen mitzuwirken sowie allgemein die Gewerkschaftspolitik im Betrieb zu vertreten. Demnach sind die Vertrauensleute Bindeglied zwischen dem hauptamtlichen Funktionärskörper der Gewerkschaft und den Mitgliedern im Betrieb. Das Bundesarbeitsgericht [135] folgert daraus, daß die Organisation und die Tätigkeit von Vertrauensleuten zum Kernbereich der koalitionspolitischen Betätigung gehört. Das Gericht fragt jedoch weiter, ob auch die Wahl der Vertrauensleute im Betrieb zu diesem Kernbereich gehöre. Das Gericht argumentiert, die Wahl der Vertrauensleute selbst diene nicht der Wahrung und Förderung der Arbeits- und Wirtschaftsbedingungen, sie sei ein innergewerkschaftlicher Organisationsakt, der erst die personellen Voraussetzungen der koalitionspolitischen Betätigung schaffe. Zwar sei die Wahl der Vertrauensleute für die Funktionsfähigkeit der Gewerkschaften unerläßlich, es sei jedoch nicht notwendig, daß die Wahl gerade im Betrieb stattfinde. Die Gewerkschaft könne daher nicht von U verlangen, daß sie die Vertrauensleute in seinem Betrieb wählen darf.

Fraglich ist allerdings, ob man die Wahl der Vertrauensleute von ihrer betrieblichen Betätigung abspalten kann. Die Freiheit der koalitionspolitischen Betätigung wird jedenfalls beeinträchtigt, wenn die Gewerkschaft ihre Vertrauensleute außerhalb des Betriebes wählen muß. Die BAG - Entscheidung ist problematisch. Sie erscheint heute überholt.

---

[133] Vgl. Nagel, RdA.1997, 351 m.w.N.
[134] Vgl. dazu die Ausführungen in der Vorauflage, S. 46f. m.w.N.
[135] BAGE 31, 166

f) Vertiefung

Durch Art. 9 Abs. 3 ist nicht nur der Einzelne in seinem Recht auf Gründung und Beitritt zur Koalition geschützt. Vielmehr muß auch die Koalition selbst in den Schutzbereich des Grundrechts fallen, andernfalls würde das Grundrecht auf Zusammenschluß zur Koalition faktisch leerlaufen. Auch hier gilt die Grundüberlegung, daß organisations- und verfahrensrechtliche Vorkehrungen erforderlich sind, um dem Grundrecht zu seiner praktischen Verwirklichung zu verhelfen.

Durch Art. 9 Abs. 3 ist nicht nur die Arbeitnehmerseite geschützt, auch die Bildung und Betätigung von Arbeitgeberkoalitionen ist frei. Im Verhältnis zu den Arbeitnehmern bedarf die Arbeitgeberseite dieses Grundrechts jedoch nicht zu dem Zweck, die Arbeits- und Wirtschaftsbedingungen selbst bestimmen zu können; die Arbeitgeber besitzen dieses Recht bereits kraft ihres Eigentums an Produktionsmitteln und ihrer daraus folgenden starken Stellung beim Abschluß des Arbeitsvertrages. Dem Staat gegenüber sind sie jedoch darauf angewiesen, daß dieser sie nicht durch Eingriffe, wie z.B. Zwangsschlichtungen, in ihrer koalitionsmäßigen Betätigung beeinträchtigt. Da die Koalitionsfreiheit jedermann und allen Berufen zusteht, sind außer Arbeitern und Angestellten auch Beamte erfaßt. Dies gilt auch für ausländische Arbeitnehmer, während z.B. die Berufsfreiheit des Art. 12 Abs. 1 nur Deutschen zusteht.

Die Koalition muß den Zweck verfolgen, die Arbeits- und Wirtschaftsbedingungen zu wahren und zu fördern. Sie muß die Interessen ihrer Mitglieder dem jeweiligen sozialen Gegenspieler gegenüber wahrnehmen. Sie unterscheidet sich demnach von den Parteien, die im allgemeinpolitischen Raum aktiv sind. Insbesondere muß die Koalition von ihrem sozialen Gegenspieler und vom Staat oder politischen Parteien unabhängig sein. Die sogenannte Unabhängigkeit oder Gegnerfreiheit hat sich historisch in der Weimarer Republik als Koalitionsmerkmal durchgesetzt. Nicht den Schutz einer Koalition genießen demnach sogenannte wirtschaftsfriedliche Verbände, die auch „gelbe Gewerkschaften“ genannt werden. Unschädlich ist es, wenn einzelne Arbeitgeber aus Überzeugung oder Tradition Mitglieder der Gewerkschaften sind. Durch derartige Randerscheinungen wird die Gegnerfreiheit nicht beeinträchtigt. In der Regel umfaßt die Koalition Arbeitnehmer aus mehreren Unternehmen. Es gibt jedoch auch Gewerkschaften, die auf ein Unternehmen begrenzt sind, wie z.B. die Gewerkschaft der Eisenbahner Deutschlands (GdED) und die Deutsche Postgewerkschaft (DPG). Da die Ruhrkohle AG beinahe ein Monopol im Steinkohlebergbau innehat, nähert sich auch die Gewerkschaft Bergbau und Energie den beiden zuvorgenannten Gewerkschaften an.

Versteht man die Koalitionsfreiheit in erster Linie als personales Freiheitsrecht, wie dies auch das Bundesverfassungsgericht in seinem Mitbestimmungsurteil[136] tut, so muß eine Arbeitnehmerkoalition auch eine demokratische Struktur haben. Die demokratische Organisation und das demokratische Verfahren sind notwendig, um das Freiheitsgrundrecht des einzelnen Mitglieds der Koalition zu sichern. Zur demokratischen Struktur gehört insbesondere, daß die Vorstandsmitglieder auf Zeit gewählt werden, die beschlußfassende Organe der Koalition durch Wahlen der Mitglieder legitimiert sind und jedes Mitglied ein Stimmrecht hat.

Ob es notwendiges Merkmal einer Arbeitnehmerkoalition ist, daß sie zum Arbeitskampf bereit ist, hängt von der jeweiligen sozialen Situation ab, in der die Koalition wirkt. Da den Beamtengewerkschaften durch die herrschende Meinung das Streikrecht verwehrt wird, kann zu

[136] BVerfGE 50, 290, 367

ihrer Anerkennung nach dieser Auffassung nicht erforderlich sein, daß sie Arbeitskämpfe durchführen. Für andere Organisationen wie z.B. den Verband katholischer Hausgehilfinnen, verzichtet das Bundesverfassungsgericht ebenfalls auf das Erfordernis der Arbeitskampfbereitschaft.[137] Es soll hier ausreichen, daß die Organisation mächtig genug ist, um Druck auf den sozialen Gegenspieler auszuüben.

Eine Koalition, die sich noch in der Aufbauphase befindet, ist noch nicht genügend mächtig. Trotzdem darf ihr der Schutz der Koalitionsfreiheit nicht entzogen werden. Eine andere Frage ist es jedoch, ob sie auch als Gewerkschaft im Sinne des Tarifvertragsgesetzes anerkannt wird. Hier verlangt die Rechtsprechung, daß die Koalition von der Arbeitgeberseite ernst genommen wird, das heißt, daß ihre Verhandlungsangebote nicht einfach übersehen werden (vgl. die oben aufgeführten Fälle).

Nach der Rechtsprechung gehört es auch zum Koalitionsbegriff, daß das geltende Tarifrecht als verbindlich anerkannt wird.[138] Bei dieser Einschränkung besteht die Gefahr, daß unerwünschte Organisationen vom Schutz des Art. 9 Abs. 3 ohne verfassungsrechtliche Legitimation ausgenommen werden. Zu Recht weist Däubler[139] darauf hin, daß noch niemand auf die Idee verfallen ist, das Recht eines Sportvereins oder einer Aktiengesellschaft zum Abschluß von Verträgen davon abhängig zu machen, daß sie vorher die Vorschriften des BGB als für sich verbindlich anerkannt haben.

Niemand darf wegen seiner Mitgliedschaft in einer Koalition benachteiligt werden. Dieses Diskriminierungsverbot ist zwar unter Juristen unbestritten. In der Praxis ist aber vielfach festzustellen, daß gerade in Klein- und Mittelbetrieben der Beitritt zu Gewerkschaften und die gewerkschaftliche Betätigung negativ bewertet werden. Die Durchsetzung des Diskriminierungsverbots ist hier schwierig. In der Praxis wird es selten möglich sein, die Maßnahme eines Arbeitgebers als unzulässige Diskriminierung wegen koalitionspolitischer Betätigung zu beweisen. Jedenfalls stellt die Verweigerung einer unbezahlten Freistellung zur Wahrnehmung einer betriebsexternen Funktion in der Gewerkschaft eine verbotene Diskriminierung dar. Auch ist es notwendig, zur effektiven Sicherung des Grundrechts der Koalitionsfreiheit zugunsten des diskriminierten Arbeitnehmers eine Beweiserleichterung in Analogie zu § 611a Abs. 1 S. 3 BGB durchzusetzen.[140]

Das Bundesverfassungsgericht betrachtet auch die negative Koalitionsfreiheit als durch Art. 9 Abs. 3 GG geschützt.[141] Hieran ist der Grundsatz richtig, daß der Einzelne frei sein muß, sich nicht zu engagieren und keiner Vereinigung beitreten zu müssen. Dies bedeutet aber nicht, daß dieses Recht den gleichen Schutz wie die positive Freiheit genießt oder gar so weit ausgedehnt wird, daß die positive Koalitionsfreiheit dadurch gefährdet wird. Zu Recht weist Däubler[142] darauf hin, daß man das Verbot einer Tarifklausel, die bestimmte (weit unter dem Gewerkschaftsbeitrag bleibende) Leistungen den Organisierten vorbehält, nicht auf die negative Koalitionsfreiheit stützen könne. Man könne nicht einem Gewerkschaftsmitglied zumuten, ein Prozent seines Monatseinkommens für die Organisation aufzuwenden, während der Außenseiter dagegen geschützt wird, daß er kraft Tarifvertrags einen geringen Nachteil in Kauf nehmen muß. Unabhängig davon, ob man die negative Koalitionsfreiheit nur im Rahmen von

---

[137] BVerfGE 18, 18

[138] BVerfGE 4, 96, 107; 18, 18, 28; BAGE 21, 98, 101

[139] *Däubler*, Das Arbeitsrecht, Band 1, 14. Aufl. 1995, S. 100

[140] Vgl. *Däubler*, Rdz. 158; *Kittner*, Alternativkommentar zum Grundgesetz, Rdz. 81 zu Art. 9 Abs. 3

[141] BVerfGE 50, 290, 367

[142] Arbeitsrecht Band 1, 7. Aufl. 1985, S. 78

Art. 9 Abs. 1 (Vereinigungsfreiheit) als geschützt ansieht oder ob man sie dem Schutz des Art. 9 Abs. 3 unterstellt, muß jedenfalls im Ergebnis der Schutz der positiven Koalitionsfreiheit den Vorrang genießen.

Die Koalition ist auch in ihrem Bestand und in ihrer Betätigung geschützt. Eine zwangsweise Auflösung der Koalition ist nur unter den Voraussetzungen des Art. 9 Abs. 2 GG (Verstoß gegen Strafgesetze, gegen die verfassungsmäßige Ordnung und den Gedanken der Völkerverständigung) und nur aufgrund gerichtlicher Entscheidung möglich. Nicht zulässig ist eine bloße Maßnahme der Verwaltung (vgl. § 16 Vereinsgesetz). Zum Koalitionsbestand gehört auch das Recht, die internen Verhältnisse der Koalition nach eigenen Vorstellungen autonom zu gestalten. Deshalb ist es verboten, staatliche oder gar gesetzliche Gewerkschaftsstatute zu erlassen, durch die der Entscheidungsspielraum der Mitglieder über den Rahmen hinaus eingeschränkt wird, den Art. 9 Abs. 3 selbst zieht. Zur Autonomie der Koalition gehört auch die unbeeinflußte interne Willensbildung im Verhältnis zum Staat und zur koalitionspolitischen Gegenseite. Deshalb können Äußerungen im gewerkschaftsinternen Bereich nicht als Verletzung arbeitsvertraglicher Pflichten gewertet werden.

Untrennbar verbunden mit dem Schutz des Koalitionsbestandes ist die freie Betätigung der Koalition. Die Koalition muß das Recht haben, ihre Mitglieder am Arbeitsplatz zu werben und zu betreuen. Das Bundesverfassungsgericht betrachtet daher das Verteilen von Flugblätttern im Betrieb und die Plakatwerbung durch betriebsangehörige Gewerkschaftsmitglieder als durch Art. 9 Abs. 3 geschützt.[143] Kritikwürdig sind Entscheidungen des Bundesverfassungsgerichts, wonach für das Zutrittsrecht von außerbetrieblichen Gewerkschaften zur Betreuung der Mitglieder in Diensten der Kirche von diesen Grundsätzen eine Ausnahme gemacht wird,[144] auch wenn die Kirchen verfassungsrechtlich privilegiert sind (vgl. Art. 140 GG).

Zur geschützten Betätigung der Koalition gehört auch der Arbeitskampf. Das historisch primäre Arbeitskampfmittel ist der Streik. Der Streik der Arbeitnehmer muß auf ein Ziel gerichtet sein, das Gegenstand eines Tarifvertrages sein kann. Hieraus folgt, daß jedenfalls nach der Rechtsprechung des Bundesarbeitsgerichts politische Streiks, die das Ziel verfolgen, den Staat unter Druck zu setzen, unzulässig sind.[145] Auch Streiks, die zwar den Abschluß eines Tarifvertrages erstreben, diesen aber auf einen Gegenstand erstrecken wollen, der tariflich nicht regelbar ist, sind rechtswidrig. Die Grenzziehung ist hier allerdings äußerst schwierig. Nicht geschützt soll auch der sogenannte wilde Streik sein, der nicht von einer Koalition im Sinne von Art. 9 Abs. 3 geführt wird. Diese Argumentation ist aber insofern irreführend, weil sich im Rahmen einer kollektiven Arbeitsauseinandersetzung spontan eine Koalition bilden kann, die dann einen Streik organisiert und mit diesem Streik ihre Anerkennung durch den tarifpolitischen Gegenpart erzwingt. Hinzu kommt, daß in jedem Fall eine Gewerkschaft einen wilden Streik übernehmen kann, so daß der Streik dann im nachhinein nicht mehr als wild anzusehen wäre. Die Bedeutung dieser Diskussion ist in der Praxis gering, da in aller Regel die Gewerkschaften den Streik erklären.

Streiks sind nur zulässig, wenn alle Verständigungsmöglichkeiten erschöpft sind (Ultima-Ratio-Prinzip). Das Ultima-Ratio-Prinzip gilt auch für Warnstreiks, wie das BAG[146] im Jahre 1988 festgestellt hat. Dies bedeutet, daß die streikende Arbeitnehmerseite die Verhandlungs-

---

143 Vgl. BAG BB 1984, S. 212 mit weiteren Nachweisen.

144 Vgl. BVerfG NJW 1981, 1829; ebenso BAG DB 1982, 1015.

145 Vgl. *Maunz/Dürig/Scholz*, Rdz. 316 zu Art. 9 Abs. 3

146 BAG DB 1988, 1952

möglichkeit für erschöpft ansehen muß. Die Entscheidung darüber ist aber gerichtlich nicht nachprüfbar. Deshalb bedeutet in der Praxis die Einleitung eines Warnstreiks auch, daß die Gewerkschaft die Erschöpfung der Verhandlungsmöglichkeiten feststellt.

Von der abstrakten juristischen Konstruktion her gesehen müßte das zum Streik Gesagte spiegelbildlich auch für die Aussperrung gelten. Dies würde voraussetzen, daß materielle Kampfparität zwischen der Arbeitgeber- und der Arbeitnehmerseite herrscht. In der Regel gibt es aber Asymmetrien in der Verhandlungsmacht zu Lasten der Arbeitnehmerseite, da diese nicht über die Produktionsmittel verfügen kann. Deshalb verbietet sich im Normalfall eine Angriffsaussperrung. Eine Abwehraussperrung, die sich im Rahmen des Grundsatzes der Verhältnismäßigkeit hält, ist hingegen zulässig.[147] Entscheidend für die Beurteilung ist das Rechtsprinzip der Koalitionsparität, das in Art. 9 Abs. 3 GG enthalten ist. Es muß sichergestellt sein, daß nicht eine Tarifvertragspartei der anderen von vornherein ihren Willen aufzwingen kann, sondern daß möglichst gleiche Verhandlungschancen bestehen.[148]

Diskriminierungsverbot und Bestandsschutz der Koalition greifen ineinander, wenn der Arbeitgeber nicht Organisierten finanzielle oder sonstige Vorteile gewährt, um das Verhalten der so Unterstützten gegenüber der Koalition zu beeinflussen. Es ist insbesondere unzulässig, während einer Aussperrung an Nichtorganisierte eine Aussperrungsunterstützung zu bezahlen. Zum Bestandsschutz der Koalition gehört es auch, daß sie vor Gericht selbständig klagen[149] und sich gegen unlautere Werbemethoden von Konkurrenzorganisationen zur Wehr setzen kann.[150]

Die Betätigungsfreiheit der Koalition wird insbesondere in vier Bereichen besonders geschützt:

- Die Gewerkschaften haben das Recht der verbandsmäßigen Gestaltung der Löhne und Arbeitsbedingungen, insbesondere durch den Abschluß von Tarifverträgen.[151] Dieser Bereich hat durch das Tarifvertragsgesetz und die Rechtsprechung eine eingehende Normierung erfahren.

- Die Koalitionen können zur Durchsetzung von Mindestarbeitsbedingungen Arbeitskämpfe durchführen, insbesondere Streiks organisieren.[152] Dies wird durch Art. 9 Abs. 3 S. 3 ausdrücklich bestätigt.

- Die Koalitionen können sich im Rahmen der Betriebsverfassung und der Personalvertretung frei betätigen.[153] Art. 9 Abs. 3 verbietet eine völlige Trennung der Koalition von der betrieblichen Interessenvertretung.

- Die Koalitionen dürfen die in ihnen organisierten Gruppeninteressen gegenüber dem Staat und den politischen Parteien vertreten.[154]

---

[147] BVerfG DB 1991, 1678
[148] Vgl. BAG AP Nr. 43 zu Art. 9 GG, Arbeitskampf
[149] Vgl. BGHZ 50, 325, 329
[150] BGHZ 42, 210; 50, 325, 327
[151] BVerfGE 4, 96, 106; 18, 18, 27
[152] Vgl. BAG DB 1980, 1266, 1269; NZA 1984, 397; NJW 1989, 187; BVerfG DB 1991, 1676
[153] BVerfGE 19, 303, 313
[154] BVerfGE 28, 295, 305

Nachdem das Bundesverfassungsgericht in der Entscheidung zum Hochschulfristvertragsgesetz die Kernbereichstheorie aufgegeben hat, wonach die Koalitionsfreiheit „nur in einem Kernbereich“ gewährleistet sei, überprüft es Eingriffe in die Koalitionsfreiheit jetzt anhand des Grundsatzes der Verhältnismäßigkeit. Die Bedeutung dieses Begründungswechsels ist noch nicht abzusehen. Es ist bemerkenswert, daß die erste Entscheidung, die auf dem neuen Begründungsmuster aufgebaut ist, einen Eingriff des Gesetzgebers in einen bestehenden Tarifvertrag und die Errichtung einer gesetzlichen Tarifsperre für die Zukunft rechtfertigt. Es ist durchaus vorstellbar, daß damit Tarifverträge unter dem Vorbehalt des gesetzlichen Eingriffs gestellt werden, wenn der Gesetzgeber einen plausiblen Grund anführen kann. Richtig wäre es demgegenüber, eine Einschätzungsprärogative der Tarifparteien anzuerkennen und dem Gesetzgeber eine Darlegungslast aufzuerlegen, daß sie sich geirrt haben[155].

Die Koalitionsfreiheit steht in enger Verknüpfung zur Berufsfreiheit und zur freien Wahl des Arbeitsplatzes. Das Bundesverfassungsgericht weist mit Recht darauf hin, daß Art. 12 die Arbeit in ihrer Beziehung zur Persönlichkeit des Menschen im ganzen sehe, die sich erst darin voll ausformt und vollendet, daß der Einzelne sich einer Tätigkeit widmet, die für ihn Lebensaufgabe und Lebensgrundlage ist und durch die er zugleich seinen Beitrag zur gesellschaftlichen Gesamtleistung erbringt.[156] Demnach gewinnt das Grundrecht der Berufsfreiheit Bedeutung für alle sozialen Schichten; die Arbeit hat für alle gleichen Wert und gleiche Würde; die Berufsfreiheit steht auch dem Arbeitnehmer zu.[157] Der Schutz des Arbeitnehmers darf sich jedoch nicht darin erschöpfen, daß er seinen Arbeitsplatz frei wählen und verlassen kann. Da er gegenüber dem Arbeitgeber strukturell benachteiligt ist - er hat kein Eigentum an Produktionsmitteln -, ist er zur Vertretung seiner rechtlich geschützten Interessen auf eine kollektive, solidarische Vertretung angewiesen. Eine solche Interessenvertretung garantiert Art. 9 Abs. 3 GG, indem er das Recht, zur Wahrung und Förderung der Arbeits- und Wirtschaftsbedingungen Vereinigungen zu bilden, gewährleistet.

5. Gleichheitssatz - Art. 3 GG

a) Texte

Französische Erklärung der Menschen- und Bürgerrechte von 1793.

Tous les hommes sont égaux par la nature et devant la loi (alle Menschen sind durch die Natur und vor dem Gesetz gleich).

§ 137 der Paulskirchenverfassung von 1849

Vor dem Gesetze gilt kein Unterschied der Stände. Der Adel als Stand ist aufgehoben.
Alle Standesvorrechte sind abgeschafft.
Die Deutschen sind vor dem Gesetze gleich.
Alle Titel, insoweit sie nicht mit dem Amte verbunden sind, sind aufgehoben und dürfen nie wieder eingeführt werden.
Kein Staatsangehöriger darf von einem auswärtigen Staate einen Orden annehmen. Die öffentlichen Ämter sind für alle Befähigten gleich zugänglich.

---

[155] Vgl. Nagel, RdA.1997, 351
[156] BVerfGE 7, 377, 397
[157] BVerfGE 50, 290, 349, 365

Die Wehrpflicht ist für alle gleich; Stellvertretung bei derselben findet nicht statt.

Art. 109 der Weimarer Reichsverfassung von 1919

Alle Deutschen sind vor dem Gesetze gleich.
Männer und Frauen haben grundsätzlich dieselben staatsbürgerlichen Rechte und Pflichten.
Öffentlich-rechtliche Vorrechte oder Nachteile der Geburt oder des Standes sind aufzuheben.
Adelsbezeichnungen gelten nur als Teil des Namens und dürfen nicht mehr verliehen werden.
Titel dürfen nur verliehen werden, wenn sie ein Amt oder einen Beruf bezeichnen; akademische Grade sind hierdurch nicht betroffen.
Orden und Ehrenzeichen dürfen vom Staat nicht verliehen werden. Kein Deutscher darf von einer ausländischen Regierung Titel oder Orden annehmen.

Art. 3 des Grundgesetzes

Alle Menschen sind vor dem Gesetz gleich.
Männer und Frauen sind gleichberechtigt. Der Staat fördert die tatsächliche Durchsetzung der Gleichberechtigung von Frauen und Männern und wirkt auf die Beseitigung bestehender Nachteile hin.
Niemand darf wegen seines Geschlechtes, seiner Abstammung, seiner Rasse, seiner Sprache, seiner Heimat und Herkunft, seines Glaubens, seiner religiösen oder politischen Anschauung benachteiligt oder bevorzugt werden. Niemand darf wegen seiner Behinderung benachteiligt werden.

b) Der allgemeine Gleichheitssatz

Am 30.5.1990 hatte das Bundesverfassungsgericht die Frage zu entscheiden, ob es gegen den allgemeinen Gleichheitssatz des Art. 3 Abs. 1 GG verstößt, daß die Kündigungsfristen für Arbeiter kürzer sind als für Angestellte.[158] Die Gesetzeslage stellte sich wie folgt dar:

Den Arbeitern billigt § 622 Abs. 2 des Bürgerlichen Gesetzbuchs (BGB) in der damals geltenden Fassung 2 Wochen Kündigungsfrist zu. Für den Angestellten beträgt die Frist 6 Wochen. Diese Frist kann zwar einzelvertraglich auf einen Monat herabgesetzt werden, dies ist aber nicht die Regel. Für Angestellte gelten zudem feste Kündigungstermine. Bei der regelmäßigen Frist ist dies der Schluß des Kalendervierteljahrs, bei der Mindestfrist das Monatsende. Die Kündigung eines Arbeiters ist erst nach längerer Betriebszugehörigkeit an Termine gebunden.

Die Kombination von Frist und Termin kann zu einer erheblichen Verlängerung der Zeitspanne führen, die zwischen einer Kündigung und der Beendigung des Arbeitsverhältnisses liegt. Entschließt sich ein Arbeitgeber in der zweiten Hälfte eines Quartals zur Kündigung eines Angestellten, dann kann er das Arbeitsverhältnis nach § 622 Abs. 1 BGB erst mit Ablauf des übernächsten Vierteljahres beendigen. Die Kündigungstermine bewirken weiteren Schutz. Angebot und Nachfrage auf dem Arbeitsmarkt werden auf bestimmte Zeitpunkte konzentriert; das erleichtert die Arbeitsplatzsuche.

Auch bei den verlängerten Kündigungsfristen nach § 622 Abs. 2 BGB bleiben die Arbeiter benachteiligt. Nach 5 Jahren können sie mit einer Frist von einem Monat zum Monatsende,

---

[158] BVerfGE 82, 126, 156

Angestellte hingegen mit einer Dreimonatsfrist zum Quartalsende gekündigt werden (§ 2 des Angestelltenkündigungsschutzgesetzes). Das Maß der Ungleichbehandlung bleibt bei weiter zunehmender Betriebszugehörigkeit in etwa konstant. Erst nach 20 Jahren verringert sich der Abstand. Die Kündigungsfristen der Arbeiter sind dann halb so lang wie die der Angestellten.

Das Gericht hält einige der Argumente, die für die kürzeren Kündigungsfristen der Arbeiter angeführt werden, von vornherein für ungeeignet, weil es an einem Legitimationszusammenhang zwischen ihnen und den Kündigungsfristen fehlt. So wird behauptet, die Angestellten verrichteten überwiegend geistige, die Arbeiter hingegen überwiegend körperliche Arbeit. Das Gericht läßt es dahingestellt sein, ob sich dieses Abgrenzungskriterium in der heutigen Zeit noch durchhalten läßt. Jedenfalls rechtfertigt es nicht die ungleichen Kündigungsfristen, weil sich aus der Art ihrer Tätigkeit allein kein erhöhtes Schutzbedürfnis der Angestellten ergibt. Nichts anderes gilt für die vielfach behauptete besondere Gruppenmentalität der Angestellten. Die Benachteiligung der Arbeiter läßt sich auch nicht damit rechtfertigen, daß die betroffenen Bevölkerungskreise von der Notwendigkeit kürzerer Kündigungsfristen für Arbeiter überzeugt seien. Zum einen dürfte das Bewußtsein der beteiligten Kreise durch die seit langem bestehende Rechtslage wesentlich geprägt sein. Zum anderen ist in Mantelverträgen die gesetzliche Kündigungsfrist der Arbeiter verlängert worden, die Orientierung der anderen Manteltarife an der gesetzlichen Regelung ist kein Indiz für mangelndes Interesse der Arbeiter an längeren Kündigungsfristen.

Es wird behauptet, daß die Angestellten eine längere vorberufliche Ausbildung benötigen und deshalb später in das Erwerbsleben eintreten. Aus diesem Gesichtspunkt der kürzeren Gesamtarbeitszeit läßt sich aber eine Benachteiligung der Arbeiter bei den Kündigungsfristen nicht begründen, weil diese nicht dazu bestimmt sind, die aktive Arbeitszeit insgesamt zu verlängern, sondern den Übergang zu einer neuen Stelle erleichtern sollen. Schließlich trifft das Argument von der kürzeren Gesamtarbeitszeit vor allem auf die Angestellten mit akademischer Ausbildung zu. Ihretwegen allein rechtfertigt sich die Begünstigung der Gesamtgruppe der Angestellten nicht.

Ebensowenig läßt sich die Ungleichbehandlung mit einem dadurch angeblich erzielbaren Leistungsansporn begründen. Ein Arbeiter kann im allgemeinen nur nach Änderung seines Tätigkeitsbereiches und nicht durch bessere Leistung Angestellter werden, da zwischen beiden Arbeitnehmergruppen nur eine geringe Durchlässigkeit besteht. Im übrigen könnte durch das Argument vom Leistungsanreiz keine Diskriminierung der Gruppe der Arbeiter gerechtfertigt werden.

Eingehender setzt sich das Gericht mit drei Argumenten zusammen, aus denen sich zwar ungleiche Kündigungsfristen an sich begründen ließen, die aber nicht hinreichend gruppenspezifisch ausgewählt sind.

Zum ersten sind Angestellte nach den vorliegenden Statistiken im Durchschnitt einige Wochen länger arbeitslos als Arbeiter. Man könnte die längeren Kündigungsfristen also mit gruppenspezifischen Schwierigkeiten der Angestellten bei der Stellensuche begründen. Derartige Schwierigkeiten lassen sich aber nur bei höher und hochqualifizierten Arbeitnehmern nachweisen; diese Gruppe ist bei den Angestellten höher repräsentiert als bei der Arbeitern. Dies erklärt auch die im Durchschnitt geringfügig längere Dauer der Arbeitslosigkeit von Angestellten. Der Anteil der Höherqualifizierten an der Gesamtgruppe der Angestellten ist jedoch nicht so groß, daß die bestehende Ungleichheit eine Privilegierung der Gesamtgruppe der Angestellten gegenüber den Arbeitern rechtfertigen würde. Über die Hälfte aller Arbeitnehmer sind Angestellte, mehr als ein Drittel davon einfache Angestellte. Das sind über 4 Millionen Arbeitnehmer. Ihr Tätigkeitsfeld umfaßt Arbeiten, die ohne besondere Vorbildung und ohne herausgehobene Qualifikation erledigt werden können. Das Angebot derartiger Stellen ist ähnlich breit gestreut wie das für gewöhnliche manuelle Tätigkeiten. Es gibt keinen Grund für die Annahme, daß einfache Angestellte mehr Zeit für die Suche nach einem neuen Arbeitsplatz benötigten als Arbeiter mit entsprechend geringem Spezialisierungsgrad.

Angesichts dieser Zahlen lassen sich längere Kündigungsfristen für die gesamte Gruppe der Angestellten nicht mit dem Hinweis auf besondere Schwierigkeiten bei der Stellensuche rechtfertigen. Jede gesetzliche Regelung muß verallgemeinern. Der Gesetzgeber darf vor allem bei der Ordnung von Massenerscheinungen generalisierende, typisierende und pauschalierende Regelungen verwenden und dabei von dem Gesamtbild ausgehen, das sich aus den vorliegenden Erfahrungen ergibt. Unbedenklich ist eine Typisierung aber nur, solange eine verhältnismäßig kleine Gruppe benachteiligt wird und der Gleichheitsverstoß nicht sehr intensiv ist. Es geht nicht an, eine größere Zahl von Betroffenen ohne rechtfertigenden Grund stärker zu belasten. Dasselbe gilt, wenn eine privilegierende Regelung ohne rechtfertigenden Grund auf eine große Gruppe von Normadressaten erstreckt wird. Die Privilegierung büßt damit ihre Rechtfertigung vor der Gruppe der Benachteiligten ein, die ihren Anspruch auf Gleichbehandlung einfordert.

Zum zweiten befaßte sich das Bundesverfassungsgericht ausführlicher mit dem Argument, daß eine Verlängerung der Kündigungsfristen für Arbeiter die Kündigungen und die Sozialpläne verteuern würde. Grundsätzlich sei das Interesse des Arbeitgebers hier geeignet, differenzierende Regelungen im Recht des Arbeitsvertrages einzuführen. Der Schutz der Arbeitnehmer durch eine gesetzliche Festlegung von Kündigungsfristen berührt auch die wirtschaftlichen Interessen der Arbeitgeber. Der pauschale Hinweis auf eine Verteuerung von Kündigungen und Sozialplänen ist aber kein sachlicher Grund, der die Ungleichbehandlung der Arbeiter gegenüber den Angestellten begründen könnte. Wenn der Gesetzgeber es für notwendig hält, die Arbeitgeber von den Folgekosten bei Kündigungen zu entlasten, dann darf er dieses Ziel nicht einseitig auf Kosten einer der beiden Gruppen von Arbeitnehmern verfolgen.

Schließlich befaßt sich das Gericht mit dem Argument, die Unternehmer müßten in der Lage sein, im produktiven Bereich schneller Personal zu entlassen. Das Gericht erkennt ein Bedürfnis an erhöhter personalwirtschaftlicher Flexibilität im produktiven Bereich grundsätzlich an. Der Gesetzgeber kann daher grundsätzlich unter Hinweis auf die funktions- oder betriebsspezifischen Interessen der Arbeitgeber die Kündigungsfristen differenzieren. Er darf aber nicht die Arbeiter mit dem produktiven Bereich gleichsetzen und daher ihre Kündigungsfristen kürzer als die der Angestellten ausgestalten. Zwar sind auch heute noch in der Produktion überwiegend Arbeiter tätig, aber keineswegs alle Arbeiter stehen im Produktionsprozeß. Im Jahre 1989 waren nur etwa 2/3 der Arbeiter (rund 7 Millionen) im produzierenden Gewerbe und in der Landwirtschaft beschäftigt. Für rund 3,5 Millionen Arbeiter, die im Dienstleistungsbereich tätig sind, trifft damit der rechtfertigende Grund nicht zu. Auch wenn man in Rechnung stellt, daß der Gesetzgeber in einem weiten Rahmen typisierende und pauschalierende Regelungen treffen kann, sind das zu viele, um die Regelung insgesamt noch als gerechtfertigt erscheinen zu lassen. Hinzu kommt, daß das Argument von der notwendigen Flexibilität des produktiven Bereichs die Ungleichbehandlung der Arbeiter nur bei betriebsbedingten Kündigungen abdeckt. Bei normaler Konjunkturlage sind jedoch fast zwei Drittel aller Kündigungen verhaltens- oder personenbedingt, also nicht mit den funktions- oder betriebsspezifischen Interessen der Arbeitgeber begründet.

Insgesamt kommt das Gericht zu dem Ergebnis, daß die Ungleichbehandlung der Arbeiter bei den gesetzlichen Kündigungsfristen gegen den Gleichheitsgrundsatz des Art. 3 Abs. 1 GG verstößt.[159]

Das Gericht könnte die entsprechende gesetzliche Norm für nichtig erklären (§ 82 Abs. 1 in Verbindung mit §78 Abs. 1 des Bundesverfassungsgerichtsgesetzes). Dies gilt jedoch dann nicht, wenn sich ein Verfassungsverstoß aus dem Zusammenwirken mehrerer Vorschriften ergibt und eine Korrektur auf verschiedene Weise vorgenommen werden kann. In einer solchen Lage muß das Bundesverfassungsgericht sich grundsätzlich darauf beschränken, die diskriminierende Bestimmung für unvereinbar mit dem Grundgesetz zu erklären. Diese darf dann bis zur Neuregelung von staatlichen Stellen nicht mehr angewandt werden. Der Gesetzgeber ist verpflichtet, die Rechtslage unverzüglich mit dem Grundgesetz in Einklang zu bringen. Die Gerichte müssen anhängige Verfahren, bei denen die Entscheidung von der verfassungswidrigen Norm abhängt, aussetzen, bis eine Neuregelung in Kraft tritt. Damit dieser Schwebezustand nicht zu lange dauert, kann das Bundesverfassungsgericht dem Gesetzgeber eine angemessene Frist zur Neuregelung setzen. In der Entscheidung vom 30.5.1990 hat es eine solche Frist gesetzt, und zwar bis zum 30.6.1993. Der Gesetzgeber hat die Frist leicht überzogen. Das Kündigungsfristengesetz vom 14.10.1993[160] ist am 15.10.1993 in Kraft getreten. Danach beträgt die einheitliche Kündigungsfrist 4 Wochen, sie verlängert sich je nach Beschäftigungsdauer (§ 622 BGB).

Aus der Entscheidung wird ein grundsätzliches Problem der Anwendung des Gleichheitssatzes deutlich. Eine absolute Gleichheit zweier Sachverhalte gibt es nicht. Deshalb muß es bei einer staatlichen Regelung möglich sein, typisierende Merkmale einzuführen und sich auf die Gleichbehandlung derjenigen zu beschränken, die diese Merkmale erfüllen. Der Gleichheitssatz übt also nur eine Randkontrolle aus. Dem Staat wird untersagt, die Differenzierung nach typisierenden Merkmalen willkürlich vorzunehmen. Die Ungleichbehandlung oder Differenzierung bedarf vielmehr eines sachlichen Grundes. Danach darf weder wesentlich Gleiches willkürlich ungleich noch wesentlich Ungleiches willkürlich gleich behandelt werden. Eine Gruppe von Normadressaten darf im Vergleich zu anderen Normadressaten nicht anders behandelt werden, obwohl zwischen beiden Gruppen keine Unterschiede von solcher Art und von solchem Gewicht bestehen, daß sie die ungleiche Behandlung rechtfertigen könnten. Ob und in welchem Ausmaß der Gesetzgeber differenzieren darf, ergibt sich aus dem Zweck der gesetzlichen Regelung. Zu fragen ist, in welchem Zusammenhang der zu regelnde Sachverhalt mit der besonderen Eigenart und Zielsetzung der gesetzlichen Regelung steht. Die Prüfung eines Verstoßes gegen Art. 3 Abs. 1 GG verläuft in drei Stufen:

1. Feststellung einer Ungleichbehandlung und des dafür maßgeblichen Kriteriums.
2. Ermittlung des Ziels der Ungleichbehandlung aus dem Gesetzestext.
3. Prüfung, ob das Kriterium einen hinreichenden sachlichen Bezug zu diesem Ziel des Gesetzgebers aufweist und ob das Ausmaß der Ungleichbehandlung durch das gesetzgeberische Ziel gerechtfertigt ist.

Eine großzügige Prüfung und damit ein weiter Handlungsspielraum des Gesetzgebers besteht im Bereich der gewährenden Staatstätigkeit, also z. B. bei Subventionen, oder wenn das Grundgesetz selbst eine Differenzierung fordert oder ermöglicht, also z. B. im Bereich der Ehe und der Familie. Eine strenge Prüfung nehmen die Gerichte vor, wenn der Staat in den

[159] BVerfGE 82, 176
[160] BGBl. I S. 1668

Schutzbereich eines Freiheitsrechts eingreift. Beispiele für eine Anwendung des allgemeinen Gleichheitssatzes im Zusammenhang mit anderen Grundrechten bieten die Fälle Mineralölbevorratung[161] und Numerus clausus 1 und 2[162] zu Art. 12. Hier rechtfertigt sich eine Verstärkung des Willkürverbots aus dem Zweck, das Freiheitsrecht der Berufs- und Ausbildungsfreiheit zu schützen. Eine strenge Prüfung halten die Gerichte auch für erforderlich, wenn bestimmte Personengruppen gegenüber anderen ungleich behandelt werden. Sie verlangen, daß die Unterschiede von solcher Art und von solchem Gewicht sind, daß sie die unterschiedliche Behandlung rechtfertigen[163]. Auch wird der Gesetzgeber dann streng kontrolliert, wenn er ein (selbst gesetztes) System durchbricht. Im Systembruch liegt ein Indiz für Willkür. Auch muß das Gewicht der Gründe der Intensität der Abweichung entsprechen[164]. Hier wird allerdings teilweise das Demokratieprinzip vernachlässigt, das dem Gesetzgeber die Gewichtung der Differenzierungsgründe und der Differenzierungsmittel zuweist.

Staffelung von Kindergartengebühren

Der Sohn des A besucht den kommunalen Kindergarten in der Stadt. K Die städtische Gebührensatzung staffelt die Kindergartengebühren nach dem Einkommen der Eltern. Danach hat der wohlhabende A den Höchstsatz zu zahlen. Er klagt dagegen vor dem Verwaltungsgericht mit der Begründung, dies verstoße gegen den Gleichheitssatz des Art. 3 Abs. 1 GG, wonach alle Menschen vor dem Gesetz gleich sind.

Stellt man bei der Gebühr auf die Nutzung des Kindergartens ab, so unterscheidet sich der Sohn des A nicht von anderen Kindern. Eine ungleiche Gebühr ist danach mit Art. 3 Abs. 1 GG unvereinbar.

Stellt man hingegen auf die Funktion des Kindergartens ab, den Kindern elementare Grundlagen für ihre spätere Bildung und damit für das spätere Leben zu vermitteln, so ist eine Nutzung des Kindergartens eine wesentliche Voraussetzung für die Herstellung von Chancengleichheit. Wird die gleiche Gebühr erhoben, so werden die Kinder aus sozial schwächeren Schichten stärker belastet. Chancengleichheit wird erst hergestellt, wenn die Gebühr sozial gestaffelt wird. Danach wäre die soziale Staffelung nach dem Gleichheitssatz und dem Sozialstaatsprinzip zulässig und zweckmäßig.

Art. 3 Abs. 1 garantiert primär die staatsbürgerliche Gleichbehandlung. Ursprünglich wurde dies als ausschließlich formale Gerechtigkeit verstanden. Daraus folgte keineswegs die Pflicht des Staates zu einer Angleichung der sozialen Existenzbedingungen seiner Bürger. Deshalb konnte sich eine Interpretation des Gleichheitssatzes im Sinne eine Ausgleichs der sozialen Unterschiede auch nicht durchsetzen. Legt man den Gleichheitssatz nur als Gebot an Gesetzgebung und Verwaltung aus, die formale Gleichheit zu beachten, so ist die soziale Gebührenstaffelung im kommunalen Kindergarten verfassungswidrig nach Art. 3 Abs. 1 GG.[165] Die Entscheidung ist problematisch, da das Sozialstaatsprinzip den Staat verpflichtet, für einen sozialen Ausgleich Sorge zu tragen. Insofern könnte man auch eine soziale Gebührenstaffelung zulassen[166] (bestritten).

---

[161] BVerfGE 30, 292
[162] BVerfGE 33, 303; 43, 291
[163] Vgl. BVerfGE 63, 255, 262; 75, 284, 300
[164] Vgl. z.B. BVerfGE 61, 138, 148; 67, 70, 85
[165] Vgl. VGH Kassel NJW 1977, 452
[166] Eine einkommensabhängige Gestaltung der Gebührenhöhe ist zulässig, solange der Höchstbetrag unter den Kosten bleibt; BVerwG, NVwZ 1995, 173

Enteignungen in der sowjetischen Besatzungszeit

A hatte Grundvermögen in der sowjetischen Besatzungszone. Er wurde von der sowjetischen Besatzungsmacht vor der Gründung der DDR im Jahre 1949 enteignet. Er fühlt sich diskriminiert, weil er keine Enteignungsentschädigung erhält, während für Enteignungen in der Zeit der DDR der Grundsatz „Rückgabe geht vor Entschädigung" gilt.

Nicht auf Art. 14, sondern auf Art. 3 Abs. 1 GG beruft sich das Bundesverfassungsgericht in der Frage der Enteignungen in der sowjetischen Besatzungszone nach 1945 und vor Gründung der DDR im Jahre 1949.[167] Durch Art. 4 Nr. 5 des Einigungsvertrages wurde Art. 143 Abs. 3 GG geändert. Danach bleiben diese Enteignungen bestandskräftig, denn bei den Verhandlungen um den Einigungsvertrag und die Wiedervereinigung („2 + 4-Verhandlungen") hatten die DDR und die Sowjetunion darauf bestanden, daß diese Enteignungen nicht rückgängig gemacht würden. Das Gericht bestätigt die Bestandskraft dieser Enteignungen nach Art. 79 Abs. 3 GG, da es sich um Maßnahmen einer fremden Staatsgewalt vor Inkrafttreten des Grundgesetzes handle. Da der Einigungsvertrag aber für die nach 1949 durch die (ebenfalls „fremde"!) Staatsgewalt der DDR Enteigneten sogar den Grundsatz der Rückgabe vorsieht, obwohl dies nicht durch Art. 14 GG geboten ist, ein Ausschluß jeglicher Rückgabe oder Entschädigung für die zwischen 1945 und 1949 Enteigneten also offensichtlich diskriminierend wirken würde, erklärt es das Gericht für nach Art. 3 Abs. 1 GG geboten, daß der Gesetzgeber auch für diese Enteignungen eine Ausgleichsregelung schafft. Bei der Bemessung von Wiedergutmachungsleistungen darf er aber im Rahmen des ihm ohnehin zustehenden Gestaltungsraums darauf Rücksicht nehmen, welche finanziellen Möglichkeiten ihm unter Berücksichtigung der sonstigen Staatsaufgaben verbleiben. Der Gesetzgeber darf danach das Gesamtvolumen der wiedergutzumachenden Schäden, zu denen nicht nur Schäden an Eigentum gehören, berücksichtigen, wie er dies auch bei den sog. Kriegsfolgeschäden darf. Bei der Gewichtung der Eigentumsschäden ist zu bedenken, daß in der fraglichen Zeit auch andere Güter - etwa Leben, Gesundheit, Freiheit und berufliches Fortkommen - beeinträchtigt wurden. A kann sein Grundeigentum nicht zurückverlangen, sondern bleibt auf den Entschädigungsanspruch aus Art. 3 Abs. 1 GG beschränkt.

c) Besondere Ausprägungen des Gleichheitssatzes

Gleichbehandlung von Katholiken und Protestanten

B ist evangelisch. Er bewirbt sich in einer katholischen Gemeinde um eine Schulratsstelle. Er wird mit der Begründung abgelehnt, er sei evangelisch. Dies verstößt gegen § 33 Abs. 2 und 3 GG, der die gleiche Zulassung zu einem öffentlichen Amt ohne Rücksicht auf die Religion gewährleistet. Also wäre eine derartige Diskriminierung verfassungswidrig und nichtig.

Gleichbehandlung von Mann und Frau

A bewirbt sich um die Zulassung zur Hebammenausbildung bei der Hebammenlehranstalt einer Universität. Männliche Bewerber werden nach § 4 Abs. 1 des Hebammengesetzes von 1938 nicht zugelassen. Verstößt dies gegen Art. 3 Abs. 2 und 3 GG?

---

[167] BVerfGE 84, 90, dazu *Papier*, NJW 1997, 2841, 2844 ff.

Das Verbot der Ungleichbehandlung von Mann und Frau bedeutet nicht, daß Männer und Frauen in jeder Beziehung schematisch gleich zu behandeln wären. Es ist z. B. nicht sinnvoll, den besonderen Schutz von Schwangeren auch auf Männer auszudehnen. Eine Ungleichbehandlung von Mann und Frau darf nicht lediglich durch ihr unterschiedliches Geschlecht legitimiert werden; wird ein anderer von der Rechtsordnung zugelassener Gesichtspunkt zur unterschiedlichen Behandlung herangezogen, so verstößt dies nicht gegen den Gleichheitssatz. Das Bundesverwaltungsgericht[168] entschied, daß Schwangere zwar erfahrungsgemäß mit der Geburtshilfe eines Arztes einverstanden seien, jedoch auf einer weiblichen Hebamme beharren. Ein Hebammerich sei eine unzumutbare Beeinträchtigung der Persönlichkeitsrechte der Schwangeren. Die Geburt sei die Sphäre der Frau. Die Norm sei nicht verfassungswidrig. Inzwischen werden Männer zum Hebammenberuf zugelassen. Das Urteil erscheint rückblickend betrachtet problematisch, weil ein männlicher Arzt Geburtshelfer sein kann, ohne daß hier die Verletzung der Persönlichkeitsrechte der Frauen gerügt würde. Inzwischen gibt es den Beruf des (männlichen) sogenannten Entbindungshelfers nach dem Hebammengesetz von 1985.

Eine Diplom-Kauffrau bewirbt sich um eine Management-Nachwuchsposition. Das ausschreibende Unternehmen antwortet ihr mit dem Hinweis, daß für solche Positionen nur Männer in Frage kämen.

Dies verstößt gegen das Diskriminierungsverbot des § 611a Abs. 1 S. 1 BGB.[169] Nach seinem Wortlaut verbietet § 611a BGB die Benachteiligung wegen des Geschlechts. Damit sind die **offenen Diskriminierungen** wie im Fall der Diplom-Kauffrau erfaßt. Schwieriger ist das Problem der verdeckten oder **mittelbaren Diskriminierung**. Sie kommt vor allem in Betracht, wenn Leistungsvoraussetzungen vom Arbeitgeber zwar geschlechtsneutral formuliert werden, wenn Frauen diese Voraussetzungen aber nicht oder nur mit unverhältnismäßigen Schwierigkeiten erfüllen können[170]. Dies kann auch gegen das in Art. 119 des EWG-Vertrages verankerte Gebot des gleichen Entgelts von Männern und Frauen verstoßen[171] (vgl. unten).

Eine Arbeiterin beschwert sich darüber, daß sie anders als angestellte Arbeitnehmerinnen und männliche Arbeitnehmer einem Nachtarbeitsverbot unterliege und deshalb ihre Arbeitskraft nicht unter den gleichen Bedingungen wie die anderen beiden Arbeitnehmergruppen am Arbeitsmarkt verkaufen könne.

Das Bundesverfassungsgericht erklärte in der Tat ein solches Nachtarbeitsverbot für verfassungswidrig nach Art. 3 GG. Auf die Entscheidung soll unten im Zusammenhang mit den europarechtlichen Grundrechten eingegangen werden.

d) Vertiefung

Gusy (Der Gleichheitsschutz des Grundgesetzes, JuS 1982, 30 ff., 31 und 32) zeigt die Entwicklung des Gleichheitsschutzes in historischer Sicht anschaulich auf:

„a) Seit der Herrschaftszersplitterung ausgangs des Mittelalters waren die Lehnsherren zur Sicherung des inneren Friedens und zur Schutzgewährung kaum noch in der Lage. Zudem ging die Verantwortung für die Funktionsfähigkeit der ökonomischen Grundlagen der Gesellschaft vom grundbesitzenden Adel weitgehend auf das gewerbetreibende Großbürgertum

[168] BVerwGE 40, 17

[169] Vgl. ArbG Hamburg BB 1983, 1858 f. und *Bertelsmann*, BB 1983, 1807 f.

[170] Vgl. zum ganzen ausführlich *Pfarr/Bertelsmann*, Gleichhandlungsgesetz, 1985, insbes. S 39

[171] EuGH NJW 1981, 2639 - Fall Jenkins.

über. So verloren die überkommenen Privilegien ihre Legitimation; die alten Vorrechte blieben zwar weitgehend bestehen, wurden aber zunehmend als hinderlich und drückend empfunden.[172] Insbesondere die aufstrebenden Bürger erhoben die Forderung, entsprechend ihrer wirtschaftlichen Stellung und Verantwortung politischen Einfluß zu erhalten. Da dem die traditionellen Feudalrechte des Adels entgegenstanden, erhob sich in zunehmendem Maße die Forderung nach Gleichheit aller Menschen.

Diese Forderung setzte sich zunächst in den USA durch, wo die neue Staatsordnung ohne traditionelle ständische Elemente errichtet werden konnte. Section 1 der Virginia Bill of Rights lautete: „Alle Menschen sind von der Natur aus in gleicher Weise frei...“. Die Französische Revolution folgte dem Aufruf nach „Freiheit, Gleichheit, Brüderlichkeit“. Art. 1 der „Déclaration des droits de l'homme et du citoyen“ von 1789 statuierte: „Die Menschen sind und bleiben von Geburt frei und gleich an Rechten.“

Entsprechend der Forderung des wirtschaftlich dominierenden Großbürgertums sollte die Gleichheit jedoch keine wirtschaftliche sein; durch diese hätte die reich gewordene Bourgeoisie zugunsten der breiten Masse der Armen nur verlieren können.[173] So wurde während der Französischen Revolution weitgehend nur kirchlicher und feudaler Besitz verstaatlicht, private Manufakturen blieben dagegen zumeist unangetastet. Vielmehr wurde die Gleichheit in staatsbürgerlicher Hinsicht erstrebt; gleiche Bürger sollten gegenüber dem Staat gleiche Rechte und Pflichten haben. Diese Gleichheitsvorstellung wird schon durch den Wortlaut der zitierten Menschenrechtsartikel zum Ausdruck gebracht.

Entsprechend dieser Wendung gegen das traditionelle Feudalsystem gestaltete sich die Gleichheitskonzeption des Liberalismus im 19. Jahrhundert. Danach war der Staat den Bürgern rechtlich übergeordnet; unter den Menschen herrschte in der Gesellschaft dagegen rechtliche Gleichheit, ein einheitliches Recht war auf alle gleichermaßen anwendbar.[174] Vor diesem Hintergrund entstand in Art. 6 der Belgischen Verfassung von 1831 die Formel: „Es gibt im Staat keine Standesunterschiede. *Alle Bürger sind vor dem Gesetz gleich* ...“ Stand schon in der Belgischen Verfassung der „allgemeine Gleichheitssatz“ in unmittelbarem systematischem Zusammenhang mit der Aufhebung der Standesprivilegien, so enthielt § 137 des Verfassungsentwurfs der Paulskirche eine Fülle staatsbürgerlicher Gleichheitsnormen, zwischen denen sich auch der allgemeine Gleichheitssatz (Abs.2) verbindet; soziale Gleichheit ist dagegen kein Anliegen des Verfassungsentwurfs. Ähnlich lautet auch Art. 109 WRV, in dem noch Adels- und Ordensproblemen zentrale Bedeutung zukommt. Die Formulierung des § 137 Abs. 2 des Paulskirchenentwurfs ist in Art. 3 Abs. 1 GG wörtlich übernommen; dagegen fehlt in Art. 3 GG der systematische Zusammenhang der allgemeinen mit der staatsbürgerlichen Gleichheit.

Tatsächlich nahm die faktische Bedeutung der verfassungsrechtlichen Sicherung der staatsbürgerlichen Gleichheit ab. Spätestens unter der Geltung der Weimarer Reichsverfassung waren die letzten ständischen Relikte beseitigt, das traditionelle Ziel des Gleichheitspostulats der bürgerlichen Bewegung war insofern erreicht. Wurde dementsprechend dem herkömmlich ausgelegten Gleichheitssatz nur geringe Bedeutung beigemessen, so erlangte die gesellschaftliche Entwicklung vom Stände- zum Klassenstaat gleichheitsgefährdende Relevanz. Wies die ständische Ordnung den Menschen unterschiedliche Rechte und Pflichten zu, so definiert sich

[172] Eingehend hierzu *Rittstieg*, Eigentum als Verfassungsproblem, 1976, S. 224-227.
[173] Vertiefend hierzu *Herzog*, Staatslehre, 1971, S. 379 ff.
[174] Hier nahm etwa die Lehre von der „Allgemeinheit des Gesetzes“ ihren Ausgangspunkt.

in der *Klassengesellschaft* bei formal gleichen Rechten und Pflichten die soziale Stellung des Einzelnen aus seinen ökonomischen Möglichkeiten, diese Rechte wahrzunehmen. Wesentliches Kriterium der Stellung des einzelnen war und ist nicht mehr seine ständische Zuordnung, sondern seine wirtschaftliche Lage. Diese Entwicklung setzte nicht abrupt ein, sondern verlief in Stufen: Waren anfangs des 19. Jahrhunderts dank des Zensuswahlrechts die wirtschaftlich Mächtigen auch politisch Privilegierte, so endete diese Entwicklung mit der Einführung des allgemeinen Wahlrechts, das in Preußen zunächst als Drei-Klassen-Wahlrecht, bis zum Anfang des 20. Jahrhunderts überall als allgemeines und gleiches Wahlrecht eingeführt wurde. Ungleichheit wird so nicht mehr durch Standesunterschiede, sondern durch unterschiedliche ökonomische Potenz begründet. Die Gesellschaft als „Hort der Freiheit" war so zugleich Ursprung der sozialen Differenzierung.

b) Der sozialistische Jurist *Anton von Menger* bezeichnete den auf die staatsbürgerliche Gleichheit reduzierten Gleichheitssatz als „Zerrbild der Gleichheit"; „in dieser verstümmelten Form" sei „die Gleichheit vor dem Gesetz in die Verfassung zahlreicher Kulturstaaten übergegangen".[175] Allerdings fügte er hinzu, das Ideal der ökonomischen Gleichheit könne nur in entfernter Annäherung verwirklicht werden. Auf einen *Ausgleich der sozialen Unterschiede* ist auch die Gleichheitsinterpretation von *Wolfgang Abendroth* angelegt.

Für ihn bestehen bei der Inhaltsbestimmung des sozialen Rechtsstaatsgedankens im Grundgesetz Schwierigkeiten, da der Gerechtigkeitsmaßstab zwischen verschiedenen Sozialgruppen zumeist strittig sei. Erforderlich sei vor allem eine zeitgemäße Interpretation des Gleichheitssatzes. Dabei müsse man sich bewußt bleiben, daß die Stellung des Sozialstaatsgedankens im Rechtsgrundsatz der demokratischen und sozialen Rechtsstaatlichkeit darauf angelegt sei, den materiellen Rechtsstaatsgedanken der Demokratie auf die Wirtschafts- und Sozialordnung und auf das kulturelle Leben auszudehnen, um von hier aus dem Sozialstaatsgedanken konkreten Gehalt zu verleihen. So erzwinge die innere Verbindung von Demokratie und Sozialstaatlichkeit eine Interpretation des Gleichheitssatzes nicht nur im Verhältnis der Individuen, sondern auch im Verhältnis der sozialen Gruppen zueinander, welche deren Ungleichheit in Richtung auf die Demokratisierung der Gesellschaft ausgleiche.[176]

c) Soziale Gleichheit stellt sich in der Gesellschaft auch im Falle einer Interpretation des Gleichheitssatzes als Medium sozialer Egalisierung nicht von selbst ein, sie bedarf der staatlichen Verwirklichung durch Maßnahmen der Gesetzgebung und der Verwaltung. Soll das grundgesetzliche Gleichheitsgebot dazu verpflichten, so wird Art. 3 Abs. 1 GG als *Verfassungsauftrag* zur Herstellung sozialer Gleichheit ausgelegt.[177] Eine solche Interpretation läßt den allgemeinen Gleichheitssatz als soziales Grundrecht erscheinen. Damit begegnet diese Auffassung all denjenigen Einwänden, die auch gegen die Schaffung sozialer Leistungsrechte angeführt werden.[178] Insbesondere kollidiert sie mit Art. 1 Abs.2 S.1 GG, nach dem die Grundrechte im Zweifel unmittelbar anwendbares Recht darstellen. Verfassungsaufträge zur Herstellung sozialstaatlicher Lagen sind nicht ohne weitere Ausführung realisierbar. Das macht etwa der Wortlaut des Art. 6 Abs. 5 GG deutlich: Gleiche Chancen für „uneheliche" Kinder stellen sich nicht von selbst ein, sondern müssen erst durch die Gesetzgebung geschaffen werden.[179] Der Wortlaut des Art. 6 Abs. 5 GG geht von einem Zustand sozialer Gleichheit aus, der durch den Staat erst herzustellen ist. Dagegen enthält Art. 3 I GG einen solchen Auf-

---

175 *Menger*, Neue Staatslehre, 1904, S. 64.

176 *Abendroth*, in: Festschr. f. Bergsträsser, 1964, S. 288 f.

177 Mehr hierzu bei *Podlech*, Gehalt und Funktionen des allg. Gleichheitssatzes, 1971, S. 200-208.

178 *Gusy*, JA 1980, 82 f.

179 *Denninger*, StaatsR 11, 1979, S. 154 f.; grdl. dazu *Hesse*, AöR 77 (1951/52), 178-187.

trag nicht; er geht davon aus, daß alle Menschen vor dem Gesetz gleich „sind". Soll demnach der allgemeine Gleichheitssatz unmittelbar anwendbares Recht darstellen, so kann er keinen Verfassungsauftrag zur Herstellung gleicher Chancen enthalten.

Andererseits wurde das traditionelle Verständnis der Gleichheit als staatsbürgerliche Gleichheit nicht unverändert aufrechterhalten. Schon Art. 109 WRV lautet: „Alle Deutschen sind vor dem Gesetz gleich. Männer und Frauen haben grundsätzlich dieselben staatsbürgerlichen Rechte und Pflichten..." War hier von „staatsbürgerlicher Gleichheit" ausdrücklich nur in Art. 109 S. 2 die Rede, so wurde Art. 109 S. 1 in einem weiteren Sinne ausgelegt: Nicht mehr nur staatsbürgerliche Gleichheit, sondern Rechtsgleichheit schlechthin sollte garantiert werden. Diese sollte, da die Realität völlige Gleichheit nicht kennt, nicht im Sinne des sozial egalitären „jedem das Gleiche", sondern gemäß dem Verständnis eines „jedem das Seine" interpretiert werden. Ausgangspunkt dieser Auffassung ist die Herleitung des Gleichheitsgebotes aus dem Ziel der Gerechtigkeit.[180] So wurde der Gleichheitssatz als *Gebot der Verwirklichung* ausschließlich *formaler Gerechtigkeit* neu interpretiert. Eine so verstandene Gerechtigkeit sollte durch den Gleichheitssatz nicht zur Herstellung aufgegeben sein, sondern dem staatlichen Handeln als Verfassungsgebot vorausliegen: Gerechtigkeit war vom Gesetzgeber zu achten, nicht herzustellen. Der Auftrag zur Herstellung eines sozialen Ausgleichs wurde dementsprechend für das Grundgesetz nicht dem Gleichheitssatz, sondern dem Sozialstaatsprinzip (Art. 20 Abs. 1 GG) entnommen. Die Gegenmeinung blieb in der Minderheit."

Ausgehend von dieser genetischen Analyse des Gleichheitssatzes lehnt Gusy mit Recht Tendenzen in Literatur und Rechtsprechung ab, das Gerechtigkeitsgebot aus Art. 3 Abs. 1 GG in Sachgerechtigkeitsgrundsätze zu verfestigen, die den Gesetzgeber an systematische Folgerichtigkeiten oder selbst gesetzte Vorgaben binden. Sehr wohl aber folgt aus dem Willkürverbot ein Begründungsgebot für das Handeln des Staates. Auch darf nicht eine formal gleiche Behandlung aller sozialen Schichten die wirtschaftlichen Vorteile der Bessergestellten stabilisieren. Es kommt deshalb darauf an, Gleichheitssatz und Sozialstaatsgebot einander zuzuordnen. Das Dilemma zwischen Freiheit und Gleichheit kann Gusy nicht individuell, sondern nur bezogen auf die Gesamtheit der Staatsbürger lösen. Er weist mit Recht darauf hin, daß Chancengleichheit für alle zwar eine Verkürzung der Freiheit bisher Privilegierter bedeutet, gleichzeitig aber die Masse der Unterprivilegierten und damit die Mehrheit der Bevölkerung besserstellt. Anzufügen bleibt, daß die Modalitäten, wie Chancengleichheit verwirklicht wird, in der Praxis leicht zu bürokratischen Lösungen führen, die zwar gewisse Privilegien nivellieren, die Gesamtleistung des zu steuernden gesellschaftlichen Teilsystems jedoch zu Lasten gerade auch der Unterprivilegierten insgesamt verschlechtern. Gleichheit im Max Weberschen „Gehäuse der Hörigkeit" ist nicht erstrebenswert, das Gleichheits-/Freiheitsdilemma bleibt Problem der praktischen Politik.

6. Die Vereinigungsfreiheit des Art. 9 Abs. 1 GG

Mit dem Recht, Vereine und Gesellschaften zu bilden, gewährleistet Art. 9 Abs. 1 GG das Prinzip freier sozialer Gruppenbildung im Gegensatz zu ständisch korporativen Ordnungen früherer Zeiten und zur planmäßigen Formung und Organisation durch den Staat. Art. 9 Abs. 1 geht von einem Bild des Menschen aus, der nicht isoliertes und selbstherrliches Individuum,

[180] Ausgangspunkt dieser Auffasssung ist die Abhandlung von *Leibholz*, Die Gleichheit vor dem Gesetz, 2. Aufl. (1959), S. 72; s. auch *Hesse*, AöR 77 (1951/52), 197-204

sondern gemeinschaftsbezogene und gemeinschaftsgebundene Person ist.[181] Die Freiheit des Staatsbürgers, sich mit anderen zu jedem verfassungsmäßig erlaubten Zweck zusammenzuschließen, umfaßt die Gründungs- und Beitrittsfreiheit sowie die Freiheit, aus einer Vereinigung auszutreten oder ihr fernzubleiben. Diese Vereinigungsfreiheit ist jedoch in mehr oder minder großem Umfang auf Regelungen angewiesen, welche die freien Zusammenschlüsse und ihr Leben in die allgemeine Rechtsordnung einfügen, die Sicherheit des Rechtsverkehrs gewährleisten, Rechte der Mitglieder sichern und den schutzbedürftigen Belangen Dritter oder auch öffentlichen Interessen Rechnung tragen.[182] Es ist demnach notwendig, die Vereinigungsfreiheit gesetzlich auszugestalten. Bei dieser Ausgestaltung ist der Gesetzgeber nicht an die bisherigen Formen des Vereins- und Gesellschaftsrechts gebunden, er hat sich jedoch am Schutzgut des Art. 9 Abs. 1 GG zu orientieren, das heißt der Gesetzgeber hat eine hinreichende Vielfalt von Rechtsformen zur Verfügung zu stellen, die den verschiedenen Typen von Vereinigungen angemessen ist. Insbesondere muß er die Funktionsfähigkeit der Vereinigungen und ihrer Organe gewährleisten. Bei großen Kapitalgesellschaften tritt der Gedanke des personalen Schutzes, der dem Art. 9 Abs. 1 GG zugrundeliegt, jedoch bis zur Bedeutungslosigkeit zurück. Das Bundesverfassungsgericht hat in seinem Mitbestimmungsurteil von 1979 zu Recht auf die Bedenken hingewiesen, die sich gegen die Anwendbarkeit des Art. 9 Abs. 1 in solchen Fällen ergeben, in denen juristische Personen Anteilseigner sind.[183] Ebenso hat es darauf verwiesen, daß in Konzernen und bei Mehrheitsbeteiligungen der in der Vereinigungsfreiheit enthaltene Gedanke sich in freier Assoziation selbstbestimmender Mitglieder zurückgedrängt wird. Schließlich hat es auf seine frühere Rechtsprechung verwiesen, wonach die Aktie primär als bloßes Vermögensrecht betrachtet und demgemäß weder die Zwangszuteilung von Aktien[184] noch der Entzug der Mitgliedschaft in einer Aktiengesellschaft im Fall der Mehrheitsumwandlung[185] als Verstoß gegen Art. 9 Abs. 1 GG gewertet wird.

7. Die Informationsfreiheit - Art. 5 GG

In einer seiner ersten Entscheidungen hatte sich das Bundesverfassungsgericht[186] mit der Frage zu befassen, inwieweit ein Boykottaufruf eines Privatmanns zulasten eines Unternehmens zulässig ist. Der Vorsitzende des Hamburger Presseclubs, Erich Lüth, hatte 1950 zum Boykott eines Films aufgerufen, den der Regisseur Veit Harlan gedreht hatte. Harlan war in der NS-Zeit als Regisseur des rassistischen Films „Jud Süß" bekannt geworden. Lüth wurde von den beteiligten Filmgesellschaften wegen der drohenden wirtschaftlichen Schäden auf Unterlassung verklagt. Er berief sich auf seine in Art. 5 Abs. 1 GG garantierte Meinungsfreiheit. Das Bundesverfassungsgericht, an das er sich nach einem negativen Urteil des Landgerichts Hamburg mit seiner Verfassungsbeschwerde wandte, erklärte den Boykott für rechtens, obwohl in der Tat wirtschaftliche Schäden der betroffenen Filmgesellschaften zu erwarten waren. Das Gericht befaßte sich mit der Funktion der Grundrechte und ihrem Verhältnis zum Zivilrecht. Es stellte dazu folgenden Grundsatz auf:

„Die Grundrechte sind in erster Linie Abwehrrechte des Bürgers gegen den Staat; in den grundrechtlichen Bestimmungen des Grundgesetzes verkörpert sich aber auch eine objektive Wertordnung, die als verfassungsrechtliche Grundentscheidung für alle Bereiche des Rechts gilt. Im bürgerlichen Recht entfaltet sich der Rechtsgehalt der Grundrechte mittelbar durch die

[181] Vgl. BVerfGE 50, 290, 353
[182] Vgl. BVerfGE 50, 290, 354
[183] BVerfGE 50, 290, 356
[184] BVerfGE 4, 7, 26
[185] BVerfGE 14, 263, 273
[186] BVerfGE 7, 198 ff.

privatrechtlichen Vorschriften. Er ergreift vor allem Bestimmungen zwingenden Charakters und ist für die Richter besonders realisierbar durch die Generalklauseln."

Im Jahre 1995 hatte das Bundesverfassungsgericht[187] darüber zu entscheiden, ob ein türkischer Mieter von seinem Vermieter verlangen kann, daß er das Anbringen einer Parabolantenne an seinem Haus duldet. Der Mieter wollte türkische Fernsehprogramme empfangen und die Parabolantenne hierfür verwenden. Das Gericht hielt dieses Verlangen aus dem Gesichtspunkt der Informationsfreiheit nach Art. 5 Abs. 1 GG für gerechtfertigt. Art. 5 hält neben der Pressefreiheit und der Freiheit der Berichterstattung u. a. fest, daß jeder sich aus allgemein zugänglichen Quellen ungehindert unterrichten kann. Geschützt ist nicht nur die aktive Informationsbeschaffung, sondern auch das schlichte „Sich Informieren". Dieses Recht auf Informationsfreiheit geht dem Eigentumsschutz des Grundstückeigentümers und Vermieters vor. Der Mieter muß allerdings die Kosten für die Antenne selbst und für deren Anbringung tragen; er muß sich vom Vermieter vorschreiben lassen, wo die Antenne angebracht wird, soweit dadurch der Empfang der Programme nicht gestört wird.

Die Pressefreiheit des Art. 5 Abs. 1 S. 2 GG leitet sich ursprünglich aus der Meinungs- und Informationsfreiheit ab. Sie hat sich aber inzwischen verselbständigt und steht sowohl den Presseunternehmern als auch den Arbeitnehmern und den Presseunternehmen als juristische Personen zu. Neben der freien Meinungsäußerung schützt sie demnach auch die wirtschaftliche Betätigung, soweit sie mit dem Freiheitsrecht als Kommunikationsgrundrecht zusammenhängt. Diese Freiheit schützt die Presseunternehmen nicht davor, daß der Gesetzgeber sie im Gesetz gegen Wettbewerbsbeschränkungen einer verschärften Fusionkontrolle unterwirft, mit der er die Vielfalt der Presse bewahren will[188].

8. Die allgemeine Handlungsfreiheit - Art. 2 Abs. 1 GG

vgl. oben die Darstellung des Investitionshilfeurteils auf S. 9

a) Vorbemerkung

Die allgemeine Handlungsfreiheit ist ein Auffanggrundrecht. Sie gilt nur, wenn nicht speziellere Grundrechte vorgehen. So schließt z. B. die Anwendung von Art. 12 die des Art. 2 Abs. 1 aus. Im übrigen ist Art. 2 Abs. 1 nur im Rahmen der verfassungsmäßigen Ordnung gewährleistet, dazu gehören alle verfassungsmäßig zustandegekommenen Gesetze, soweit sie ihrerseits im Lichte der Bedeutung der allgemeinen Handlungsfreiheit verabschiedet worden sind. Eine Grenze für die Handlungsfreiheit bedeuten auch das Sittengesetz und die Rechte Dritter. Die allgemeine Handlungsfreiheit umfaßt die Freiheit, Verträge abzuschließen und allgemein über seine eigenen Angelegenheiten selbst zu bestimmen.

Bedeutsam geworden sind Entscheidungen zur Frage, ob der Einzelne sich zwangsweise in einen Verband eingliedern lassen muß, dem er nicht angehören will. Das Bundesverfassungsgericht geht von dem Grundsatz aus, daß ein solcher Zwangsverband öffentliche Aufgaben erfüllen muß, die bei freiwilliger Mitgliedschaft nicht sachgerecht erledigt werden könnten. Es wird geprüft, ob die Übertragung der Aufgaben auf einen Zwangsverband legitim ist.

---

[187] BVerfG JZ 1995, 152, Vgl. auch *Däubler*, Zivilrecht Bd. 1; S. 74

[188] Vgl. BGHZ 76, 55, 66

b) Fälle

Erftverband

Es geht um die Zwangseingliederung in einen öffentlich-rechtlichen Wasserverband. Das Bundesverfassungsgericht[189] hielt dies für zulässig, da es sich um legitime öffentliche Aufgaben handle. Über die Zweckmäßigkeit des Verbandes im Einzelfall sei im Rahmen des gesetzgeberischen Ermessens zu entscheiden.

Industrie- und Handelskammern

Die Einrichtung derartiger Kammern wird vom Bundesverfassungsgericht[190] für zulässig gehalten. Die Delegation öffentlicher Aufgaben auf einen solchen Verband wird als legitim und zweckmäßig betrachtet. Im übrigen könnten diese Aufgaben bei freiwilliger Mitgliedschaft nicht sachgerecht wahrgenommen werden. Insbesondere sei es auch zulässig, einen Beitrag zu erheben.

Kein allgemeinpolitisches Mandat der verfaßten Studentenschaft

Das Bundesverwaltungsgericht bejaht die Zulässigkeit der verfaßten Studentenschaft, verbietet aber gleichzeitig das allgemein politische Mandat[191]. Wenn die Studentenschaft ein solches Mandat in Anspruch nehme, verstoße dies gegen Art. 2 Abs. 1. Der einzelne Student könne von der Studentenschaft durch Unterlassungsklage fordern, daß sie von der Wahrnehmung des allgemein politischen Mandats abläßt. Die Beschränkung auf ein hochschulpolitisches Mandat läßt sich in der Praxis nicht durchhalten.[192] Deshalb führen verschiedene Hochschulgesetze das allgemein politische Mandat über den Umweg, daß sich der AStA auch um politische Bildung kümmern dürfe und solle, wieder ein.

Informationelle Selbstbestimmung

Aus der Allgemeinen Handlungsfreiheit nach Art. 2 Abs. 1 GG und der in Art. 1 Abs. 1 GG geschützten Menschenwürde hat das Bundesverfassungsgericht im Urteil vom 15. 12. 1983 zum Volkszählungsgesetz ein **Grundrecht auf informationelle Selbstbestimmung** entwikkelt[193]. Das Volkszählungsgesetz war noch zu Zeiten der sozialliberalen Koalition vom Bundestag ohne Kontroversen verabschiedet worden. Nach § 9 Abs. 1 bis 3 des Gesetzes durften die Angaben der Volkszählung mit Melderegistern verglichen und zu deren Berichtigung verwendet werden. Einzelangaben ohne Namen durften an die zuständigen obersten Bundes- und Landesbehörden übermittelt werden. Für Zwecke der Regionalplanung, des Vermessungswesens, der gemeindlichen Planung und des Umweltschutzes durften die erforderlichen Einzelangaben ohne Namen an Gemeinden und Gemeindeverbände übermittelt werden.

Das Gericht erklärte es für geboten, aus der allgemeinen Handlungsfreiheit nach Art. 2 Abs. 1 GG und der Menschenwürde nach Art. 1 Abs. 1 GG die Befugnis des einzelnen Bürgers abzuleiten, grundsätzlich selbst über die Preisgabe und Verwendung seiner persönlichen Daten zu bestimmen (informationelle Selbstbestimmung). Einschränkungen sind, so das Gericht, nur

---

[189] BVerfGE 10, 89 - Erftverband
[190] BVerfGE 15, 235
[191] BVerwGE 59, 231
[192] Vgl. *Becker* in *Denninger*, HRG, § 41 Rz. 18ff.
[193] BVerfGE 65, 1

im überwiegenden Allgemeininteresse zulässig. Sie bedürfen einer verfassungsgemäßen gesetzlichen Grundlage, die dem rechtsstaatlichen Gebot der Normenklarheit (vgl. unten) entspricht. Der Gesetzgeber muß bei seinen Regelungen ferner den Grundsatz der Verhältnismäßigkeit beachten, sowie die organisatorischen und verfahrensrechtlichen Vorkehrungen treffen, um der Gefahr der Rechtsverletzung entgegenzuwirken. Bei der Datenerhebung für statistische Zwecke - anonym und nicht individualisierbar - kann keine enge und konkrete Zweckbindung der erhobenen Daten verlangt werden. Das statistische Erhebungsprogramm des Volkszählungsgesetzes von 1983 ist grundsätzlich verfassungsgemäß, bedarf aber zur Sicherung des Rechts auf informationelle Selbstbestimmung der ergänzenden verfahrensrechtlichen Regelungen bei der Datenerhebung. Verfassungswidrig sind die Übermittlungsregelungen in § 9 Abs. 1 bis 3 des Gesetzes. Hier werden die Daten individualisiert. Das Gebot der engen und konkreten Zweckbindung wird nicht beachtet. Es ist nicht vorhersehbar, zu welchem konkreten Zweck welche Behörden die Daten verwenden. Bei der Bearbeitung personenbezogener Daten außerhalb der statistischen Ämter bedarf es einer Organisation zur Sicherung der Zweckbindung.

Das Urteil wirkt zwar unmittelbar nur im Verhältnis zwischen Staat und Bürger. Konkret gesagt, mußte der Bundestag ein neues Volkszählungsgesetz verabschieden. Die Auswirkungen des Urteils auf die Arbeitsverhältnisse der Arbeitnehmer sind jedoch unverkennbar. Das Personalinformationssystem eines Großunternehmens enthält mehr Wissen über den einzelnen als die Datenverarbeitungsanlage einer Gemeinde. Bei abweichendem Verhalten gegenüber den Anforderungen des Staates droht ein Bußgeld, bei abweichendem Verhalten im Betrieb womöglich sogar der Verlust des Arbeitsplatzes. Das Bundesdatenschutzgesetz von 1977 enthält zu viele Lücken, um den Arbeitnehmer wirksam zu schützen. Erforderlich ist eine „informationelle Gewaltenteilung“[194], wonach Daten nur zu dem Zweck verwendet werden dürfen, zu dem sie erhoben wurden. Hierzu ist eine Kontrolle der Datenverarbeitung erforderlich.

Die Entwicklung der Informations- und Kommunikationstechnologien hat dazu geführt, daß heute eine Konferenz unter Abwesenden abgehalten werden kann, die über Monitore und Datenübermittlung kommunizieren. Probleme ergeben sich u.a., wenn den Teilnehmern der Teilnehmerkreis nicht oder nicht vollständig bekanntgegeben wird. In absehbarer Zeit dürften auf die Gerichte Entscheidungen zum Problem der kommunikativen Selbstbestimmung zukommen. Danach müßte z.B. von dem, der eine Konferenz einberuft, der Teilnehmerkreis bekanntgegeben werden. Weitere Notwendigkeiten, die von der Informationsgesellschaft Betroffenen zu schützen, ergeben sich aus dem Gesichtspunkt der Informationsfreiheit, die in Art. 5 Abs. 1 GG geschützt ist (vgl.oben).

c) Vertiefung

Bernhard Nagel: Privatautonomie und Unternehmenspolitik

(Auszug aus: Kießler, O. / Kittner, M. / Nagel, B.: Unternehmensverfassung, Recht und Betriebswirtschaftslehre, 1983, S. 95 ff.)

[194] Vgl. *Däubler*, Das Arbeitsrecht 2, 7. Aufl. 1990, S. 283

I. Einführung

An der ökonomischen Macht des modernen Großunternehmens und des Konzerns setzen Diskussionen im Zivil- und Unternehmensrecht an, die nur scheinbar getrennt verlaufen, in Wahrheit aber zusammengehören. Diskutiert werden Funktion und Grenzen der Privatautonomie, eines Grundpfeilers der traditionellen Zivilrechtsdogmatik. Man versucht, zu Aussagen über die Möglichkeiten und Grenzen der Unternehmenspolitik zu kommen, die eine Richtschnur sowohl für die Außenbeziehungen als auch für die Binnenstruktur des Unternehmens angeben können. Die Entfaltungsfreiheit des Unternehmens im äußeren, also die Vertrags- und Wettbewerbsfreiheit, ist mit gesetzlichen Schutzzwecken abzuklären, die z. B. zugunsten der Konsumenten, der Mieter oder der Umwelt verfolgt werden sollen. Die Entfaltungsfreiheit kann auch durch ordnungspolitische Ziele verschiedenster Art, z. B. die Branchenstruktur-, Regional-, Geld-, Konjunktur- und Arbeitsmarktpolitik, konterkariert werden. Ähnliches gilt für die Binnenstruktur des Unternehmens. Die Entscheidungsspielräume der Unternehmensleitung werden durch die Kontrollbefugnisse der Repräsentanten von Kapital und Arbeit eingegrenzt und an einem wie immer zu definierenden und zu interpretierenden Unternehmensinteresse ausgerichtet. Gleichwohl wird in der juristischen Dogmatik noch immer an der Privatautonomie als Eckpfeiler festgehalten. Es fragt sich, ob dies richtig ist.

II. Außenbeziehungen des Unternehmens

1. Entwicklung des Rechtsinstituts Privatautonomie

a) Konnexinstitut zum Privateigentum

Der Grundsatz der Privatautonomie im bundesrepublikanischen Zivilrecht bedeutet zunächst das Belassen einer staatsfreien Rechtssphäre, die dem Bürger die Möglichkeit eröffnet, auf eigene Verantwortung Verträge mit anderen abzuschließen. Dies ist ein historischer Fortschritt gegenüber den Beschränkungen der Feudalzeit. Ein prägnantes Beispiel sind die Kleiderordnungen des Mittelalters, durch welche die „Vertragsfreiheit" der Bürger eingeschränkt wurde. Es ist ein Fortschritt auch gegenüber den Beschränkungen, die der Merkantilismus der produktiven wirtschaftlichen Tätigkeit des Bürgertums auferlegte. Die Funktion dieser Freiheit ist ökonomisch gesehen die freie Entfaltung des Privateigentums, das zum Tausch auf dem Markt angeboten werden kann, weshalb die Vertragsfreiheit zu Recht als Konnexinstitut zum Eigentum bezeichnet wird.[195] Eine besondere Situation gilt auf dem Arbeitsmarkt: Wer hier seine Arbeitskraft verkauft, ist „doppelt frei", frei von Produktionsmitteln und frei von Arbeitsbeschränkungen. Er garantiert durch diese „Transaktion" die Grundlage der kapitalistischen Produktionsweise. Durch Nicht- Eingreifen in das Marktgeschehen schützt der Staat das Privateigentum auch der ökonomisch Mächtigen; Max Weber[196] spricht von einer *„ökonomischen Ermächtigung"*. Der Staat tritt als Garant nicht nur der Zirkulations-, sondern auch der Produktionssphäre auf, neben der Gleichheit des Marktes schützt er die Herrschaft des Produktionsmittelbesitzers.

Das liberale Postulat der Trennung von Staat und Wirtschaft verweist den Staat darauf, in erster Linie den *Status* des Bürgers zu regeln, ihm jedoch die Freiheit auf der Ebene des *Kon-*

---

[195] *Neumann, F:* Der Funktionswandel des Gesetzes im Recht der bürgerlichen Gesellschaft, in: *ders.*, Demokratischer und autoritärer Staat, Frankfurt/Wien 1967, S. 31, 40; *Renner, K:* Die Rechtsinstitute des Privatrechts und ihre Funktion, 2. Aufl., Tübingen 1929.

[196] *Weber, M.:* Wirtschaft und Gesellschaft, Tübingen 1922, S. 412f.

trakts zu lassen.[197] Am Fall des Studenten, der einen Ferienjob sucht, oder des Absolventen, der sich um Arbeit bemüht, läßt sich jedoch zeigen, daß sich die tatsächliche Freiheit eines Bürgers, d. h. sein ökonomischer und sozialer Handlungsspielraum, in Statusfragen (z. B. Zugang zu Schule und Hochschule, Ausbildungsförderung, Arbeitsförderung, soziale Fürsorge) nicht wesentlich von der Freiheit beim Abschluß einer Reihe von Verträgen unterscheidet (z. B. Arbeitsvertrag, Kauf größerer Objekte aufgrund von AGB, Mietvertrag, Maklervertrag). Die Vorstellung von der Äquivalenz der privatautonomen Vertragspartner verträgt sich für einen großen Teil der Bürger nur schlecht mit der sozialen Wirklichkeit.

b) Privatautonomie und Wettbewerbsfreiheit

Der Privatautonomie entspricht im Wirtschaftsrecht die Wettbewerbsfreiheit, beide werden zu Recht oft zusammen genannt. Während die Wettbewerbsfreiheit unmittelbar an der Tauschbeziehung in der Zirkulationssphäre anknüpft, umfaßt die Privatautonomie ein viel größeres Gebiet der individuellen Betätigung, greift aber letztlich auch auf die Tauschbeziehung zurück. Ebenso wie der Ordoliberalismus[198] die Wettbewerbsfreiheit nicht mehr als ohne weiteres vorgegeben betrachtet, die „gute" Wettbewerbsordnung vielmehr durch gezielte Eingriffe zu verwirklichen sucht, gehen Gesetzgebung und Rechtsprechung zunehmend dazu über, die gestörte „gute" Privatrechtsordnung nicht vorauszusetzen, sondern durch Intervention erst herzustellen. Zu denken ist in diesem Zusammenhang an die immer stärkere Verwendung von Generalklauseln wie Treu und Glauben und an die Kontrolle von Allgemeinen Geschäftsbedingungen.

c) Rechtsdogmatik und soziale Wirklichkeit

Die traditionelle Rechtswissenschaft verwickelt sich bei der Begründung und Durchsetzung der Privatautonomie in Widersprüche: Sie ist dem Schein der Gleichheit in der Zirkulationssphäre verhaftet und verdeckt die Polarität der Produktionssphäre. Sie zeigt nicht mehr den Zusammenhang zwischen Privateigentum und Privatautonomie auf, durch den sich die Vertragsfreiheit in ihrer historischen Entwicklung erklären läßt. Statt dessen abstrahiert sie von der sozialen Wirklichkeit und verselbständigt die juristische Begriffswelt. In Wirklichkeit schlägt die fingierte Marktgleichheit zum Vorteil der ökonomisch Stärkeren und ihrer Sonderinteressen aus, während scheinbar die allgemeinen Interessen an der Freiheit des Individuums geschützt werden sollen.

Daß die prinzipielle Geltung der Privatautonomie für große Unternehmenseinheiten nicht selbstverständlich, sondern Ergebnis einer historischen Entwicklung ist, zeigt insbesondere auch der Streit um die Zulassung juristischer Personen zum Rechtsverkehr. Denjenigen, die sich früher um das Konzessionssystem und das Prinzip der freien Körperschaftsbildung stritten, war die politische Bedeutung ihres Streits klar. Es ging um die Zulassung von intermediären Gewalten zwischen dem Staat und dem einzelnen Bürger.[199] Heute ist die Zulassung von Unternehmenskorporationen nicht mehr umstritten, es fragt sich jedoch angesichts der wachsenden Macht von Großunternehmen und Konzernen, ob die Freiheit ihrer Betätigung noch durch die schlichte Gleichsetzung mit der Gewerbefreiheit des kleinen Einzelkaufmanns als

---

[197] Vgl. zur Begriffsbildung und zur historischen Entwicklung *Friedmann, W.:* Recht und sozialer Wandel, Frankfurt/M. 1969.

[198] Vgl. statt aller *Böhm, F:* Wettbewerb und Monopolkampf, Berlin 1933; *Eucken, W.* Grundsätze der Wirtschaftspolitik, Bern u.a. 1952.

[199] Vgl. hierzu eingehend *Ott, C.:* Recht und Realität der Unternehmenskorporation, Tübingen 1977, S.36-121; die Begriffsbildung stammt von ihm.

gewährleistet angesehen werden kann, ob sie also die Privatautonomie im Außenverhältnis mit derselben theoretisch-juristischen Begründung in Anspruch nehmen können, die der Kleinhändler oder der Privatmann verwendet. Der Jurist fühlt sich hier in seiner Rolle bei der Rechtsanwendung unbehaglich: Entweder er erkennt im konkreten Fall die Rechtssetzungsmacht des Unternehmens an, dann setzt er Sonderinteressen durch, legitimiert sein Handeln aber mit den Allgemeininteressen. Oder er erkennt sie nicht an. Dann bewährt sich nicht eine (abgehobene) Rechtsordnung, sondern es werden die schlimmsten Auswüchse des Systems kuriert. Die Folge ist: Es kann weitergehen. Wenn die Rechtsordnung den Schutz des Unternehmens verstärkt und die öffentliche Funktion des Unternehmens betont, so zeigt sich, daß die Privatheit der vertraglichen Herrschaftsmechanismen zunehmend hinfällig wird.

2. Relativierung der Privatautonomie

a) Soziale Wirklichkeit

Die ökonomische und gesellschaftliche Macht von Großunternehmen ist unbestritten. Die Konzentrationsforschung als ein Zweig der Wirtschaftsforschung untersucht das Unternehmenswachstum und das Wachstum der Umsatzanteile gerade der größten Unternehmen vor allem deshalb, weil sie aus diesem Befund eine zunehmende Vermachtung der Wirtschaft folgert. Auch die Schaffung der unabhängigen Monopolkommission durch die Kartellgesetznovelle von 1973 soll der empirischen Erfassung dieser wirtschaftlichen Macht dienen. Die bisherigen vier, alle zwei Jahre erscheinenden Hauptgutachten der Monopolkommission bestätigen für die Zeit seit 1974 eine wachsende Konzentration gerade bei Großunternehmen.[200] Diese Unternehmen, und unter ihnen vorzugsweise die multinationalen Unternehmen und Konzerne, setzen ihre Macht zur Erreichung und Sicherung von marktbeherrschenden Positionen ein; hierzu kaufen sie z. B. andere Unternehmen auf oder bilden Kartelle; sie diktieren ihren Geschäftspartnern die Vertragsbedingungen. Beim Erwerb von Grundstücken, bei der Ansiedlung neuer Industrien oder bei sonstigen unternehmenspolitischen Entscheidungen erreichen sie es vielfach, die staatlichen Stellen zu besonderen, kaum oder nicht vertretbaren Vergünstigungen zu bewegen.[201] Dadurch entsteht eine Machtstruktur, die eine Herausforderung nicht nur für die Wirtschaftspolitik, sondern auch für die Gesellschaftspolitik darstellt.

b) Ansätze zur Verarbeitung in der juristischen Dogmatik

Da die juristische Dogmatik den Handelsgesellschaften entweder in ihrer Eigenschaft als juristische Personen Rechtsfähigkeit zubilligt oder sie doch als quasi - juristische Personen im wesentlichen in die gleiche Rechts- und Pflichtenstellung rückt, müßte sie ihnen an sich in formaler Gleichsetzung mit natürlichen Personen auch die volle Freiheit der wirtschaftlichen Betätigung zubilligen. Im Ergebnis ist eine derart unbeschränkte Entfaltungsgarantie heute als Forderung unrealistisch, zumal eine Reihe von Gesetzen die Vertragsfreiheit gerade von Großunternehmen einschränkt, ohne freilich für sie das Prinzip der Privatautonomie anzutasten. Zu denken ist hier insbesondere an die Fusionskontrolle, die Mißbrauchsaufsicht, das Diskriminierungsverbot und das Kartellverbot im Gesetz gegen Wettbewerbsbeschränkungen (GWB). Bekämpft wird freilich nicht die schiere Unternehmensgröße, sondern der Verstoß

---

200 Die Hauptgutachten erscheinen seit 1976 im Zweijahresrhythmus; zur Konzentration Vgl. auch *Nagel. B.:* Fusion und Fusionskontrolle, in: *Cox, H/Jens, U./Markert,* K. (Hrsg.): Handbuch des Wettbewerbs, München 1981, S. 331-365 m.w.N.

201 Vgl. *Hölzler, H.:* Die Wettbewerbsproblematik multinationaler Unternehmen, in: *Cox, H./Jens, u./Markert, K.* (Hrsg.), a.a.O., A. 457484 m.w.N.; Vgl. weiter *Kisker, K.P./Heinrich, R./Müller, H. E./Richter, R./Struve, P:* Multinationale Konzerne, ihr Einfluß auf die Lage der Beschäftigten, Köln/Frankfurt/M. 1982.

gegen ein dem Gesetz zugrundeliegendes Wettbewerbspostulat. Die Diskussion muß jedoch tiefer gehen. Im Zusammenhang mit der Kontrolle wirtschaftlicher und gesellschaftlicher Macht muß nach der Funktion der Privatautonomie und der Vertragsfreiheit gefragt werden, in die eingegriffen werden soll.

In der juristischen Diskussion taucht diese Problemstellung bereits auf. *Steindorff*[202] untersucht anknüpfend an *Ludwig Raiser*[203] *die wirtschaftsordnende und steuernde Funktion des Privatrechts*. Indem er diese Frage stellt, akzeptiert er die Privatautonomie nicht mehr als ohne weiteres vorgegeben. Als vom Privatrecht zu leistende Funktionen nennt er auch Ordnungsfunktionen wie die Ausgestaltung der Verantwortung, insbesondere der Publizität, und des Sozialschutzes. Zu einem ersten Bereich von allgemeinen und speziellen Rechenschaftslasten sowie von organisatorischen Lenkungsinstrumenten des Zivilrechts gehören z. B. die Kontrolle von AGB, der Begründungszwang bei der Ausübung von Gestaltungsrechten, die Einschränkung von Widerrufsvorbehalten und die Mitbestimmung der Betroffenen. Zum zweiten Bereich, der Steuerung der Wirtschaft im öffentlichen Interesse, gehören z. B. die Gefährdungshaftung, Verkehrssicherungspflichten und Schutznormen, vor allem zugunsten der Verbraucher. Er weist zu Recht darauf hin, daß im Unternehmensrecht das Zivilrecht zunehmend seine „dienende Funktion" aufgebe. Es kann nach *Steindorffs* Auffassung zur Verwirklichung einer Wirtschaftsordnung beitragen, die nicht allein auf Markt und Wettbewerb vertraut, sondern bestimmten Schutzverpflichtungen und Gemeinwohlzielen unterstellt wird.

Ott[204] arbeitet die grundsätzliche Problematik autonomer Macht- und Herrschaftszentren in der pluralistischen Gesellschaft heraus, indem er den Widerspruch zwischen Recht und Realität der modernen Unternehmenskorporation aufzeigt. Er kritisiert die Jurisprudenz für ihr Verharren auf Leitbildern, die von der sozialen Wirklichkeit längst überholt sind. So sei das als juristische Person selbständig gewordene Großunternehmen zu einer Schaltstelle der gesellschaftlichen Entwicklung geworden, das weithin den sozialen Status und die Lebenschancen des einzelnen sowie die Lebensqualität aller bestimme. Dabei habe es die Schranken der Rechtsordnung in allen wesentlichen Punkten durchbrochen und seine Rechtsstellung faktisch selbst bestimmt. Ott untersucht dann Interessen und Organisation im Unternehmensinnern und schlägt eine pluralistische Unternehmensverfassung vor.

c) Eigener Ansatz

aa) Verfassungsrechtliche Zulässigkeit

Es bietet sich an, auch im Außenverhältnis den zulässigen Handlungsspielraum des Unternehmens neu zu bestimmen. Entfaltet ein Unternehmen als intermediäre Gewalt große wirtschaftliche und gesellschaftliche Macht, so bedarf die ihm gewährte Privatautonomie einer gesellschaftspolitischen Relativierung: Privatautonomie und Vertragsfreiheit werden nicht mehr als a priori vorgegeben betrachtet, sie werden nicht um ihrer selbst willen geschützt, sondern um ihrer guten Dienste für die Gesellschaft willen. Es muß also nach der Funktion der Privatautonomie gefragt werden, wobei die gesellschaftspolitisch wünschenswerten Funktionsbereiche analytisch zu erfassen und gegeneinander abzugrenzen sind. Keinesfalls soll in die Privatautonomie, in die gesellschaftliche und wirtschaftliche, ja allgemeine Handlungsfreiheit des einzelnen Bürgers eingegriffen werden. Dies stünde im Widerspruch zum Grund-

[202] Vgl. *Steindorff E.*: Wirtschaftsordnung und -steuerung durch Privatrecht?, in: Festschrift für Ludwig Raiser, Tübingen 1974, S.621-643.
[203] Vgl. *Raiser, L.*: Die Zukunft des Privatrechts, Berlin/New York 1971.
[204] *Vgl. Ott, C.*, FN 73.

recht der allgemeinen Handlungsfreiheit in Art. 2 Abs. 1 GG. Wohl aber muß es zulässig sein, die Handlungsfreiheit eines Unternehmens zu relativieren, das als juristische oder quasi-juristische Person korporativ verfaßt ist. Diese Möglichkeit folgt aus Art. 19 Abs. 3 GG. Demnach gelten die Grundrechte auch für inländische juristische Personen, freilich nur, soweit sie ihrem Wesen nach auf diese anwendbar sind. Da die Grundrechte ihrem Wesen nach primär Würde und Freiheit des einzelnen Menschen[205] schützen, darüber hinaus ein Wertsystem errichten, das vorwiegend dem Schutz des einzelnen gegen den Staat dient,[206] ist die Erweiterung der Grundrechtsfreiheit auf juristische Personen nur möglich und sinnvoll, wenn sie sich in einer „grundrechtsfähigen Situation“[207] befinden. Soweit Großunternehmen als intermediäre Gewalten Macht in einem Umfang anhäufen, daß dies für die allgemeine Handlungsfreiheit der von ihnen abhängigen natürlichen Personen, d. h. Kunden, Lieferanten, Arbeitnehmer, Nachbarn, nicht nur potentiell, sondern vielfach aktuell gefährlich wird, befinden sie sich m. E. nicht in einer grundrechtsfähigen Situation. Keinesfalls kann ihr Schutz, der nach Art. 2 Abs. 1 GG unter dem Vorbehalt des Gesetzes (verfassungsmäßige Ordnung), der Sitte und der Rechte der andern (d. h. der gefährdeten oder jedenfalls beeinflußten natürlichen Personen) steht, zu einer ungerechtfertigten Beeinträchtigung der Rechte und schützenswerten Interessen anderer führen. Also öffnet sich der Weg für eine Relativierung der Privatautonomie bei Unternehmenskorporationen.

9. Sozialstaatsprinzip - Art. 20 GG

a) Einführung

Nach Art. 20 Abs. 1 GG ist die Bundesrepublik ein „sozialer Bundesstaat“. Das Grundgesetz führt diesen Begriff nicht näher aus. Um das Prinzip des Sozialstaats gab es im Parlamentarischen Rat auch keinen Streit. Da im Grundgesetz keine sozialen Grundrechte verankert sind, bot sich das Sozialstaatsprinzip des Art. 20 als Interpretationsmaxime zu den vielen Persönlichkeits- und Freiheitsrechten geradezu an. Schon 1958 hielt das Bundesverfassungsgericht fest, daß die Staatsauffassung des Grundgesetzes gegenüber der Vorstellung des liberalen Bürgertums von der Stellung des einzelnen zur im Staat verkörperten Gemeinschaft „eine Hinwendung zu einer egalitär-sozialstaatlichen Denkweise“ bedeute. Weil das Sozialstaatsprinzip jedoch inhaltlich so unbestimmt ist, bereitet seine Interpretation und inhaltliche Konkretisierung erhebliche Schwierigkeiten.

Einigkeit besteht heute darüber, daß das Sozialstaatsprinzip nicht einen Anspruch des Bürgers gewährleistet, sondern eine Verpflichtung des Staates festhält. Er ist verpflichtet, soziale Ungerechtigkeiten abzubauen und Chancengleichheit herzustellen. Dies legitimiert ihn auch zur Umverteilung, z. B. über das Steuersystem.[208] Der Weg dazu ist in erster Linie die Gesetzgebung. Was jeweils praktisch zu geschehen hat, ist in ständiger Auseinandersetzung aller an der Gestaltung des sozialen Lebens beteiligten Menschen und Gruppen zu ermitteln. Das Sozialstaatsprinzip zielt auf Ausgleich und Schonung der Interessen aller, auf eine annähernd gleichmäßige Förderung des Wohles aller Bürger und auf eine annähernd gleiche Verteilung der Lasten.[209]

---

[205] Vgl. BVerfGE 45, 63, 79; 21, 362, 369.

[206] Vgl. zum Wertsystem und zum naturrechtlichen Ursprung der Grundrechte statt aller *Dürig*, G., *in: Maunz, M./Dürig, G./Herzog, R./Scholz, R.*: Grundgesetz, Rdnr. 1 f. zu Art. 19 Abs. 3.

[207] Vgl. *Hendrichs, S.*, in: *von Münch, J.*: Grundgesetzkommentar, 2. Aufl. 1981, Art. 19 Rdnr. 36 m.w.N.

[208] Vgl. BVerfGE 5, 85, 206; 53, 257, 301

[209] Vgl. BVerfGE 5, 85, 198

Seine Wirkung entfaltet das Sozialstaatsprinzip insbesondere bei der Auslegung von unbestimmten Rechtsbegriffen. Der Gesetzgeber kann aus dem Sozialstaatsprinzip zusätzliche Legitimation beziehen, wenn er in Grundrechtspositionen der Bürger eingreift. Dies hat das BVerfG im Mitbestimmungsurteil[210] anerkannt, indem es den Sozialbezug des Eigentums zur Rechtfertigung der Mitbestimmung heranzog. Das Sozialstaatsprinzip wirkt auch grundrechtsverstärkend. So erweitert es das Willkürverbot des allgemeinen Gleichheitssatzes (Art. 3 Abs. 1 GG) zu einer Zielvorgabe materieller Gleichheit, die insbesondere beim Zugang zu öffentlichen Leistungen bedeutsam wird. Hierzu zählt nicht nur die Sozialhilfe für den Bürger, der in Not geraten ist,[211] sondern auch der Grundsatz gleichberechtigter Teilhabe in Gesellschaft und Staat, der auch eine Veränderung des status quo gesellschaftlicher Macht- und Vermögenslagen rechtfertigt. So rechtfertigt das Sozialstaatsprinzip die Freistellung gering verdienender Steuerpflichtiger vom Konjunkturzuschlag[212] und eine Angleichung der Situation von Bemittelten und Unbemittelten im Bereich des Rechtsschutzes durch die Prozeßkostenhilfe.[213]

In einer Zusammenschau der Berufs- und Ausbildungsfreiheit des Art. 12 Abs. 1 GG, des Gleichheitssatzes in Art. 3 Abs. 1 GG und des Sozialstaatsprinzips in Art. 20 Abs. 1 GG erkennt das BVerfG ein Recht jedes Staatsbürgers auf Zulassung zum Hochschulstudium an, wenn er die subjektiven Zulassungsvoraussetzungen erfüllt.[214] Dieses Recht steht unter dem „Vorbehalt des Möglichen“. Der Staat braucht knappe, staatliche Mittel im Bildungsbereich nicht bevorzugt für privilegierte Teile der Bevölkerung auszugeben. Das Sozialstaatsprinzip begründet das Recht auf Bildung im Hochschulbereich (mit) und begrenzt es zugleich im Verhältnis zu konkurrierenden Bildungsansprüchen.

Das Sozialstaatsprinzip ist im Zusammenhang mit der Massenarbeitslosigkeit der neunziger Jahre zum Gegenstand vielfältiger Diskussionen geworden. Diese kreisen meist um die Frage, ob man sich einen so teuren Sozialstaat heute noch leisten könne, wobei die Abhilfe in Abbau, Umbau oder Effektivierung des Sozialstaats gesehen wird. Der Zusammenhang von Massenarbeitslosigkeit, legaler und illegaler Steuerflucht mit den Finanzierungsproblemen des Sozialstaats wird überwiegend vernachlässigt. Deshalb soll - auch wenn dies den engeren Rahmen einer juristischen Abhandlung sprengt - zur Vertiefung ein Papier vorgestellt werden, das aus dem kirchlichen Bereich stammt und systemsprengender Zielsetzungen wenig verdächtig ist.

b) Vertiefung

Solidarität am Standort Deutschland,

herausgegeben vom Nell-Breuning-Institut, Frankfurt a.M., Mai 1994

1. Verfestigte Massenarbeitslosigkeit und arbeitszentrierter Sozialstaat

(1.) Die seit Ende der siebziger Jahre verfestigte Massenarbeitslosigkeit resultiert aus einer tiefgreifenden Strukturkrise (nicht nur) der bundesdeutschen Volkswirtschaft:

---

210 BVerfGE 50, 290, 340
211 Vgl. hierzu BVerfGE 1, 97, 104; 9, 124, 133; 11, 105, 117; 28, 324, 348
212 BVerfGE 29, 402, 412
213 BVerfGE 9, 124, 131
214 BVerfGE 33,303,331,43,291; Vgl. oben

Nach der verstärkten globalen Marktintegration der Volkswirtschaften stehen auch in Deutschland einige Unternehmen und bestimmte Branchen unter besonderem Wettbewerbsdruck der Schwellenländer sowie zunehmend auch der Länder Osteuropas, die ihren Platz auf den Weltmärkten finden müssen. Zusätzlich haben sich die globalen Finanzströme vom realen Kreislauf der Güter und Dienstleistungen abgekoppelt, so daß notwendige Investitionen ausbleiben.

Innerhalb der bundesdeutschen Wirtschaft wird durch eine technikbedingte Produktivität das Produktionsvolumen mit zunehmend geringerem Arbeitsvolumen bereitgestellt. In der Folge sinkt das Beschäftigungsvolumen im primären und sekundären Sektor, ohne daß im Dienstleistungsbereich gleichwertige Arbeitsplätze in gleicher Menge entstehen.

Der von diesen beiden Strukturmomenten ausgehende Beschäftigungsrückgang trifft andererseits auf eine wachsende Erwerbsneigung von Frauen, den Zugang von Zuwanderern und Aussiedlern sowie die Präsenz geburtenstarker Jahrgänge auf dem Arbeitsmarkt. So besteht ein in der Geschichte der Bundesrepublik einmalig hohes, weiterhin sogar steigendes Arbeitskräfteangebot.

In Folge dieser unterschiedlichen Faktoren hat sich in den letzten fünfzehn Jahren der Sockel an Arbeitslosigkeit nach jedem Konjunktureinbruch vergrößert und die Erwerbslosigkeit für die Betroffenen als Dauerschicksal verfestigt. Sie werden aus dem Arbeitsmarkt ausgegrenzt und erhalten nur noch selten eine Chance, ihr Arbeitsvermögen so einzusetzen, daß sie von bezahlter Leistung leben können.

Die strukturell verursachten Beschäftigungsdefizite werden durch verschiedene Prozesse noch einmal verschärft:

Die in den 1980er Jahren politisch forcierte Schieflage der Einkommens- und Vermögensverteilung zwischen und innerhalb der privaten bzw. öffentlichen Haushalte und den damit verbundenen Kaufkrafteinbußen der unteren Einkommensgruppen sowie der kommunalen Gebietskörperschaften führte zu einer Schwächung des Konsums und wirkte damit beschäftigungsmindernd.

Schließlich überlappt sich die ökonomische Strukturkrise auch mit der Transformationskrise der ostdeutschen Wirtschaft. Im Zuge der Währungsunion konnten die in den neuen Bundesländern produzierten Güter und Dienstleistungen keinen Absatz mehr finden; Betriebe sowie ganze Branchen brachen daher zusammen. Auch die eingeschlagenen Transformationsstrategien (schnelle Privatisierung, »Rückgabe vor Entschädigung« etc.) erwiesen sich nicht als tauglich, die Produktion und damit Beschäftigung in den neuen Bundesländern zu sichern.

Die ökonomische Strukturkrise wird gegenwärtig auch konjunkturbedingt verschärft, ohne daß von einer konjunkturellen Belebung entscheidende Entlastungen auf dem Arbeitsmarkt zu erwarten sind.

(2.) Die Beschäftigung ist in den achtziger Jahren zwar erheblich angestiegen. Aber in dieser Entwicklung schlägt sich nicht nur eine langanhaltend gute Konjunktur sowie die in den Jahren zuvor durchgesetzte Wochenarbeitszeitverkürzung nieder, sondern auch die von Seiten der Bundesregierung geförderte Zunahme »prekärer Beschäftigungsverhältnisse«. Bis zu 20 Prozent der westdeutschen Erwerbstätigen arbeiten unter Bedingungen von geringfügiger (Teilzeit-) Beschäftigung, Leiharbeit, befristeten Arbeitsverträgen, Scheinselbstständigkeit und Heimarbeit. Ein hoher Anteil dieser »prekären Beschäftigungsverhältnisse« sichert nur ein Niedrigeinkommen, das häufig in der Nähe des Sozialhilfeniveaus oder sogar unterhalb dieser Grenze bleibt. Entgegen aller politischen Versprechen erhalten die Betroffenen nur in Ausnahmefällen die Möglichkeit, nach einer Übergangszeit in eine reguläre und ausreichend honorierte Beschäftigung aufzusteigen. Statt dessen bleiben sie von häufiger, wenngleich zeitweise unterbrochener Arbeitslosigkeit bedroht. Hinter der vermeintlich homogenen Gruppe der abhängig Erwerbstätigen verbergen sich also beträchtliche Einkommensunterschiede mit entsprechend unterschiedlichen Lebenschancen.

(3.) Trotz der verfestigten Massenarbeitslosigkeit ist die Erwerbsarbeit weiterhin für die soziale Integration zentral. Nicht nur die grundlegenden Institutionen und Verfahren der bundesdeutschen Gesellschaft rechnen damit, daß Menschen ihr Auskommen durch bezahlte Erwerbsarbeit finden. Auch die Menschen selbst suchen soziale Anerkennung und individuelle Identität in einer Erwerbsarbeit, wenngleich sie dabei zunehmend Qualitätsansprüche an deren Inhalt stellen. Von einem »Ende der Arbeitsgesellschaft« kann daher trotz der verfestigten Massenarbeitslosigkeit nicht gesprochen werden. Im Gegenteil: Dadurch, daß inzwischen fast jede zehnte bzw. jeder zehnte ohne bezahlte Arbeit ihr bzw. sein Auskommen finden muß, wird die gesellschaftliche Zentrierung um die Erwerbsarbeit noch einmal verschärft. Sichere und ausreichend bezahlte Arbeitsplätze wurden zu einem knappen, deshalb um so wertvolleren und umkämpften Gut.

(4.) Von einem »Ende der Arbeitsgesellschaft« kann auch hinsichtlich des bundesdeutschen Sozialstaates nicht gesprochen werden. Obgleich für Situationen der Vollbeschäftigung geschaffen und deswegen auf die Erwerbsarbeit hin zugeschnitten, wurden die sozialstaatlichen Verfahren und Institutionen der verfestigten Massenarbeitslosigkeit nicht angepaßt. Der Zugang zu den wichtigsten und relativ komfortablen Sicherungssystemen ist daher weiterhin an Voraussetzungen geknüpft, die sich aus der Stellung der jeweils Betroffenen auf dem Arbeitsmarkt ergeben. Die Leistungen der als Versicherungen organisierten Systeme werden nach einem rigiden Äquivalenzprinzip zugesprochen; Ausgleichsmechanismen zur Vermeidung von Härtefällen wurden nur sparsam und deshalb unzureichend eingezogen.

Weil derart starr auf Erwerbsarbeit hin zentriert, übersetzen die sozialstaatlichen Sicherungssysteme Arbeitsmarkt-Schicksale in Sozialeinkommen. Insbesondere in der Arbeitslosenversicherung werden Ausgrenzungen aus bzw. die Benachteiligungen auf dem Arbeitsmarkt reproduziert:

Die Erwerbslosen, die noch überhaupt keiner Erwerbstätigkeit nachgehen konnten oder aber für längere Zeit aus den Beschäftigungssystem herausgefallen sind, »verpassen« die Zugangsvoraussetzungen der Arbeitslosenversicherung, fallen damit aus der für sie eigentlich zuständigen Sozialversicherung heraus und werden in die kommunale Fürsorge abgedrängt.

Niedrige Arbeitseinkommen und »prekäre Beschäftigungsverhältnisse« sowie häufige Unterbrechungen der Erwerbstätigkeit bringen für die Betroffenen nicht nur während ihrer Erwerbsphase materielle Einschränkungen mit sich. Auch im Falle einer - gerade für diesen Beschäftigtenkreis besonders wahrscheinlichen - Arbeitslosigkeit setzt sich ihre Benachteiligung auf dem Arbeitsmarkt im System der Arbeitslosenunterstützung in minderen Sozialeinkommen fort.

Den dauerhaften Ausschluß aus bzw. die dauerhafte Benachteiligung auf dem Arbeitsmarkt fängt der bundesdeutsche Sozialstaat also nicht durch kompensatorische Sozialeinkommen auf, sondern setzt sie statt dessen in nicht ausreichenden Fürsorgeleistungen, letztlich in der Sozialhilfe, fort. 1990 haben in den alten Bundesländern insgesamt 3,7 Mio. Menschen Sozialhilfe bezogen, darunter 2,9 Mio. laufende Hilfe zum Lebensunterhalt. Die Zahl der Empfänger von Hilfen zum Lebensunterhalt hat sich somit seit 1973, dem letzten Jahr mit Vollbeschäftigung, verdreifacht. Für viele Betroffenen ist die »Hilfe zum Lebensunterhalt« Grundversorgung auf Dauer. Dennoch räumt die Sozialhilfe keineswegs Lebenschancen ein, die auch nur annähernd mit denen vergleichbar wären, die für die Erwerbstätigen mit mindestens durchschnittlichem Monatseinkommen - trotz ihrer unbestreitbaren Einkommensverluste in den vergangenen Jahren - selbstverständlich sind. So sind die sozialstaatlichen Instrumente dafür verantwortlich, daß sich diejenigen, die bereits auf dem Arbeitsmarkt ausgegrenzt bzw. benachteiligt werden, in randständigen Lebenslagen wiederfinden. Gemessen an dem sozialpolitischen Ziel relativ einheitlicher Lebenslagen verliert der bundesdeutsche Sozialstaat daher zunehmend an Leistungsfähigkeit.

In der Situation der verfestigten Massenarbeitslosigkeit werden die sozialstaatlichen Institutionen vermehrt in Anspruch genommen. Den vielfach höheren Leistungsausgaben stehen jedoch niedrigere Beitrags- und Steuereinnahmen gegenüber. Obgleich wachsende Bevölkerungsteile aus den komfortablen Sicherungssystemen herausfallen, werden die bestehenden Verfahren infolge der hohen Arbeitslosigkeit derart überfordert, daß der Sozialstaat - gerade auf kommunaler Ebene und bei den Sozialversicherungen - in eine Krise gerät, insofern die etablierten Grundlagen seiner Finanzierung problematisch werden. Diese Finanzierungskrise wird noch einmal durch Legitimationsvorbehalte bei den Beitrags- und Steuerzahlern verschärft, die sich weiteren Belastungen verweigern wollen.

(5.) Die Finanzierungs- und Legitimationskrise des bundesdeutschen Sozialstaates wurde schließlich auch durch die Art der bisherigen Finanzierung der deutschen Einigung verschärft: Die in den neuen Bundesländern nach dem Zusammenbruch der Wirtschaft notwendigen Sozialeinkommen sind wesentlich von den Sozialversicherten finanziert worden. Über die Sozialversicherungen erfolgten 1992 und 1993 Finanztransfers aus den alten Bundesländern von rund 52 Mrd. DM; im vergangenen Jahr (1993, B. N.) entsprach dies etwa zwei Beitragssatzpunkten. Mit der Finanzierung der deutschen Einigung wurden den Sozialversicherungen aber Aufgaben zugewiesen, für die eine steuerfinanzierte Wirtschafts- und Sozialpolitik zuständig ist.

Durch den hohen Umfang der den Sozialversicherten einseitig aufgebürdeten Sozialtransfers konnte in den neuen Bundesländern bislang trotz hoher Arbeitslosigkeit ein massenhaftes Abrutschen in die Sozialhilfe verhindert werden. Auch wenn sich die Einkommenslagen zwischen neuen und alten Bundesländern wahrscheinlich weiterhin annähern werden, wird sich in Ostdeutschland die Arbeitslosenquote auf einem hohen Niveau festsetzen. Insbesondere wird der eingeschlagene Strukturwandel der ostdeutschen Wirtschaft in großem Umfang zur vorzeitigen Verrentung, zu Mehrfach- und Langzeitarbeitslosigkeit führen, also zu einem dauerhaften Ausschluß der Betroffenen aus dem Arbeitsmarkt. Entsprechend wird in Zukunft auch das Risiko der Sozialhilfebedürftigkeit drastisch zunehmen, zumal demnächst diejenigen »systemwidrigen« Sonder- und Übergangsregelungen auslaufen werden, die bislang die verheerenden Auswirkungen des rigiden Äquivalenzprinzips verhindern halfen. So wenig der bundesdeutsche Sozialstaat aber in den alten Bundesländern die strukturell verursachte Massenarbeitslosigkeit auffangen konnte, so wenig wird er die sich im Transformationsprozeß einnistende Arbeitslosigkeit in Ostdeutschland bewältigen können. Bereits heute zeichnet sich in den neuen Bundesländern die Herausbildung einer von Sozialhilfe abhängigen Armutsbevölkerung nach westdeutschem Vorbild ab.

2. Spaltung der bundesdeutschen Gesellschaft

(1.) Durch die Verfassung wird der bundesdeutsche Sozialstaat auf die Herstellung gleichwertiger Lebensverhältnisse im gesamten Bundesgebiet verpflichtet. Infolge der verfestigten Massenarbeitslosigkeit werden jedoch wachsende Bevölkerungsteile in der reichen Bundesrepublik vom gesellschaftlich verfügbaren Wohlstand ausgeschlossen, ohne daß die sozialstaatlichen Instrumente und Verfahren ihre Ausgrenzung in die Armut bremsen können. Setzt man in Anlehnung an die EG-Kommission die Armutsschwelle auf 50 Prozent des durchschnittlichen Haushaltseinkommens, stieg die Armutsrate in Westdeutschland seit 1984 auf 7,5 Prozent der Bevölkerung, um sich auf diesem hohen Niveau relativ konstant einzurichten. Davon sind insbesondere Alleinerziehende und kinderreiche Familien betroffen sowie Personen ohne Schul- oder Berufsabschluß und Arbeiter, vor allem aber Ausländer. Gerade bei diesem Personenkreis hat sich das Armutsschicksal häufig verfestigt.

Ihre Armut äußert sich primär in minderen Einkommen, die sowohl die materielle Lebenssituation der Betroffenen (vor allem Wohnung, Nahrung und Bekleidung) gravierend beeinträchtigen wie auch ihre individuellen Entwicklungs- und sozialen Partizipationschancen drastisch beschneiden, zumal wenn ihre Einkommensarmut über längere Zeit andauert. Besonders deutlich wird dieser Sachverhalt an der Wohnungsarmut, also an der zunehmenden Unterversorgung mit Wohnraum über die dauerhafte Ausgrenzung aus dem freien Wohnungsmarkt bis hin zur anwachsenden Obdachlosigkeit.

(2.) Armut in der Bundesrepublik äußert sich in Unterversorgung, die von den Betroffenen individuell gemeistert werden muß. Ihre Armut wird jedoch nur als relative Armut richtig verstanden, nämlich als Armut im Reichtum. Seit Jahren ist in Westdeutschland die zunehmende Polarisierung von Haushaltseinkommen und in der Folge von Lebensbedingungen und Lebenslagen festzustellen. Verschärft durch die in den letzten Jahren politisch betriebene »Umverteilung von unten nach oben« klafft die Schere zwischen Arm und Reich weit auseinander: Das obere Drittel der privaten Haushalte konnte sich 1988 einen Anteil von 57 Prozent des gesamten verfügbaren Haushaltseinkommens sichern; das mittlere Drittel kam auf 27 Prozent. Dagegen mußte sich das untere Drittel mit einem Anteil von 16 Prozent abfinden, erhielt also nur die Hälfte dessen, was ihm proportional eigentlich zustände.

Nicht allein das Ausmaß der Armut, sondern vor allem die gesellschaftlichen Folgen des Wohlstandsgefälles in der Bundesrepublik sind besorgniserregend: Die Polarisierung der Lebenslagen verfestigt sich auf Dauer in eine Spaltung gesellschaftlicher Zonen. Menschen, die aus dem Erwerbsarbeitssystem ausgeschlossen und deshalb auf Sozialhilfe angewiesen bleiben, werden aus den normalen Erfahrungs- und Handlungszusammenhängen ausgegrenzt, in denen sich die Mehrheit der Bevölkerung bewegt, die sie deswegen auch für »normal« hält. Arme kommen in der »normalen« Gesellschaft nicht vor, ihre Erfahrungen bleiben unverstanden und ihre Interessen ungeteilt. In dem Maße, wie Menschen auf Dauer aus der »normalen« Gesellschaft ausgeschlossen bleiben, wird die soziale Einheit zwischen den Menschen aufgelöst. Die Gesellschaft zerfällt zunehmend in eine von der Bevölkerungsmehrheit beheimateten Wohlstandszone und in unterschiedliche Armutszonen.

Von dauerhafter Arbeitslosigkeit wie auch von Einkommensarmut sind in Westdeutschland insbesondere Ausländer betroffen. Daher drückt sich die gesellschaftliche Spaltung in den alten Bundesländern deutlich in einer zunehmenden Ethnisierung von Lebenslagen aus. Hinsichtlich der dauerhaft erwerbslosen Ausländer scheint die Spaltung der Bundesrepublik bereits am weitesten fortgeschritten. Deren gesellschaftliche Ausgrenzung verbindet sich mit ethnischen Zuschreibungen, in deren Folge sie als »Fremde« abgewiesen werden, ihnen also die zwischen Inländern noch übliche Solidarität verschlossen bleibt. Entsprechende Konflikte in den letzten Jahren bis hin zu gewalttätigen Ausschreitungen lassen sich nur als Symptome einer zutiefst gespaltenen Gesellschaft verstehen.

(3.) Im Zeitraffertempo setzt sich der »Trend« gesellschaftlicher Spaltung auch in den neuen Bundesländern durch, wobei diese Spaltung durch ein sich zwar langsam abschwächendes, aber nach wie vor erhebliches Wohlstandsgefälle zwischen West- und Ostdeutschland überlagert wird. Das nach dem Zusammenbruch der DDR gemachte Versprechen »blühender Landschaften« konnte nicht eingelöst werden, statt dessen brach die ostdeutsche Wirtschaft fast völlig zusammen. In Folge der Deindustrialsierung verlieren zunehmend Menschen ihren Arbeitsplatz, ohne daß sie die Hoffnung haben können, jemals wieder eine sichere Beschäftigung zu finden. Betroffen sind insbesondere die Erwerbslosen, die über vierzig Jahre alt sind, unter ihnen viele Frauen: Ohne Chancen auf dem Arbeitsmarkt gehören sie einer »verlorenen Generation« an, haben im Einigungsprozeß ihre Zukunft verloren, wie sie andererseits für den »Aufbau Ost« verloren gehen. Trotz der absehbaren Massenarbeitslosigkeit wurden im Zuge der deutschen Einigung die bundesdeutschen Sicherungssysteme ohne größere Anpassung in den neuen Bundesländern eingeführt, obgleich diese bereits in den alten Bundesländern an der verfestigten Massenarbeitslosigkeit gescheitert sind. Bevor es überhaupt zu der versprochenen Angleichung der Lebensverhältnisse zwischen West und Ost gekommen ist, driften die Lebenslagen nun innerhalb der neuen Bundesländer nach westdeutschem Vorbild drastisch auseinander: Berechnet auf das in Ostdeutschland ausgezahlte Durchschnittseinkommen hat sich der Anteil der Armen innerhalb von nur zwei Jahren verdoppelt und lag 1992 bereits bei 5,8 Prozent. Kurz nach der deutschen Einigung finden sich die Neubundesbürger und -bürgerinnen also in gespaltenen Lebensverhältnissen wieder, wie sie auch für die alten Länder kennzeichnend sind.

3. Gefahr für die bundesrepublikanische Demokratie

(1.) Die psychosozialen Belastungen und individuellen Beeinträchtigungen infolge dauerhafter Arbeitslosigkeit sind genauso bekannt wie die mit langfristiger Armut verbundenen Benachteiligungen; gleichwohl werden sie in den politischen Debatten häufig bagatellisiert. Übergangen werden oftmals auch die volkswirtschaftlichen Verluste einer verfestigten Massenarbeitslosigkeit, daß nämlich Humanvermögen massenhaft nicht zum Einsatz kommt, um Sachkapital zu produzieren. Ignoriert wird schließlich auch die politische Bedeutung der gegenwärtigen Massenarbeitslosigkeit, auf die im folgenden die Aufmerksamkeit gelenkt wird: Mit der wachsenden gesellschaftlichen Spaltung besteht zunehmend die Gefahr, daß die Bundesrepublik ihren demokratischen Standard verliert und in ihrer zivilen Entwicklung blockiert wird.

Über die Form staatlicher Herrschaft hinaus meint »Demokratie« eine bestimmte Form gesellschaftlicher Integration, die nämlich auf die Beteiligung von Bürgern und Bürgerinnen an den für sie relevanten gesellschaftlichen Entscheidungen basiert. In demokratischen Gesellschaften werden soziale Konflikte durch öffentliche Meinungs- und Willensbildung verflüssigt; Protest, Opposition und Engagement halten demokratische Gesellschaften dynamisch und binden sie an die Interessen ihrer Bürger und Bürgerinnen. Im Vergleich mit autoritären Systemen haben sie sich als flexibler und zugleich auch auf Dauer als stabiler erwiesen. In der Bundesrepublik nach 1945 ist es auf der Basis einer prosperierenden Volkswirtschaft und einer Ausweitung von Wohlstand gelungen, demokratische Institutionen und Verfahren zu etablieren und eine Demokratisierung der bundesdeutschen Gesellschaft in Gang zu setzen. Die Bürgerbewegung, die in einer »friedlichen Revolution« das staatsbürokratische Herrschaftssystem der DDR niedergeschlagen hat, hat die zivile Entwicklung der Bundesrepublik bestätigt und - nach der staatlichen Einigung Deutschlands - bereichert.

Obwohl stark in der Bearbeitung sozialer Konflikte, können demokratische Gesellschaften an sozialen Problemlagen auch scheitern, vor allen dann, wenn diese die Voraussetzungen demokratischer Konfliktbewältigung betreffen. Und genau diese Situation besteht gegenwärtig durch die zunehmende Spaltung der bundesdeutschen Gesellschaften! Wenn Armutszonen von der »normalen« Gesellschaft abgespalten und Bevölkerungsteile dauerhaft ausgegrenzt werden, nehmen auf der einen Seite die Konfliktthemen zu, wobei die Konflikte zugleich an Schärfe gewinnen. Auf der anderen Seite werden die Voraussetzungen ihrer demokratischen Bearbeitung schleichend abgetragen: In einer gespaltenen Gesellschaft brechen jene Gemeinsamkeiten zusammen, auf deren Basis öffentliche Meinungs- und Willensbildung ausgetragen und gesellschaftlich ausgehalten werden können. Zudem wird die Armutsbevölkerung von den gesellschaftlichen Entscheidungen abgeschnitten, nicht zuletzt weil sie aufgrund ihrer minderen Einkommen an der öffentlichen Meinungs- und Willensbildung nicht oder zumindest nicht gleichberechtigt teilnehmen kann. Den ausgegrenzten Bevölkerungsteilen werden also nicht nur Lebenschancen, sondern darüber hinaus auch die in der »normalen« Gesellschaft üblichen Teilhaberechte verwehrt. In dem Maße aber, wie die Lebenslagen der Bevölkerungsmehrheit durch eine Politik der »inneren Sicherheit«, also durch Kontrolle ausgegrenzter und deshalb auch zunehmend unberechenbarer Bevölkerungsteile gesichert werden müssen, werden schließlich auch die Teilhaberechte und -chancen der wohlhabenden Bevölkerung entwertet. Die zynische Beschränkung der Demokratie auf die Bevölkerungsmehrheit wird deshalb kaum gelingen. Statt dessen droht der schleichende Verlust demokratischer Standards in der Bundesrepublik.

(2.) Die von den Prozessen gesellschaftlicher Spaltung ausgehende Gefahr für die bundesrepublikanische Demokratie wird durch die Krise ihres Institutionengefüges noch einmal verstärkt. Im Zuge der den Menschen in den Industriegesellschaften abverlangten Individualisierung verlieren nämlich die bislang selbstverständlichen Institutionen an Binde- und Gestaltungskraft. Nachdem die tragenden Verfahren und Institutionen der zweiten deutschen Republik in die neuen Bundesländer einfach übertragen wurden, geraten sie zusätzlich noch durch den Verlauf der deutschen Einigung unter Druck. Dort scheitern sie oftmals an den hochgesteckten Erwartungen sowie an den eingewöhnten Überzeugungen der Neubundesbürgerinnen und -bürger. Schließlich werden sie durch die Herausforderungen problematisiert, die sich aus der neuen Lage des vereinigten Deutschlands in der Mitte eines Europas ohne Mauer ergeben.

In allen gesellschaftlichen Bereichen geraten also die bislang tragenden politischen Institutionen unter Problemdruck. Andererseits werden sie mit Reformzielen konfrontiert, die nicht ohne größere Umbauten verwirklicht werden können: Die soziale Einigung Deutschlands und die europäische sowie weltgesellschaftliche Integration müssen ebenso geleistet werden wie die der ökologischen Umsteuerung der Wirtschaft. Eingefordert wird auch die umfassende Gleichstellung der Frauen sowie der Ausländer »ohne deutsche Abstammung« in einer kulturell und ethnisch vielfältigen Republik. Damit steht gegenwärtig so etwas wie eine »Neugründung der Bundesrepublik« an, eine neue Verständigung der Bundesbürger und -bürgerinnen über ihre Solidarität nach innen sowie über ihre weltgesellschaftliche Verantwortung nach außen.

Eine solche »Neugründung« der Bundesrepublik wird jedoch durch die gesellschaftliche Spaltung und die sich dadurch einstellenden sozialen Verwerfungen schwer belastet. Verteilungskonflikte alter und neuer Art verhindern nämlich eine faire Verteilung von Chancen und Risiken sowie Kosten der anstehenden Reformen. Diese lassen sich nur dann realisieren, wenn zuvor die Solidarität zwischen allen Gesellschaftsmitgliedern erneuert und so die Spaltung der Bundesrepublik überwunden wird.

4. Politikversagen in der »Standortdebatte«

(1.) Um die demokratische Entwicklung der Bundesrepublik zu festigen und die zivile Bewältigung der anstehenden Reformen zu ermöglichen, müssen die Spaltung der bundesdeutschen Gesellschaft überwunden und gesamtgesellschaftliche Solidarität gesichert werden; die Instrumente des Sozialstaates sind auf die Situation der hohen Massenarbeitslosigkeit einzustellen. Statt sich dieser Herausforderung anzunehmen, versuchen die verantwortlichen Akteure in der Bundesregierung, unterstützt durch Arbeitgeberverbände, Wirtschaftsinstitute, Bundesbank, sowie weite Teile von CDU/CSU und FDP, aber auch der SPD, mit der »Standortdebatte« eine »leichte« Antwort. Sie schreiben die seit Jahrzehnten eingeschlagene Wirtschaftspolitik fort, setzen auf wirtschaftliches Wachstum, dessen erwünschte Effekte langfristig von oben nach unten sickern sollen, und empfehlen insbesondere den weiteren Abbau sozialstaatlicher Leistungen. Dies dürfte, wie das Weißbuch der EG-Kommission von Ende 1993 zeigt, einer EG-weit geteilten Politikperspektive entsprechen.

In der »Standortdebatte« wird aufgrund einer vereinseitigten Analyse, die in erster Linie auf das Kosten- und speziell auf die »Lohnkostenprobleme« konzentriert ist, die politische Verantwortung für die bestehende Strukturkrise auf die Tarifparteien und damit letztlich auf die Beschäftigten und ihre Gewerkschaften geschoben. Tarifpolitische »Null-« und »Minusrunden«, die Ausdehnung der Wochen- sowie der Lebensarbeitszeiten sowie eine weitere Differenzierung in der Entlohnung werden angemahnt. Diese Tarifpolitik soll durch einen Abbau sozialstaatlicher Leistungen flankiert werden. Entsprechende Maßnahmen wurden gerade in den letzten Monaten angekündigt, eingeleitet oder auch bereits umgesetzt.

Schleichender Sozialabbau ist jedoch kein Beitrag, den »Industriestandort Deutschland« weltmarktfähig zu halten und damit zu sichern. Statt dessen wird er die bestehende Schieflage in der Einkommens- und Vermögensverteilung vergrößern, die Beschäftigungschancen von Erwerbslosen reduzieren sowie durch prozyklische Einsparungen im Bundeshaushalt die konjunkturellen Verwerfungen verschärfen. Die wirtschaftspolitische Erwartung, durch Verbesserung der Gewinneinkommen angebotsseitig das Wirtschaftswachstum mit nennenswerten Sickereffekten auf die unteren Einkommen anregen zu können, ist bereits an der in Zeiten des wirtschaftlichen Wachstums verfestigten Massenarbeitslosigkeit und gleichzeitigen Polarisierung von Lebenslagen widerlegt worden. Vor allen Dingen aber versagt diese Sozialpolitik vor der zunehmenden gesellschaftlichen Spaltung, überweist wachsende Bevölkerungsteile in die kommunale Fürsorge und beraubt sie so ihrer Lebenschancen und Teilhaberechte.

(2.) Wenn die Politik trotzdem mit schleichendem Sozialabbau auf die soziale Spaltung der Bundesrepublik reagiert, trägt sie der nachlassenden Bereitschaft von Steuer- und Beitragszahlern Rechnung, für sozialstaatliche Leistungen aufzukommen, die von einer ausgegrenzten Armutsbevölkerung in Anspruch genommen wird. Anstatt sich den Solidaritätsdefiziten in der »normalen« Gesellschaft entgegenzustellen, orientiert sie sich leichtfertig an den kurzfristigen Interessen der Bevölkerungsmehrheit zu Lasten der ausgegrenzten Armutsbevölkerung. Damit wird allerdings nur eine Politik fortgesetzt, die bereits seit über einem Jahrzehnt die vermeintlichen »Leistungsträger« entlastet, sozialstaatliche Kürzungen dagegen für diejenigen Gruppen vornimmt, deren politische Bedeutung als gering eingeschätzt wird.

Auf symbolischer Ebene tragen die diversen »Standortpapiere« auch zur Erosion gesamtgesellschaftlicher Solidarität entscheidend bei: So wie seit Jahren Ausländer unter den Verdacht des »Asylmißbrauchs« gestellt und damit aus der den Inländern vorbehaltenen Solidarität ausgeschlossen wurden, wird in den letzten Monaten die Armutsbevölkerung vermehrt des »Sozialmißbrauchs« verdächtigt. Auf diesem Weg werden die Opfer der gegenwärtigen Konjunktur- und Strukturkrise zu den vermeintlichen »Tätern« erklärt, die durch entsprechende Anreize, nämlich durch verminderte Sozialeinkommen oder durch Arbeitsdienste, zu einer gesellschaftlich konformen Leistungsbereitschaft angehalten werden sollen. Wider besseres Wissen wird so den Erwerbslosen die Verantwortung für ihre Arbeitslosigkeit zugewiesen, deren Ausgrenzung aus dem Arbeitsmarkt sowie aus den komfortablen Sicherungssystemen mental eingeübt und legitimiert. Im Ergebnis vergrößert die »Standortdebatte« damit die bestehenden Solidaritätsdefizite der bundesdeutschen Gesellschaft.

5. Die gesellschaftliche Bedeutung des Sozialstaates

(1.) Der Bundesdeutsche Sozialstaat hat entscheidenden Anteil an der wirtschaftlichen Entwicklung in der Bundesrepublik; darüber hinaus ist er auch wesentliche Voraussetzung für die nach 1945 gefestigte Demokratie. Über sozialstaatliche Institutionen und Verfahren konnte der gesellschaftliche Reichtum relativ breit gestreut und damit der Wohlstand verallgemeinert werden, so daß die Menschen ihre formalen Beteiligungsrechte auch wahrnehmen konnten und die politischen Institutionen gesellschaftlich akzeptiert wurden. Wirtschaftliches Wachstum schuf die Voraussetzungen, um die gesellschaftlichen Verteilungsspielräume zu erweitern und den Sozialstaat auszubauen; andererseits gingen von dieser Sozialpolitik bedeutsame Wachstumsimpulse aus. Seit Ende der siebziger Jahre und in Folge der eingangs erwähnten Strukturfaktoren scheinen sich jedoch Wachstums- und Sozialpolitik gegenseitig auszuschließen. Seitdem sucht jedenfalls die Bundesregierung - unterstützt durch die Arbeitgeberverbände - die deutsche Wirtschaft im internationalen Konkurrenzkampf zu stärken, indem sie sozialstaatliche Leistungen abbaut und den gesellschaftlichen Reichtum zu Gunsten der Wohlhabenden umverteilt. Der bereits in der Ära Schmidt eingeschlagene Weg des Sozialabbaus betrifft zwar immer nur Einzelleistungen; auf Dauer droht jedoch der Sozialstaat im Ganzen Schaden zu nehmen.

(2.) Gegen den schleichenden Sozialabbau soll die sozialpolitische, ökonomische und demokratische Bedeutung des Sozialstaates in Erinnerung gerufen werden:

a.) Die *sozialpolitische Funktion* des Sozialstaates: In komplexen Gesellschaften läßt sich gesellschaftliche Solidarität nicht ohne staatliche Verfahren und Institutionen organisieren. »Unmittelbare« und spontane Formen der Solidarität sind zwar auch in modernen Gesellschaften lebenswichtig - und müssen deshalb geschützt und verteidigt werden. Sie können aber den Individuen nicht allein diejenigen Sicherheiten gewähren, auf deren Grundlage sie ihr Leben innerhalb der in modernen Gesellschaften weitgespannten und unübersichtlichen Beziehungen führen können. Dazu bedarf es komplexer Sicherungssysteme, die in staatlichen Verfahren und Institutionen zwar nicht aufgehen, jedoch dort eine tragende Stütze haben. Der Sozialstaat trägt so wesentlich zur sozialen Integration bei: Die sozialstaatlichen Verfahren und Institutionen fügen die einzelnen in eine soziale Ordnung ein, die durch Umverteilung des gesellschaftlichen Reichtums und durch Verfahren sozialer Risikobewältigung die Lebensführung der Gesellschaftsmitglieder aufeinander abstimmt, an ihren individuellen Interessen jedoch rückgebunden ist.

b.) Die *ökonomische Funktion* des Sozialstaates: Der Sozialstaat ist Teil der gesellschaftlichen und ökonomischen Infrastruktur und hat zum »Erfolg« der bundesdeutschen Volkswirtschaft beigetragen. Zwar nehmen die sozialstaatlichen Sicherungssysteme Anteile des wirtschaftlich produzierten Reichtums in Anspruch. Andererseits sichern sie aber die finanziellen, qualifikatorischen und sozialen Voraussetzungen dafür, daß die diesen Reichtum produzierenden Arbeitskräfte der Wirtschaft auch auf Dauer zur Verfügung stehen. Darüber hinaus haben die bundesdeutschen Sicherungssysteme auch zu einer Stützung der Konsumnachfrage und damit entscheidend zur wirtschaftlichen Entwicklung in der Bundesrepublik beigetragen.

c.) Die *demokratische Funktion* des Sozialstaates: Der Sozialstaat leistet einen wesentlichen Beitrag zur sozialen Integration und zum sozialen Frieden; vor allen Dingen sichert er aber die materiellen Voraussetzungen allgemeiner Beteiligungsmöglichkeiten: Demokratische Gesellschaften stützen sich auf Prozesse öffentlicher Meinungs- und Willensbildung, gewähren daher den einzelnen das Recht, sich in den jeweils als relevant erachteten gesellschaftlichen Entscheidungsprozessen selbst und gleichberechtigt zu vertreten. Um aber an der öffentlichen Meinungs- und Willensbildung derart teilnehmen zu können, bedürfen alle Bürgerinnen und Bürger einer hinreichenden, aber nur in Relation zu allen anderen definierbaren Ausstattung an Gütern und Dienstleistungen. Diese müssen demokratische Gesellschaften über sozialstaatliche Verfahren und Institutionen garantieren. Demokratische Gesellschaften ruhen also auf einer grundlegend egalitären und sozialstaatlich garantierten Verteilung des gesellschaftlichen Reichtums, auf deren Basis Einkommensdifferenzen gesellschaftlich erträglich und ökonomisch funktional sind.

In dem Leitbild der sozialen Demokratie wird die zuletzt genannte Funktion sozialstaatlicher Institutionen und Verfahren hervorgehoben. Ein leistungsfähiger Sozialstaat ist notwendiges Moment demokratischer Gesellschaften, der auch in Zeiten »leerer« Haushaltskassen und »enger« Verteilungsspielräume nicht zur Disposition gestellt werden darf.

(3.) Die sozialstaatlichen Leistungen bleiben *erstens* von der gesellschaftlichen Solidarität abhängig, die er durch seine Verfahren und Institutionen zwar organisieren, nicht jedoch selbst erzeugen kann. Daher kommt der Sozialstaat im Ganzen durch die Spaltung der bundesdeutschen Gesellschaft unter Druck. Diese zehrt nämlich genau jene Solidaritäten auf, die zu ihrer Überwindung notwendig sind. In dem Maße nämlich, wie sich breite Bevölkerungsteile ihren Wohlstand als persönlichen Erfolg zuschreiben, der Sozialstaat ihnen dagegen als teurer, für sie selbst allerdings überflüssiger Ballast erscheint, gerät eine Voraussetzung sozialstaatlicher Instrumente in Gefahr: die Bereitschaft zur Solidarität. Der schleichende Sozialabbau reagiert auf diesen Legitimationsverlust der bundesdeutschen Sicherungssysteme, wie er andererseits diesen Legitimationsverlust - etwas durch den Verdacht des »Sozialmißbrauchs« - auch schürt.

Zweitens ist der Sozialstaat von den Problemlagen abhängig, die sozialstaatliche Leistungen notwendig machen, sowie vom volkswirtschaftlichen Reichtum, der diese Leistungen möglich macht. In dieser Hinsicht werden die bestehenden sozialstaatlichen Instrumente gegenwärtig problematisiert, da sie weder die Herausforderung randständiger Lebenslagen und der deutschen Einigung bewältigen noch einen Beitrag zur Überwindung der wirtschaftlichen Strukturkrise leisten können. Daher kann es gegenwärtig nicht um eine einfache Fortschreibung der bestehenden sozialstaatlichen Instrumente gehen. Es bedarf vielmehr eines intelligenten Umbaus des bundesdeutschen Sozialstaates, damit er seine sozialpolitische, ökonomische und insbesondere demokratische Funktion in Gegenwart und Zukunft realisieren kann.

6. Reform des bundesdeutschen Sozialstaates

(1.) Soll der Beitrag des Sozialstaates für eine »soziale Demokratie« gesichert werden, müssen Verfahren und Institutionen derart umgebaut werden, daß sie auf die veränderten Problemlagen der verfestigten Massenarbeitslosigkeit sowie der sozialen Spaltung eingehen und daß sie die soziale Einigung Deutschlands, nämlich vergleichbare Lebensverhältnisse in ganz Deutschland herstellen. Darüber hinaus müssen sie mit den großen Reformzielen der kommenden Jahrzehnte abgestimmt werden, insbesondere mit der europäischen und weltgesellschaftlichen Integration der Bundesrepublik, der ökologischen Umsteuerung der Wirtschaft, sowie der umfassenden Gleichstellung der Frauen.

Die in den öffentlichen Debatten vorgestellten Reformvorschläge müssen vor allem daran gemessen werden, welchen Beitrag sie leisten, die gesellschaftliche Spaltung zu überwinden, soziale Integration zu sichern und gesamtgesellschaftliche Solidarität wiederherzustellen. Deshalb sind alle Maßnahmen abzulehnen, mit denen die sozialstaatlichen Verfahren und Institutionen lediglich auf die Situation der Spaltung eingestimmt werden, um die abgegrenzten Armutszonen zu »verwalten«. Abzulehnen sind auch alle Vorschläge, die in den Sicherungssystemen die gesellschaftliche Spaltung noch einmal abbilden wollen und im Ergebnis die Entkopplung von »Armenfürsorge« und solidarischer Sicherung vertiefen werden. Eine solche Reform des Sozialstaates ist in dem Maße wahrscheinlich, wie sie bestehende Solidaritätsbereitschaften der Bevölkerungsmehrheit aufgreifen und mobilisieren kann. Notwendig ist eine in der Bundesrepublik noch wenig eingeübte »Kultur des Teilens«, die zwar durch staatliche Instanzen nicht verordnet, aber durch staatliche Sozialpolitik maßgeblich begünstigt werden kann.

(2.) Zur Reform des bundesdeutschen Sozialstaates können »Königswege« nicht beschritten werden. Verschiedene Maßnahmen müssen statt dessen in einem Konzept der Erneuerung gesamtgesellschaftlicher Solidarität aufeinander abgestimmt werden. Dabei kommt der Beschäftigungspolitik eine zentrale Bedeutung zu:

a.) Die verfestigte Massenarbeitslosigkeit muß durch wirksame *beschäftigungspolitische Maßnahmen* angegangen werden, für die Träger der staatlichen Sozial- und Wirtschaftspolitik eine große Verantwortung tragen. Weil unter den gegebenen Bedingungen vor allem Erwerbsarbeit gesellschaftliche Integration und Beteiligung ermöglicht, ist Vollbeschäftigung eines der grundlegenden gesellschaftspolitischen Ziele. Jedoch sind die strukturellen Ursachen der verfestigten Massenarbeitslosigkeit vielgestaltig, so daß auch das »Recht auf Arbeit« für alle nur durch eine ebenso vielgestaltige Beschäftigungspolitik realisiert werden kann. Instrument einer solchen Beschäftigungspolitik ist die Ankurbelung privater Nachfrage, indem die Kaufkraft der unteren Einkommensgruppen sowie die öffentliche und beschäftigungswirksame Nachfrage nach gesellschaftlich nützlichen sowie marktinnovativen Gütern und Dienstleistungen gestärkt wird. Der Ausbau eines öffentlich geförderten »Zweiten Arbeitsmarktes« erscheint dann als sinnvoll, wenn er mit dem regulären Arbeitsmarkt fest verzahnt, tarifvertraglich geregelt und der Übergang zur regulären Erwerbsarbeit gesichert wird. Diese beschäftigungspolitischen Maßnahmen sind inhaltlich derart zu konzentrieren, daß sie den ökologischen Umbau der Wirtschaft beschleunigen sowie die Chancen der Frauen auf dem Arbeitsmarkt erhöhen. Weiterhin können gesellschaftlich oder persönlich nützliche Tätigkeiten, wie Lernen, Erziehen, musisches Gestalten, politisches oder soziales Engagement mit Erwerbsarbeit verknüpft und so neue Formen von Beschäftigung eingeübt werden. Neben einer öffentlichen Beschäftigungspolitik ist aber vor allen Dingen der säkulare Prozeß der Arbeitszeitverkürzung durch eine Vielzahl verschiedener Maßnahmen weiterzuführen. Dazu bedarf es nicht nur einer allgemeinen Verkürzung der Wochenarbeitszeit, sondern auch der krisenbedingten, deshalb branchen- oder betriebsspezifischen, sowie der gruppenspezifischen oder auch der jeweils nur indivudellen Verkürzung der Arbeitszeit. Diejenige Arbeitszeitverkürzung, die über den Produktivitätsfortschritt hinausgeht und deshalb zu mehr Beschäftigung führen kann, ist unter den gegenwärtigen Bedingungen ohne Lohnverzicht kaum zu haben und setzt deshalb entsprechende Bereitschaft bei den Beschäftigten voraus. Beschäftigungspolitisch sinnvoll scheint auch die Ausweitung von betrieblicher Mitbestimmung und Weiterbildung, wodurch größere Anteile der arbeitsvertraglich vereinbarten Arbeitszeit außerhalb der betrieblichen Produktion verbracht werden.

b.) Das *Armutsrisiko* muß durch eine finanzielle Umverteilung zugunsten der Niedrigeinkommens- sowie der Sozialeinkommensbezieher eingedämmt werden; für diese sind nicht nur die Träger der staatlichen Sozialpolitik, sondern maßgeblich auch die Tarifparteien verantwortlich. Hinsichtlich der staatlichen Instrumente gilt grundsätzlich: Nicht nur das bundesdeutsche Steuersystem - so der Auftrag des Bundesverfassungsgerichts - sondern auch die Sozialleistungen müssen »armutssicher« gemacht werden, nämlich das Absinken in Armut und die Ausgrenzung von Armutszonen verhindern, indem ein existenzsicherndes Einkommen garantiert wird. Dazu muß endlich ein verläßlicher und gegenüber jeder Sparneigung unnachgiebiger Maßstab definiert und gesetzlich festgeschrieben werden, dem ein Mindestschutz im Steuersystem und bei den Sozialleistungen, vor allen Dingen bei der Sozialhilfe, zu folgen hat. Eine wesentliche Ursache für die Zunahme von Armut liegt im Mangel an bezahlbaren Wohnungen. Da der Wohnungsmarkt offenkundig mit der Bereitstellung von billigem Wohnraum überfordert ist, ist es kurzfristig notwendig, den öffentlich geförderten sozialen Wohnungsbau auszuweiten.

c.) Um die für eine demokratische Gesellschaft unabdingbare Mindestversorgung für alle Menschen sicherzustellen, ist die Einführung eines ausreichenden *Mindesteinkommens* notwendig. Trotz einer offensiven Beschäftigungspolitik wird es Vollbeschäftigung kurzfristig nicht geben - gerade nicht für diejenigen, die von der Arbeitslosigkeit bereits langfristig betroffen sind. Ob darüber hinaus Vollbeschäftigung auch langfristig und nach einer massiven Umverteilung des gesellschaftlich vorhandenen Arbeitsvolumens durchgesetzt werden kann bzw. mit Rücksicht auf ökologische Belastungen angestrebt werden soll, ist gegenwärtig eine offene und heftig diskutierte Frage. Jedenfalls müssen auch diejenigen eine materielle Grundsicherung erhalten, die - aus welchen Gründen auch immer - keinen Platz im Erwerbsarbeitssystem finden werden. Sie bedürfen eines Sozialeinkommens, dessen Höhe nicht bzw. nicht nur von einer vorgängigen Berufsbiographie bestimmt wird, sondern die chancengleiche Teilnahme an den jeweils als relevant erachteten gesellschaftlichen Entwicklungen ermöglicht. Kurz- und mittelfristig sollte dazu - neben der Anhebung der Sozialhilfe - in den Sozialversicherungen das starre Äquivalenzprinzip relativiert und Elemente einer *Grundsicherung* eingeführt werden, etwa in Form bedarfsbezogener und steuerfinanzierter Grundsicherungsleistungen. Langfristig müssen jedoch auch Reformvorschläge ernsthafter diskutiert werden, die - etwa mit der Forderung nach einem Bürgergeld - auf ein staatlich garantiertes *Grundeinkommen* zielen. Durch die Erweiterung der sozialstaatlichen Instrumente um Grundsicherung bzw. Grundeinkommen können neue Formen gesellschaftlich notwendiger Tätigkeiten jenseits der Erwerbsarbeit entwickelt und vorangetrieben werden. Sozialeinkommen, die ohne staatliche

Gängelung garantiert werden, wären zudem ein wichtiger Beitrag, um die Mündigkeit von Bürgern und Bürgerinnen in einer solidarischen Gesellschaft zu gewährleisten. Allerdings wird jedes Mindesteinkommen immer dann zu einem Instrument der gesellschaftlichen Ausgrenzung, wenn es nicht von einer offensiven Beschäftigungspolitik begleitet wird.

d.) Ihren Beitrag zur Sicherung des »Standort Deutschland« leistet die staatliche Sozialpolitik, wenn sie bei der *Finanzierung* ihrer Leistungen den Faktor »Arbeit« in Zukunft entlastet. Dazu muß die Finanzierung der Sicherungssysteme u.a. durch eine Wertschöpfungsabgabe erweitert werden. Zur Überwindung der Finanzierungskrise sind zudem Vermögensabgaben und der Abbau überkommener Privilegien, wie etwa der Besteuerung von Grundvermögen nach dem Einheitswert oder des »Ehegattensplittings«. Darüber hinaus wird auch die Vereinfachung der sozialstaatlichen Instrumente und Zuständigkeiten die öffentlichen Haushalte deutlich entlasten. Unbedingt zu vermeiden ist jedenfalls eine prozyklische Haushaltspolitik, die durch Kürzungen in der gegenwärtigen Konjunkturkrise die konjunkturbedingten Verwerfungen nur vergrößert.

e.) Die Bürokratisierung und Verrechtlichung des bundesdeutschen Sozialstaates hat mittlerweile eine Dimension erreicht, die vor allem die mit den sozialpolitischen Instrumenten verfolgten demokratischen Ziele aushöhlt. Dagegen müssen die Beteiligungsrechte der einzelnen gestärkt sowie die sozialstaatlichen Verfahren und Institutionen stärker unter *gesellschaftliche Regie* genommen und demokratischen Entscheidungsprozessen unterstellt werden. So sollten die Entscheidungskompetenzen der Sozialversicherungen ausgeweitet, die Entscheidungsträger dezentralisiert sowie freie Wohlfahrtspflege und sozialpolitische Initiativen aufgewertet werden. Ein notwendiger Schritt in diese Richtung ist auch die verfahrensrechtliche Trennung von leistungserbringenden Institutionen.

f.) In der verstärkten Weltmarktintegration der bundesdeutschen Wirtschaft liegt auch eine sozialpolitische Herausforderung: Statt in ein »social dumping« einzutreten, das die Bundesrepublik nicht bestehen kann, gilt es durch internationale Kooperation eine *globale Sozialpolitik* voranzutreiben, die eine materielle Existenzsicherung aller Menschen und die Angleichung von Lebenschancen in der einen Welt anstrebt. Aus ökologischen Gründen dürfen die industriegesellschaftlichen Wohlstandsmodelle nicht weltweit ausgedehnt werden, die deshalb auch in den Industriegesellschaften nicht länger zu rechtfertigen sind. Andererseits ist aber auch offenkundig, daß ohne eine globale Sozialpolitik die ökologische Umsteuerung marktförmigen Wirtschaftens sowie die Bewahrung der ökologischen Grundlagen menschlichen Lebens nicht gelingen wird.

7. Abschluß: Das Profil des neuen Gesellschaftsvertrages

Durch eine Reform des bundesdeutschen Sozialstaates können die Träger der staatlichen Sozial- und Wirtschaftspolitik ihren Beitrag dazu leisten, die gesamtgesellschaftliche Solidarität zu erneuern. Sie können die Prozesse der gesellschaftlichen Spaltung überwinden helfen und den abgedrängten Bevölkerungsteilen ihren Wiedereinstieg in die gesellschaftliche Normalität ermöglichen. Gleichzeitig können sie einen Beitrag zur Bewältigung der wirtschaftlichen Strukturkrise, zur gesellschaftlichen Modernisierung sowie zur Steigerung der Lebensqualität für alle Gesellschaftsmitglieder leisten. Eine solche sozialpolitische Offensive kommt auch den Interessen derjenigen entgegen, die die entsprechenden sozialstaatlichen Leistungen durch Steuern oder Beiträge finanzieren, von diesen Leistungen aber direkt nicht profitieren.

Um den bundesdeutschen Sozialstaat als unerläßlichen Bestandteil einer »sozialen Demokratie« zu festigen, braucht es einen neuen Gesellschaftsvertrag zwischen allen Bundesbürgern und -bürgerinnen. Dieser Vertrag umfaßt die wechselseitige Verpflichtung, die gesellschaftliche Spaltung gemeinsam und nach persönlichen Leistungsvermögen anzugehen und zu überwinden. Dies liegt im gemeinsamen Interesse aller und bestätigt den zivilen Charakter der Bundesrepublik. Ein solcher Gesellschaftsvertrag läßt sich staatlich nicht erzwingen, sondern kann nur aus öffentlichen Meinungs- und Willensbildungsprozessen als freiwillige Übereinkunft aller entstehen.

10. Rechtsstaatsprinzip - Art. 20 GG

a) *Einführung*

Man unterscheidet zwischen dem Begriff des formellen Rechtsstaates, das heißt eines Staates, in dem alle staatlichen Machtäußerungen anhand von Gesetzen meßbar sind, und dem materiellen Rechtsstaatsbegriff, das heißt die Idee des auf die Gerechtigkeit bezogenen Staates. Das Grundgesetz sichert bestimmte Rechtsstaatselemente ab, darunter insbesondere:

Die prinzipielle Gewährleistung persönlicher Grundrechte
Die Gewaltenteilung in Art. 20 Abs. 2 Satz 2
Das Prinzip der Gesetzmäßigkeit der Verwaltung (Art. 20 Abs. 3)
Die Meßbarkeit und Voraussehbarkeit staatlichen Handelns
Der Rechtsschutz bei Rechtsverletzungen durch die öffentliche Gewalt.

Unklare und unbestimmte Gesetze können in Extremfällen wegen Verstoßes gegen rechtsstaatliche Grundsätze nichtig sein[215]. Normklarheit und Justitiabilität wird verlangt, damit der Betroffene die Rechtslage erkennen und sein Verhalten danach einrichten kann. Nicht verboten ist allerdings die Verwendung von gesetzlichen Generalklauseln und die Einräumung von Ermessensspielräumen an die Verwaltung. Jedoch müssen die äußeren Grenzen dieses Spielraums abgesteckt und damit Möglichkeiten richterlicher Überprüfung der Einhaltung dieser Grenzen gegeben sein[216].

Tragende Prinzipien der Rechtsstaatlichkeit stellen nach der Rechtsprechung des Bundesverfassungsgerichts die Rechtssicherheit und die materielle Gerechtigkeit im Einzelfall dar. Beide Anforderungen stehen häufig im Widerstreit. Dem Gesetzgeber wird die Befugnis der Entscheidung darüber zugebilligt, welchem Prinzip er in einer bestimmten Fallkonstellation den Vorzug geben will.

Eine besondere Ausprägung des Rechtsstaatsprinzips ist das Verbot rückwirkender Gesetze im Strafrecht (vgl. Art. 103 Abs. 2 GG). Generell sind rückwirkende Gesetze nicht unzulässig. Man unterscheidet zwischen echter Rückwirkung (Sachverhalte sind bereits abgeschlossen) und unechter Rückwirkung (noch nicht abgewickelte Sachverhalte werden für die Zukunft beeinflußt).

[215] Vgl. BVerfGE 21, 73, 79; 31, 42
[216] Vgl. BVerfGE 20, 150, 158

Die Grenzen für die verfassungsrechtliche Zulässigkeit rückwirkender Gesetze ergeben sich aus den im Rechtsstaatsprinzip enthaltenen Grundsätzen der Rechtssicherheit und des Vertrauensschutzes. Gefragt wird, ob der Bürger auf den Fortbestand von Rechtspositionen vertrauen durfte, das heißt, damit rechnen durfte, daß sich eine bestehende Regelung nicht ändert. Dieser Vertrauensschutz muß bei wichtigen Gründen des Allgemeinwohls gegenüber dem Änderungsanliegen des Gesetzgebers zurücktreten. Es hat jeweils eine Güterabwägung im Einzelfall stattzufinden. Hierbei ist der Vertrauensschutz mit der Bedeutung des gesetzgeberischen Anliegens für das Wohl der Allgemeinheit abzuwägen.[217] Der bereits mehrfach erwähnte Grundsatz der Verhältnismäßigkeit wird aus dem Rechtsstaatsprinzip abgeleitet.[218] Er besteht aus den drei Teilgeboten der Geeignetheit des gesetzgeberischen Mittels, der Erforderlichkeit und der Verhältnismäßigkeit im engeren Sinne, die auch als Zumutbarkeit bezeichnet wird und die Angemessenheit des Eingriffs angesichts der Bedeutung des eingeschränkten Rechts bezeichnet.

b) Historische Vertiefung

Hermann Heller

Rechtsstaat oder Diktatur?

(gekürzte Fassung des Beitrags in „Recht und Staat in Geschichte und Gegenwart“, Heft 68, Tübingen 1930 nachgedruckt aus Kempen, O. E. (Hrsg.): Sozialstaatsprinzip und Wirtschaftsordnung, 1976, S. 55-69)

„Bis zum Ausgang des Weltkrieges war der Rechtsstaat in Europa eine Selbstverständlichkeit gewesen. Als Forderung war er auch dort kaum bestritten, wo er entweder gar nicht oder nicht voll anerkannt oder verwirklicht war. Selbst die marxistische Diktatur des Proletariats verstanden die großen sozialistischen Parteien im demokratisch-rechtsstaatlichen Sinne. Es waren lediglich die kleinen, einflußlosen Gruppen der französischen und italienischen Syndikalisten, die in dieser Zeit als erklärte, wenn auch recht unklare Gegner des Rechtsstaates gelten konnten. Diese Situation hat sich innerhalb der letzten zehn Jahre gründlich geändert. Die Frage Rechtsstaat oder Diktatur ist ernstlich zur Diskussion gestellt. Und wenn es auch nicht allzu wichtig zu nehmen ist, daß ein bekannter deutscher Staatsrechtslehrer die Diktatur als die spezifisch moderne Staatsform, den Rechtsstaat aber als veraltetes Verfassungsklischee bezeichnet, so ist die Möglichkeit einer solchen Behauptung dennoch symptomatisch.

Was bedeutet diese plötzliche und radikale Wandlung? Lassen sich die politischen Umwälzungen in Italien, Spanien, Südslavien und den kleineren Ländern, lassen sich die Diktaturbestrebungen bei uns, in Österreich und andern Staaten überhaupt auf einen gemeinsamen Nenner bringen? Bedeutet die wachsende Zahl der Diktaturen in Europa das Ende des Rechtsstaates und seine Ersetzung durch eine dem heutigen gesellschaftlichen Sein besser angepaßte Staatsform? Welche Verschiebungen in der sozialen Wirklichkeit finden in jenen politischen Umwälzungen und geistesgeschichtlichen Wandlungen ihren Ausdruck?

Wir wollen unsere Fragestellung ausschließlich auf die unter der Flagge des Fascismus in Westeuropa bekannte und hier auch allein aktuelle Form der Diktatur beschränken; die bolschewistische Diktatur, im ganzen doch nur eine Reprise der Regierungsform Peters des Gro-

[217] BVerfGE 25, 42, 154; 36, 75, 82

[218] Vgl. BVerfGE 61, 126, 134; 69, 1, 35; 76, 256, 259; 80, 109, 120

ßen, hat die Alternative Rechtsstaat oder Diktatur nie gekannt und kann aus unserer Betrachtung ausgeschlossen bleiben.

Die Antworten auf die gestellten Fragen setzen zunächst einmal Klarheit voraus über die sozialen, politischen und geistigen Grundlagen des Rechtsstaates. Denn unzweifelhaft einig sind alle diese europäischen Diktaturen und ihre Ideologien nur in der Negation des Rechtsstaates. Dessen gesellschaftliche Grundlagen sind aber nur dann zu begreifen, wenn man bedenkt, daß steigende Kultur immer auch darin besteht, daß die Arbeitsteilung wächst und damit örtlich auseinanderliegende Gesellschaftsgruppen voneinander abhängig werden, weil sie miteinander in Verkehr treten müssen. Dadurch, daß Arbeitsteilung und Verkehr steigen, wird ein entsprechend größeres Maß von Verkehrssicherheit notwendig, die im ganzen identisch ist mit dem, was der Jurist Rechtssicherheit zu nennen pflegt. Verkehrssicherheit oder Rechtssicherheit wird ermöglicht durch eine erhöhte Berechenbarkeit und Planmäßigkeit der gesellschaftlichen Beziehungen. Denn solche Berechenbarkeit läßt sich nur dadurch erreichen, daß die gesellschaftlichen, vor allem die wirtschaftlichen Beziehungen in wachsendem Maße einer einheitlichen Ordnung unterstellt, d. h. von einem Gebietsmittelpunkte aus normiert werden. Das vorläufige Endergebnis dieses gesellschaftlichen Rationalisierungsprozesses ist der moderne Rechtsstaat, der im wesentlichen entstanden ist durch eine immer wachsende Gesetzgebung, d. h. bewußte Setzung von Regeln für das gesellschaftliche Handeln, welche Regeln für einen immer größeren Kreis von Personen und Sachen die Selbsthilfe zugunsten der zentralen Normsetzung und Durchsetzung ausschalteten.

Man begreift die soziologische, politische und juristische Bedeutung des modernen Rechtsstaates, wenn man ihn als ‚Herrschaft des Gesetzes' im Sinne seiner Schöpfer begreift. Den großen Schlußpunkt in der Geschichte der Sicherung des Landfriedens bildete im alten Deutschen Reiche die Errichtung des Reichskammergerichts drei Jahre nach der Entdeckung Amerikas. Dieses Gericht sollte die Streitigkeiten zwischen Landesherrn und Untertanen justizförmig erledigen und auch hier die Gewalt und Selbsthilfe ausschalten. Im Zeitalter des Absolutismus machte die früh-kapitalistische Wirtschaft eine relative Unabhängigkeit der Straf- und Zivilrechtsprechung notwendig, eine Tatsache, die den meisten durch die Legende vom Müller von Sanssouci bekannt ist. Auf der Rechenhaftigkeit dieser Wirtschaft beruhte die Macht des absoluten Fürsten. Er konnte sich von den Unberechenbarkeiten der Lehensgefolgschaft nur dadurch unabhängig machen, die renitenten Feudalherren und ihre zahllosen wohlerworbenen Rechte nur dadurch beseitigen und der einheitlichen Ordnung seiner Souveränität unterstellen, daß er sich ein Söldnerheer und eine Bürokratie schuf, die beide gesellschaftlich von den Junkern unabhängig, vom Fürsten aber finanziell abhängig waren. Dazu bedurfte es der geldwirtschaftlichen Berechenbarkeit der Ökonomie, dazu des im einheitlichen römischen Rechte geschulten Beamtentums, mit dessen Hilfe die unberechenbare Buntheit der germanischen Rechte überwunden wurde. Mit seinen Söldnern und Beamten gelang es dem absoluten Fürsten nach und nach, die Kriegsführung, Gesetzgebung, Rechtsprechung und Verwaltung zu zentralisieren, Geschäfte, welche bis dahin von den Feudalherren in eigener Regie wahrgenommen worden waren.

Als am Ausgang des 18. Jahrhunderts die Forderungen des Rechtsstaates und der Gesetzesherrschaft populär wurden, sah man als das ideale Recht dasjenige an, das vom Fürsten öffentlich kundgemacht und von seinen Landgerichten - nach einem Worte des großen Verwaltungsrechtslehrers Otto Mayer - „mit einer berufsmäßigen Berechenbarkeit“ angewandt wurde.[219]

Dieses unverbrüchliche, mit zweiseitig verbindender Kraft ausgestattete Gesetz sollte nun alle Staatstätigkeit, nicht nur die Justiz, sondern auch die Verwaltung beherrschen, und Eingriffe in Freiheit und Eigentum der Bürger sollten fortan nur noch aufgrund eines Gesetzes möglich sein. Die Rationalität und Berechenbarkeit der Staatsordnung sollte aber noch in anderer Richtung erheblich gesteigert werden.

Man weiß, daß die Montesquieusche Lehre von der Teilung und Balance der Gewalten die organisatorische Grundlage des Rechtsstaates bezeichnet. Montesquieu sieht in der politischen Freiheit des Bürgers „jene Ruhe des Gemüts, die aus dem Vertrauen entsteht, das jeder zu seiner Sicherheit hat“.[220] Diese Freiheit wäre endgültig verloren, wenn eben derselbe Mensch oder eben dieselbe Versammlung zugleich die gesetzgebende, die richterliche und die vollziehende Gewalt ausübten. Die Begründung für diese Meinung des tiefen Menschenkenners können wir in den allgemein gültigen soziologischen Satz kleiden: Jede unkontrollierte menschliche Gewalt erliegt früher oder später der Gefahr unberechenbarer Willkür. Deshalb sollte die Legislative die höchste, alle Staatstätigkeit bestimmende Gewalt sein und - organisatorisch getrennt von der unabhängigen Rechtsprechung und der dem König verbleibenden Exekutive - dem Volk anvertraut werden. Solange der König Gesetze gab und auch beseitigte, die Gesetze außerdem in einem geheimen Rat vorbereitet und nicht einmal immer publiziert wurden, war immer ein Element der Unsicherheit und persönlichen Unberechenbarkeit gegeben, das sofort verschwand, als das Volk durch seine Repräsentation die Gesetze in öffentlicher Parlamentssitzung über sich selbst beschloß und damit selbst zum Garanten seiner Freiheit wurde.

Parallel zu dieser gesellschaftlich-politischen Entwicklung geht die ideengeschichtliche. Ihre Wurzeln reichen ebenfalls in die Zeit der Renaissance zurück. Es ist der entpersönlichende Gesetzesglaube, den man ebenso bei Kepler, Galilei, Gassendi und Grotius, wie bei Voltaire, Saint-Simon, Kant und Marx findet. Im Ethisch-Politischen lautet die Maxime: Frei ist der Mensch, wenn er nicht mehr Menschen, sondern nur noch Gesetzen gehorchen muß. Unter Gesetz aber versteht man - je länger, je mehr - nicht den Willen eines persönlichen Gottes oder gottbegnadeten Monarchen, sondern die über alle Willen und jedwede Willkür erhabene Norm; den Inhalt dieser Gesetze will man in zunehmenden Maße aus dem diesseitigen und vernünftig erkennbaren Sein von Natur und Gesellschaft ablesen.

Diese „Gewißheit der gesetzmäßigen Freiheit“[221] wie sie der Klassiker des Rechtsstaatsideals, Wilhelm von Humboldt, nannte, war um die Wende des 18. Jahrhunderts die Forderung des geistig und wirtschaftlich erstarkten Bürgertums. Seine politische und ökonomische Sekurität erheischte seinen Einfluß bei der Gesetzgebung im gewaltenteilenden Rechtsstaate, das politische Freiheits- und Gleichheitsideal entsprach seiner Ethik der individuellen Autonomie. Daß diese Demokratie auf Bildung und Besitz beschränkt blieb, konnte von einer Zeit gerechtfertigt werden, in welcher der Besitz noch gebildet und die Bildung noch besitzend war.

Das mußte sich im Zeitalter des entwickelten und organisierten Kapitalismus grundlegend ändern. Ein sich beständig vermehrendes Proletariat erwacht zum Selbstbewußtsein und

---

[219] *Otto Mayer,* Deutsches Verwaltungsrecht, Bd. 1, 2. Aufl., München 1914 (Systematisches Handbuch der deutschen Rechtswissenschaft, Abt. 6 I), S. 44. 83

[220] *Montesquieu,* De l'esprit des lois (1748), liv. XII, ch. 2.

[221] *Humboldt,* Ideen zu einem Versuch, die Grenzen der Wirksamkeit des Staates zu bestimmen (1792), in: Gesammelte Schriften (Hs. Kgl. Preußische Akademie), Bd. I, Berlin 1903, S. 179.

macht die Forderung der bürgerlichen Demokratie in Gestalt der sozialen Demokratie zu seiner eigenen. Selbständig in Parteien und Gewerkschaften organisiert, erzwingt es seine Beteiligung an der rechtsstaatlichen Legislative. Dadurch wird diese Volkslegislative aber der Geist, den das Bürgertum gerufen hatte und nicht wieder bannen kann, wenn es ihn nicht von Grund auf verleugnen und mit Beelzebub Diktatur vertreiben will.

Denn auf dem Umweg über die Politik wird das nunmehr juristisch-politisch gleichberechtigte Proletariat dem Bürgertum auch wirtschaftlich gefährlich. Der wirtschaftlich Schwache versucht mittels der Gesetzgebung, den wirtschaftlich Starken zu fesseln, ihn zu größeren sozialen Leistungen zu zwingen oder ihn gar aus dem Eigentum zu verdrängen. So hat der Kapitalismus das demokratische Prinzip zu Konsequenzen geführt, die dessen eigenen Schöpfer, das Bürgertum, in seiner Herrschaft bedrohen. Eine dauernde Verdrängung des Proletariats aus der Legislative erscheint auf rechtsstaatlichem Wege ausgeschlossen. Auch kann dem heutigen Bewußtsein eine Beschränkung der Demokratie auf Bildung und Besitz nicht mehr zugemutet werden, weil der Besitz sich in einer Zeit, da die Besitzverschiebung sich mit rasender Geschwindigkeit vollzieht, weder durch Bildung noch durch Tradition Respekt zu verschaffen vermag. Das Bürgertum beginnt am Rechtsstaatsideal zu verzweifeln und seine geistige Welt zu verleugnen.

In Deutschland begann diese Verleugnung und Entleerung des Rechtsstaatsgedankens schon mit dem Zusammenbruch der Revolution von 1848. Noch im Jahre 1859 aber versteht Robert v. Mohl unter einem Rechtsstaat einen Verband, in welchem die Staatsgenossen Anspruch haben „vorerst (auf) *Gleichheit vor dem Gesetze*, d. h. (auf) Berücksichtigung der Lebenszwecke Aller ohne Unterschied auf persönliche Verhältnisse, und objektive Anwendung der allgemeinen Norm ohne Rücksicht auf Rang, Stand usw. des Einzelnen".[222] Wenige Jahre später ist diese materielle Rechtsstaatsidee entleert und entseelt und ins Formalistisch-Technische gewandelt. Von nun an ist es bis nach der Revolution von 1918 unbestrittene Lehre, daß z. B. der die Gleichheit vor dem Gesetz garantierende Art. 4 der Preußischen Verfassung von 1850 nicht etwa ein Willkürverbot für den Gesetzgeber bedeutete, sondern sich nur an den das fertige Gesetz anwendenden Beamten wende. Damit hatte das Gerechtigkeitsideal für den Gesetzgeber seine Geltung verloren und war herabgesunken zu einer formellen Verwaltungsmaxime, die ohne Rücksicht auf den gerechten oder ungerechten Inhalt des Gesetzes dessen berechenbare Anwendung auf den Einzelfall verlangte. Nun kam es nur noch auf diese Rechenhaftigkeit und bourgeoise Sekurität des Gesetzes an, nicht mehr auf seine Richtigkeit.

Es ist bezeichnend, daß nunmehr, da seit der Revolution von 1918 die bürgerliche Herrschaft durch den Gleichheitssatz des Art. 109 der Weimarer Verfassung bedroht erscheinen kann, daß es nunmehr rechtsstehende Juristen sind, die in diesem Gleichheitssatz ein ‚Willkürverbot' gerade für den Gesetzgeber erblicken wollen und daß bürgerlich-demokratische Juristen dem gegenüber bei der alten Interpretation verharren. Die eminente politische Bedeutung dieses Standpunktwechsels der konservativen Jurisprudenz versteht man allerdings erst im Zusammenhang mit dem ungeheuren politischen Machtzuwachs, den sich das Richtertum mit einer juristisch zweifellos falschen Reichsgerichtsentscheidung in Deutschland erobert hat. Die richterliche Bürokratie hat nämlich mit der Entscheidung vom 4. November 1925 erfolgreich für sich das Recht in Anspruch genommen, alle Gesetze auf ihre materielle Übereinstimmung mit der Reichsverfassung zu überprüfen und hat diesen Anspruch mit der eklatant unrichtigen Behauptung begründet, sie hätte dieses Recht seit jeher

[222] *R. v. Mohl,* Encyklopädie der Staatswissenschaften, Tübingen 1859, S. 329.

besessen.[223] Vorläufig hat sich das Bürgertum damit, daß Richter, die in ihrer erdrückenden Mehrheit den herrschenden Schichten entstammen, die Gesetze auf ihre Übereinstimmung mit dem Gleichheitssatz prüfen, eine wirksame Sicherung dagegen geschaffen, daß die Volkslegislative den liberalen in einen sozialen Rechtsstaat überführt. Denn was als gleich und was als ungleich zu gelten hat, bestimmt sich sehr wesentlich nach den nicht nur historisch und national, sondern auch sozial divergierenden Wertauffassungen derjenigen, die darüber zu urteilen berufen sind, wobei es für die Gerechtigkeit des Urteils immer besser ist, daß der Urteilende nicht von seiner absoluten Objektivität überzeugt ist; denn nur in diesem Falle wird er sich die erforderliche Selbstkritik bewahren.

Mit dieser Überwachung der Volkslegislative durch den Richter ist aber die Gefahr des sozialen Rechtsstaates keineswegs endgültig gebannt. Bleibt es doch nur eine Frage der Zeit, wann die Volkslegislative durch die von ihr abhängige Regierung andere Richter ernennt oder durch Verfassungsänderung den Richter als ihren Wächter überhaupt beseitigt. Auf keinen Fall kann in dieser politisch auch sonst bedenklichen Verlagerung der Macht vom Gesetzgeber auf den Richter eine Renaissance des materiellen Rechtsstaatsgedankens erblickt werden. Abgesehen davon, daß eine Rechtsprechung, die sich zum Gesetzgeber aufwirft, den Grundsatz der Trennung von Justiz und Legislative verletzt, muß gerade in der eigenartigen Auslegung, die heute die maßgebende Theorie und oft auch die Praxis dem Gleichheitsgebot, d. h. der Berücksichtigung der Lebenszwecke aller, z. B. bezüglich des Art. 156 der Reichsverfassung (Enteignung) gibt, die alte Entleerung des Rechtsstaatsgedankens erkannt werden.

Durch diese Degeneration des Rechtsstaatsgedankens hatte auch die ‚Herrschaft des Gesetzes' eine von Grund auf veränderte Bedeutung erlangt. Ein sittlich-vernünftiges Gesetz herrschte, indem lebendige Menschen es auf sich und andere anwandten. Sittliche Notwendigkeit wurde in sich selbst bestimmender Freiheit bejaht. Eine lediglich zur Sicherung der ökonomischen Sekurität veranstaltete Vergesetzlichung des Lebens aber konnte nichts andres sein als eine Technisierung zum Zwecke der entindividualisierten Mechanisierung. Das sittlich verstandene Gesetz behielt trotz seiner positiven staatlichen Geltung seine Beziehung zum Absoluten, zum tragenden Grund und Abgrund des Lebens. Es verlangte immer die subjektive Entscheidung eines konkret-individuellen Willens. Das nur noch technisch verstandene Gesetz dagegen war von der subjektiven Entscheidung unabhängig geworden; in logisch-mathematischer Objektivität thronte es über den Menschen, die zuerst in grenzenlosem Optimismus von ihm durch ihre endgültige Vergesetzlichung die diesseitige Erlösung von allen Übeln der individuellen Entscheidung erhofften.

Heute findet dieser Glaube an eine entleerte Nomokratie, die Utopie des ewigen Friedens durch endgültige Vergesetzlichung aller Individualität nur noch wenige Anhänger. In Reinkultur bildet er den nicht leicht erkennbaren Untergrund der reinen Rechtslehre *Kelsens* und seiner Schule, die in jedem Staat einen Rechtsstaat und als Ideal der Demokratie die „Führerlosigkeit" erkennen.[224] Die leeren Abstraktionen dieses nomokratischen Denkens tragen nicht wenig dazu bei, gerade unter einer nach sittlichen Begründungen suchenden und wirklichkeitshungrigen Jugend den Diktaturgedanken zu befördern.

Die gegenwärtige soziologische Lage des Bürgertums scheint ihm aber nur noch eine pessimistische Deutung dieser Vergesetzlichung zu gestatten. Bedeutet doch die Forderung der sozialen Demokratie des Proletariats nichts andres als die Ausdehnung des materiellen Rechts-

[223] Urteil des Reichsgerichts in Zivilsachen vom 4. November 1925, Bd. 112, S. 67 ff. (71).

[224] *H. Kelsen*, Vom Wesen und Wert der Demokratie, 2. Aufl., Tübingen 1929, S. 79.

staatsgedankens auf die Arbeits- und Güterordnung. Im Bürgertum findet sich keine Kraft zu neuer Erfüllung des alten Gebotes. Es verleugnet sein eigenes geistiges Sein und wirft sich einem irrationalistischen Neo-Feudalismus in die Arme. Sein Sprachrohr wird Nietzsche, für den das Gesetz nur Sinn hat als die Technik des Herrenmenschen zur Bändigung der Herde; die Willkür des Herrn aber steht über allem Gesetz. Für ihn wäre die Bindung an das Gesetz die Bindung an die Herde; schwer trägt er nicht nur an allem sozialen Zwang, sondern sogar an der Kultur, die seine ‚vornehmen Instinkte' verdirbt. Von Zeit zu Zeit haben Nietzsches Herrenmenschen es nötig, sich zu benehmen wie „losgelassene Raubtiere. Sie genießen da die Freiheit von allem sozialen Zwang, sie halten sich in der Wildnis schadlos für die Spannung, welche eine lange Einschließung und Einfriedigung in den Frieden der Gemeinschaft gibt, sie treten in die Unschuld des Raubtier-Gewissens *zurück*, als frohlockende Ungeheuer, welche vielleicht von einer scheußlichen Abfolge von Mord, Niederbrennung, Schändung, Folterung mit einem Übermute und seelischen Gleichgewicht davongehen, wie als ob nur ein Studentenstreich vollbracht sei, überzeugt davon, daß die Dichter für lange nun wieder etwas zu singen und zu rühmen haben."[225] Diese Auslassung Nietzsches über die ‚blonde Bestie', die er auf dem Grunde alles ‚Adels' erkennt, findet sich in einer Abhandlung über das Ressentiment; sie ist unter Anwendung seiner eigenen psychologischen Methode unschwer als Ressentiment des Bürgers gegen sich selbst zu enthüllen.[226]

Von großer Wichtigkeit ist es, die neofeudale Kraftpose und den Schrei nach dem starken Mann als den Ausdruck einer Verzweiflungsstimmung des Bürgers zu erkennen. Erschreckt durch das Avancieren der Arbeitermassen, glaubt er nicht nur seine eigenen politischen und ökonomischen Herrschaftsansprüche bedroht, sondern sieht zugleich das Ende der gesamten europäischen Kultur nahe. Mehr oder minder gedankenlos verwechselt er dabei Klasse mit kulturfremder Masse und Rasse. Indem man nämlich die gewiß immer unschöpferische Masse der Menschen in allen Klassen einfach mit der heutigen Arbeiterklasse und sich selbst mit einer Kulturelite identifiziert, nicht selten den Proletarier auch noch als rassisch minderwertig behauptet, macht man es sich leicht, den sozialen Rechtsstaat und seine Anfänge in der Gegenwart als die Herrschaft der Minderwertigen zu brandmarken. Es ist durchaus folgerichtig, daß der Verfasser von Untergang des Abendlandes zugleich der repräsentativste deutsche Vertreter jener Gewalt- und Geniereligion, sowie des Diktaturgedankens ist. Für Oswald Spengler gibt es eben nur „Standesstaaten, Staaten in denen ein einzelner Stand regiert".[227] Der „eigentliche" Stand, der „Inbegriff von Blut und Rasse"[228] ist aber nur der Adel. Schon Bauer und Bürger sind „ein Nichtstand"[229], der vierte Stand vollends, die „Masse", ist „das Ende, das radikale Nichts"[230]. Begreiflich, daß diesem verzweifelten Bürger nur die Hoffnung auf den starken Mann übrig bleibt, die Hoffnung auf den Menschen von „cäsarischem Schlage", der mit seiner, ganzpersönliche(n) Gewalt"[231] ihm alle Entscheidungen abnimmt; denn so ist es die Ordnung aller ‚ausgehenden Kulturen'. Der Herrenmensch macht sich also über die Bedeutung der Diktatur keine Illusionen; er weiß, daß die Diktatur Deformierung jeder politischen Form bedeutet, daß *Diktatur nur die politische Erscheinungsform der gesellschaftlichen Anarchie* ist. Solches Herrschaftswissen wäre der Herde aber gefährlich. Für sie bedarf es jener illusionären Verhüllungen, für sie auch einer Maskierung der politischen Fronten. Deshalb

---

225 *F Nietzsche*, Zur Genealogie der Moral, in: Werke, Bd. 7, Leipzig 1899, S. 321.

226 Die folgenden Passagen - im Original Seite 12 bis 17 - sind hier nicht abgedruckt.

227 O. *Spengler*, Der Untergang des Abendlandes. Umrisse einer Morphologie der Weltgeschichte, Bd. 2, München 1922, S. 457.

228 A.a.O., Bd. 2, S. 414.

229 A.a.O., Bd. 2, S. 412.

230 A.a.O., Bd. 2, S. 445.

231 A.a.O., Bd. 2, S. 541.

pflegt man als das Angriffsobjekt den Parlamentarismus und als positives Ziel nicht etwa die Diktatur, sondern den korporativen oder berufsständischen Staat auszugeben. Beide Behauptungen sind mehr oder minder bewußte Falschmeldungen.

Denn die Beseitigung des Parlamentarismus unter Beibehaltung des gewaltenteilenden Rechtsstaates, etwa nach dem Vorbild der Vereinigten Staaten von Amerika, würde immer noch die Bindung der Herrschenden an das demokratische Gesetz, also an den Massenwillen, sowie ihre Kontrolle durch Verfassungs- und Verwaltungsgerichte bedeuten. Solch nichtparlamentarischer Rechtsstaat würde aber weder jener Gewalt- und Geniereligion entsprechen, noch könnte er - was die Hauptsache ist - die geschilderten politisch-ökonomischen Schwierigkeiten der herrschenden Klasse beheben. Die rechtsstaatliche Volkslegislative darf man aber nicht offen angreifen. Denn die eindeutige Negierung der Demokratie würde voraussetzen, daß man über mehr als ein Ressentiment, nämlich über eine eigene produktive Rechts- und Staatsidee verfügte, welche die Demokratie zu ersetzen imstande wäre. Wie impotent diese antidemokratischen Antwortgefühle aber in Wahrheit sind, wie gering ihre politische Gestaltungskraft eingeschätzt werden muß, erweist sich nirgends deutlicher als dort, wo sie dauernd gezwungen sind, vor ihrem wahren Feind, der Demokratie, Kotau zu machen.

Alle heutigen Diktatoren und alle, die es gern werden möchten, versichern uns, daß sie nichts anderes als die ‚wahre' Demokratie verwirklicht haben oder verwirklichen wollen. Was sollten sie auch andres sagen? Daß die Zeiten der allein echten Gottesgnaden-Monarchie aus sozialen wie religiösen Gründen vorüber ist, begreift nachgerade auch das Kleinbürgertum. Daß eine Erbaristokratie im Zeitalter des mobilen Besitzes irgend etwas andres sein könnte als eine gesetzlich anerkannte kapitalistische Klassenherrschaft, wird kaum jemand sich bereit finden zu glauben. Es bleibt also nur übrig, die Demokratie mit der Demokratie zu überwinden, sie immer wieder mit Worten zu bejahen und dem tatsächlichen Inhalt nach zu vernichten.

Zu diesem Zwecke muß die Diktatur als auch oder sogar noch besser demokratisch hingestellt und irgendwie legitimiert werden durch die Autorität des demokratischen Volkswillens. Die Methode, durch welche eine spezifisch demokratische Legitimationsgrundlage für die Zwecke einer autokratischen Diktatur adaptiert wird, ist recht interessant. Dazu werden zunächst die entsprechenden Freiheitsrechte des demokratischen Rechtsstaates durch den heute so populären Appell an den antiliberalen Affekt als ‚bürgerlich' kompromittiert. Gelingt es nun, die bürgerliche Freiheit der Meinung, die Vereins-, Versammlungs- und Preßfreiheit, die geheime Einzelabstimmung als ‚eigentlich' undemokratisch herabzusetzen, so sind zugleich die Garantien einer allein demokratischen Ermittlung des Volkswillens beseitigt. Denn nun gibt es keine freie Agitation, keine unbeeinflußte Abstimmung und kein kontrolliertes Wahlverfahren mehr. Der Diktator kann den Volkswillen ganz nach Wunsch so oder auch anders funktionieren lassen, und es lassen sich selbst die Plebiszite Napoleon III. und Mussolinis als demokratische ‚Akklamationen' bezeichnen; ein auch außenpolitisch nicht ungefährliches Spiel, wenn man bedenkt, daß die Franzosen etwa unter Berufung auf den angesehenen deutschen Staatsrechtslehrer Carl Schmitt - wenn auch gewiß sehr gegen seine außenpolitische Absicht - im Jahre 1935 im Saargebiet eine derartige Akklamation an Stelle der im § 34 des Versailler Vertrags vorgesehenen freien, geheimen und unbeeinflußten Einzelabstimmung[232] versuchen könnten. Gerade daran aber, daß selbst im faschistischen Italien derartige Plebiszite nicht entbehrt werden können, zeigt sich der unproduktive Ressentimentcharakter des Diktaturgedankens.

---

232 RGBl. 1919, S. 687 ff. (797).

Eine weitere, scheinbar demokratische Verhüllung, die der Beförderung der Diktatur dienen soll, ist die Ideologie vom korporativen oder berufsständischen Staat. Ihre Wirksamkeit verdankt sie der Tatsache, daß sie an echte politische Bedürfnisse der Gegenwart anknüpft. Zweifellos hat man dem heutigen Staate zuviel zugemutet; er hat sich übernommen, nicht in der Gesetzgebung, wohl aber in der Verwaltung. Und je weiter der Rechtsstaat in die Arbeits- und Güterordnung eindringt, desto notwendiger wird die Beseitigung der staatseigenen zugunsten einer Selbstverwaltung. Insofern entspräche der korporative Gedanke durchaus einer demokratischen Forderung, insofern wäre er aber auch das Gegenteil dessen, was die Gegner des Rechtsstaates mit ihm bezwecken. In Wahrheit richtet sich auch ihr Angriff nicht gegen die Ausdehnung der Staatsverwaltung, sondern gegen die Ausdehnung der Staatsgesetzgebung auf das sozial-ökonomische Gebiet. Darüber hinaus aber verstehen sie unter dem korporativen Staat den von ‚Berufsständen' statt von Parteien, d. h. den von einer politisch willenlos gemachten Masse getragenen Staat. Daß ein solcher Staatsaufbau demokratisch unmöglich ist und der Versuch seiner Verwirklichung das Ende des Staates bedeuten würde, wissen die Führenden sehr wohl. In Italien haben namhafteste Fascisten diese Unmöglichkeit auch literarisch ausführlich dargetan. Das Wesen des Politischen besteht eben in der Vereinheitlichung des Willens einer aus vielen bestehenden Gebietsgesellschaft. ‚Ständische' Verbände, wenn wir diese falsche Bezeichnung für den Augenblick gelten lassen wollen, wären aber heute mehr denn je ökonomische Organisationen, die zunächst in sich selbst erst politischer Momente zu ihrer Konstituierung als politischer Einheiten bedürften; damit aber würden sie notwendig zu politischen Parteien. Das politische Kardinalproblem aber ist und bleibt die Einheitsbildung in der Spitze, die Entstehung der obersten Repräsentanten und damit des Staates selbst. Wie soll sie vor sich gehen? Daß auf demokratischem Wege aus ökonomischen Interessenverbänden keine politische Einheit entsteht, sondern Klassenkampf in Permanenz, das wissen die Vertreter der korporativen Ideologie sehr wohl. Eben deshalb schweigen sie sich über die Art der politischen Einheitsbildung im korporativen Staate aus. Die bekannteste deutsche Programmschrift, Othmar Spanns *Der wahre Staat,* weiß darüber nur zu sagen, daß die zentrale Gewalt nicht „aus allen Elementen gleich sehr abgeleitet sein wird; genauer (!) gesagt überhaupt nicht von unten hinauf, sondern von oben hinab zu bauen sein wird"; so kann der nicht gerade neuen Forderung, „das Beste (sozusagen (!) von oben her) soll herrschen",[233] heute einzig und allein die Diktatur entsprechen.

Diktatur aber bedeutet immer zentralistische Gewaltenvereinigung in der Hand des Diktators, also das Gegenteil von Korporativismus. Letzterer aber hat innerhalb der kapitalistischen Diktatur einzig und allein die Aufgabe, die Organisationen zur ökonomischen Beherrschung der Massen, ohne die eine moderne Diktatur nicht auszukommen vermag, ideologisch zu verhüllen. Mittels der Korporationen sollen die Arbeitnehmer vom Diktator ökonomisch abhängig und ihm damit politisch willfährig gemacht werden. Deshalb besteht ein Monopol der faschistischen Gewerkschaften, welche ohne die geringste Selbstverwaltung willenlose Werkzeuge der Diktatur darstellen, deshalb heißt es in der als modernste Arbeitsverfassung gepriesenen *Carta del Lavoro*[234] im Artikel 23, daß die Arbeitsnachweise auf paritätischer Grundlage unter Kontrolle der korporativen Staatsorgane errichtet werden und die Arbeitgeber verpflichtet sind, sich die Arbeitnehmer durch Vermittlung dieser Arbeitsnachweise zu beschaffen. Die Arbeitgeber haben das Recht - seit der Verordnung vom 6. Dezember 1928 sogar die Pflicht - eine Auswahl unter den Eingeschriebenen zu treffen und zwar in der Weise, daß sie den in der faschistischen Partei und den faschistischen Gewerkschaften Eingetragenen nach der Reihenfolge ihrer Einschreibung den Vorzug geben. In diesem Sinne muß man auch die

---

[233] O. *Spann,* Der wahre Staat, Leipzig 1921, S. 274.

[234] Vom 21. April 1927.

Ausführungen des fascistischen Justizministers Rocco in seiner Kammerrede vom 9. März 1928 verstehen. „Wenn man vom syndikalen oder korporativen Staat spricht, so ist das richtig unter der Voraussetzung, daß man sich nur über den Sinn des Wortes verständigt. Der korporative Staat ist nicht der Staat in der Hand der Korporation, sondern die Korporation in der Hand des Staates.“[235]

Zusammenfassend muß somit festgestellt werden, daß die Diktatur dem Rechtsstaat, der sich die Wirtschaft unterwerfen will, nichts andres entgegenzusetzen hat als die ideologisch recht schlecht verhüllte Gewalt. Einer der Heroen des Fascismus, der Nationalist Enrico Corradini, bestätigt das in einer Schrift mit dem Titel *Il regime della borghesia produttiva* (1918), welche die Frage erörtert: „Wie wird ein Regime der produktiven Bourgeoisie möglich sein inmitten des modernen politischen Gemeinwesens, des allgemeinen Wahlrechts, des sozialistischen Klassenkampfes? Unsere Antwort lautet: die produktive Bourgeoisie wird den Klassenkampf mutig aufnehmen, sie wird alles tun müssen, um das allgemeine Wahlrecht zu beherrschen, in der Erwartung, daß kraft der Logik der Dinge sich das System früher oder später ändern müsse; denn auch die konventionellen Lügen haben zum Glück ein beschränktes Dasein, und der Parlamentarismus ist eine konventionelle Lüge.“[236]

Indem das Bürgertum aber Rechtsstaat, Demokratie und Parlamentarismus konventionelle Lügen nennt, straft es sich selbst Lügen. Durch seinen neofeudalen Gesetzeshaß gerät es nicht nur in einen Selbstwiderspruch mit seinem eigensten geistigen Sein, sondern verneint auch die Existenzbedingungen seines gesellschaftlichen Lebens. Ohne die Gewißheit der gesetzmäßigen Freiheit der Meinungsäußerung, der Freiheit des Religionsbekenntnisses, der Wissenschaft, Kunst und Presse, ohne die rechtsstaatlichen Sicherungen gegen willkürliche Verhaftungen und gegen willkürliche Verurteilungen durch diktatorisch abhängige Richter, ohne das Prinzip der Gesetzmäßigkeit der Verwaltung kann das Bürgertum weder geistig noch ökonomisch leben. Ein Bürgertum, das durch die Renaissance hindurch gegangen ist, kann nicht, ohne Selbstmord zu begehen, sich vom Diktator sein Fühlen, Wollen und Denken vorschreiben und sich etwa die Lektüre von Dostojewski und Tolstoi verbieten lassen, wie es - um nur eins von tausend Beispielen zu nennen - in Italien im September 1929 geschehen ist.

Soll die heutige, vornehmlich vom Bürgertum geschaffene Kultur und Zivilisation erhalten, geschweige denn erneuert werden, so muß unter allen Umständen der erreichte Grad der Berechenbarkeit der gesellschaftlichen Beziehungen nicht nur bewahrt, sondern sogar noch erhöht werden. Das Bürgertum hatte den absoluten König bekämpft, weil ihm die Gewißheit der gesetzmäßigen Freiheit unentbehrlich geworden war. Heute kann es nicht in einem Atem nach der ‚Rationalisierung der Wirtschaft' und nach der Diktatur schreien, deren Willkür notwendig eine unvergleichlich größere sein muß als die des absoluten Fürsten. Unzweifelhaft beruht die rationellere amerikanische Wirtschaft darauf, daß das Geltungsgebiet ihrer Rationalität ein riesiger Kontinent ist, während die europäische Wirtschaft ein Konglomerat geographischer Zwerggebilde darstellt. Man kann heute nicht staatsvergottender Nationalist sein und zugleich anerkennen, daß die Nordamerikaner allmählich alle europäischen Nationalstaaten deshalb in weiße Sklavenkolonien verwandeln können, weil die europäischen Nationalwirtschaften sich gegenseitig den Markt verengern und schließlich tot konkurrieren. Daß die ohne Rücksicht auf die Marktlage Europas errichteten nationalen Zollmauern, die ebenso geschaffenen nationalen Rüstungsindustrien, nationalen Automobilfabriken eines jeden europäischen Duodezstaates oft nur noch dem privaten Interesse einiger Kapitalistengruppen dienen, für die nationalen

[235] *Heller*, Faschismus (siehe Anm. 8), Anm. 312.
[236] A.a.O., Anm. 276.

Kulturgemeinschaften aber den Ruin bedeuten, muß immer stärker zur Forderung einer für den europäischen Bedarf rationierten Produktion, immer stärker zur Forderung einer europäischen Internationale zur Erhaltung der Nation führen. In Deutschland konnte man die ‚nationale' Forderung: Kauft deutsche Automobile! ernst nehmen, die deutschen Wagen solange unverhältnismäßig teurer bezahlen, solange nicht die größte deutsche Autofabrik in amerikanischen Besitz überging; dann mußte sich jeder Deutsche fragen, zu wessen Nutzen er eigentlich die übermäßigen Preise bezahlte: zum Nutzen der Nation oder zum Nutzen der Familie Opel und der amerikanischen *General Motors?* Daß eine nationalistische Diktatur sich diesen weltwirtschaftlichen Notwendigkeiten ohne Schädigung der Nationalwirtschaft gar nicht entgegenstellen kann, ist selbstverständlich.

Nationalistische Professoren und Literaten mögen das Reich Europa als ‚Verrat am Geiste des Abendlandes' brandmarken und aus den genannten Tatsachen die Folgerung ziehen, das Abendland und die europäischen Nationen hätten keine andre Aufgabe mehr zu erfüllen, als in Ehren unterzugehen. Mir erschiene es nicht nur nationaler, sondern auch ehrenvoller und in jedem Falle dem Geiste des Abendlandes, wie er noch vor zwei Generationen verstanden wurde, entsprechender, wenn sich die geistigen Kräfte der Nation ihrer Desertion vom Geiste endlich zu schämen begönnen, wenn sie endlich in der gegebenen Gesellschaftslage die zeitgeforderten Inhalte jener Gesetze erkennen wollten, die uns allein zu Persönlichkeiten formen. Sie müßten dadurch zur Erkenntnis kommen, daß die rechtsstaatliche Vergesetzlichung der Wirtschaft nichts anderes als die Unterordnung der Lebensmittel unter die Lebenszwecke und damit die Voraussetzung bedeutet für eine Erneuerung unserer Kultur. Sie müßten einsehen, daß die Zukunft der abendländischen Kultur nicht gefährdet ist durch das Gesetz und seine Ausdehnung auf die Wirtschaft, sondern gerade durch die Anarchie und ihre politische Erscheinungsform, die Diktatur, sowie durch die anarchistische Raserei unserer kapitalistischen Produktion, die weder Handarbeitern noch Kopfarbeitern Muße und Möglichkeit zu kulturschöpferischer Tätigkeit läßt. Mit dieser Erkenntnis müßte sie angesichts des verantwortungslosen Geschwätzes blutloser Rationalisten und blutgieriger Irrationalisten das gleiche Gefühl des unüberwindlichen Ekels packen, und die Entscheidung zwischen faschistischer Diktatur und sozialem Rechtsstaat wäre gefallen.[237]

11. Demokratieprinzip

a) Einführung

Demokratie heißt Volksherrschaft. In Art. 20 Abs. 1 und Abs. 2 S. 1 GG ist gewährleistet, daß die Bundesrepublik Deutschland ein demokratischer Staat ist, bei dem alle Staatsgewalt vom Volke ausgeht. Das Demokratieprinzip gewährleistet die Demokratie nicht nur als Form der Herrschaft, sondern auch als eine Methode der Legitimation von Herrschaft. Zu dieser Methode gehören insbesondere Kritik und Kontrolle. Voraussetzung für beides sind Kommunikationsprozesse. Kommunikation ist nicht unpolitisch als Beitrag zum „Funktionieren" der Demokratie zu verstehen. Das materielle Funktionieren der Demokratie erfordert neben der Methode zur Herrschaftslegitimation auch eine inhaltliche Zielvorgabe, die man abgekürzt als ein auf Teilhabe, Mitbestimmung und Chancengleichheit zielendes Prinzip bezeichnen kann. Damit öffnet sich das Demokratieprinzip den Grundrechten. Sie entwickeln sich von Abwehrrechten zu demokratischen Statusrechten, die dem Bürger einen verfasssungsrechtlich verbürgten Freiheitsraum eröffnen, der es ihm erlaubt, sich als Mensch und Bürger eines Ge-

[237] Anzumerken bleibt, daß *Hermann Heller* dies vor der nationalistischen Machtergreifung geschrieben hat.

meinwesens zu entfalten.[238] Ohne die Vereinigungsfreiheit des Art. 9 Abs. 1 GG, die Wissenschafts- und Kunstfreiheit des Art. 5 Abs. 3 GG und die Berufsfreiheit des Art. 12 GG würde ein Freiraum der persönlichen und politischen Willensbildung fehlen, der als „Lebensluft der Demokratie" gegen staatliche Eingriffe zu schützen ist. Das Demokratieprinzip ist also nicht nur ein formales Organisationsprinzip, sondern auch ein den Grundrechten zugeordnetes materiales Prinzip. Der Staat ist berechtigt, den demokratischen Statusrechten der Bürger auch im Bereich der privaten Wirtschaft Rechnung zu tragen, indem er Mitbestimmung einführt. Die darin liegende Beschränkung der Anteilseignerrechte ist nicht nur als Inhalts- und Schrankenbestimmung des Eigentums nach Art. 14 GG gerechtfertigt (vgl. oben), sondern effektiviert auch die Berufsfreiheit der Arbeitnehmer und ist durch das Demokratieprinzip abgesichert.[239] Auch im Zusammenhang mit den Forderungen nach mehr „direkter" Demokratie - z.B. durch Volksabstimmungen - ist daran zu erinnern, daß hier Grundrechte effektiviert werden.

b) Demokratieprinzip und Abgabe von Kompetenzen an die EU

Am 12. Oktober 1993 befaßte sich das Bundesverfassungsgericht[240] in seinem sogenannten Maastricht-Urteil mit dem Demokratieprinzip. Zu entscheiden war u.a. die Frage, ob durch die Aufgabe von Kompetenzen der Bundesrepublik Deutschland an die Europäische Union das Wahlrecht der Bürger aus Art. 38 GG zum deutschen Bundestag verletzt sei. Dies war in mehreren Verfassungsbeschwerden geltend gemacht worden. Wie das Gericht festhält, gewährleistet Art. 38 GG das subjektive Recht aller Deutschen, an der Wahl zum deutschen Bundestag teilzunehmen und dadurch an der Legitimation der Staatsgewalt durch das Volk auf Bundesebene mitzuwirken sowie auf die Ausübung der Staatsgewalt Einfluß zu nehmen. In der anläßlich der Verabschiedung der Maastricht-Verträge geänderten Fassung von Art. 23 GG ist zwar eine weitgehende Ermächtigung zur europäischen Integration enthalten. Dennoch darf als Schranke dieser Integrationsermächtigung das Demokratieprinzip aus Art. 20 Abs. 1 und 2 GG nicht verletzt werden, das nach Art. 79 Abs. 3 GG unantastbar ist.

Das Bundesverfassungsgericht bezeichnet die zwischenstaatliche Organisation der Europäischen Union als „Staatenverbund". Hier kann die demokratische Legitimation einer Entscheidung nicht in gleicher Form hergestellt werden wie innerhalb einer durch eine Staatsverfassung einheitlich und abschließend geregelten Staatsordnung. Geboten ist, so das Gericht, eine doppelgleisige demokratische Legitimation: zum einen durch die Staatsvölker der Mitgliedstaaten, vor allem über die nationalen Parlamente, zum andern über das von den Völkern der Mitgliedstaaten gewählte Europäische Parlament. Das Gericht weist darauf hin, daß die Legitimation des Europäischen Parlaments noch verstärkt werden kann. Eine solche Verstärkung ist auch geboten, wenn das Gewicht „von Aufgaben und Befugnissen in der Verantwortung des Europäischen Staatenbundes" vermehrt werden sollte. Solange dieser Zuwachs nicht gegeben ist, müssen dem deutschen Bundestag Aufgaben und Befugnisse von substantiellem Gewicht verbleiben.

---

[238] Vgl. zum ganzen *Schuppert*, Grundrechte und Demokratie, EuGRZ 1985, 525 ff., 531; Vgl. auch *Hesse*, Grundzüge des Verfassungsrechts, 14. Aufl. 1984, 113 f. und *H.P. Schneider*, Eigenart und Funktionen der Grundrechte im modernen Verfassungsstaat, in: *Perels (Hg.), Grundrechte als Fundament der Demokratie, 1979, 11 ff. 17 f.*

[239] Vgl. im einzelnen *Nagel*, Paritätische Mitbestimmung und Grundgesetz, Baden-Baden 1988, S. 49 f.

[240] BVerfGE 89, 155

c) Einschränkung des Demokratieprinzips durch die deutsche Rechtsprechung

Am 30.4.1986 erklärte der hessische Staatsgerichtshof Teile des hessischen Personalvertretungsgesetzes für nichtig. Gegenüber den Entscheidungen einer Einigungsstelle zwischen Behörde und Personalvertretung müsse die Landesregierung ein Letztentscheidungsrecht haben, soweit Angestellte von BAT Vb an aufwärts betroffen seien.[241] Am 15.9.1986 erklärte der Verfassungsgerichtshof für das Land Nordrhein-Westfalen die Drittelbeteiligung der Arbeitnehmer in den Aufsichtsratsorganen der kommunalen Sparkassen für nichtig und stellte die bisherige Regelung wieder her, wonach die Beschäftigten nur Vorschläge machen dürfen, die Arbeitnehmervertreter aber dann von den kommunalen Trägern gewählt werden[242]. Beide Urteile berufen sich auf das Demokratieprinzip des Art. 20 GG. In öffentlichen Verwaltungen und öffentlich-rechtlichen Unternehmen müsse die Mitbestimmung der Personalräte durch die Grundsätze der Volkssouveränität, der parlamentarischen Verantwortlichkeit der Regierung und der Gemeindeselbstverwaltung (Art. 28 GG) begrenzt werden. Vom Volk müsse es eine ununterbrochene Legitimationskette zu allen mit Staatsgewalt betrauten Amtswaltern geben. In Hessen soll das ab BAT Vb gelten, soweit hoheitliche Aufgaben wahrgenommen werden. Diese Legitimationskette dürfe nicht durch die Mitbestimmung der Personalräte durchbrochen werden.

Beide Urteile sind höchst bedenklich, weil sie die Demokratie des Staatswesens gegen die Mitbestimung, also eine Demokratisierung gesellschaftlicher Teilbereiche, ausspielen[243]. Die betriebliche Mitbestimmung betrifft nur das Innenverhältnis zwischen Bediensteten und Verwaltungsspitze, ist jedoch nicht Teilhabe an Staatsgewalt im Außenverhältnis. Die Unternehmensmitbestimmung ist zwar Teilhabe an Staatsgewalt, bleibt sie jedoch unterparitätisch, so ist die Letztentscheidung der staatlichen Trägerseite nicht beeinträchtigt und damit das Demokratieprinzip nicht verletzt.

In den letzten Jahren hat sich das Problem verschärft: Im Jahre 1994 entschied der Verfassungsgerichtshof von Rheinland-Pfalz[244], daß die Unternehmensmitbestimmung in den rheinland-pfälzischen Unternehmen der öffentlichen Hand in weiten Teilen gegen das Demokratieprinzip verstößt. Rheinland-Pfalz hatte die Verwaltungsräte, Werksausschüsse und Krankenhausausschüsse dieser Unternehmen jeweils um ein Drittel durch Beschäftigtenvertreter aufgestockt, die auf Vorschlag der Personalräte von den jeweiligen Gebietskörperschaften zu wählen waren. Der Verfassungsgerichtshof erklärte dies für verfassungswidrig. Er ging noch über das Erfordernis der ununterbrochenen Legitimationskette vom Amtsträger zum Volk hinaus und lehnte sogar ein Vorschlagsrecht der Personalräte ab. Der kollektive Schutz des Personalvertretungsrecht für die Beschäftigten im Öffentlichen Dienst müsse enger ausgestaltet sein als der des Betriebsverfassungsrechts in der Privatwirtschaft, da die Beschäftigten des Öffentlichen Dienstes an der Erfüllung öffentlicher Aufgaben mitwirkten und Diener der Gesamtheit des Volkes seien..

---

[241] Hessischer Staatsanzeiger 21/1986, S. 1089

[242] VerfGH NRW, NVwZ 1987, 211 und DVBl. 1986, 1196 mit Anm. von *Püttner*

[243] Vgl. *Nagel/Braun*, Mitbestimmungsrechte der Personalräte und Verfassung, Personalrat 1986, S. 163; *Nagel/Bauers*, Mitbestimmung in öffentlich-rechtlichen Unternehmen und Grundgesetz, Baden-Baden 1990, m.w.N.; *Schefold/Neumann*, Entwicklungstendenzen der Kommunalverfassungen in Deutschland: Demokratisierung und Dezentralisierung ? Basel 1996

[244] Vgl. NVwZ-RR 1994, 665ff.; ablehnend *Blanke*, Personalrat 1997, 329 ff.

Im Jahre 1995 erklärte das Bundesverfassungsgericht[245] die Mitbestimmungsregelungen des schleswig-holsteinischen Mitbestimmungsgesetzes zugunsten der Personalvertretungen für teilweise verfassungswidrig, da das Demokratieprinzip verletzt sei. Das Gericht behält dem Dienstherrn in wesentlichen Bereichen ein Letztentscheidungsrecht vor, weshalb man im Öffentlichen Dienst heute streng genommen nicht mehr von Mitbestimmung, sondern nur noch von Mitwirkung sprechen sollte. Die Entscheidung stützt sich ebenfalls auf die Argumentationfigur von der ununterbrochenen Legitimationskette, stellt aber wenigstens nicht ausschließlich auf die personelle Legitimation der Personalvertreter ab, sondern auf das Zusammenwirken von institutioneller, funktioneller, sachlich-inhaltlicher und personeller Legitimation. Sie läßt zu, daß die Legitimationsanforderungen je nach Verwaltungs- und Entscheidungsbereich differenziert und modifiziert werden können.

Insgesamt fallen diese Entscheidungen der verführerischen Stringenz des Arguments von der ununterbrochenen Legitimationskette zum Opfer. Sie sehen nicht, daß die Demokratie durch das hier verwendete Demokratiemodell torpediert wird. Um es an einem unverfänglichen Beispiel aus dem Schulbereich zu illustrieren: Nach diesem Argumentationsmuster darf der Gesetzgeber dem Klassensprecher nur dann Mitbestimmungsrechte geben, wenn er vom Schuldirektor ernannt wird. Wird er von seinen Klassenkameraden gewählt, dann darf der Gesetzgeber ihm nur Informations- und Konsultationsrechte einräumen. Dieser Zwang zur Entmündigung der Schüler wird damit gerechtfertigt, daß die Schüler an der öffentlichen Aufgabe der Volkserziehung mitwirkten und nicht ihre privaten Interessen vor die Interessen des Gesamtvolkes an einer funktionsfähigen Schule und Erziehung stellen könnten. Wohlgemerkt: Das Parlament soll nicht gezwungen werden, Mitbestimmung im Öffentlichen Dienst einzuführen, es kann daran aber auch nicht durch die Argumentationsfigur von der ununterbrochenen Legitimationskette gehindert werden. Eine andere Frage ist die praktische Konkordanz von Mitbestimmung der Beschäftigten im Öffentlichen Dienst und Durchsetzung der Interessen des Gesamtvolkes. Hieraus können sich Grenzen der Mitbestimmung ergeben, nicht jedoch Verbote der Mitbestimmung allgemein oder in bestimmten Bereichen[246].

Gegenwärtig liegt dem Bundesverfassungsgericht eine Vorlage des Bundesverwaltungsgerichts[247] nach Art. 100 GG zur Entscheidung vor, in der es um die Mitbestimmung in den nordrhein-westfälischen Wasserverbänden geht. Das Bundesverwaltungsgericht fragt an, ob für diese Verbände des öffentlichen Rechts, die die Oberflächengewässer und das Grundwasser zu schützen haben, eine Mitbestimmung der Beschäftigten in den Entscheidungsorganen zulässig sei, durch die verhindert werden kann, daß sich der Mehrheitswille der Vertreter des Landes und der kommunalen Selbstverwaltungskörperschaften durchsetzt.

d) Die „ununterbrochene Legitimationskette vom Amtswalter zum Volk"

Es lohnt sich, den Weg nachzuzeichnen, der mit Hilfe der Figur von der ununterbrochenen Legitimationskette zum Abbau von gesellschaflicher Demokratie führte: Das Argument stammt aus der Habilitation von Roman Herzog. Da die Habilitationsschrift von *Herzog* nie veröffentlicht wurde, kann eine präzise Formulierung des Arguments nur auf spätere Zusammenfassungen gestützt werden. Die präziseste dieser Zusammenfassungen stammt von *Bökkenförde*[248]:

---

[245] BVerfGE EuGRZ 1996, 52; ablehnend *Blanke*, Personalrat 1997, 329 ff.

[246] Vgl. *Nagel/Bauers*, Mitbestimmung in öffentlich-rechtlichen Unternehmen und Verfassungsrecht, 1990, S. 38-61

[247] BVerwG 6 C 1 und 2.97 vom 17. 12. 1997

[248] Vgl. *Böckenförde*, Handbuch des Staatsrechts Bd. 1, § 22 Rz. 16

„Die organisatorisch-personelle demokratische Legitimation besteht in einer ununterbrochenen, auf das Volk zurückzuführenden Legitimationskette für die mit der Wahrnehmung staatlicher Angelegenheiten betrauten Amtswalter ... Notwendig ist hierbei eine konkrete, auf den einzelnen Amtswalter individuell bezogene Legitimation, nicht lediglich eine abstrakte, die die Berufung der Amtswalter nur generell - wie in einem Thronfolgegesetz - regelt. Es gilt das 'Prinzip der individuellen Berufung der Amtswalter durch das Volk oder volksgewählte Organe'. ... Entscheidend ist, daß die Legitimationskette nicht durch das Dazwischentreten eines nicht oder nicht hinreichend demokratisch legitimierten Organs bzw. Amtswalters unterbrochen wird; die Kette individueller Berufungsakte vom einzelnen Amtswalter bis hin zum Volk als Inhaber der Staategewalt muß lückenlos sein."

Der nordrhein-westfälische Verfassungsgerichtshof[249] verbot 1986 die Wahl von Arbeitnehmervertretern in die Verwaltungsräte von Sparkassen, wobei die Arbeitnehmerseite nach dem Gesetz ein Drittel der Sitze hielt, mit folgender Begründung:

„Sofern die Berufung (der Mitglieder des Verwaltungsrats, B. N.) durch Wahlen erfolgt, müssen diese die demokratische Legitimation dadurch sichern, daß entweder das Volk oder seine Vertretung oder andersweitig demokratisch legitimierte Organe wählen. Gruppen- oder Bedienstetenvertretungen sind weder Volk noch eine vom Volk legitimierte Vertretung. Sie sind auch nicht Teilvolk, wie etwa das Volk in Gebietskörperschaften. Sie können daher demokratische Legitimation nicht vermitteln. Entbehrt das Wahlorgan - auch nur zum Teil - der demokratischen Legitimation, so besitzt keines der von ihm gewählten Mitglieder die für die Berufung gebotene individuelle Legitimation. Die Legitimationskette ist nicht mehr ununterbrochen. Es kommt nicht darauf an, ob es sich bei den auf diese Weise Gewählten um eine Minderheit handelt."

Der Verfassungsgerichtshof von Rheinland-Pfalz erklärte 1994[250], daß die Beschäftigten des Öffentlichen Dienstes nur einen engeren kollektiven Schutz als die in der Privatwirtschaft Beschäftigten beanspruchen dürften und daß nicht nur eine Drittelbeteiligung in den Entscheidungsorganen, sondern auch ein Vorschlagsrecht im Bereich der Unternehmensmitbestimmung gegen das Demokratieprinzip verstoße.

Zur Drittelbeteiligung liest sich die Argumentation wie folgt:

„Der Zutritt einer interessenhomogenen Gruppe von wenigstens einem Drittel der gesetzlichen Mitgliederzahl führt zwangsläufig zu einer nachhaltigen Veränderung des Abstimmungsverhaltens, was notwendigerweise auch andere Abstimmungsergebnisse zur Folge hat. Denn anders als das im Bereich der privaten Wirtschaft bestehende prinzipielle Spannungsverhältnis von Arbeit und Kapital, das zwischen den Interessen der Kapital- und Anteilseigner einerseits und dem Interesse der Arbeitnehmer andererseits zu typischen Konflikt- und Befriedungskonstellationen mit einem regelmäßig homogenen Abstimmungsverhalten auf beiden Seiten führt, gibt es dies in staatlichen Betrieben nicht. Ist deren Entscheidungsgremium aus Vertretern unterschiedlicher Fraktionen zusammengesetzt, können sich in ihm ganz unterschiedliche Koalitionen bilden - etwa zwischen Vertretern der Opposition im Gemeinderat und den Arbeitnehmervertretern - mit der Konsequenz, daß das auf allgemeiner Wahl beruhende demo-

[249] NVwZ 1987, 211, 212
[250] NVwZ-RR 1994, 665 ff.

kratische Mehrheitsprinzip nicht mehr durchgesetzt werden kann. Solche Verbindungen aber entziehen sich zwangsläufig dem Prinzip demokratischer Regierungsverantwortung ..."

Zu den Vorschlagsrechten wird ausgeführt:

„Lediglich ergänzend ist darauf hinzuweisen, daß auch das dem Personalrat in § 91 Abs. 2 RhPfPersVG zuerkannte alleinige Vorschlagsrecht für die Wahl der Beschäftigten zu den mitbestimmten Gremien mit den Anforderungen des Demokratieprinzips unvereinbar ist. Wie bereits dargelegt, entspricht es gesicherter verfassungsgerichtlicher Rechtsprechung, daß ein Hoheitsakt, der sich aus verschiedenen Teilakten zusammensetzt, in allen seinen Teilen hinreichend demokratisch legitimiert sein muß. Eine durch Wahl zu bestätigende Verwaltungsentscheidung erfordert daher nicht nur in bezug auf den Wahlakt als solchen, sondern auch für die diesem vorausliegenden Teilakte die notwendige demokratische Legitimation. Daran fehlt es hier, denn das Wahlvorschlagsrecht wird von dem demokratisch nicht legitimierten Gremium Personalrat ausgeübt (vgl. dazu BVerfGE 83, 60, 73). Die Frage, ob ein solches Defizit eventuell dann hingenommen werden kann, wenn das Wahlgremium an den Vorschlag nicht gebunden ist und/oder diesem entsprechend breit angelegte Auswahlmöglichkeiten eröffnet (vgl. dazu Herzog, in: Maunz/Dürig, GG, Art. 20 Rdnrn. 55 und 60), bedarf hier keiner Entscheidung. Denn § 91 Abs. 2 RhPfPersVG gibt dem Personalrat nicht auf, einen besonders strukturierten Wahlvorschlag zu unterbreiten. Nach dem Wortlaut der Norm hätte er vielmehr seiner Pflicht schon genügt, wenn sein Vorschlag mit nur einem Kandidaten über die Zahl der zu wählenden Bechäftigtenvertreter hinausginge. Schon dann wäre dem Begriff der Wahl Genüge getan. Auch läßt sich der Regelung keineswegs ohne weiteres entnehmen, daß es dem Gemeinderat (unter welchen Voraussetzungen und mit welchem endgültigen Ergebnis?) erlaubt ist, die Vorschlagsliste oder Teile von ihr nicht zu akzeptieren ..."

Kritikwürdig an diesen Entscheidungen ist, daß Mitbestimmung von vorneherein als Vertretung von Privatangelegenheiten abqualifiziert wird, während die Vorgesetzten, da sie in die hierarchische Legitimationskette, die letztlich auf die Volksvertretung zurückgeführt werden kann, eingebunden sind, von vorneherein als Träger des Demokratieprinzips gegen Partizipation immunisiert werden. Wiederum: Es geht nicht darum, den Mitbestimmungsträgern eine Mehrheit in den Verwaltungsräten einzuräumen, dies würde in der Tat gegen das Demokratieprinzip verstoßen[251], es geht lediglich darum, zu zeigen, daß aus dem Demokratieprinzip kein Mitbestimmungsverbot abgeleitet werden kann. Es ist gerade umgekehrt: Durch eine Mitbestimmung, die der Anteilseignerseite die Möglichkeit beläßt, sich im Konfliktfall durchzusetzen, wird das Demokratieprinzip verstärkt, wird die Möglichkeit, alle vier oder fünf Jahre zu wählen, in Richtung auf eine „civil society" verstärkt. Partizipation und Demokratie müssen nicht als Gegensätze aufgefaßt werden, sondern können, richtig kombiniert, zu einem Mehr an Demokratie führen.

e) Vertiefung: Was ist Demokratie?

aus Antony Giddens, Jenseits von links und rechts, Frankfurt/M. 1997, S. 160-164:

„Die liberale Demokratie ist eine Menge repräsentativer Institutionen, die von bestimmten Werten geleitet werden. Die deliberative Demokratie dagegen ist ein Verfahren, durch das man in der politischen Arena in Bezug auf politische Maßnahmen Übereinstimmung erzielt

[251] Vgl. *Nagel/Bauers*, Mitbestimmung in öffentlich-rechtlichen Unternehmen und Verfassungsrecht, 1990, S. 38-52

oder zu erzielen versucht. Nach David Miller z. B. geht das deliberative Ideal „von der Prämisse aus, daß politische Präferenzen in Konflikt geraten und daß demokratische Institutionen den Zweck haben müssen, derartige Konflikte beizulegen". Damit eine solche Konfliktlösung demokratisch vonstatten gehen kann, muß sie, wie Miller im Anschluß an Habermas sagt, „durch eine offene und zwanglos geführte Diskussion über die betreffende Frage erfolgen und dabei das Ziel im Auge haben, zu einem übereinstimmenden Urteil zu gelangen". Nicht unbedingt nötig ist dagegen, daß Übereinstimmung unmittelbar durch eine solche Diskussion erreicht wird. Auch eine Abstimmung wäre möglich. Das Wichtigste ist, daß die Beteiligten aufgrund des Gehörten und Gesagten zu einem Urteil gelangen.

Die deliberative Vorstellung von Demokratie unterscheidet Miller von einem „epistemischen" Demokratiebegriff, der zuweilen unter anderem Condorcet und Rousseau zugeschrieben wird. Die epistemische Auffassung der Demokratie behauptet die Existenz eines allgemeinen Willens und nimmt an, dieser Wille könne durch demokratische Verfahren in die Tat umgesetzt werden. Das bedeutet, daß es nach dieser Auffassung möglich ist, bei Fragen, denen die politische Gemeinschaft gegenübersteht, zu einer richtigen oder triftigen Antwort zu gelangen. Eine solche Auffassung setzt nach Ansicht der Verfechter der deliberativen Demokratie einen Maßstab, dem demokratische Institutionen unmöglich gerecht werden können. Der deliberative Ansatz dagegen findet sich damit ab, daß es viele Fragen gibt, die entweder nicht nur eine einzige richtige Antwort kennen oder bei denen die Lösungen heftig umstritten sind. In der deliberativen Demokratie könne Übereinstimmung mit Hilfe verschiedener Mittel erreicht werden. So könnte es sein, daß sich die Beteiligten auf eine Norm oder mehrere Normen einigen, die die Bewertung bestimmter politischer Entscheidungen regeln. Ebenfalls möglich wäre es, daß die Beteiligten übereinstimmend ein Verfahren wählen, das sich auf umstrittene Fälle anwenden läßt. „Bei der deliberativen Auffassung liegt der Akzent nicht auf der Beratschlagung als Entdeckungsverfahren zur Ermittlung der richtigen Antwort, sondern auf der Art und Weise, in der ein Prozeß offener Diskussion, bei dem sich alle Standpunkte Gehör verschaffen können, das Ergebnis zu legitimieren vermag, sobald erkannt ist, daß dieses Resultat die vorangegangene Erörterung widerspiegelt."[252]

Nach dieser Vorstellung ist es kein ausschlaggebendes Definitionsmerkmal der Demokratie, ob jeder daran partizipiert oder nicht, sondern bestimmend ist, daß es zu einer öffentlichen Beratung über Fragen der Politik kommt. Im Rahmen eines repräsentativen Systems können die Voraussetzungen der deliberativen Demokratie dadurch erfüllt werden, daß die Sichtbarkeit des Handelns der gewählten Vertreter gewährleistet ist. Die normalen Wahlverfahren hätten die Aufgabe, die Möglichkeit der Abberufung für den Fall zu verbürgen, daß die Mitglieder umfassender öffentlicher Bereiche Einwände erheben gegen die Art bestimmter Beschlußfassungen oder gegen politische Maßnahmen, die auf deren Grundlage durchgeführt werden.

Aus diesem Ansatz ergeben sich einige wichtige Konsequenzen für die Demokratisierung der Demokratie. In einer zunehmend reflexiven Gesellschaftsordnung, in der es den Menschen auch freisteht, die Politik nach Belieben außer acht zu lassen, reicht das bloße Vorhandensein von demokratischen Wahlverfahren, Repräsentationsmechanismen und parlamentarischen Einrichtungen nicht ohne weiteres aus, um politische Legitimität zu wahren. Zur Schaffung und Erhaltung dieser Legitimität gewinnen die Prinzipien der deliberativen Demokratie wahrscheinlich immer mehr an Bedeutung. Unter Verhältnissen der einfachen Modernisierung,

[252] Zitate nach *David Miller*, „Deliberative democracy and public choice", in: Held, Prospects for Democracy, S. 55, 57

unter denen die Gepflogenheiten und Einstellungen einer Bevölkerung verhältnismäßig stabil und lokal gebunden sind, kann die politische Legitimität zu einem gewissen Teil von traditionellen Symbolen abhängen. Niemand macht sich große Sorgen um das, was hinter den Kulissen vorgeht. Es ist möglich, daß alle möglichen Arten von Vetternwirtschaft und sogar regelrechte Bestechung nicht nur weiterexistieren, sondern in den Reihen der politischen Führer zur anerkannten Art des Vorgehens werden. Steuern und sonstige Ressourcen, die z. B. vom Regierungs- oder Staatsapparat genutzt werden, können eingeheimst werden, ohne daß öffentlich Rechenschaft abgelegt werden müßte über die Verwendung des Geldes.

In der liberalen Demokratie sollen die Sitzungen der Kammern des Parlaments einen öffentlichen Raum bilden, in dem Übereinstimmung erzielt wird über politische Maßnahmen. Doch inwieweit dieser Raum sozusagen der öffentlichen „Prüfung" zugänglich ist, das fällt ganz unterschiedlich aus. Es kann sein, daß der Parteigeist die Oberhand gewinnt, oder es kann geschehen, daß dieser Raum zu einer im Grunde privaten Diskussionsrunde wird. Deliberative Demokratisierung hieße, daß es auf vielen Gebieten der Regierung zu mehr Transparenz käme, wobei der Bereich der Ressourcenbeschaffung nicht der unwichtigste wäre.

Millers Vorstellung von deliberativer Demokratie ist auf den Bereich der offiziellen Politik beschränkt. Heutzutage müssen wir jedoch die Möglichkeit sehr viel weiter reichender Ordnungen der faktischen und potentiellen Demokratisierung in Betracht ziehen. Derartige Ordnungen betreffen die beiden Bereiche, in denen unser Leben derzeit so grundlegende Veränderungen durchmacht, nämlich das Alltagsleben einerseits und die auf Globalisierung zielenden Systeme andererseits. Bei der Untersuchung der in diesen Bereichen stattfindenden Demokratisierung ist es nützlich, die konventionelle Verknüpfung der Demokratie mit beratenden Versammlungen im Gedächtnis zu behalten. Ausschlaggebend ist aber nicht der Ort des Geschehens, sondern der Aspekt der Offenheit für Beratungen. Das ist der Grund, weshalb ich die Demokratisierung als (faktische und potentielle) Ausweitung der dialogischen Demokratie bezeichne, womit eine Situation gemeint ist, in der fortgeschrittene Autonomie der Kommunikation gegeben ist und in der diese Kommunikation zur Herausbildung eines Dialogs führt, durch den politische Maßnahmen und Tätigkeiten geprägt werden.

Die dialogische Demokratie läuft nicht auf das gleiche hinaus wie eine ideale Sprechsituation. Erstens ist die dialogische Demokratisierung nicht an einen transzendentalen philosophischen Grundsatz gebunden. Im Gegensatz zu Habermas gehe ich nicht davon aus, daß diese Art der Demokratisierung schon im Sprechakt oder im Dialog angelegt ist. Getragen wird das Potential für dialogische Demokratie vielmehr von der Ausbreitung der sozialen Reflexivität als einer Bedingung alltäglicher Aktivitäten und des Bestands größerer Formen kollektiver Organisation. Zweitens ist die dialogische Demokratie nicht unbedingt auf die Herstellung eines Konsenses bedacht. Die besonders „politischen" Fragen innerhalb wie außerhalb der offiziellen politischen Sphäre sind, den Thesen der Theoretiker der deliberativen Demokratie genau entsprechend, ebenjene, die im wesentlichen wahrscheinlich umstritten bleiben. Die dialogische Demokratie unterstellt lediglich, daß der öffentlich geführte Dialog ein Mittel bereitstellt, um im Verhältnis gegenseitiger *Toleranz* mit dem anderen im Nebeneinander zu leben, einerlei, ob es sich bei diesem „anderen" um einen einzelnen handelt oder um eine globale Gemeinschaft von Religionsanhängern.

Die dialogische Demokratie steht daher im Gegensatz zu fundamentalistischen Strömungen jeglicher Art; und ebendarin liegt großenteils ihre Bedeutung im Rahmen einer ausgeprägt reflexiven Gesellschaftsordnung. Dies bedeutet allerdings nicht, daß alle Spaltungen oder Konflikte durch einen Dialog überwunden werden können - das ist durchaus nicht der Fall.

Ebensowenig ist damit gemeint, daß der Dialog in jedem System oder in jeder Beziehung stetig geführt werden muß. Vielmehr sollte der Dialog im Sinne der Fähigkeit begriffen werden, durch Einsicht in die Integrität des anderen aktives Vertrauen zu schaffen. Vertrauen ist ein Mittel zur Ordnung sozialer Beziehungen in Zeit und Raum. Es trägt jenes „notwendige Schweigen", das einzelnen oder Gruppen die eigene Lebensgestaltung und gleichzeitig die Existenz in einem sozialen Verhältnis zu einem oder mehreren anderen gestattet.

Die politische Theorie der liberalen Demokratie beruht auf dem Gedanken, es sei nötig, Staat und Zivilgesellschaft durchgängig streng zu trennen. Das Schicksal des Sozialismus scheint diese These auch bestätigt zu haben. Der Sozialismus hat gegen das genannte Prinzip verstoßen, indem er, wie Bobbio es ausdrückt, die Demokratisierung zu weit getrieben hat. Wenn die meisten Aspekte des Lebens nicht aus dem Bereich der Politik herausgehalten werden, hat der Staat die Tendenz, von oben in sie einzugreifen und zur Autokratie zu werden.

Die Trennung von Staat und Zivilgesellschaft ist in der Tat eine der Hauptleistungen der liberalen Demokratie. Sie bedeutet, wie ich betont habe, daß der einzelne die politische Arena außer acht lassen kann, wenn er das will. Hier muß man wieder zurückgehen auf die miteinander verknüpften Prozesse der Globalisierung, der Reflexivität und der Umgestaltung des tagtäglichen Lebens. Diese tragen zwar dazu bei, die umfassende Bewegung in Richtung liberale Demokratie in Gang zu bringen, doch sie können keineswegs *im Inneren* der herkömmlichen politischen Sphäre bleiben. Zur gleichen Zeit, da die liberalen demokratischen Institutionen immer weitere Verbreitung finden, wächst das Unbehagen an diesen Institutionen, und zwar in beiden Fällen aus ungefähr gleichartigen Gründen. Die Menschen werden von „der Politik" desillusioniert, weil - teils reflexiv beherrschbare, teils bedrohlich bleibende - maßgebliche Gebiete des sozialen Lebens von keinem zugänglichen Bereich der politischen Autorität mehr abgedeckt werden. Anders, als sich die Neoliberalen das ausgemalt haben, gelingt es auch der Konsumentenmacht nicht, an die Stelle dieser fehlenden Autorität zu treten. Im gleichen Maße, in dem Bedürfnisse durch Kaufentscheidungen die kapitalistische Warenwelt beeinflussen, werden sie selbst durch die Kommodifizierung beeinflußt. Darüber hinaus verändern von der kapitalistischen Entwicklung angeregte technologische Neuerungen grundlegende Aspekte des sozialen Lebens. Der kapitalistische Markt liefert seinerseits nicht den geringsten Anhaltspunkt, aus dem hervorginge, wie man sich diesen Aspekten stellen oder mit ihnen umgehen sollte. In manchen Hinsichten *vermehrt* die liberale Demokratie im Zusammenspiel mit dem Sozialstaat diese Ohnmachtsanwandlungen, anstatt Abhilfe zu schaffen."

Giddens löst den vermeintlichen Widerspruch von gesellschaftlicher Partizipation und Demokratieprinzip auf. Wer die Position von der dialogischen Demokratie vertritt, muß das hierarchische und dialogfeindliche Konstrukt von der ununterbrochenen Legitimationskette ablehnen, das zur Abwehr von Partizipationsforderungen der Bürger mißbraucht werden kann. Stattdessen entsprechen auch und gerade im Öffentlichen Dienst Mitbestimmungskonzepte, in denen die Behördenleitung nicht majorisiert werden kann, dem Ziel der dialogischen Demokratie, durch Einsicht in die Integrität des anderen aktives Vertrauen zu schaffen.

12. Umweltschutz

Mit der Grundgesetznovelle vom 27.10.1994 wurde ein neuer Artikel 20a in das Grundgesetz eingeführt. Darin wird der Umweltschutz zum Staatsziel erhoben. Die Vorschrift lautet wie folgt:

Der Staat schützt auch in Verantwortung für die künftigen Generationen die natürlichen Lebensgrundlagen im Rahmen der verfassungsmäßigen Ordnung durch die Gesetzgebung und nach Maßgabe von Gesetz und Recht durch die vollziehende Gewalt und die Rechtsprechung.

Die Vorschrift war von einer gemeinsamen Verfassungskommission vorbereitet worden, welche im November 1991 vom Bundestag mit Zustimmung des Bundesrats eingesetzt worden war. Diese Kommission beriet das Thema „Umweltschutz" längere Zeit kontrovers. Streitpunkte waren vor allem, ob das Staatsziel des Umweltschutzes von einem anthropozentrischen oder von einem biozentrischem Weltbild ausgehen sollten. Der Streit um die Formulierungen in der Vorschrift drohte zeitweise so auszuufern, daß die Verabschiedung der Vorschrift gefährdet war. Die Einzelheiten sind kaum noch nachvollziehbar[253]. Die schließlich verabschiedete Fassung der Vorschrift ist wegen ihrer Kompliziertheit schwer lesbar und sprachlich mißglückt. Es fehlt u. a. eine ausdrückliche Bezugnahme auf das anthropozentrische Weltbild, wonach es stets nur um die natürlichen Lebensgrundlagen *des Menschen* gehen kann. Da das Grundgesetz aber vorrangig die Menschenrechte und die Menschenwürde zu schützen hat, dürfte auch die verabschiedete Fassung anthropozentrisch zu interpretieren sein, zumal die Verantwortung für die künftigen Generationen - gemeint sind die Menschen - ausdrücklich herausgestellt wird. Ein anderer Streitpunkt war der sogenannte Gesetzesvorbehalt der Vorschrift. Hierbei geht es um die Frage, ob der Umweltschutz nur im Rahmen der verfassungsmäßigen Ordnung und unter Berücksichtigung der übrigen Staatsziele verwirklicht werden muß oder ob ihm eine vorrangige Bedeutung zukommt. Die verabschiedete Fassung vermeidet einen Vorrang des Umweltschutzes vor anderen Staatszielen; insbesondere die Gesetzgebung wird nicht festgelegt. Art. 20 a GG steht also unter Gesetzesvorbehalt. Demgegenüber darf der Gesetzgeber die in Art. 20 GG verankerten Grundsätze auch nicht mit verfassungsändernder Mehrheit beseitigen. Sie genießen eine sog. Ewigkeitsgarantie.

Schon jetzt läßt sich prognostizieren, daß die bislang nur moralische Forderung nach dem Schutz künftiger Generationen[254] als grundgesetzlich verankertes Staatsziel eine Bedeutung für Gesetzgebung und Rechtsprechung erlangen wird, die im Zusammenhang mit dem Gleichbehandlungsgrundsatz und dem Sozialstaatsprinzip zum Eindringen der Argumente für eine nachhaltige Wirtschaftsweise in die Sphäre des Rechts führt. Die Bedeutung von Art. 20a GG dürfte im Laufe der Zeit erheblich anwachsen.

Im Jahre 1995 berief sich das Bundesverwaltungsgericht[255] in einem Konflikt zwischen Kunstfreiheit und planerischem Schutz des Außenbereichs unter anderem auf Art. 20a GG. Zwei 6 und 7 Meter hohe Figuren von Arno Breker, die ein Grundstückseigentümer in einem überwiegend land- und forstwirtschaftlich genutzten Gebiet auf je 7 Meter hohe Sockel aus Beton und Quadersteinen stellen wollte, waren in dem abgelehnten Bauantrag und in den unterinstanzlichen Gerichtsentscheidungen als Verunstaltung des Landschaftsbildes und Beeinträchtigung der natürlichen Eigenart der Landschaft angesehen worden. Das Bundesverwaltungsgericht berief sich zur Rechtfertigung der Ablehnung auf Art. 20a GG. Das Staatsziel „Umweltschutz" genieße zwar keinen absoluten Vorrang, sondern sei mit anderen Verfassungsprinzipien und Rechtsgütern in Einklang zu bringen. Es könne aber auch zur Einschränkung der Kunstfreiheit des Art. 5 Abs. 3 S. 1 GG benutzt werden, und dies, obwohl die Kunstfreiheit keinem Gesetzesvorbehalt unterliege. Mancher Umweltschützer hätte es vermutlich lieber gesehen, wenn unter Berufung auf Art. 20a GG eine Fabrik oder ein Verbrauchermarkt

[253] Vgl. *Meyer-Teschendorf*, ZRP 1994, 73 ff.

[254] Vgl. *Hampicke*, U.: Moral, Zivilisation, Gerechtigkeit und die ökologische Bedrohung in: Ökonomie und Geellschaft, Jahrbuch 11, Markt, Norm und Moral, Frankfurt/M. 1995, S. 265-299

[255] BVerwG NJW 1995, 2648

auf der grünen Wiese verhindert worden wäre. An der Entscheidung ist aber methodisch und inhaltlich nichts auszusetzen.

Bei der Diskussion um das Staatsziel „Umweltschutz" wird vielfach übersehen, daß ein großer Teil des Umweltrechts heute in der Umsetzung von Verordnungen und Richtlinien der Europäischen Union besteht. Schon seit Mitte der siebziger Jahre gibt es umweltpolitische Aktivitäten der Europäischen Gemeinschaft. Die EG-Kommission verabschiedete sogenannte Aktionsprogramme in den Jahren 1973, 1977, 1983, 1987 und 1993. Durch die einheitliche europäische Akte von 1987 wurde eine umweltpolitische Kompetenz der Gemeinschaft geschaffen. Durch den Vertrag von Maastricht wurde diese Kompetenz noch erweitert. Sie ist heute in den Artikeln 130 r - 130 t des EG-Vertrages geregelt. Das Einstimmigkeitsprinzip ist auf besonders wichtige Maßnahmen beschränkt (Artikel 130 s Abs. 2 EGV); dazu gehören die Raumordnung, die Bodennutzung, die Energieversorgung und die Besteuerung. Ansonsten gilt das Prinzip der qualifizierten Mehrheit, das sich als durchaus praktikabel erwiesen hat.

Die Prinzipien, an denen sich die europäische Umweltpolitik nach Artikel 130 r Abs. 2 EGV orientiert, sind folgende:
Nach dem *Vorsorgeprinzip* müssen bereits bei der Entwicklung eines Produkts, dessen Wirkungen auf die Umwelt von der Beschaffung bis zur Entsorgung geprüft werden.
Nach dem *Ursprungsprinzip* sind Umweltbeeinträchtigungen nach Möglichkeit an ihrem Ursprung zu korrigieren, damit nicht später an den Symptomen kuriert werden muß.
Nach dem *Verursacherprinzip* muß derjenige, welcher die Umwelt verschmutzt oder schädigt, für die Schäden und die ökologischen Folgekosten aufkommen.
Nach dem *Querschnittsprinzip* sind die Erfordernisse des Umweltschutzes bei der Festlegung und Durchführung anderer Gemeinschaftspolitiken obligatorisch miteinzubeziehen. Die Regierungskonferenz von Amsterdam hat das Querschnittsprinzip ausdrücklich in Art. 6 EGV verankert.

Von den umweltpolitischen Aktivitäten der EG seien zwei herausgegriffen:
Durch die Richtlinie 85/337/EWG des Rates vom 27.6.1985[256] wurde die Umweltverträglichkeitsprüfung als Voraussetzung der Genehmigung des Baues großer Industrie- und Infrastrukturvorhaben eingeführt. Durch eine Verordnung aus dem Jahre 1993[257] wurde ein System freiwillig Öko-audits eingeführt. Ein Unternehmen, das freiwillig die Umweltauswirkungen erfaßt, bilanziert und die notwendigen Schritte zur Durchführung von Verbesserungsmaßnahmen einleitet, darf ein amtlich genehmigtes Umweltzeichen (Logo) führen. Seit 1994 gibt es auch eine europäische Umweltagentur in Kopenhagen.

Deutschland mußte schon verschiedentlich vom Europäischen Gerichtshof wegen einer Verletzung des EG-Vertrages verurteilt werden. Bekanntgeworden ist ein Verfahren, in dem der Europäische Gerichtshof festhielt, daß die deutsche „TA-Luft" (Technische Anleitung Luft) die Richtlinienvorgaben der EG zur Luftverschmutzung nicht hinreichend umsetzte.[258]

---

[256] ABlEG L 175, S. 140
[257] Verordnung Nr. 1836/93 des Rates vom 29.6.1993, ABlEG L 168, S. 1
[258] EuGH-Urteil vom 28.2.1991, Kommission gegen Deutschland C-131/88, Slg. S. I-825

13. Grundrechte in der Europäischen Union

a) Vorbemerkung

Alle EG-Mitgliedstaaten bekennen sich zu allgemeinen Rechtsgrundsätzen, die ihrer Verfassungsüberlieferung gemeinsam sind. Sie tragen insbesondere den Grund- und Menschenrechten ihrer Bürger Rechnung, wobei die praktische Bedeutung derartiger Rechte innerhalb der Mitgliedstaaten differiert. In einem frühen Beschluß entschied das Bundesverfassungsgericht, daß es mangels hinreichenden Grundrechtsschutzes auf Gemeinschaftsebene das sekundäre europäische Recht, d. h. die Verordnungen und Richtlinien, unter seiner Grundrechtskontrolle belasse, „solange" es noch keinen ausformulierten Grundrechtsschutz der EG gebe (Solange I)[259]. In einer neueren Entscheidung hat es diese Position - wie bereits erwähnt - revidiert und genau umgekehrt festgestellt, daß es keines Rückgriffs auf die nationale Grundrechtskontrolle mehr bedürfe, solange die Europäische Gemeinschaft die Grundrechte achtet (Solange II)[260]. Schließlich hat es sich in der Entscheidung zum Maastricht-Vertrag eine Kontrolle von sog. ausbrechenden Rechtsakten der Gemeinschaft vorbehalten, die nicht durch die Kompetenzzuweisungen der europäischen Verträge gedeckt sind[261].

Zur Verabschiedung eines expliziten, gemeinsamen Grundrechtskatalogs der Europäischen Union ist es bis heute nicht gekommen. Im Jahre 1989 verabschiedete das Europäische Parlament zwar eine Erklärung der Grundrechte und der Grundfreiheiten.[262] Die Entschließung enthält in 24 Artikeln sowohl die klassischen Freiheitsrechte wie Religions- und Meinungsfreiheit, Freizügigkeit, Eigentum, Versammlungs- und Berufsfreiheit als auch gewisse soziale Rechte, wie das Recht auf Bildung, Justizgrundrechte, das Verbot der Todesstrafe, das Demokratieprinzip und Prinzipien des Umwelt- und Verbraucherschutzes. Und Ende 1989 verabschiedete der Rat in Straßburg die Gemeinschaftscharta der sozialen Grundrechte der Arbeitnehmer. Die Charta enthält allgemeine Zielvorgaben, wie z.B. den Grundsatz der angemessenen Entlohnung, ein Recht auf sozialen Schutz, die Koalitionsfreiheit, die Gleichbehandlung von Männern und Frauen, den Kinder- und Jugendschutz. Beide Erklärungen sind aber kein Gesetz, sondern nur ein rechtspolitischer Aufruf. Mehr war gegen den Widerstand von Großbritannien nicht zu erreichen. In den Verträgen von Maastricht werden in Art. F Abs. 2 des Vertrages über die Europäische Union die Grundrechte, wie sie in der Europäischen Menschenrechtskonvention niedergelegt sind, und wie sie sich aus der gemeinsamen Verfassungsüberlieferung der Mitgliedstaaten als allgemeine Grundsätze des Gemeinschaftsrechts ergeben, im Wege einer „en-bloc-Verweisung" als Rechte anerkannt, welche die Gemeinschaft achtet. Es bleibt allerdings festzuhalten, daß die Beachtung der Grundrechte durch die Institutionen der Europäischen Union nach wie vor nicht genügend konkretisiert ist. Durch die Vertragsänderungen der Regierungskonferenz von Amsterdam aus dem Jahre 1997 ist der Grundrechtsschutz insofern verstärkt worden, als eine Präambel in den Vertrag über die Europäische Union eingefügt wurde, in der die Bedeutung der sozialen Grundrechte bekräftigt wird, wie sie in der Europäischen Sozialcharta von 1961 und in der Gemeinschaftscharta der sozialen Grundrechte niedergelegt sind. Ein Beitritt der Europäischen Union zur Europäischen Menschenrechtskonvention ist derzeit, wie der EuGH 1996 in einem Rechtsgutachten festgestellt hat[263], nicht möglich, weil es für einen Beitritt keine Rechtsgrundlage gibt.

---

[259] BVerfGE 37, 271 f. - Solange I
[260] BVerfGE 73, 339 f. - Solange II
[261] BVerfGE 89, 155
[262] Abl. 1989, C 120/51
[263] EuGH vom 28. 3. 1996, EuZW 1996, 197, G 2/94

In seinen Entscheidungen bezieht sich der EuGH, wenn auch oft nur in sehr knappen Worten, auf die geschriebenen und ungeschriebenen Grundrechte des Gemeinschaftsrechts: In der Tat sind einige Grundrechtspositionen ausdrücklich im EG-Vertrag verankert. Ausdrücklich ist vor allem das Verbot jeder Diskriminierung aus Gründen der Staatsangehörigkeit, also auch der Inländerdiskriminierung, in den EG-Vertrag aufgenommen (vgl. Art. 12 nach der neuen Numerierung von Amsterdam). Hinzu kommt der Grundsatz des gleichen Entgelts für Männer und Frauen bei gleicher Arbeit in Art. 141[264] EGV, der von der Rechtsprechung erheblich weiterentwickelt wurde.[265] Aus diesen Diskriminierungsverboten hat der EuGH eine Rechtsprechung entwickelt, die praktisch eine Anerkennung des allgemeinen Gleichheitssatzes auf europäischer Ebene bedeutet.[266] Weitere Grundrechte sind die Freiheiten des gemeinsamen Marktes, z.B. die Freizügigkeit für Arbeitnehmer in Art. 39 EGV, das Recht auf freie Niederlassung und die Freiheit der Erbringung von Dienstleistungen in den Art. 43 und 49 EGV. Schließlich wurden einige prozessuale Grundrechte anerkannt.

Der Europäische Gerichtshof ist aber weit darüber hinausgegangen. Er hat schon, bevor dies in Maastricht vereinbart wurde, ungeschriebene allgemeine Grundsätze der Gemeinschaftsrechtsordnung anerkannt. Neben dem allgemeinen Gleichheitssatz wurden vor allem das Eigentum und die Berufsfreiheit als Gemeinschaftsgrundrechte anerkannt[267]. Der EuGH erkennt darüber hinaus den Schutz der Wohnung[268] und die Religionsfreiheit[269] an. Hinzu kommen das Recht auf einen fairen Prozeß[270] und auf effektiven Rechtschutz.[271] Als Grundrechtsträger sind neben den natürlichen Personen zum Teil auch die Unternehmen anerkannt[272].

Das zuvor ungeschriebene allgemeine Gebot der Gleichbehandlung ist durch die Regierungskonferenz von Amsterdam ausdrücklich in Art. 3 Abs. 2 EGV verankert worden. Danach wirkt die Gemeinschaft bei allen in diesem Artikel genannten Tätigkeiten darauf hin, Ungleichheiten zu beseitigen und die Gleichstellung von Männern und Frauen zu fördern. Nach der Ratifikation dieses ergänzenden Vertragswerkes wird das Gemeinschaftsrecht demnach einen ausdrücklichen, allgemeinen Gleichbehandlungsgrundsatz enthalten. Dieser Grundsatz gilt für alle in Art. 3 Abs. 1 EGV aufgezählten Politikfeldern der Gemeinschaft[273]. Das Diskriminierungsverbot verlangt, daß die Mitgliedstaaten bei der Durchsetzung des Gemeinschaftsrechts in gleicher Weise verfahren wie bei der Durchsetzung ihres nationalen Rechts in rein innerstaatlichen Fällen[274]. Das Diskriminierungsverbot fördert die einheitliche Durchsetzung des Gemeinschaftsrechts innerhalb jedes Mitgliedstaats, aber jeweils bezogen auf dessen Niveau der Befolgung der EG-Vorgaben, soweit er sich innerhalb der Bandbreite der nach Gemeinschaftsrecht möglichen Lösungen hält. Der Mitgliedstaat kann zwar diese Bandbreite voll ausnutzen. Nachdem er sich aber entschieden hat, darf er gleiche Sachverhalte nicht un-

[264] Im folgenden wird die Numerierung von Amsterdam verwendet, die seit 1. 5. 1999 gelten.
[265] Vgl. zum folgenden insgesamt Nagel, Wirtschaftsrecht der Europäischen Union, 1998, S. 54-70 und 222-228.
[266] Vgl. *Feige*, Der Gleichheitssatz im Recht der EWG, 1973
[267] Sammlung 1980, 1979 f.
[268] Sammlung 1980, 2033
[269] Sammlung 1978, 1598 Prais
[270] Sammlung 1980, 691 Pecastaing
[271] Sammlung 1987, 4097
[272] Sammlung 1980, 2033
[273] Eine spezifische Ausprägung des Gleichbehandlungsgrundsatzes ist die Lohngleichheit von Mann und Frau in Art. 141 (119) EGV
[274] Vgl. EuGH Slg. 1980, 1863, verb. Rs. 119 u. 126/79, - Lippische Hauptgenossenschaft -; EuGH Slg. 1983, 2633ff., verb. Rs. 205-215/82 - Deutsches Milchkontor -; dazu *Magiera*, Die Durchsetzung des Gemeinschaftsrechts im europäischen Integrationsprozeß, DÖV 1998, 173, 176 f.

gleich behandeln. Der Gleichbehandlungsgrundsatz wird in speziellen Richtlinien der EG aufgenommen und ausgeformt.

Grundsätzliche Ausführungen zum Eigentumsschutz macht der EuGH 1979 im Fall *Hauer*[275]. In einer EG-Verordnung war allgemein verboten worden, neue Weinreben anzupflanzen. Ziel der Verordnung war, die Überproduktion von Wein einzudämmen. Der EuGH prüft, ob der gemeinschaftsrechtliche Eigentumsschutz verletzt worden sei. Ein derartiger Eigentumsschutz folge aus den gemeinsamen Verfassungskonzeptionen der Mitgliedstaaten, die sich auch im Zusatzprotokoll zur Europäischen Menschenrechtskonvention widerspiegeln. Das Eigentumsrecht dürfe nicht in seinem Wesensgehalt angetastet werden. Der Eingriff müsse verhältnismäßig und „tragbar" sein. Im konkreten Fall erklärt der EuGH das Anpflanzungsverbot für rechtmäßig, da es tatsächlich hohe Überschüsse gebe und das Verbot zeitlich beschränkt sei.

Da die Europäische Menschenrechtskonvention von allen EG-Mitgliedstaaten ratifiziert wurde, ist die Gemeinschaft an diesen Grundrechtsstandard gebunden, auch wenn sie selbst der Konvention bisher nicht beitreten konnte. Die Gemeinschaftsorgane, darunter auch der EuGH, dürfen daher bei ihrer Tätigkeit nicht gegen die Grundrechte der Konvention in der Auslegung der Konventionsorgane verstoßen[276]. Daneben beachtet die Gemeinschaft allgemeine, verfassungsrechtliche Prinzipien wie das Rechtsstaatsprinzip, das Demokratieprinzip und den Grundsatz der Verhältnismäßigkeit.

In der Rechtsprechung des EuGH ist seit langem der ungeschriebene gemeinschaftsrechtliche Grundsatz der Verhältnismäßigkeit anerkannt. Er entspricht im wesentlichen dem, was die deutsche Rechtsprechung aus Art. 20 GG im Rahmen des Rechtsstaatsprinzips zum Grundsatz der Verhältnismäßigkeit entwickelt hat. Eine Maßnahme der öffentlichen Hand muß im Lichte des angestrebten Ziels geeignet und erforerlich sein. Die Schwere des Eingriffs muß angesichts der Bedeutung des Ziels angemessen sein.[277] Der Grundsatz wurde auch im EG-Vertrag verankert. In Art. 5 Abs. 3 EGV heißt es - eingefügt durch die Verträge von Maastricht -:

„Die Maßnahmen der Gemeinschaft gehen nicht über das für die Erreichung der Ziele dieses Vertrags erforderliche Maß hinaus." Darin ist auch ein Verhaltensgebot zwischen den Institutionen der Gemeinschaft und der Mitgliedstaaten verankert.

b) Freizügigkeit der Arbeitnehmer

In den Art. 39 bis 42 EGV ist die Freizügigkeit der Arbeitnehmer geregelt. Jede auf der Staatsangehörigkeit beruhende Diskriminierung der Arbeitnehmer der Mitgliedstaaten ist abgeschafft. Geschützt sind die Arbeitnehmer und ihre Familienangehörigen. Man kann die Freizügigkeit wohlfahrtsökonomisch damit rechtfertigen, daß die Produktionsfaktoren dorthin wandern sollen, wo sie am höchsten bewertet werden. In der Tat befassen sich Art. 39 ff. EGV vor allem mit Wanderarbeitnehmern und ihren Familienangehörigen. Man kann die Freizügigkeit der Arbeitnehmer als ein Grundrecht betrachten, das gemeinschaftsweit geschützt werden soll. Diese Betrachtungsweise hat sich, nachdem die Arbeitnehmerfreizügigkeit durch Richtlinien und durch die Rechtsprechung des EuGH ausgestaltet worden war, durchgesetzt.

275 Slg. 1979, 3727, Rs. 44/79

276 Vgl. EuGH Slg. 1991, I-2925, Rs. C 260/89, Elliniki Radio Tileorassi (ERT)

277 Vgl. schon EuGH Slg. 1979, 677 Rs. 122/78 - Biutoni -

Es gibt heute ein Gemeinschaftsgrundrecht der Freizügigkeit für Arbeitnehmer aus Art. 39 ff. EGV.

aa) Grundfall: Die französischen Serviererinnen

Die beiden Französinnen *Adoui und Cornuaille* arbeiten in Belgien als Serviererinnen in Bars und als Mitwirkende in Peep-Shows. Die Stadt Lüttich will sie wegen Störung der öffentlichen Sittlichkeit ausweisen. Sie berufen sich auf ihr Recht auf Freizügigkeit nach Art. 39 EGV. Eine Diskriminierung aufgrund ihrer Staatsangehörigkeit sei verboten. Der EuGH[278] betrachtet beide als Arbeitnehmer. Da die belgischen Behörden ihre eigenen Prostituierten nicht bestraften, sei dies auch nicht bei Staatsangehörigen anderer EG-Mitgliedstaaten in der Form möglich, daß ihnen die Aufenthaltserlaubnis entzogen wird.

Aus Art. 39 Abs. 3 EGV folgen innerhalb der EG für alle Personen ein Recht auf Bewerbung um Stellenangebote, ein Aufenthaltsrecht bei der Arbeitssuche, ein Aufenthaltsrecht zur Ausübung einer Beschäftigung und ein Recht auf Fortbestand des Aufenthalts, wenn die Beschäftigung beendet ist. Grundlegend ist die VO 1612/68[279] über die Freizügigkeit der Arbeitnehmer innerhalb der Gemeinschaft. Sie stellt insbesondere auch die Kinder von sog. Wanderarbeitnehmern in bezug auf Unterricht und Berufsausbildung den Angehörigen des Gastlandes gleich. Nach Art. 12 der Verordnung haben die Kinder ein Recht auf Teilhabe am Unterricht und an der Berufsausübung ebenso wie die Kinder der Einheimischen. Ein Aufenthaltsrecht haben auch Nicht-Arbeitnehmer wie Studenten, Rentner und Privatpersonen, wenn sie den Schutz einer Krankenversicherung nachweisen und die erforderlichen Subsistenzmittel aufweisen, so daß sie nicht der Sozialhilfe anheimfallen. Hierfür sind zwei Richtlinien vom 28.6.1990 maßgeblich[280].

Das Diskriminierungsverbot war ursprünglich nur ein Abwehrrecht gegen Benachteiligungen einer aus einem EG-Mitgliedstaat stammenden Person durch einen anderen Mitgliedstaat. Allmählich hat der EuGH insbesondere auch im Zusammenhang mit mehreren Richtlinien daraus ein Teilhaberecht entwickelt. Sozialleistungen eines Mitgliedstaats kommen auch Personen zugute, die aus einem anderen Mitgliedstaat stammen. Beispielhaft seien zwei Bafög-Fälle genannt:

bb) Sozialrechtlicher Schutz für Wanderarbeitnehmer und ihre Familienangehörigen

Nach Art. 42 EGV sollen Arbeitnehmer und ihre Angehörigen, die innerhalb der EG aus- und einwandern, in bezug auf die Zeiten der Anwartschaft für die unterschiedlichen Sozialversicherungssysteme geschützt werden. Die Freizügigkeitsverordnung 1612/68 sichert die arbeits- und sozialrechtliche Stellung der Wanderarbeitnehmer und ihrer Familienangehörigen. Die Verordnung 1408/1971[281] schreibt darüber hinaus vor, daß die Leistungsansprüche, die in verschiedenen Mitgliedstaaten erworben wurden, kumuliert werden. Der Arbeitnehmer wird so gestellt, als ob er sein ganzes Arbeitsleben in einem Mitgliedstaat verbracht hätte. Entsprechend müssen Renten unabhängig davon gezahlt werden, in welchem Mitgliedstaat sich ein Rentner später aufhält. Durch die Verordnung 1408/91 werden die sozialversicherungsrechtli-

---

278 Slg. 1982, 1665, Rs. 115 und 116/81

279 v. 15. 10. 1968, ABlEG L 257 S. 2; ergänzt durch Richtlinie 90/364/EWG des Rates v. 28. 6. 1990, ABlEG L 180 S. 26

280 Richtlinie 90/365/EWG des Rates, ABlEG L 180 S. 28 und Richtlinie 90/366/EWG des Rates, ABlEG L 180 S. 30

281 VO des Rates Nr. 1408/71, ABlEG L 149 S. 2

chen Ansprüche von Wanderarbeitnehmern noch verbessert. Die nationalen Vorschriften, etwa zur Berücksichtigung von in anderen Mitgliedstaaten zurückgelegten Versicherungszeiten, werden koordiniert. Dazu hat der EuGH eine Reihe von Fällen entschieden, in denen der sozialrechtliche Schutz stark ausgeweitet wurde. Bekannt geworden sind insbesondere auch die Fälle zum deutschen Bafög:

Der Sohn eine verstorbenen italienischen Gastarbeiters namens *Casagrande* verlangte von den Behörden der Stadt München eine Förderung durch Bafög. Ihm wurde entgegengehalten, dies sei nur für Deutsche vorgesehen. Der EuGH[282] hielt im Anschluß an die Freizügigkeitsverordnung 1612/68 im Jahre 1974 fest, daß auch Leistungen wie die individuelle Ausbildungsförderung, die nicht direkt mit der Arbeitnehmertätigkeit verbunden sind, aber von einem Mitgliedstaat dem Arbeitnehmer und seinen Familienangehörigen gewährt werden, unter das Recht auf Freizügigkeit fallen.

Im Fall *Di Leo*[283] wollte die Tochter eines italienischen Gastarbeiters in Darmstadt Bafög für ihr Studium in Italien erhalten. Die deutschen Behörden verweigerten dies mit der Begründung, Bafög werde nur für ein Studium in Deutschland gewährt. Der EuGH stellte fest, solche Leistungen seien nicht notwendigerweise an den Aufenthalt des Familienangehörigen im leistenden Mitgliedstaat geknüpft. Wenn ein Deutscher sie erhalten könne, müsse dies auch der Tochter eines Wanderarbeitnehmers möglich sein.

Es ist festzuhalten, daß durch derartige Entscheidungen auf Mitgliedstaaten mit hohen Sozialstandards ein Anreiz ausgeübt wird, diese Standards abzusenken, um überbordende Entwicklungen, die mit der Ausweitung des begünstigten Personenkreises durch den EuGH zusammenhängen, zu vermeiden. Es entwickelt sich eine Art sozialpolitisches Geleitzugprinzip, wonach das langsamste Schiff das Tempo des Geleitzugs bestimmt und Schiffe, die den Geleitzug überholen wollen, abgeschreckt werden.

Einen Riegel gegen Mißbräuche soll das Kumulierungsverbot vorschieben, das aus Art. 12 der bereits erwähnten Verordnung 1408/71[284] folgt. Leistungen gleicher Art aus derselben Pflichtversicherungszeit dürfen nicht kumuliert werden. Dazu entschied der EuGH im Jahre 1992 den Fall *McMenamin*[285]. In dieser Familie bezog der Vater, der in Irland, dem Land des Familienwohnsitzes, beschäftigt war, für die vier Kinder Kindergeld. Frau McMenamin arbeitete in dem zu Großbritannien gehörenden Nordirland und beantragte dort Kindergeld. Dieses (höhere) Kindergeld hätte sie an sich wählen können, da nach der Verordnung ein Vorrang des Arbeitsplatzstaates gilt. Da aber der Vater bereits Kindergeld bezog, war nach der EuGH-Entscheidung Großbritannien nicht zur Zahlung des zweiten Kindergeldes verpflichtet.

cc) Weitere Ausgestaltung der Rechtsprechung

Was die weitere Ausgestaltung der Rechtsprechung zu Art. 39 EGV angeht, ist insbesondere ein Fall bekannt geworden, der nur einen kleinen Personenkreis betrifft, aber die öffentliche Diskussion wie kein anderer beschäftigt: Ende 1995 entschied der EuGH[286] den Fall des belgischen Fußballspielers *Bosman*, dessen Wechsel von Lüttich in das französische Dünkirchen

---

[282] EuGH Slg. 1974 773, Rs. 9/74
[283] EuGH Slg. 1990, I-4185, Rs. C-308/89
[284] VO 1408/71 über die Anwendung der Systeme der sozialen Sicherheit auf Arbeitnehmer und Selbständige sowie deren Familienangehörige, die innerhalb der Gemeinschaft zu- und abwandern, ABlEG 1983 L 230 S. 6
[285] EuGH Slg. 1992, I-6393, Rs. C 119/91 Mc Menamin
[286] EuGH NJW 1996, 505, Rs. C-415/93

gescheitert war. Der belgische Fußballverband und der ihm angeschlossene Verein hatten sich an zwei Regeln des internationalen Berufsfußballs gehalten, deren Unvereinbarkeit mit Art. 48 EGV Herr Bosman behauptete. Zum einen durften die Vereine bei einem Spielerwechsel von dem neuen Verein eine Transfer-, Ausbildungs- oder Förderungsentschädigung verlangen. Zum andern durften sie in jedem Spiel nur eine bestimmte Zahl von Ausländern einsetzen. Der EuGH erklärte beides für unvereinbar mit Art. 39 EGV, soweit es um den Wechsel eines Spielers in einen anderen EG-Mitgliedstaat gehe oder in der Höchstzahl von einzusetzenden ausländischen Spielern Bürger aus anderen EG-Mitgliedstaaten enthalten seien. Es spielt keine Rolle, daß die Vereine auch bei einem Wechsel im Inland Transferzahlungen verlangen. Das Gericht erklärt in der Frage der Transferzahlungen auch eine sogenannte unterschiedslose Behandlung von Inländern und Ausländern für unvereinbar mit Art. 39 EGV. Entscheidend ist, daß die Pflicht zur Transferzahlung und die Sanktionen bei Ausbleiben einer solchen Zahlung die tatsächliche Möglichkeit zur Aufnahme der Tätigkeit eines Fußballprofis in einem anderen EG-Mitgliedstaat und damit die Freizügigkeit der Berufsfußballspieler erheblich beeinträchtigt und nach dem Grundsatz der Verhältnismäßigkeit kein vertragskonformer Rechtfertigungsgrund ersichtlich ist. Aus der Begründung wird deutlich, daß bei der Warenverkehrsfreiheit und bei der Freizügigkeit der Arbeitnehmer einheitliche Kriterien gelten. Neben der offenen und verdeckten Diskriminierung ist auch die Freizügigkeitsbeschränkung durch unterschiedslose Behandlung verboten. Die sogenannte Inländerdiskriminierung, d. h. die Forderung einer Transferzahlung bei einem Spielerwechsel im Inland, wird von Art. 48 EGV nicht erfaßt.

Nicht ganz so bekannt aber ebenso bedeutsam ist die Entscheidung des EuGH im Fall *Schumacker*[287], bei der es um die Anwendung von Regelungen zur beschränkten Steuerpflicht auf Belgier ging, die zur Arbeit nach Deutschland pendeln. Es ist, so der EuGH, unzulässig, sie steuerlich z.B. beim Ehegattensplitting schlechter zu stellen als die in Deutschland Ansässigen und dort Beschäftigten. In der Anknüpfung der Benachteiligung an die Gebietsansässigkeit liegt eine materielle Diskriminierung gebietsfremder Gemeinschaftsbürger gegenüber den in Deutschland wohnenden Inländern. Es geht hier um die Anwendung des Grundsatzes der Gleichbehandlung nach Art. 39 Abs. 2 EGV auf einen Personenkreis, der zwar gebietsfremd ist, aber ansonsten die gleichen Voraussetzungen wie ein Einheimischer erfüllt.

Im Fall Schumacker wird das Diskriminierungsverbot verschärft, indem auch mittelbare Behinderungen der Freizügigkeit durch Unterschiede in der Besteuerung erfaßt werden. Im Fall Bosman ist das Gebot der Freizügigkeit in ein Verbot einer ungerechtfertigten, unterschiedslosen Behandlung ausgeweitet.

dd) Ausnahmen

Ausnahmen werden zugelassen, wenn die öffentliche Sicherheit und Ordnung gefährdet ist. Eine solche Ausnahme regelt eine Richtlinie aus dem Jahre 1964[288]. Sie präzisiert die Begriffe öffentliche Ordnung, Sicherheit oder Gesundheit. Auch hierzu gibt es eine umfangreiche Rechtsprechung. Dazu ein Beispiel: Die Niederländerin *Van Duyn* wurde an der Einreise nach Großbritannien gehindert, weil sie beabsichtigte, dort eine Stelle bei der Church of Scientology anzutreten. Die Behörden betrachteten diese Kirche als gefährliche Sekte, deren Anwachsen sie durch das Einreiseverbot verhindern wollten. Der EuGH[289] bejahte zuerst die Direkt-

---

[287] EuGH Slg. 1995, I-225, Rs. C-279/93, dazu *Knobbe-Keuk*, Freizügigkeit und direkte Besteuerung, EuZW 1995, 167 ff.

[288] Richtlinie 64/221/EWG des Rates v. 25. 2. 1964 ABlEG 1964 850

[289] EuGH Slg. 1974 1337, Rs. 41/74

wirkung von Art. 39 EGV, akzeptierte aber die von Großbritannien vorgebrachte Begründung für die Einschränkung der Freizügigkeit und wies gleichzeitig darauf hin, daß der Begriff der öffentlichen Ordnung je nach der Landessitte in den Mitgliedstaaten unterschiedlich ausgelegt werden könne. Das Gericht erklärte Ausnahmen aber nur für zulässig, wenn von der betroffenen Person auf Grund von objektiven Umständen ein Verhalten zu erwarten ist, das ein „Grundinteresse" der Gesellschaft in dem betreffenden Mitgliedstaat gegenwärtig und tatsächlich gefährdet.

Eine weitere Ausnahme, die Art. 39 Abs. 4 eröffnet, befaßt sich mit der Ungleichbehandlung bei der Beschäftigung in der öffentlichen Verwaltung eines Mitgliedstaats. Hier soll die in der Staatsangehörigkeit liegende besondere Loyalität des Bediensteten als Voraussetzung für die Wahrnehmung bestimmter, staatlicher Positionen gesichert werden. Der EuGH läßt die Beschränkung des Zugangs zur öffentlichen Verwaltung auf Staatsangehörige des jeweiligen Mitgliedstaats weder bei Eisenbahnarbeitern oder bei Krankenschwestern in Belgien[290] noch bei gymnasialen Studienreferendaren in Deutschland[291] zu. Er begrenzt die Ausnahme auf einen relativ kleinen Personenkreis, bei dem das Erfordernis einer besonderen Loyalität angemessen ist, weil die Tätigkeit mit der Ausübung hoheitlicher Befugnisse und mit der Verantwortung für die Wahrung der allgemeinen Belange des Staates verbunden ist.

c) Gleichstellung von Mann und Frau

aa) Lohngleichheit

Aus Art. 141 EGV folgt die Lohngleichheit von Mann und Frau bei gleicher Arbeit. Bei Abschluß der Römischen Verträge gab es zwar in Frankreich und Deutschland (Art. 3 GG) den Grundsatz der Gleichbehandlung, in anderen EG-Mitgliedstaaten, insbesondere in den später hinzugekommenen Staaten Großbritannien und Irland gab es den Grundsatz jedoch nicht. Der EuGH widerstand der Versuchung, Art. 141 EGV auf einen bloßen Programmsatz zu reduzieren und damit vielen praktischen Problemen aus dem Weg zu gehen. Er hielt vielmehr schon 1976 fest, daß die Vorschrift unmittelbar in das Arbeitsvertragsrecht der Mitgliedstaaten eingreife, und zwar in folgendem, berühmt gewordenen Fall[292]:

Defrenne II

Die Stewardess Gabrielle Defrenne, die bei der belgischen Fluggesellschaft SABENA beschäftigt war, klagte, weil sie tariflich einen geringeren Lohn als ihr ebenfalls als Steward arbeitender Ehemann erhalte. Der EuGH interpretierte Art. 141 als nicht nur wettbewerbspolitische, sondern auch sozialpolitische Vorschrift, die zu den Grundlagen der Gemeinschaft zähle. Art. 141 verpflichte nicht nur die Mitgliedstaaten, sondern erzeuge auch unmittelbare Rechte bei den Bürgern. Der EuGH bejahte damit eine unmittelbare Drittwirkung, die Entscheidung wurde Ausgangspunkt für eine Fülle von weiteren Fallentscheidungen und für eine Reihe von Richtlinien, die sich auch auf die Berufsausbildung, die berufliche Weiterbildung und auf die soziale Sicherheit bezogen (vgl. unten).

---

[290] EuGH Slg. 1980, 1845, Rs. 149/79

[291] EuGH Slg. 1986, 2121, Rs. 66/85, Vgl. auch EuGH Slg. 1991, I-5627, Rs. C-4/91

[292] EuGH Slg. 1976, 455, Rs. 43/75 - Defrenne II

Defrenne III

In Ermangelung einer einschlägigen Richtlinie entschied der EuGH 1978 im Fall *Defrenne III*[293], daß aus Art. 141 nicht unmittelbar eine allgemeine Gleichstellung bei den sonstigen Arbeitsbedingungen, wie z. B. beim Rentenalter, folge. Eine entsprechende Richtlinie folgte aber kurz darauf. Sie bewältigte freilich nicht das Problem der unterschiedlichen Altersgrenzen für Rentenansprüche (vgl. unten).

Wendy Smith

Frau Smith fühlte sich diskriminiert, weil ihre Arbeit im Betrieb vorher von einem besser bezahlten Mann verrichtet worden war. Der EuGH[294] stellte dazu fest, daß die unterschiedliche Entlohnung durch objektive Gründe gerechtfertigt sein müsse. Auch müsse gleiche Arbeit nicht unbedingt im gleichen Betrieb verrichtet werden.

Mary Murphy

Mary Murphy erhielt von ihrem Arbeitgeber ein niedrigeres Entgelt für eine höherwertige Arbeit. Der EuGH[295] verwarf das formale Argument, Art. 141 EGV gelte nur für Fälle gleicher Arbeit und bejahte einen Verstoß mit dem „Erst-recht-Argument", daß es sich hier um einen besonders schweren Fall der Diskriminierung handle.

bb) Sonstige Arbeitsbedingungen

1975 erließ der Rat eine Richtlinie zur Anwendung des Grundsatzes des gleichen Entgelts für Männer und Frauen[296]; 1976 erließ er die noch heute sehr wichtige Richtlinie 76/207 zur Verwirklichung des Grundsatzes der Gleichbehandlung von Männern und Frauen hinsichtlich des Zugangs zur Beschäftigung, zur Berufsbildung und zum beruflichen Aufstieg sowie in bezug auf die Arbeitsbedingungen[297]. Ende 1978 folgte die Richtlinie zur schrittweisen Verwirklichung des Grundsatzes der Gleichbehandlung von Männern und Frauen im Bereich der sozialen Sicherheit[298]. Hier ging es um Diskriminierungen bei der Renten-, Kranken-, Invaliden-, Unfall- und Arbeitslosenversicherung. Der Gerichtshof erklärte die Vorschriften später für unmittelbar anwendbar. Schließlich folgten 1986 noch zwei Richtlinien, und zwar zur Verwirklichung des Grundsatzes der Gleichbehandlung von Männern und Frauen bei den betrieblichen Systemen der sozialen Sicherheit[299] und zur Verwirklichung des Grundsatzes der Gleichbehandlung von Männern und Frauen, die eine selbständige Erwerbstätigkeit - auch in der Landwirtschaft - ausüben, sowie über den Mutterschutz[300].

---

[293] EuGH Slg. 1978, 1365, Rs. 149/77, Defrenne III; Vgl. auch EuGH Slg. 1971, 445, Rs. 80/70, Defrenne I
[294] EuGH Slg. 1980, 1275, Rs. 129/79, Wendy Smith
[295] EuGH Slg. 1988, I-673, Rs. 157/86, Mary Murphy
[296] Richtlinie 75/117, ABlEG 1975 L 45 S. 19
[297] Richtlinie 76/207, ABlEG 1976 L 39 S. 40
[298] Richtlinie 79/7, ABlEG L 6 S. 24
[299] Richtlinie 86/378, ABlEG 1986 L 225 S. 40
[300] Richtlinie 86/613, ABlEG 1986 L 359 S. 56

Von Colson und Kamann

Besonders bedeutsam ist die Durchsetzung des gleichen Rechts auf Berufszugang im Anschluß an die Richtlinie 76/207 (vgl. oben). Dazu entschied der EuGH 1984 den Fall *von Colson und Kamann*[301]. Es handelte sich hier um zwei Sozialarbeiterinnen, die sich auf Stellen in einem Männergefängnis beworben hatten. Die Direktion teilte ihnen mit, daß die Stellen für Frauen ungeeignet seien. Nach deutschem Arbeitsrecht hätten beide als Schadensersatz nur die Schreib- und Portokosten für die Bewerbung erhalten, wobei die entsprechende Vorschrift (§ 611a BGB) bereits (unzureichend) an die Richtlinie angepaßt worden war. Der EuGH hielt in einer Vorabentscheidung fest, der Schadensersatz müsse substantiell sein, worauf das zuständige Arbeitsgericht auf zusätzliches Schmerzensgeld (nach § 847 BGB) erkannte. Der deutsche Gesetzgeber war gezwungen, §611a BGB anzupassen. Er sah jetzt eine Höchstgrenze von drei Monatsgehältern als Schadensersatz vor.

Dekker

Der EuGH[302] betrachtet es 1991 im Fall *Dekker* sogar als einen Verstoß gegen die Richtlinie 76/207, wenn es ein Arbeitgeber ablehnt, die beste von mehreren Bewerberinnen einzustellen, weil sie schwanger ist. Das Gericht stellt zu Recht darauf ab, daß hier eine Diskriminierung wegen geschlechtsspezifischer Merkmale vorliege. Es komme nicht darauf an, ob durch die Diskriminierung ein Mann oder eine Frau begünstigt werde.

Nachtarbeit von Frauen

Im Jahre 1991 erklärte der EuGH[303] ein Nachtarbeitsverbot nur für Frauen als Verstoß gegen Art. 5 der Richtlinie 76/207. Maßgeblich war der Gedanke, daß die Nachteile der Nachtarbeit grundsätzlich Männer und Frauen gleichermaßen träfen, soweit es nicht um den besonderen Schutz von Schwangeren und Müttern gehe.

Vor diesem Hintergrund ist eine Entscheidung des Bundesverfassungsgerichts[304] verständlich, wonach das Verbot der Nachtarbeit von Arbeiterinnen nach Art. 3 Abs. 1 und 2 GG als Diskriminierung sowohl gegenüber den männlichen Arbeitern als auch gegenüber den angestellten Arbeitnehmerinnen verfassungswidrig und nichtig sei. Das Geschlecht darf, wenn nicht ausnahmsweise objektive Gründe (Paradebeispiel: Besetzung einer weiblichen Rolle in einem Film) eingreifen, überhaupt nicht Anknüpfungspunkt für unterschiedliche Regelungen sein. Das Gericht hält aber fest, daß die Nachtarbeit wegen ihrer nachgewiesenen Schädlichkeit für die menschliche Gesundheit gesetzlich geregelt, d. h. eingeschränkt werden müsse.

cc) Umgekehrte Diskriminierung

Kalanke

Im Jahre 1995 entschied der EuGH[305] im Fall *Kalanke* über eine Frauenquote des Bundeslandes Bremen. Danach mußten bei der Besetzung von Beförderungsstellen des öffentlichen

[301] EuGH Slg. 1984, 1891, Rs. 14/83
[302] EuGH Slg. 1990, 3941, Rs. C 177/88. Dekker, dazu *Wißmann*, DB1991, 650ff.
[303] EuGH EuZW 1991 S. 666
[304] BVerfG DB 1992, 377
[305] EuGH Slg. 1995, I-3051ff. = NJW 1995, 3109, Rs. C 450/93, Kalanke

Dienstes Frauen bei gleicher Qualifikation ihren männlichen Mitbewerbern vorgezogen werden, wenn Frauen in dem betreffenden Bereich unterrepräsentiert waren. Der EuGH sah hierin einen Verstoß gegen Art. 141 EGV, weil die Quotenregelung zu einer automatischen Bevorzugung von Frauen führe. Nun erlaubt zwar die Richtlinie 207/76 in § 2 Abs. 4, daß Maßnahmen zur Förderung der Chancengleichheit für Männer und Frauen, insbesondere durch Beseitigung der tatsächlich bestehenden Ungleichheiten ergriffen werden, die die Chancen der Frauen beeinträchtigen. Dies erlaube Fördermaßnahmen zur Verbesserung der Konkurrenzbedingungen von Frauen im Vorfeld einer Auswahlentscheidung, nicht aber Vorschriften, die ihnen bei Ernennungen oder Beförderungen absolut und unbedingt den Vorrang einräumten. Die Entscheidung ist zum Teil heftig kritisiert worden, weil sie das kompensatorische Element der Quotenregelungen verkenne[306].

Draehmpaehl

Herr Draehmpaehl, der sich in Hamburg auf eine Stelle beworben hatte, die nicht geschlechtsneutral ausgeschrieben war, erhielt keine Antwort. Er klagte nach § 611a BGB auf Schadensersatz in Höhe von dreieinhalb Monatsgehältern (vgl. oben), mußte aber feststellen, daß der Ersatzanspruch nicht nur auf drei Monatsgehälter begrenzt war, sondern daß sich die Höhe des Schadensersatzanspruchs auch reduzierte, wenn mehrere Bewerber klagen (§ 61b Abs. 2 ArbGG). Außerdem rügte er, daß die Entschädigungszahlung vom Nachweis eines Verschuldens abhängig gemacht wurde. Der EuGH[307] verlangte nicht nur, daß drei Monate zu wenig seien, wenn der Bewerber bei einer diskriminierungsfreien Auswahl die Stelle erhalten hätte. Er erklärte es auch für unzulässig, die Voraussetzung des Verschuldens aufzustellen. Deutschland wird durch den EuGH nun schon zum zweitenmal gezwungen, § 611a BGB zu ändern. Die ursprüngliche Fassung der Vorschrift, die lediglich den Ersatz des Vertrauensschadens und damit praktisch nur der Portokosten vorsah, wurde 1994 geändert, nachdem der EuGH[308] bereits 1984 (!) ihre Unvereinbarkeit mit der Richtline 207/76 festgestellt hatte und die Arbeitsgerichte sich unter Berufung auf die Richtlinie über das geschriebene deutsche Recht hinweggesetzt hatten (vgl. oben).

Marschall

1997 entschied der EuGH[309] über eine Vorschrift im nordrhein-westfälischen Beamtengesetz, wonach Frauen bei gleicher Eignung, Befähigung und fachlicher Leistung bevorzugt einzustellen und zu befördern seien, „sofern nicht in der Person eines Mitbewerbers liegende Gründe überwiegen". Herr *Marschall* hatte gegen die Bevorzugung einer Mitbewerberin geklagt. Der EuGH erhielt die Vorschrift aufrecht, da alle die Person der Bewerber betreffenden Kriterien berücksichtigt würden und der den weiblichen Bewerbern eingeräumte Vorrang entfalle, wenn eines oder mehrere dieser Kriterien zugunsten des männlichen Bewerbers überwiegen.

dd) Mittelbare Diskriminierung

Schwierigkeiten bereitet es, Fälle zu entscheiden, in denen die Beschäftigung zwar nicht von Geschlechtseigenschaften abhängig gemacht wird, aber doch von solchen Umständen oder Eigenschaften, die bei einem Geschlecht (in der Regel Männern) sehr viel häufiger als beim

---

[306] Vgl. *Pfarr*, NZA 1995, 809; *Colneric*, BB 1996, 265; *Schiek*, ArbuR 1996, 128

[307] EuGH ZIP 1997, 798ff. - „Draehmpaehl - m. Anm. *Oetker*

[308] EuGH Slg. 1984, 1921, 1942, Rs. 79/83, Harz/Tradax

[309] EuGH NJW 1997, 3429, Rs. C-409/95 - Marschall-

anderen (in der Regel Frauen) vorliegen. Hier kann es zu verdeckten oder mittelbaren Diskriminierungen kommen.

Das Problem taucht besonders häufig bei Teilzeitarbeit auf. Bekanntlich werden erheblich mehr Frauen als Männer auf Teilzeit beschäftigt. Das Verhältnis ist durchschnittlich etwa 9:1. Daß eine Benachteiligung von Teilzeitarbeitnehmern eine mittelbare Diskriminierung von Frauen darstellt, drängt sich in vielen Fällen geradezu auf. Nachfolgend sollen drei Fälle geschildert werden:

Rinner-Kühn

Im Fall *Rinner-Kühn* ging es um die Frage. ob Teilzeitarbeitnehmer von der Lohnfortzahlung im Krankheitsfall ausgenommen werden dürften. Der EuGH[310] verneinte dies unter Berufung auf Art. 141 EGV. Es handle sich um eine mittelbare Diskriminierung von Frauen. Anders wäre zu entscheiden gewesen, wenn der Arbeitgeber hätte nachweisen können, daß die unterschiedliche Behandlung durch objektive Gesichtspunkte gerechtfertigt ist.

Nimz

Im Fall Nimz kam der EuGH[311] 1991 in der Frage des beruflichen Aufstiegs von Teilzeitarbeitnehmern zu dem Ergebnis, daß Art. 141 EGV verletzt sei, wenn Teilzeitarbeitnehmer für den Aufstieg in die jeweils nächsthöhere Vergütungsgruppe eine doppelt so lange Betriebszugehörigkeit wie ein Vollzeitarbeitnehmer nachweisen müßten. Der Arbeitgeber hätte nachweisen müssen, daß im Einzelfall die Qualität und damit der Wert der Arbeit eines Telizeitarbeitnehmers wegen dessen geringerer Erfahrung oder aus anderen (objektiven) Gründen gerechtfertigt sei.

Helmig (Teilzeitarbeitnehmer)

Ende 1994 hatte der EuGH[312] über mehrere Vorlagen von deutschen Arbeitsgerichten zu entscheiden, die wissen wollten, ob es gegen Art. 141 EGV und die Richtlinie 75/117 verstößt, wenn Teilzeitarbeitnehmer durch tarifliche Bestimmungen Überstundenzuschläge erst bei Überschreiten der tariflichen Regelarbeitszeit von vergleichbaren Vollzeitarbeitnehmern erhalten. Hätte der EuGH einen Verstoß bejaht, so hätte dies erhebliche praktische Auswirkungen auf die tarifliche Praxis in Deutschland gehabt. Der EuGH verneinte eine Verstoß, da eine Ungleichbehandlung nur dann vorliegen könne, wenn bei gleicher Stundenzahl, die auf Grund eines Arbeitsverhältnisses geleistet werde, die den Vollzeitbeschäftigten gezahlte Gesamtvergütung höher sei als die den Teilzeitbeschäftigten gezahlte. Wenn ein Teilzeitbeschäftigter eine Stunde mehr arbeitet, erhält er genauso viel Geld wie ein Vollzeitbeschäftigter, bezogen auf diese Stundenzahl.

Mit dieser formalen Betrachtung bringt sich der EuGH in die Schwierigkeit, daß tarifliche Vereinbarungen, die Überstundenzuschläge für Teilzeitbeschäftigte schon bei Überschreitung der Teilzeit vorsehen, als „umgekehrte“ Diskriminierung der Männer betrachtet werden könnte, die ja ganz überwiegend vollzeitbeschäftigt sind. Richtig ist jedoch der Gedanke, daß

---

[310] EuGH Slg. 1989, 2743, Rs. 171/88, Rinner-Kühn

[311] EuGH Slg. 1991, I-297, Rs. C-184/89, Nimz

[312] EuGH Slg. 1994, 5727, verb. Rs. C 399, 409 u. 425/92; 34, 50 u. 78/93, Helmig u. a.

es in die Autonomie der Tarifvertragsparteien fällt, die eine oder die andere Regelung in diesem Fall zu treffen[313].

Mit dieser immer mehr verfeinerten Rechtsprechung können die materiellen Diskriminierungen von Frauen zwar nicht abgestellt werden, es werden aber immer kompliziertere Begründungen notwendig, wenn eine Frau benachteiligt werden soll. Umgekehrt hat der EuGH der Bevorzugung von Frauen über starre Quotenregelungen einen Riegel vorgeschoben. Der EuGH schafft einen Anreiz zur Abschaffung von pauschalen, materiellen Kriterien. Die Entscheidung wird dem Einzelfall überlassen. Eine generelle Bevorzugung von Frauen in Verfahrensfragen ist jedoch zulässig.

ee) Die Gleichstellung von Männern und Frauen in Art. 3 Abs. 2 EGV

Durch die Regierungskonferenz von Amsterdam wurde Art. 3 EGV um einen Absatz 2 erweitert, der neben einem allgemeinen Diskriminierungsverbot (vgl. oben) auch das Gebot enthält, daß die Gemeinschaft bei allen in diesem Artikel genannten Tätigkeiten darauf hinwirkt, die Gleichstellung von Männern und Frauen zu fördern. Es bleibt abzuwarten, wie sich die Vertragsänderung auf die Rechtsprechung des Europäischen Gerichtshofs auswirken wird.

d) Information und Konsultation der Arbeitnehmer als gemeinschaftsrechtliches Grundrecht

Am 27. Februar 1997 kündigte die Renault S. A. in Boulogne sur Seine bei Paris an, daß sie in Vilvoorde bei Brüssel ein Werk ihrer belgischen Tochtergesellschaft mit 3100 Beschäftigten zum 31. 7. 1997 stillegen werde[314]. Die Beschäftigten von Vilvoorde besetzen darauf „ihr" Werk. Am 7. März 1997 kam es in den belgischen und französischen Renault-Werken, teilweise auch in spanischen Werken, zum ersten „Euro-Streik", am 11. März 1997 zu einer Demonstration von belgischen, französischen und spanischen Renault-Beschäftigten in Paris, als dort der Europäische Betriebsrat von Renault tagte.

Der Fall entwickelte sich zur ersten großen Bewährungsprobe für dei Richtlinie über Europäische Betriebsräte[315], die vom Rat am 22. 9 1994 verabschiedet worden war und in ihrem Art. 13 einen Vorrang für freiwillige, bis zum 22. 9. 1996 verabschiedete Vereinbarungen verankert hatte. Eine solche freiwillige Vereinbarung hatte auch Renault abgeschlossen. Zur Problematik der europäischen Grundrechte sind zwei französische Gerichtsurteile bemerkenswert:

Am 4. April 1997 entschied das Tribunal de Grande Instance (TGI) Nanterre[316] auf eine Klage des Europäischen Betriebsrats (EBR) im Wege einer einstweiligen Verfügung, daß Renault die Informations- und Konsultationrechte des Europäischen Betriebsrats nicht beachtet habe. Renault habe damit Grundrechte der Arbeitnehmer, wie sie sowohl durch das europäische Recht, als auch durch das nationale Recht anerkannt würden, mißachtet. Renault wurde verpflichtet, 15 000 französische Franken an den EBR zu zahlen. Das TGI hatte sich mit einer freiwilligen Vereinbarung von Renault und seinen Gewerkschaften vom 3. April 1993 zu befassen, mit der ein EBR gegründet wurde. Diese Vereinbarung war am 5. Mai 1995, also nach

---

[313] Vgl. *Asshoff/Bachner/Kunz*, Europäisches Arbeitsrecht im Betrieb, 1996, S. 133 ff. m.w.N.

[314] Die Gerichtsentscheidungen sind auszugsweise bei Höland, Mitbestimmung und Europa, 1997, S. 82-96, dokumentiert und besprochen.

[315] Richtlinie des Rates 94/45 vom 22. 9. 1994, ABlEG L 254 vom 30. 9. 1994 S. 64

[316] Nr. BO: 97/00992

Verabschiedung der EBR-Richtlinie, „im Hinblick" auf die Umsetzung der Richtlinie in nationales Recht erneuert und erweitert worden. Da es sich um eine freiwillige Vereinbarung nach Art. 13 der Richtlinie handelt, die der gesetzlichen Umsetzung in französisches Recht vorgeht, steht das TGI vor der Frage, ob es Rechtsgrundsätze der Richtlinie für die Auslegung einer freiwilligen Vereinbarung heranziehen kann, welche dieser Richtlinie vorgehen soll. Es löst dieses Problem damit, daß es sich neben der Richtlinie auch auf die Gemeinschaftscharta der sozialen Grundrechte der Arbeitnehmer vom 8. und 9. Dezember 1989 bezieht, eine Erklärung, die mangels einer Unterschrift der britischen Regierung und einer Ratifikation des britischen Parlaments zum Zeitpunkt der Gerichtsentscheidung rechtlich nicht verbindlich war. Das TGI versteht die Vereinbarung vom 5. Mai 1995 sinngemäß als Übernahme dessen, was die Richtlinie unter Information und Konsultation versteht. Aus dem Wortlaut der Vereinbarung ergibt sich zwar für eine derartige Interpretation kein Anhaltspunkt, der Wortlaut schließt eine solche Interpretation aber auch nicht aus. Aus der Richtlinie wiederum entnimmt das TGI, daß nach Nr. 17 der Gemeinschaftscharta die sozialen Grundrechte der Arbeitnehmer, also auch ihre Unterrichtung, Anhörung und Mitwirkung, unter Berücksichtigung der Gepflogenheiten in den Mitgliedstaaten weiterentwickelt werden müßten. Die Vereinbarung verpflichte Renault zwar nur zu mindestens einer EBR-Sitzung im Jahr. Sondersitzungen aus gegebenem Anlaß seien aber möglich. Unzulässig sei es in jedem Fall, am 27. Februar 1997 die Schließung von Vilvoorde bekanntzugeben und am 11. März 1997 eine EBR-Sitzung abzuhalten, auf der weder ein Dialog noch eine Meinungsaustausch habe stattfinden können, sondern die Betriebsschließung lediglich als unumstößliche Tatsache dargestellt wurde. Renault sei verpflichtet, den EBR vor der Bekanntgabe der Entscheidung über die Werksschließung zu unterrichten und anzuhören. Diese Verpflichtung habe Renault verletzt.

Diese Entscheidung wurde am 7. Mai 1997 durch die Cour d'Appel für das Departement Yvelines in Versailles[317] im wesentlichen bestätigt. Die Cour d'Appel von Versailles relativiert das Erfordernis des TGI Nanterre, daß die Anhörung vor der Betriebsschließung erfolgen müsse. Es gehe nach Art. 18 der Gemeinschaftscharta und nach der EBR-Richtlinie um eine rechtzeitige Anhörung. Hierbei müßten nach Art. 2 Abs. 1 f und Art. 6 Abs. 3 der EBR-Richtlinie in Verbindung mit Art. 17 der Gemeinschaftscharta Informationen zu länderübergreifenden Angelegenheiten gegeben werden, welche erhebliche Auswirkungen auf die Interessen der Arbeitnehmer haben. Dazu gehörten Unterrichtung, Anhörung und Mitwirkung der Arbeitnehmer bei Massenentlassungen. Die Vereinbarung vom 5. Mai 1995 sei eine vorweggenommene Anpassung an die Richtlinie für Renault. Der Dispens des Art. 13 der EBR-Richtlinie beschränke sich auf die Verfahrensvorschriften, die durch eine andere Informationsstruktur ersetzt werden könnten. Die Inhalte und die Rechtzeitigkeit der Information seien durch Art. 13 nicht betroffen. Auch hier sei das Gebot zu beachten, daß Rechtsvorschriften wirksam umgesetzt werden müßten („effet utile"). Nicht nur das französische Umsetzuungsgesetz, sondern auch die Vereinbarung von Renault seien richtlinienkonform auszulegen. Im Einzelfall - und hier schwächt Versailles das Urteil des TGI Nanterre ab - sei unter Abwägung aller Umstände zu prüfen, ob das Gebot der Rechtzeitigkeit oder der „effet utile" eine vorherige Anhörung erfordere. Hierbei müsse der Stellenwert von Bedenken, Widersprüchen und Kritik beachtet werden, ferner das Gewicht der Beeinträchtigungen und die Vorläufigkeit oder Endgültigkeit der in Aussicht genommenen Maßnahme, schließlich der zeitliche Ablauf, der wirksame Maßnahmen oder Reaktionen, vielleicht sogar eine Abänderung der ursprünglich geplanten Maßnahme gestatte. Die Entscheidung müsse ein Mindestmaß an „souplesse" (Flexibilität), Akzeptanz und Verständnis erreichen. Dies alles sei im Fall Vilvoorde nicht gegeben. Renault habe daher seine Pflichten zur rechtzeitigen Information und Anhörung

---

[317] Arret Nr. 308 vom 7. 5. 1997, R. G. Nr. 2780/97

verletzt. Die Betriebsschließung sei nicht möglich, ehe diese Pflichten erfüllt seien. Das Gericht bejaht also einen Unterlassungsauspruch[318] des Euro-Betriebsrats.

Die beiden französischen Gerichte in Nanterre und Versailles haben ein gemeinschaftsrechtliches Grundrecht auf Information und Konsultation anerkannt. Sie haben es aus der Gemeinschaftscharta der sozialen Grundrechte der Arbeitnehmer von 1989 entwickelt, indem sie die Bezugnahme der EBR-Richtlinie auf die Gemeinschaftscharta als verstärkendes Element hinzunahmen. Es ist hier nicht der Ort, um auf die Unterschiede der Grundrechtsdogmatik und Grundrechtsinterpretation in Frankreich und Deutschland einzugehen. Grundrechte sind in Deutschland als höherrangiges Recht gegenüber einfachen Bundesgesetzen zu behandeln; Rechtsstreitigkeiten können über die Verfassungsbeschwerde vor das Bundesverfassungsgericht gebracht werden, das mit Gesetzeskraft entscheidet. Um derartiges geht es bei dem Grundrecht auf Information und Konsultation nicht. Wohl aber läßt sich dieses Recht mit der Arbeitnehmerfreizügigkeit aus Art. 39 EGV und mit der Gleichstellung von Mann und Frau aus Art. 141 EGV vergleichen (siehe oben). In beiden Fällen haben die Rechtssetzung der EG und die Rechtsprechung des EuGH aus bescheidenen Anfängen Rechtspositionen entwickelt, die heute als Grundrechtspositionen anerkannt werden.

[318] Vgl. den Bericht in EuroAS 5/1997 S. 68 f.

III. Die Systematik des bürgerlichen Rechts

1. Äußere Systematik

a) Das bürgerliche Recht als Teil des Privatrechts

Das bürgerliche Recht regelt die Rechtsbeziehungen der Privatpersonen zueinander auf der Grundlage der Gleichberechtigung und der Vertragsfreiheit. Es gilt für jede Privatperson. Demgegenüber gelten, grob gesprochen, das Handelsrecht für die Kaufleute und das Arbeitsrecht für die Arbeitnehmer in ihren jeweils typischen Rechtsbeziehungen, also im Handelsverkehr und im Arbeitsverhältnis. Das Handelsrecht und das Arbeitsrecht bauen auf dem bürgerlichen Recht auf. Man kann beide nur dann verstehen, wenn man die allgemeinen Rechtsinstitute und Regeln des bürgerlichen Rechts kennt und anwendet.

Das bürgerliche Recht ist in erster Linie im Bürgerlichen Gesetzbuch (BGB) vom 18.8.1896 geregelt, das seit dem 1.1.1900 in Kraft ist. Im Laufe der Zeit wurde eine Reihe von Nebengesetzen zum BGB verabschiedet, wobei das Abzahlungsgesetz von 1894 bereits vor dem BGB in Kraft trat. Nach 1900 kamen bis heute u.a. das Beurkundungsgesetz, das Wohnungseigentumsgesetz, das Ehegesetz, das Gesetz zur Regelung des Rechts der Allgemeinen Geschäftsbedingungen (AGB-Gesetz), das Produkthaftungsgesetz, das Umwelthaftungsgesetz, das Verbraucherkreditgesetz, das Haustürwiderrufsgesetz und das Betreuungsgesetz hinzu.

Seit 1900 sind auch innerhalb des BGB viele Vorschriften geändert worden. Dies gilt insbesondere für das Familienrecht. Aus dem Recht des Dienstvertrages hat sich eine selbständige Rechtsmaterie des Arbeitsvertrages entwickelt, welche die weisungsabhängige Arbeit erfaßt. Das Recht der Wohnraummiete wurde zugunsten sozial schwächerer Mietparteien geändert. Durch diese und andere Gesetzesänderungen wurde insbesondere versucht, den sozialen und ökonomischen Veränderungen Rechnung zu tragen, die sich seit 1900 ergeben haben. Auch das Abzahlungsgesetz aus dem Jahre 1896 als ein Sondergesetz des bürgerlichen Rechts erwies sich nicht mehr als zeitgemäß; es wurde durch das Verbraucherkreditgesetz ersetzt, das jeden Vertrag erfaßt, der die Gewährung eines Darlehens, eines Zahlungsaufschubs oder einer sonstigen Finanzierungshilfe gegen Entgelt zum Gegenstand hat. Ein Teil der Abzahlungsgeschäfte wird durch das Haustürwiderrufsgesetz erfaßt, welches Übervorteilungen des in seiner häuslichen Sphäre „überraschten" Konsumenten verhindern soll.

b) Das bürgerliche Recht als Teil des materiellen Rechts

Das BGB und die erwähnten anderen bürgerlich-rechtlichen Gesetze (sogenannte Nebengesetze) enthalten keine Vorschriften über die Durchsetzung der Rechte vor Gericht. Der Rechtsdurchsetzung vor Gericht dienen die sogenannten Prozeßgesetze, z.B. die Zivilprozeßordnung, die Strafprozeßordnung, die Verwaltungsgerichtsordnung, das Arbeitsgerichtsgesetz und das Bundesverfassungsgerichtsgesetz. Teil der Prozeßgesetze ist auch die Zwangsvollstreckung, d. h. die staatliche Durchsetzung der gerichtlich festgesetzten Sanktionen, also z. B. die Eintreibung von Geldforderungen, die dem Gläubiger durch rechtskräftiges Urteil zuerkannt wurden, beim Schuldner durch den Gerichtsvollzieher. Die nicht prozessualen Rechtsnormen werden unter dem Oberbegriff „materielles Recht" zusammengefaßt. Hierzu gehören neben den Gesetzen des bürgerlichen Rechts das Arbeitsrecht, das Handelsrecht, das Strafrecht, das Verwaltungsrecht und das Verfassungsrecht.

c) Die äußere Einteilung des BGB

Das BGB ist in fünf Bücher gegliedert. Das erste Buch erfaßt in einem **allgemeinen Teil** Vorschriften, die für sämtliche Rechtsverhältnisse des bürgerlichen Rechts maßgeblich sein sollen. Behandelt werden insbesondere die Rechtssubjekte (Personen), die Rechtsobjekte (Sachen und Rechte), die Rechtsgeschäfte und der Vertrag als Grundtyp des zweiseitigen Rechtsgeschäfts.

Das zweite Buch des BGB befaßt sich mit dem **Schuldrecht**, d.h. mit den Rechtsbeziehungen zwischen einer Person oder mehreren Personen, die einander eine bestimmte Leistung schulden. Derartige Schuldverhältnisse können durch Vertrag begründet werden oder auch kraft Gesetzes entstehen, z.B. wenn eine unerlaubte Handlung begangen wird oder jemand die Geschäfte eines andern besorgt, ohne von diesem dazu beauftragt oder ihm gegenüber sonst dazu berechtigt zu sein. Das dritte Buch des BGB befaßt sich mit dem **Sachenrecht**, d.h. mit dem Verhältnis der Personen zu den Gegenständen ihres Privatvermögens, ihren Sachen und Rechten. Das volle Herrschaftsrecht in bezug auf eine Sache wird „Eigentum" genannt, daneben gibt es beschränkte Herrschaftsrechte, die auch beschränkt dingliche Rechte genannt werden. Das dritte Buch des BGB befaßt sich auch mit Verträgen, deren Inhalt die Übertragung oder Belastung einer Sache oder eines Rechts ist. Das Schuldrecht und das Sachenrecht werden auch unter dem Oberbegriff „bürgerliches Vermögensrecht" zusammengefaßt.

Im vierten Buch des BGB, dem **Familienrecht**, werden die aus der Ehe und der Verwandtschaft hergeleiteten Rechtsbeziehungen geregelt. Das fünfte Buch, das **Erbrecht,** befaßt sich mit den vermögensrechtlichen Folgen, die daraus entstehen, daß eine Person stirbt.

d) Bürgerliches Recht, Handels- und Wirtschaftsrecht

Vom bürgerlichen Recht als allgemeinem Privatrecht sind zwei Gebiete eines Sonderprivatrechts zu unterscheiden, das Arbeitsrecht und das Handelsrecht. Das Handelsrecht ist das Sonderprivatrecht der Kaufleute. Es ist vorwiegend im Handelsgesetzbuch (HGB) geregelt. Das HGB befaßt sich u.a. mit der Frage, wer Kaufmann ist und welche Besonderheiten für Geschäfte zwischen Kaufleuten gelten. Hinzu kommen die Vorschriften über die Handelsgesellschaften als Sondervorschriften zu den im BGB geregelten Grundlagen des Gesellschaftsrechts. Zu den Handelsgesellschaften gehören die Personengesellschaften (offene Handelsgesellschaft und Kommanditgesellschaft) und die Kapitalgesellschaften (Aktiengesellschaft und Gesellschaft mit beschränkter Haftung). Das Recht der Aktiengesellschaft (AG) war früher im HGB geregelt, heute ist die Materie in einem eigenen Gesetz, dem Aktiengesetz, zusammengefaßt, ebenso wie die Regelung der Gesellschaft mit beschränkter Haftung (GmbH) bereits seit 1892 im GmbH-Gesetz geregelt ist. Zum Handelsrecht im weiteren Sinne wird auch das Wechsel- und Scheckrecht gezählt, Rechtsgebiete, die in eigenen Gesetzen, dem Wechselgesetz und dem Scheckgesetz, geregelt sind.

Je nachdem, welche Begrifflichkeit man wählt, kann man auch das Gesetz gegen den unlauteren Wettbewerb (UWG) und die Gesetze über den gewerblichen Rechtsschutz wie das Urheberrechtsgesetz, das Markengesetz und das Patentgesetz zum Handelsrecht zählen. Zweckmäßig erscheint es jedoch, diese Materie zusammen mit dem Gesetz gegen Wettbewerbsbeschränkungen (GWB) dem Wirtschaftsrecht im engeren Sinne zuzuordnen. Man unterscheidet zwischen einem Wirtschaftsrecht im engeren und im weiteren Sinne. Zum Wirtschaftsrecht im weiteren Sinne zählen neben den wirtschaftlich relevanten Grundrechten, dem bürgerlichen

Vermögensrecht und dem Handelsrecht, auch die wirtschaftsrechtlichen Gesetze im engeren Sinne, das Wirtschaftsverfassungsrecht, das Wirtschaftsverwaltungsrecht und das europäische und internationale Wirtschaftsrecht.

Schaubild 4: Zur Systematik des bürgerlichen Rechts

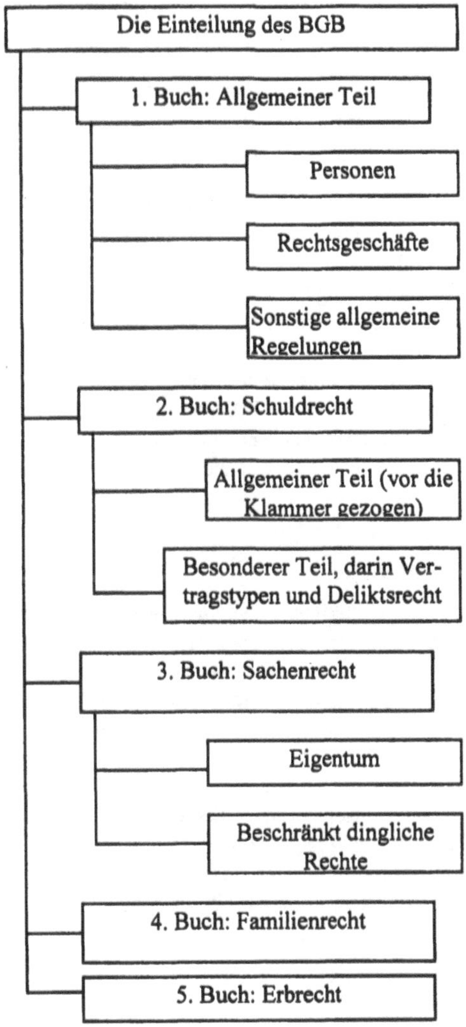

2. Zur Anwendung des bürgerlichen Rechts

a) Die innere Systematik des bürgerlichen Rechts

Das BGB ist eine relativ straffe Gesetzesmaterie. Es war und ist für viele ausländische Rechtsordnungen vorbildlich. Die Leistung des Gesetzgebers besteht insbesondere darin, daß er Detailregelungen unter allgemeine, scharf umrissene Oberbegriffe zusammenfaßt. Das BGB geht in seinem Aufbau vom Allgemeinen zum Besonderen. Das Gemeinsame mehrerer Regelungen wird „vor die Klammer gesetzt“; durch diese Methode wird es möglich, spezielle und allgemeine Regelungen so zu kombinieren, daß unnötige Doppelungen vermieden und die Lösung des Einzelfalls mit Hilfe bestimmter logischer Denkoperationen aus einer Kombination von speziellen und (mangels einer Spezialregelung) allgemeinen Regelungen abgeleitet werden kann. So werden z.B. im 7. Abschnitt des Schuldrechts (§§ 433-853) die einzelnen Schuldverhältnisse behandelt. Das Gemeinsame aller oder mehrerer Schuldverhältnisse wird vor die Klammer gezogen, und zwar im allgemeinen Teil des Schuldrechts (§§ 241-432). Innerhalb des allgemeinen Schuldrechts gibt es wiederum speziellere Regelungen für gegenseitige Verträge, denen gegenüber die allgemeinen Regeln des Vertragsrechts vor die Klammer gezogen sind. Einige Normen des Vertragsrechts, die nicht nur für schuldrechtliche, sondern auch für sachenrechtliche, familienrechtliche und erbrechtliche Verträge gelten, werden im allgemeinen Teil des BGB geregelt (§§ 145-157). Diese Systematik führt zu einer Verschachtelung der Normen und allgemein dazu, daß Sprache und Gliederung nur dem Fachmann verständlich sind, daß also der einzelne Bürger auf die Beratung durch den Fachmann angewiesen ist.

b) Subsumtion

Der Jurist muß feststellen, ob ein konkreter Lebenssachverhalt von einer abstrakten Gesetzesnorm erfaßt wird, und welche Rechtsfolge sich hieraus ergibt. Hierzu muß er den Lebenssachverhalt ordnen, d.h. die rechtserheblichen Tatbestandsmerkmale herausarbeiten und an diesen dann abstrakt bestimmten Tatbestand eine ebenfalls abstrakt formulierte Rechtsfolge knüpfen. Wenn z.B. A dem B ein Buch verkauft hat, wenn A ferner die dem Verkäufer obliegenden Leistungen nach dem Recht des Kaufvertrages erbracht hat, dann kann er nach § 433 Abs. 2 BGB vom Käufer die Bezahlung des Kaufpreises verlangen. Den Denkvorgang, bei dem ein Sachverhalt mit der Tatbestandsumschreibung einer Rechtsnorm in Deckung gebracht wird und hieraus bestimmte Rechtsfolgen abgeleitet werden, nennt der Jurist Subsumtion. Knapp zusammengefaßt kann man sagen: Unter den gesetzlichen Tatbestand als Obersatz ist der konkrete Lebenssachverhalt als Untersatz zu subsumieren, der Schlußsatz ist die Rechtsfolge, die sich im konkreten Fall aus dem Gesetz ergibt.

c) Die Rechtsauslegung

Nicht immer läßt sich ein Sachverhalt eindeutig unter eine bestimmte Rechtsnorm subsumieren. Der Jurist muß daher oft mehrere Rechtsnormen einander zuordnen. Wenn allgemein gefaßte Rechtsbegriffe, die auch Generalklauseln genannt werden, auszulegen sind, hat der Jurist nach Sinn und Zweck der Vorschrift zu fragen, da eine wörtliche Auslegung ihn meist nicht weiterbringt. Bestehen zwischen einzelnen Rechtsnormen Lücken, so sind diese möglicherweise dadurch auszufüllen, daß ähnliche Vorschriften entsprechend (analog) angewendet werden. Wird eine Gesetzesbestimmung entsprechend angewendet, so spricht man von einer

Gesetzesanalogie. Werden mehrere Gesetzesbestimmungen entsprechend angewendet, so nennt man dies eine Rechtsanalogie.

Manchmal ist eine Vorschrift ihrem Wortlaut nach zu weit gefaßt. Fragt man nach Sinn und Zweck der Vorschrift, so kommt man zu einer einschränkenden Auslegung. Man nennt dies auch eine teleologische Reduktion. Aus dem Wortlaut hätte sich eine weitere Auslegung ergeben.

d) Der Zivilprozeß

Bei der Behandlung zivilrechtlicher Fälle wird unterstellt, daß der Sachverhalt eindeutig ist. Dies entspricht nicht der Situation, welcher sich der Richter bei der Rechtsanwendung gegenüber sieht. Er muß zuerst prüfen, ob der vom Kläger vorgetragene Sachverhalt unter eine Gesetzesbestimmung subsumiert werden kann, aus der sich die von ihm begehrte Rechtsfolge ergibt. Man spricht hier von der Schlüssigkeit der Klage. In einem zweiten Schritt prüft der Richter sodann, ob das Vorbringen des Beklagten gegenüber dem Vortrag des Klägers erheblich ist. Ist dies der Fall, so muß über die zwischen den Prozeßparteien streitigen Tatsachen Beweis erhoben werden. Alle im Zivilprozeß nicht bestrittenen Tatsachen gelten als von der anderen Prozeßpartei zugestanden. Beweis muß hier nicht mehr erhoben werden. Steht nach der Beweisaufnahme zur Überzeugung des Richters fest, daß die Behauptung des Klägers den Tatsachen entspricht, dann gewinnt dieser den Prozeß. Die Klage ist begründet.

Im akademischen Zivilrechtsfall wird unterstellt, daß alle Tatsachen unstreitig sind. Die Prüfung der Schlüssigkeit fällt hier mit der Prüfung der Begründetheit zusammen. Es ist nur zu prüfen, ob der (unstreitige) Sachverhalt unter eine oder mehrere Gesetzesbestimmungen subsumiert werden kann, aus der sich die vom Kläger begehrte Rechtsfolge ergibt.

3. Rechtssubjekte

a) Natürliche und juristische Personen

Einzelne natürliche Personen sind immer Rechtssubjekte. Personengesamtheiten werden unter bestimmten Voraussetzungen vom BGB als Rechtssubjekte anerkannt. So sind z.B. eingetragene Vereine, Aktiengesellschaften oder Gesellschaften mit beschränkter Haftung als juristische Personen Rechtssubjekte. Keine Rechtssubjekte sind Tiere oder Sachen. Eine Ausnahme ist die Stiftung, die als verselbständigte Vermögensmasse juristische Person ist.

b) Rechtsfähigkeit, Geschäftsfähigkeit und Deliktsfähigkeit der natürlichen Person

Nach dem BGB ist jeder Mensch uneingeschränkt **rechtsfähig**. Ständische Reservate oder Benachteiligungen sind abgeschafft. Die Rechtsfähigkeit beginnt mit der Geburt (§ 1 BGB).

Die **Geschäftsfähigkeit** ist die Fähigkeit, im Rechtsverkehr handelnd aufzutreten und durch den Abschluß von Rechtsgeschäften Rechte erwerben bzw. Verpflichtungen begründen zu können. Für den Regelfall geht das BGB von der vollen Geschäftsfähigkeit aus. Ausnahmen sind geschäftsunfähige oder beschränkt geschäftsfähige Personen. Geschäftsunfähig sind nach § 104 Kinder unter 7 Jahren und Personen, die sich in einem Dauerzustand krankhafter Störung ihrer Geistestätigkeit befinden, sofern nicht der Zustand seiner Natur nach ein vorübergehender ist. Vorübergehend ist z.B. der Zustand der Volltrunkenheit. Die Willenserklärung eines Geschäftsunfähigen ist nach § 105 Abs. 1 nichtig. An der Stelle von Geschäftsunfähigen handeln ihre gesetzlichen Vertreter, beim Kind die Eltern (§ 1629 Abs. 1 Satz 2), beim Geisteskranken der Betreuer (§ 1902). Handelt der gesetzliche Vertreter im Namen des Geschäftsunfähigen, so treten die Rechtsfolgen zu Gunsten und zu Lasten des Vertretenen ein (vgl. unten IV.7., Vertretung).

Nichtig ist auch eine Willenserklärung, die im Zustand der Bewußtlosigkeit oder der vorübergehenden Störung der Geistestätigkeit abgegeben wird (§ 105 Abs. 2). Verschenkt also der Volltrunkene einen 100,-DM-Schein, so ist die Schenkung nach § 105 Abs. 2 unwirksam.

Beschränkt geschäftsfähig sind Minderjährige, die das 7. Lebensjahr vollendet haben (§ 106) aber noch nicht volljährig sind, d.h. das 18. Lebensjahr noch nicht vollendet haben (§ 2). Geistesschwache, Trunksüchtige oder drogenabhängige Personen sind seit Inkrafttreten des Betreuungsgesetzes am 1.1.1992 nicht mehr beschränkt geschäftsfähig. Die beschränkt Geschäftsfähigen können alleine rechtsgeschäftlich handeln, wenn ihnen dies ausschließlich einen rechtlichen Vorteil bringt, ansonsten bedürfen sie der Zustimmung ihrer gesetzlichen Vertreter (vgl. unten IV.4., Minderjährigenrecht).

Seit der Verabschiedung des Betreuungsgesetzes im Jahre 1990 kann ein Volljähriger beim Vormundschaftsgericht die Bestellung eines **Betreuers** beantragen, wenn er aufgrund einer psychischen Krankheit oder einer körperlichen, geistigen oder seelischen Behinderung seine Angelegenheiten ganz oder teilweise nicht besorgen kann (§ 1896 BGB). In seinem Aufgabenkreis vertritt der Betreuer den Betreuten gerichtlich und außergerichtlich (§ 1902 BGB).

Deliktsfähig ist, wer die zur Erkenntnis der Verantwortlichkeit für eine unerlaubte Handlung erforderliche Einsicht hat. Nicht deliktsfähig ist eine Person, die das 7. Lebensjahr noch nicht vollendet hat (828 Abs. 1). Nicht deliktsfähig ist eine Person ferner im Zustand der Bewußtlosigkeit oder in einem die freie Willensbestimmung ausschließenden Zustand krankhafter Störung der Geistestätigkeit (§ 827 Satz 1).

Beschränkt deliktsfähig sind Personen, die das 7., aber noch nicht das 18. Lebensjahr vollendet haben. Sie sind für eine unerlaubte Handlung nicht verantwortlich, wenn sie nicht die zur Erkenntnis der Verantwortlichkeit erforderliche Einsicht haben (§ 828 Abs. 2 Satz 1). Ein Zehnjähriger, der mit dem Fußball die Fensterscheibe des Nachbarn zertrümmert, kann das Unrecht seiner Tat und die daraus folgende Haftung nach seiner geistigen Entwicklung verstehen. Er ist daher für den Schaden verantwortlich, der aus seiner unerlaubten Handlung resultiert (vgl. unten).

c) Besonderheiten bei der juristischen Person

Das bürgerliche Recht regelt zwei Typen von juristischen Personen, den eingetragenen Verein und die Stiftung. Der eingetragene Verein (§§ 21-79 BGB) ist die Grundform der Handelsgesellschaften „Aktiengesellschaft" (AG) und „Gesellschaft mit beschränkter Haftung" (GmbH) sowie der Genossenschaft. Zur Entstehung und damit zur Erlangung der Rechtsfähigkeit bedarf er der Eintragung ins Vereinsregister, das beim Amtsgericht geführt wird. Der Registerrichter prüft, ob die gesetzlichen Mindesterfordernisse bei der Gründung beachtet wurden. So braucht der Verein als gesetzlichen Vertreter einen Vorstand (§ 26 BGB). Ferner muß die Satzung des Vereins den Zweck, den Namen und den Sitz angeben. Hinzu kommen zwingende Bestimmungen über den Eintritt und den Austritt der Mitglieder, über das Ob und Wie der Beitragszahlung sowie über die Voraussetzungen und die Formen, welche für die Einberufung der Mitgliederversammlung und die Beurkundung ihrer Beschlüsse maßgeblich sind (vgl. § 58

BGB). Zum Teil werden Personenzusammenschlüsse wie juristische Personen behandelt[319]. Dies gilt insbesondere für die Offene Handelsgesellschaft (OHG) und die Kommanditgesellschaft (KG). Derartige quasi-juristische Personen sind für alle praktischen Fälle wie juristische Personen zu behandeln.

Juristische Personen sind nicht deliktsfähig. Sie können aber für die unerlaubten Handlungen ihrer Vorstandsmitglieder verantwortlich gemacht werden. Maßgeblich ist § 31 BGB, wonach der eingetragene Verein für den Schaden verantwortlich ist, der aus der unerlaubten Handlung seines Vorstands, Vorstandsmitglieds oder sonstigen verfassungsmäßig berufenen Vertreters folgt, wenn er in Ausführung der ihm zustehenden Verrichtungen handelt.

d) Kaufleute und Handelsrecht

Für Kaufleute gilt ein besonderes Privatrecht, das Handelsrecht. Es ist überwiegend im Handelsgesetzbuch (HGB) vom 10.5.1897 geregelt. Rechtsgeschäfte, die ein Kaufmann tätigt (Handelsgeschäfte), fallen unter das Handelsrecht (vgl. § 343 Abs. 1 HGB). Kaufmann ist nach § 1 Abs. 1 HGB, wer ein Handelsgewerbe betreibt. Handelsgewerbe ist jeder Gewerbebetrieb, es sei denn, daß das Unternehmen nach Art oder Umfang einen in kaufmännischer Weise eingerichteten Geschäftsbetrieb nicht erfordert. Das Prinzip des „vor die Klammer Ziehens" gilt auch im Handelsrecht. Soweit keine speziellen handelsrechtlichen Normen eingreifen, kommt das BGB ergänzend (subsidiär) zur Anwendung. Das Handelsrecht wendet sich an Personen, welche im kaufmännischen Geschäftsverkehr erfahren sind. Es stellt erhöhte Ansprüche an ihre Sorgfalt und ihre Erfahrung, es erlegt ihnen auch ein erhöhtes Maß an Pflichten auf.

4. Subjektive Rechte

a) Objektives und subjektives Recht

Bei den Grundrechten haben wir gesehen, daß sie einerseits den einzelnen Personen konkrete Rechtspositionen einräumen, z.B. Abwehrrechte oder Teilhaberechte gegenüber der öffentlichen Hand, andererseits in ihrer Gesamtheit eine objektive Wertordnung bilden, die Gesetzgebung, Rechtsprechung und Verwaltung zu beachten haben.

Im Privatrecht, also auch im BGB, kann man ebenfalls zwischen den Rechtsnormen im objektiven Sinne und den subjektiven Rechten der einzelnen Personen unterscheiden. Die privatrechtlichen Rechtsnormen des BGB regeln objektiv die Beziehungen zwischen Personen und das Verhältnis von Personen zu Gegenständen. Es handelt sich insoweit um objektives Recht. Subjektive private Rechte stehen den einzelnen Personen zu. Sie räumen Befugnisse gegenüber den anderen Personen ein. Es entstehen sogenannte Privatrechtsverhältnisse, welche mehrere oder ein einziges subjektives Recht beinhalten können. Dem subjektiven Recht der einen Person steht die Bindung der Handlungsfreiheit einer anderen Person gegenüber, an die sich das subjektive Recht wendet. Im Kaufvertrag bedeutet dies z.B. nach § 433 Abs. 2 BGB, daß dem subjektiven Recht des Verkäufers, den Kaufpreis verlangen zu können, die Zahlungsverpflichtung des Käufers gegenübersteht. Die Rechtspflicht bewirkt demnach als Kehrseite des subjektiven Rechts, daß dieses beachtet wird.

---

[319] Vgl. im einzelnen WR III, Unternehmens- und Konzernrecht

Das subjektive Recht muß sich aus dem objektiven Recht ergeben. Es reicht nicht aus, wenn eine gesellschaftliche Position nur der Sitte oder der Sittlichkeit entspringt. Das subjektive Recht sichert den Raum für die Willensbetätigung der einzelnen Person, aber nicht nur in deren eigenem Interesse, sondern auch in dem Interesse anderer Personen. In dem Maße, in dem die Willensbetätigung des Einzelnen ausgedehnt wird, verringert sich die Betätigungsfreiheit seiner Mitmenschen. Von daher müssen dem subjektiven Recht Grenzen gezogen werden. Die Grenzziehung verläuft im Privatrecht ähnlich wie in Artikel 14 des Grundgesetzes; aus den Berechtigungen ergeben sich auch Pflichtbindungen des Rechtsinhabers.

b) Absolutes und relatives Recht

Nach seinem Inhalt kann ein subjektives Recht dem Begünstigten Befugnisse gegenüber jedermann verleihen; man spricht dann von einem **absoluten Recht**. Die Befugnisse können sich auch nur gegen eine oder mehrere bestimmte Personen richten; man spricht dann von einem **relativen Recht**. Von einer relativen Rechtsbeziehung werden andere Personen als die Begünstigten berührt. Ein Beispiel für ein absolutes Recht ist das Eigentum. Es ist ein Ausschließungsrecht. Nach § 903 BGB kann der Eigentümer einer Sache mit ihr nach Belieben verfahren und andere von jeder Einwirkung ausschließen, soweit nicht das Gesetz oder Rechte Dritter entgegenstehen. Jedermann außer dem Eigentümer ist also von der Herrschaft über die Sache ausgeschlossen. Umgekehrt besteht die Herrschaft des Eigentümers absolut, d.h. gegenüber jedermann. Verstößt jemand gegen das Eigentum, kann der Eigentümer von ihm Schadensersatz nach § 823 Abs. 1 wegen unerlaubter Handlung verlangen. Als absolutes Recht ist das Eigentum rundum gegen Beeinträchtigungen geschützt.

Relative Rechte richten sich nur an bestimmte Personen. Nur sie sind gegenüber dem Rechtsinhaber zu einem bestimmten Tun oder Unterlassen verpflichtet. Die oben erwähnte Kaufpreisforderung nach § 433 Abs. 2, d.h. das vertragliche Recht des Verkäufers, den Kaufpreis zu verlangen, ist ein relatives Recht gegenüber dem Käufer. Nur der Käufer kann dieses Recht verletzen, wenn er nicht zahlt.

In der Regel befaßt sich das Schuldrecht im zweiten Buch des BGB mit relativen Rechten, d.h. mit Verpflichtungen zwischen bestimmten Personen. Das Sachenrecht im dritten Buch des BGB befaßt sich in erster Linie mit absoluten Rechten, d.h. mit vollen (Eigentum) oder beschränkten Herrschaftsrechten, die gegenüber jedermann geschützt sind.

c) Ansprüche (Forderungen) und Gestaltungsrechte

Ein Anspruch ist das Recht, von einem anderen ein Tun oder Unterlassen zu verlangen (§ 194 BGB).

Wenn A dem B ein Buch für 100,- DM verkauft hat, so richtet sich sein Kaufpreisanspruch aus § 433 auf die Zahlung dieser 100,- DM. Dies macht ihn jedoch nicht zum Verfügungsberechtigten, der sich den Gegenwert dieser 100,- DM beliebig aus dem Privatvermögen des Käufers holen könnte. Durch diesen Anspruch werden auch die Forderungen anderer Personen gegen den Käufer B nicht berührt. Befürchtet A, daß er wegen in naher Zukunft anstehender großer Zahlungsverpflichtungen des B seinen Anspruch nach einer gewissen Zeit nicht mehr durchsetzen kann, so muß er sich rasch darum bemühen, daß die Gerichte und der Gerichtsvollzieher ihm bei der Durchsetzung des Anspruchs helfen. Er muß sich darum kümmern, seinen Anspruch „zu befriedigen“. Damit befaßt sich das Prozeßrecht, und zwar die Zivilprozeßordnung, da es sich um einen Rechtsstreit zwischen Privatleuten handelt.

Gestaltungsrechte verschaffen dem einzelnen die Möglichkeit, mit Hilfe einer einseitigen Erklärung bestehende Rechtsbeziehungen mit anderen Personen zu verändern oder aufzuheben. Wenn der Vermieter dem Mieter kündigt, so greift er in die Rechtsposition des Mieters ein, die dieser aus dem Mietvertrag herleitet. Eine solche Kündigung ist unter bestimmten Voraussetzungen zulässig, insbesondere müssen die sogenannten Kündigungsfristen beachtet werden. Bleibt z.B. der Mieter die Bezahlung des Mietzinses schuldig, so ergibt sich für den Vermieter die Möglichkeit, das Mietverhältnis unter bestimmten Voraussetzungen ohne die Beachtung einer Frist (fristlos) zu kündigen (vgl. § 554 BGB).

d) Staatlicher Rechtsschutz und Selbsthilfe

Wer ein subjektives Recht geltend macht, das ein anderer nicht beachtet, muß zur Durchsetzung dieses seines Rechts staatliche Hilfe anrufen. Bürgerlich-rechtliche Rechtsstreitigkeiten werden in der Regel im Zivilprozeß vor den ordentlichen Gerichten ausgetragen. Aus einem rechtskräftigen Urteil des Gerichts kann die Zwangsvollstreckung in das Vermögen des unterlegenen Prozeßgegners betrieben werden.

Nur in Ausnahmefällen ist die **Selbsthilfe** zulässig. Ist z.B. der Schuldner eben dabei, die Flucht ins Ausland zu ergreifen, so darf ihm der Gläubiger den Paß abnehmen, wenn er staatliche Hilfe nicht mehr rechtzeitig erlangen kann. Nach § 229 BGB ist diese sogenannte Selbsthilfe zulässig, wenn die Gefahr besteht, daß die Verwirklichung des Anspruchs vereitelt oder wesentlich erschwert wird und wenn die staatliche Hilfe nicht mehr rechtzeitig erreicht werden kann.

Ein Sonderfall der Selbsthilfe sind die Notwehr (§ 227 BGB) und der Notstand (§ 228 BGB). Auf beides ist im Recht der unerlaubten Handlungen einzugehen (vgl. unten).

e) Grenzen des Rechtsschutzes, Verjährung

Der Schutz der subjektiven Rechte ist durch allgemeine Rechtsprinzipien, durch zeitliche und prozessuale Schranken eingegrenzt.

Ein allgemeines Rechtsprinzip ist das sogenannte **Schikaneverbot** (§ 226 BGB). Danach ist die Ausübung eines Rechtes unzulässig, wenn sie nur den Zweck haben kann, einem anderen Schaden zuzufügen. Eine Grenze des Rechtsschutzes ergibt sich ferner aus dem Grundsatz von Treu und Glauben, der aus § 242 BGB entwickelt wurde. Seinem Wortlaut nach sagt § 242 lediglich, daß der Schuldner die Leistung so zu erbringen habe, wie Treu und Glauben mit Rücksicht auf die Verkehrssitte es erfordern. Daraus hat die Rechtsprechung eine Generalklausel entwickelt, den Grundsatz von Treu und Glauben, der sich als „Querschnittsnorm" durch das gesamte Privatrecht, ja auch durch das öffentliche Recht hindurchzieht. Eine solche Generalklausel kann nur die allgemeine Richtung angeben, in der die Antwort auf eine bestimmte Rechtsfrage gesucht werden muß. Auch das Schikaneverbot ist eine derartige Generalklausel. Seine Bedeutung ist allerdings erheblich geringer als die des Grundsatzes von Treu und Glauben, welcher von der Rechtsprechung flexibel angewendet werden kann, wobei der Rechtsschutz teils ausgeweitet, teils eingeschränkt wird.

Der Rechtsschutz kann auch an **zeitliche Grenzen (Verjährung)** stoßen. Nach § 195 BGB verjährt ein Anspruch in der Regel nach 30 Jahren. Kürzere Verjährungsfristen regeln § 196 (2 Jahre) und § 197 (4 Jahre). Der Lauf der Verjährungsfrist wird „unterbrochen", wenn der

Gläubiger rechtzeitig gerichtliche Schritte zur Feststellung und Durchsetzung seines Anspruchs ergreift (§ 209). Nach der Beendigung dieser Unterbrechung beginnt die Verjährungsfrist neu zu laufen (§ 217). Unter bestimmten Voraussetzungen (vgl. §§ 202-204 BGB) wird die Verjährung „gehemmt", d.h. der entsprechende Zeitraum wird in die Verjährungsfrist nicht eingerechnet (§ 205 BGB); sie läuft nach Ende der Hemmung von dem Stand aus weiter, an dem sie angelangt war.

Die zeitliche Grenze der Verjährung ist gleichzeitig eine prozessuale Grenze für den, welcher einen Anspruch vor Gericht geltend macht. Sein materiell-rechtlicher Anspruch besteht zwar weiter, er kann aber nicht mehr durchgesetzt werden, wenn sich im Prozeß die Gegenseite auf die sogenannte Einrede der Verjährung beruft. Eine prozessuale Grenze gibt es auch für die Durchsetzung von Gestaltungsrechten. So muß z.B. nach § 626 Abs. 2 BGB die fristlose Kündigung eines Arbeitsverhältnisses innerhalb von 2 Wochen nach Bekanntwerden des Kündigungsgrundes ausgesprochen werden. Nach Ablauf dieser Zeit ist die prozessuale Geltendmachung des Gestaltungsrechts ausgeschlossen. Anders als bei der Verjährung muß sich bei dieser „Verfristung" oder allgemein beim „Ausschluß" eines Gestaltungsrechts die Gegenseite nicht im Prozeß auf den Zeitablauf berufen. Das Gestaltungsrecht fällt vielmehr ersatzlos weg.

5. Rechtsobjekte

Rechtsobjekte sind Sachen, das heißt körperliche Gegenstände (§ 90), und Rechte, also z.B. Forderungen, Patente, Urheberrechte oder Nutzungsrechte. Tiere sind keine Sachen. Dies bestimmt § 90a des BGB seit der Novelle von 1990. Auf Tiere werden aber die für Sachen geltenden Vorschriften entsprechend angewendet, soweit gesetzlich (z.B. durch das Tierschutzgesetz) nichts anderes bestimmt ist.

Es gibt bewegliche und unbewegliche Sachen (Grundstücke), vertretbare und nicht vertretbare Sachen (vgl. § 91), verbrauchbare und nicht verbrauchbare Sachen (vgl. § 92 Abs. 1).

Wesentliche Bestandteile einer Sache, d.h. Bestandteile, die voneinander nicht getrennt werden können, ohne daß der eine oder der andere zerstört oder in seinem Wesen verändert wird (§ 93), können nicht Gegenstand besonderer Rechte sein. Sie teilen also das rechtliche Schicksal der Gesamtsache. Damit werden die Häuser, die auf einem Grundstück stehen, einheitlich zusammen mit dem Grundstück behandelt. Das Eigentum besteht an dem Grundstück, nicht an dem Haus, welches nur wesentlicher Bestandteil des Grundstücks ist. Nach § 94 Abs. 1 sind aber nicht nur die Häuser, welche mit dem Grund und Boden fest verbunden sind, wesentliche Bestandteile, sondern auch die Sachen, welche zur Herstellung der Häuser fest eingefügt wurden (§ 94 Abs. 2). Kachelt also der Mieter sein Bad, so wird mit der Einfügung der Kacheln in das Haus der Eigentümer des Hauses auch Eigentümer der Kacheln[320].

Scheinbestandteile, d.h. Sachen, die nur zu einem vorübergehenden Zweck mit dem Grund und Boden verbunden sind, können Gegenstand besonderer Rechte sein; sie werden nicht Bestandteile (§ 95). Dazu zählt z.B. der Bauwagen, der vorübergehend fest auf einem Grundstück abgestellt ist. Zubehör, d.h. Sachen, die ohne Bestandteile der Hauptsache zu sein, dem wirtschaftlichen Zweck der Hauptsache dauernd zu dienen bestimmt sind und zu ihr in einer entsprechenden räumlichen Beziehung stehen, können zwar Gegenstand besonderer Rechte

[320] Vgl. im einzelnen WR II, II. 2

sein (§ 97); unter bestimmten Voraussetzungen geht aber das Eigentum am Zubehör zusammen mit dem Eigentum an der Hauptsache über[321].

6. Vertiefung

Auszug aus Wiethölter, Rechtswissenschaft, 1968, S. 182-195

„Jahrelang schon bediene ich mich meiner Nase zum Riechen, hab ich denn wirklich an sie auch ein erweisliches Recht?"
So fragt Schiller spöttisch. Der antwortende Jurist, weicht er nicht in leeres Gerede aus, gerät in arge Bedrängnis. Natürlich darf ich riechen, natürlich kann ich gegen jeden etwas unternehmen, der mir die Nase zuhält. Jenseits solcher Banalitäten hört das ‚Natürliche' auf. Ist ein *Recht* verletzt, wenn mich jemand mit Schnupfen ansteckt? Welches Recht? Recht an der Nase oder Recht der Nase, Recht auf Gesundheit oder Gesundheit als Recht, Recht am Körper oder Körper als Recht, Recht an der Persönlichkeit oder Persönlichkeitsrecht? Ist hier *mein* Recht verletzt oder *das* Recht? Wie sind beide vorstellbar? Oder bin lediglich *ich* verletzt? Und ist Recht oder bin ich überhaupt *verletzt?* Ist der Schnupfen eine Verletzung? Gehört dazu, daß der andere meinen Schnupfen gewollt hat (vorsätzliches Handeln)? Oder reicht es aus, daß er den Schnupfen hätte verhindern können und müssen (fahrlässige Handlung)? Muß also, wer selbst den Schnupfen hat, in seinen vier Wänden hocken bleiben, um sich nicht schadensersatzpflichtig zu machen? Erhält er dann weiterhin seinen vollen Arbeitslohn? Ich kaufe ein Oberhemd. Zu Hause merke ich, daß es zwei linke Ärmel hat. Ein Ärmel ist falsch eingesetzt. Ich will ein anderes Hemd, vielleicht will ich auch nur mein Geld zurück, weil ich dasselbe Hemd anderswo billiger gesehen habe. Der Verkäufer will beides nicht, er will das Hemd der Herstellerin einschicken. Wessen ‚Wille' setzt sich hier durch? Wieso kommt es auf den *Willen* an? Habe ich ein ‚Umtauschrecht' oder ein ‚Rücktauschrecht' oder nur ein ‚Ausbesserungsrecht'?

Alle diese Fragen zielen auf Zentralprobleme des bürgerlichen Vermögensrechts: Wie ist das Leistungen und Versorgungen der in Gemeinschaft lebenden Menschen ermöglichende ‚System der Bedürfnisse' (Hegel) rechtlich organisiert? Im Modellprinzip: individualistisch!
Unser Rechtssystem beruht - als Modell auf der Entfaltung aller und nur der Individuen. Die beiden eng verbundenen Schlüsselstichworte des bürgerlichen Vermögensrechts sind deshalb: Persönlichkeit und Privatautonomie, mithin rechtliche Selbstbestimmung. Diese Selbstbestimmung stützt sich rechtstechnisch auf das sog. subjektive Recht und das sog. Rechtsgeschäft. Um ihre Funktionen zu erläutern, muß ich wiederum ausholen.

Im Bonner Grundgesetz finden sich in den ersten Artikeln auffällig unterschiedliche Formulierungen. „Die *Würde* des *Menschen* ist unantastbar" (Art. 1 Abs. 1). „*Jeder* hat das Recht auf die freie Entfaltung *seiner Persönlichkeit*" (Art. 2 Abs. 1). „*Jeder* hat das Recht auf Leben und körperliche Unversehrtheit" (Art. 2 Abs. 2 S. 1). „Die Freiheit der *Person* ist unverletzlich" (Art. 2 Abs. 2 S. 2). „Pflege und Erziehung der Kinder sind das *natürliche Recht* der Eltern und die zuvörderst ihnen obliegende *Pflicht*. Über ihre Betätigung wacht die staatliche Gemeinschaft" (Art. 6 Abs. 2). „Jede Mutter hat *Anspruch* auf den Schutz und die Fürsorge der Gemeinschaft" (Art. 6 Abs. 4). „*Alle Deutschen* haben das Recht, Beruf, Arbeitsplatz und Ausbildungsstätte frei zu wählen" (Art. 12 Abs. 1 S. 1). „Das Eigentum und das Erbrecht

[321] Vgl. wiederum WR II, II.2

werden *gewährleistet*". Eigentum *verpflichtet.* Sein Gebrauch *soll* zugleich dem Wohle der Allgemeinheit dienen" (Art. 14 Abs. 1 S. 1 u. Abs. 2).

Warum spricht das Grundgesetz nicht von Recht auf Menschenwürde wie von Recht auf Persönlichkeitsentfaltung? Warum ist nicht der *Mensch* unantastbar statt der Würde? Ist Persönlichkeit etwas, das ich habe oder etwas, das ich bin? Bedeutet vielleicht die Formulierung ‚mein Vater' rechtlich etwas anderes als ‚meine Frau'? Was ist hier *mein?* Ist ‚jeder' etwas anderes als ‚jeder Mensch' oder ‚jedermann' (letzterer z. B. in Art. 9 Abs. 3 und in Art. 17 GG)? Wenn ja, hat auch eine Aktiengesellschaft Recht auf Entfaltung *ihrer Persönlichkeit?* Was unterscheidet Persönlichkeit - außer vom Menschen vor allem - von der Person (alles in Art. 2)? Ist das ‚natürliche Recht' (Art. 6) mehr oder weniger als ein ‚Recht'? Bezieht sich ‚ihre Betätigung' in Art. 6 auf die Erziehung oder auf Recht und Pflicht der Erziehung (ist das überhaupt ein Unterschied)? Warum haben Mütter *Ansprüche* und nicht Rechte? Heißt Recht, daß ich etwas fordern *kann* oder fordern *darf?* Heißt Recht, daß mir etwas geschieht, oder nur, daß mir etwas nicht geschieht? Ist also Recht auf Leben positiv, daß *man* mich *leben läßt,* also mein Leben gewährleistet, oder negativ, daß man *mich leben läßt,* also mich nicht tötet? Wird etwa in dieser positiven Form Eigentum gewährleistet (Art. 14), Leben und Gesundheit (Art. 2) dagegen nicht? Oder ist umgekehrt Eigentum auch ‚nur' Recht auf Eigentum? Was ist Eigentum? Mein Gehaltsanspruch, meine Arbeitskraft? Und wie ist es gemeint, daß *Eigentum* verpflichtet? Wohl kaum als Pflicht z. B. eines Autos. Als Pflicht des Autoeigentümers wohl unmittelbar auch nicht, sonst hieße es wohl (ähnlich wie in Art. 6 GG) anders. ‚Sein Gebrauch' (in Art. 14) gibt wohl am ehesten Aufschlüsse: gemeint sein kann nur Eigentum als ‚Recht', das zugleich verpflichtet, nämlich den Eigentümer. Und wem gegenüber? Und was heißt überhaupt ‚sein Gebrauch *soll,* oder *kann* er (also kategorisch oder hypothetisch)?
Ich breche die sicher verwirrenden Fragen ab. Sie sind indessen von kaum zu überschätzender praktischer Bedeutung für die Rechtsordnung und ihr Verständnis.

Rechtsverständnis, das von einer vorgegebenen vernünftigen Einheit von ‚Recht' und ‚Sittlichkeit' ausgeht, kennt nur die ebenfalls unscheidbare Einheit von ‚Rechten' und ‚Pflichten' im Sinne von Normen des Sollens, die auf Verwirklichung allgemein verbindlicher Werte zielen. Die Rechtsordnung läßt sich in solchen Systemen als primär von ‚Pflichten' her orientiert begreifen, als *Gebote* und *Verbote.* Die berühmten obersten Rechtsgebote *Ulpians* waren: honeste vivere, neminem laedere, suum cuique tribuere. Der ‚Mensch im Recht' ist hier nicht ‚Rechtsperson', die umfassende Rechtsansprüche zu stellen befugt ist, sondern **Mensch** in spezifischen Sozialordnungen, die höchst unterschiedlich von ‚Recht' betroffen werden. Er ist Mensch in Ständen, Klassen, Mensch mit und im *status* (klassisch: status libertatis, status familiae, status civitatis). Je nach Stand teilt ihm Recht ‚das Seine' zu.

Grundlegend ändert sich dieses Rechtsverständnis mit dem Natur- und Vernunftrecht insbesondere des 17. und 18. Jahrhunderts. Sein durch und durch *individualistisches* Weltbild *rückt den* Menschen als Menschen - *vor aller* Gemeinschaftsbildung, also auch vor allem durchsetzbaren Recht, in den Mittelpunkt der Rechtsordnung, geht freilich zunächst aber noch immer ausschließlich von ‚natürlichen' *Pflichten* aus: Pflichten gegen Gott, Pflichten gegen sich selbst, Pflichten gegen andere Menschen (so *S. Pufendorf).* Diese natur- und vernunftrechtlichen Systeme lassen ebenso umfassende wie umfangreiche Pflichtenkataloge im Recht erblühen, dabei in aller Regel mit der Einteilung in ‚angeborenes' und ‚erworbenes' Recht mit den entsprechenden Pflichten. Dabei gilt als angeborenes Recht alles, was schon von und durch Geburt und ganz unabhängig von der Willensbeteiligung anderer Menschen den Menschen im Unterschied von der Tierwelt und der unbelebten Natur auszeichnet, während erworbenes Recht auf Kontakten mitmenschlicher Gesellschaftlichkeit beruht (grundlegend: *Ch. Thoma-*

sius). Den Höhepunkt erreicht die entfaltete Systemkunst in *Christian Wolff.* Er zieht die Folgerungen aus der schon von Thomasius geschaffenen Spaltung von Pflichten und Rechten, genauer: von ‚äußerer' Pflicht = Recht und ‚innerer' Pflicht = Sittlichkeit, indem er die Rechtsordnung auf der Grundlage von *Rechten* statt von Pflichten systematisiert, denen jeweils äußere, nämlich Rechtspflichten, entsprechen. Wolff kennt unglaublich viele, zum Teil höchst wunderliche ‚natürliche' Rechte (also Menschenrechte im unpolitischen Sinne), wie etwa ein *Recht auf Glück.* Gegen diese, uns heute wunderlich erscheinenden Rechtskonstruktionen wendet sich übrigens Schillers Spottvers.

Wir sehen: In einer ‚natürlichen', von irgendeiner Rechtsverbindlichkeit völlig freien Weise lassen sich aus individualistischer ‚Vernünftigkeit' und Spekulation über das ‚Menschenwesen' *Rechte* nach Belieben aufstellen. Sie sind *Betrachtungen über den Menschen.* In einer solchen Tradition spekulativ-unverbindlicher Konstruktion stehen noch heute etwa Vorstellungen von einem Recht auf Heimat, einem Recht auf Bildung, einem Recht auf Existenz usw. Diese natur- und vernunftrechtliche Herkunft ist auch vielen ‚Grundrechten' anzumerken. Es sind insoweit *Menschenrechte* eines zunächst ganz unpolitischen Bekenntnisses zugunsten der schlichten gleichen Menschlichkeit von allem und für alles, was ‚Menschenantlitz' trägt. Es beherrscht also insoweit das Aufklärungsrechtsdenken des 17. und 18. Jahrhunderts den Geist des Grundgesetzes, nicht etwa *christliches Menschenrecht* (die christliche Gesellschaft kannte ‚Herren' und ‚Sklaven').

Jene unveräußerlichen, unverlierbaren Menschenrechte waren keineswegs ‚Rechte' in der ‚positiven', also in der *bürgerlichen Rechtsordnung.* Die Spaltung von ‚ungeselligen' Natur- und Vernunftzuständen und kraft des bürgerlichen Gesellschaftvertrages vergesellschafteten politischen Zuständen, also der Doppelstatus des *Menschen und Bürgers* macht gerade den Kern der ‚aufgeklärten' Rechts- und Staatsordnungen aus, gleich ob sie als absolutistische Monarchien existieren oder sich als absolute volkssouveräne Demokratien erst noch im Entwurfsstadium befinden. Der Mensch mit allen seinen ‚natürlichen' Menschenrechten kann folglich als Bürger weitgehend ohne bürgerliche Rechte sein. Als Mensch ist er frei wie jeder Mensch, aber das ist nicht positives Recht; als Bürger kann er unfrei sein, weil er in die ständische Gliederung der Gesellschaft eingeordnet ist, vor der ihn seine natürlichen Rechte nicht bewahren. Die Gleichsetzung von Menschen- *und* Bürgerrechten, zunächst nur in der politischen Theorie (bahnbrechend: J. J. Rousseau) entworfen, wird ‚Ereignis' in der Französischen Revolution, in den Verfassungen Frankreichs und der Vereinigten Staaten von Nordamerika (ich komme im Kapitel über die Grundrechte darauf zurück). Hier werden natürliche Rechte und politische Rechte weitgehend identifiziert, freilich nicht im Sinne von ‚schuldrechtlichen Ansprüchen', sondern von Anteilshabe und Beteiligung am gesamten Geschehen in der politischen Gesellschaft. Dies ist der zweite Traditionsstrom, der schließlich in das Bonner Grundgesetz geflossen ist. Unsere Grundrechte sind danach Menschen- *und* Bürgerrechte, sind *Rechte auf Teilhabe und Teilnahme* am politischen Gemeinwesen um aller Menschen willen, die sich zur politischen Gesellschaft zusammen ‚verfassen'. Daß wir heute so außerordentliche Schwierigkeiten mit solcher Sicht der Grundrechte haben, liegt in der deutschen Staats- und Rechtsentwicklung des 19. Jahrhunderts begründet. In Deutschland ist es eben nicht zu einer Identifizierung von Menschen- und Bürgerpositionen gekommen wie in der Französischen und in der amerikanischen Revolution.

Die Spaltung von Naturzustand (status naturalis) ohne positiv verbindliches Recht und Gesellschaftszustand (status moralis) ohne Naturrecht erreichte in der Gesetzgebungsgeschichte ihren Höhepunkt mit dem *Allgemeinen Landrecht für die preußischen Staaten von 1794.* Dieses Landrecht war die umfassende Kodifikation für den absolutistischen Ständestaat auf der

Grundlage allgemeiner natürlicher Menschenrechte. In Preußen wird damit der geistlich, sittlich und geistig freie Mensch zugleich unfreier, unpolitischer Untertan. Er kann denken, was er will, aber er hat zu gehorchen (so *Svarez* im Anschluß an *Kant).* Der Mensch lebt im aufgeklärten preußischen Absolutismus kraft des Allgemeinen Landrechts höchst unterschiedlich als Mensch, Einwohner, Staatsmitglied, Untertan, Person und Staatsbürger.

Die §§ 82-85 der Einleitung des Allgemeinen Landrechts (ALR) geben einen Eindruck von der Rechtsquellenhierarchie:

§ 82: „Die Rechte des Menschen entstehen durch seine Geburt, durch seinen Stand und durch Handlungen und Begebenheiten, mit welchen die Gesetze eine bestimmte Wirkung verbunden haben."
§ 83: „Die allgemeinen Rechte des Menschen gründen sich auf die natürliche Freiheit, sein eigenes Wohl ohne Kränkung der Rechte eines Andern, suchen und befördern zu können."
§ 84: „Die besondern Rechte und Pflichten der Mitglieder des Staats beruhen auf dem persönlichen Verhältnisse, in welchem ein Jeder gegen den Andern und gegen den Staat selbst sich befindet."
§ 85: „Rechte und Pflichten, welche aus Handlungen und Begebenheiten entspringen, werden Allen durch die Gesetze bestimmt."
Über das korrespondierende Verhältnis von Rechten und Pflichten informieren folgende Bestimmungen:
§ 88: „Soweit jemand ein Recht hat, ist er dasselbe in den gesetzmäßigen Schranken auszuüben befugt."
§ 89: „Wem die Gesetze ein Recht geben, dem bewilligen sie auch die Mittel, ohne welche dasselbe nicht ausgeübt werden kann."
§ 90: „Wer ein Recht hat, ist zu allen Vorteilen, die er sich durch dessen gesetzmäßigen Gebrauch verschaffen kann, wohlbefugt."
§ 92: „Aus dem Rechte des Einen folgt die Pflicht des Andern, zur Leistung oder Duldung dessen, was die Ausübung des Rechts erfordert."

Das preußische ALR war ein im Geiste des Vernunftrechts und zugleich weitgehend auch *Kants* errichtetes Gesetzbuch, vor allem in der Korrespondenz von Rechten und Pflichten als der streng individualistischen Grundlage menschlicher Beziehungen in den Rechtsordnungen der jeweiligen Stände. Die Summe der Teilgemeinschaften und Stände ist die *‚bürgerliche Gesellschaft'*. Über die Position des Menschen in dieser bürgerlichen Gesellschaft sagt § 1 des ersten Titels im ersten Teil des ALR: „Der Mensch wird, insofern er gewisse Rechte in der bürgerlichen Gesellschaft genießt, eine Person genannt."

Mit dem ALR wird in Deutschland erstmalig gesetzlich präzise der Rechtsbegriff *Person* verwertet i. S. von *Rechtsfähigkeit.* Der Mensch wird hier nicht mehr von Pflichten her verstanden, von seinem Status, sondern als *‚Träger'* von Rechten und Pflichten. Freilich ist dies keine umfassende allgemeine Rechtsfähigkeit - dazu kommt es erst nach 1807 im Anschluß an die preußischen Reformen -, aber der Mensch ist Rechtsperson geworden, nachdem er schon vorher sittlich autonomes Wesen geworden war. Person als Rechtssubjekt i. S. des preußischen ALR ist also der vernunftbegabte, sittlich freie Mensch. Der Beginn solcher Rechtsfähigkeit des Menschen war in der Tat eine bahnbrechende Leistung. Heute ist für uns die Rechtsfähigkeit aller Menschen so selbstverständlich, daß im Bürgerlichen Gesetzbuch (BGB) nur noch gesagt wird, wann sie beginnt (nämlich nach § 1 „mit der Vollendung der Geburt"; strafrechtlich beginnt das *rechtliche* Dasein des Menschen schon früher, nämlich „in der Geburt", § 217 StGB). Der Begriff ‚Person' ist bis heute etymologisch ungeklärt. Die frühere

Vorstellung, er leite sich her von *personare* (zu persona als Schauspielermaske, durch die hindurch eine Stimme töne), trifft wohl nicht zu. Die mittelalterliche scholastische Theologie hat den Ausdruck *Persona* durchgesetzt für die jeweils besondere Wesenheit der Trinität von Gott als Vater, Sohn und Heiligem Geist. Person, bezogen auf die persona als Maske, deutet also auf eine spezifische *Rollenfunktion* des Menschen, also z. B. im Recht. Vor dem ALR ist Person rechtlich unspezifisch als Bezeichnung benutzt worden in der Kanonistik und im Naturrecht (persona moralis als ,willensfähige' *Einheit* konnte auch eine Körperschaft, eine Stiftung, ein Verein sein, die wir heute *juristische Person* nennen im Unterschied zur *,natürlichen* Person, obwohl korrekt die natürliche Person als Person des Rechts gerade juristische Person ist, während die sog. juristische Person ausschließlich *fiktive* Person ist; im französischen Rechtssprachgebrauch heißt die juristische Person noch heute personne morale). Person als ,Mensch im Recht' ist die moderne Form des aristotelischen zoon politikon, des erst in der polis-Gemeinschaft wirklich , Mensch' werdenden Lebewesens.

Die philosophisch eindeutige Verschmelzung von Person, Recht und Freiheit, die dann das moderne Recht beherrscht, verdanken wir wiederum *I. Kant.* Seine Vernunftgrundprinzipien der Gesetzgebung - Freiheit des Menschen, Gleichheit des Untertans, Selbständigkeit des Bürgers - habe ich schon früher erwähnt. Freiheit des Willens ist für Kant die sittliche Autonomie, d. h. „die Eigenschaft des Willens, sich selbst Gesetz zu sein". „Handle so, daß du die Menschheit, sowohl in deiner Person, als in der Person eines jeden andern, jederzeit zugleich als Zweck, niemals bloß als Mittel brauchest." „Das aber, was die Bedingung ausmacht, unter der allein etwas Zweck an sich selbst sein kann, hat nicht bloß einen relativen Wert, d. i. einen Preis, sondern einen inneren Wert, d. i. Würde. Nun ist Moralität die Bedingung, unter der allein ein vernünftiges Wesen Zweck an sich selbst sein kann; weil nur durch sie es möglich ist, ein gesetzgebendes Glied im Reiche der Zwecke zu sein. Also ist Sittlichkeit und die Menschheit, so fern sie derselben fähig ist, dasjenige, was allein Würde hat ... Die Gesetzgebung selbst aber, die allein Wert bestimmt, muß eben darum eine Würde, d. i. unbedingten, unvergleichbaren Wert haben, für welchen das Wort Achtung allein den geziemenden Ausdruck der Schätzung abgibt, die ein vernünftiges Wesen über sie anzustellen hat. Autonomie ist also der Grund der Würde der menschlichen und jeder vernünftigen Natur."

Freiheit (als ,inneres Mein und Dein') ist für Kant das „einzige, ursprüngliche, jedem Menschen, kraft seiner Menschheit zustehende Recht". Alle anderen Rechte (als ,äußeres Mein und Dein'), soweit sie nicht - wie z. B. die Gleichheit - schon im Freiheitsprinzip liegen, beruhen auf ,rechtlichen Akten'. Dabei sind sämtliche Rechte zu verstehen als ,moralische Vermögen, andere zu verpflichten'. „Alle Pflichten sind entweder Rechtspflichten, d. i. solche, für welche eine äußere Gesetzgebung möglich ist, oder Tugendpflichten, für welche eine solche nicht möglich ist" (weil sie auf einen *,Zweck'* gehen, der zugleich *,Pflicht'* ist!). *Kant* zur Frage, warum die gesamte Sittenlehre (Moral) auf *Pflichten,* nicht dagegen auf die korrespondierenden Rechte gegründet werde: „Wir kennen unsere eigene Freiheit (von der alle moralischen Gesetze, mithin auch alle Rechte sowohl als Pflichten ausgehen) nur durch den moralischen Imperativ, welcher ein pflichtgebietender Satz ist, aus welchem nachher das Vermögen, andere zu verpflichten, d. i. der Begriff des Rechts, entwickelt werden kann."

„ Das *Privatrecht* (Kant unterscheidet zunächst: ,Naturrecht' [= systematische Rechtslehre aus Prinzipien a priori] und ,positives [statutarisches] Recht' [= Wille eines Gesetzgebers]; das von Kant dann allein behandelte Naturrecht gliedert er in, natürliches Recht' [= Privatrecht, in ihm ist immer nur provisorisches Recht möglich] und ,bürgerliches Recht' [= ,öffentliches Recht', das durch Gesetze das ,Mein und Dein' sichert; nur in ihm ist peremptorisches Recht möglich]) teilt Kant wie folgt ein:

1. Äußeres rechtliches ‚Mein' ist alles, dessen Gebrauch (Ausübung von ‚*Willkür*' als ‚Macht' [Potential]) durch andere widerrechtliche Verletzung wäre; die subjektive Bedingung dafür ist der *Besitz*. 2. Äußere Gegenstände solcher Willkür (= Besitz) können nur sein:

a) „eine (körperliche) Sache außer mir"; hier besitzt der Mensch den Gegenstand selbst: *Sachenrecht* (= „Recht in einer Sache"), das Beziehungen von Personen zu Personen, nicht aber von Personen zu Sachen meint (letzteres nur als ‚Bild' des rechtlichen Verhältnisses zulässig!); ein Besitz der ‚Substanz nach' (= *alle* Rechte in dieser Sache) ist *Eigentum*; der Eigentümer kann nach Belieben verfügen; „aber hier aus folgt von selbst, daß ein solcher Gegenstand nur eine körperliche Sache (gegen die man keine Verbindlichkeit hat) sein könne, daher ein Mensch sein eigener Herr (sui iuris), aber nicht Eigentümer von sich selbst (sui dominus) (über sich nach Belieben disponieren zu können) geschweige denn von anderen Menschen sein kann, weil er der Menschheit in seiner eigenen Person verantwortlich ist".

b) „Die Willkür eines anderen zu einer bestimmten Tat"; hier besitzt der Mensch das *kontraktliche Versprechen* des anderen: *Persönliches Recht* (= Vermögen, einen anderen nach „Freiheitsgesetzen zu einer bestimmten Tat zu bestimmen"); keine, Übertragung' ohne ‚*Vertrag*' (= „Akt der vereinigten Willkür zweier Personen"); für Sachen ist ‚Übergabe' nötig (wodurch persönliches zu *dinglichem Recht* wird).

c) „Der Zustand eines Andern im Verhältnis auf mich"; hier besitzt der Mensch durch ‚bloßen Willen' z. B. *sein* Weib oder *sein* Kind, *sein* Gesinde: *auf dingliche* Art *persönliches Recht* (= „Recht des Besitzes eines äußeren Gegenstandes als einer Sache und des Gebrauchs desselben als einer Person", oder: „Recht des Menschen, eine Person außer sich als das Seine zu haben"); hier ist „kein Recht in einer Sache, auch nicht ein bloßes Recht gegen eine Person" betroffen, sondern „ein über alles Sachen- und persönliche hinausliegendes Recht, nämlich das Recht der Menschlichkeit in unserer eigenen Person". (Kant meint damit - an anderer Stelle spricht er vom „Recht der Menschheit an seiner eigenen Person" - das objektive Verhältnis des ‚Gesetzes' zur ‚Pflicht', also die vollkommene Rechtspflicht gegen sich selbst; ‚Menschheit' ist der Mensch als von physischen Bedingungen unabhängige Persönlichkeit [homo noumenon]). Ehe ist dann die „Verbindung zweier Personen verschiedenen Geschlechts zum lebenswierigen wechselseitigen Besitz ihrer Geschlechtseigenschaften". Mit dieser - bis heute gern und häufig verspotteten - Definition will Kant erreichen, daß der Mensch, der sich im Geschlechtsgenuß selbst zur Sache macht und damit das „ Recht der Menschheit an seiner eigenen Person" verletzt, die Pflichtverletzung vermeidet. Die Ehe ist also „nach Rechtsgesetzen der reinen Vernunft" *notwendig* und zugleich notwendig *monogam*. (Nach Kant besteht mithin in der Tat ein Unterschied zwischen ‚mein Vater' [= lediglich physisches Verknüpfungsverhältnis i. S. von ‚ich habe einen Vater'] und ‚meine Frau [= rechtliches Besitzverhältnis]).

3. Aus der reinen Vernunft folgt übrigens auch, daß Selbstmord unzulässig ist. „Das Subjekt der Sittlichkeit in seiner eigenen Person zernichten, ist eben so viel, als die Sittlichkeit selbst ihrer Existenz nach, so viel an ihm ist, aus der Welt vertilgen, welche doch Zweck an sich selbst ist; mithin über sich als bloßes Mittel zu ihm beliebigen Zweck zu disponieren, heißt die Menschheit in seiner Person (homo noumenon) abwürdigen, der doch der Mensch (homo phaenomenon) zur Erhaltung anvertrauet war.

4. Für *Kant* ist der *Mensch* in seinen Pflichten gegen andere *Personen*, in seinen Pflichten gegen sich selbst *Persönlichkeit* (‚Menschheit'), deren Sittlichkeit die *Würde des Menschen* ausmacht, für welche *Autonomie* den Grund bildet.

Diese philosophische Konzeption hat Eingang in das Bonner Grundgesetz gefunden und zugleich die Grundlagen für das umstrittene *‚allgemeine Persönlichkeitsrecht'* abgegeben.

Die Menschenwürde in Art. 1 GG wird geradezu als Umschreibung eines allgemeinen Persönlichkeitsrechts gedeutet, sogar - sicher zu Unrecht - als Naturrecht verstanden (als ob der Umstand, daß auch ohne Art. 1 GG der Mensch und seine ‚Würde' selbstverständlich der oberste ‚Rechtswert' wäre, Beweis für Naturrecht sein könnte!).

Wie man sich ein solches allgemeines Persönlichkeitsrecht vorzustellen hat, ist bis heute ungeklärt. Als Recht der Persönlichkeit, an Persönlichkeit, auf Persönlichkeit, aus Persönlichkeit? Unklar ist schon, wie als ‚Rechtsbegriff' Mensch, Person, Persönlichkeit zu sehen sind. Meist wird *Person* mit Rechtsfähigkeit identifiziert - damit wird Person als Rechtsbegriff überflüssig! - und *Persönlichkeit* als ‚Fortentwicklung' der Person, als „eine durch schöpferische Selbstentfaltung erreichte eigentümliche Verwirklichung des Menschenbildes" *(H. Hubmann)*. Dieses Verständnis ist wesentlich *urheberrechtlich* geprägt, wie überhaupt das neue Urheberrechtsgesetz von 1965 ein juristisches Hohelied der *Urheberpersönlichkeit* („Urheber ist der Schöpfer des Werkes", so § 7 UrhG) geworden ist. Dabei ist historisch das Urheberrecht (also der Schutz der geistig-schöpferischen Leistung) außer auf die Persönlichkeit und ihr Recht auch auf das Eigentum und sein Recht gestützt worden, wie überhaupt entwicklungsgeschichtlich Eigentum und Persönlichkeit ebenso eng verbunden zu sehen sind wie Persönlichkeit und Geist. Müßte deshalb nicht ähnlich der Urheberpersönlichkeit die Unternehmerpersönlichkeit, die Arbeiterpersönlichkeit, die Eigentümerpersönlichkeit ebenfalls herausragenden Rechtsschutz finden (die Erfinderpersönlichkeit findet ihn, wenn auch heute mit sehr umstrittenen Grenzen)? Wir sehen sofort: Hier ist mehr als nur der Mensch und die Person im Recht betroffen. Hier hat eine spezifische sozial-kulturelle Sondereinschätzung spezifischer Menschen, nämlich die des geistig-schöpferischen ‚deutschen Dichters und Denkers', bleibende - auch ökonomisch-politische - Auswirkungen gezeitigt. Der Künstler ‚oberhalb' des Technikers, der Wissenschaftler ‚oberhalb' des Praktikers: Diese Gesellschaft hat ein Persönlichkeitsbild geprägt, das dem Grundgesetz heute zu Unrecht unterlegt wird. Die Grenzen des ‚individualistischen' Rechtsschutzes, der ganz sicher das *private* Leben aller Menschen streng sichern sollte, sind deshalb heute nur dann korrekt zu ermitteln, wenn diese falsche - ausschließlich geistig-philosophisch orientierte - Sicht der *Persönlichkeit* korrigiert wird. In dieser sozialen Dimension des Persönlichkeitsschutzes zeigen sich folglich auch die politischen Implikationen des Grundrechtsverständnisses. Darüber später mehr.

Fallen die rein geistigen Orientierungen des Persönlichkeitsbegriffes, dann stellt sich auch für den Begriff ‚Persönlichkeit' selbstverständlich die Frage nach seiner Existenzberechtigung. Reichen nicht Mensch und Bürger aus? Von ihnen haben die, natürlichen' und ‚politischen' Rechte ihren Ausgang genommen, ohne in Deutschland je Eingang gefunden zu haben. Ist aber die Zeit dafür nicht längst erfüllt? Die Vorstellung etwa, der Mensch als Rechtsmensch und der Mensch als Geschöpf Gottes, der Mensch als Glied von Gemeinschaften und der Mensch als er selbst, müßten auch terminologisch getrennt werden, würde mich nicht zu überzeugen vermögen. Diese Vorstellung löst sich nicht aus der historischen Befangenheit. Der Mensch als ‚unsterbliche Seele' und der Mensch als Bürger der Bundesrepublik sind keine Fragen der Terminologie, sondern der Anthropologie. Sicher ist der Mensch ein um seiner selbst willen existierendes und schon darin wertvolles Wesen, aber er ist zugleich ohne Verbundenheit mit anderen Menschen nicht mehr Mensch und also auch nur in Gemeinschaft wertvolles Wesen. Und ‚Unmenschlichkeit' ist es gerade, gegen die sich besonders Art. 1 und 2 des Grundgesetzes von der Würde und der Entfaltung des Menschen wenden. Um des Menschen willen, um aller Menschen in der Bundesrepublik z. B. willen müssen wir folglich auch hier das philosophische Denken durch im weitesten Sinne ‚politisches' Handeln ablösen.

Hält man sich an vordergründige Erscheinungen, so ist die philosophische Orientierung des Rechtsbegriffes schon längst, nämlich von *Savigny* zerstört worden.

Savigny, der schroffe Gegner des Naturrechts, war nicht Philosoph. Ihn beherrscht zwar die Philosophie des deutschen Idealismus, auch ohne daß er im einzelnen darüber Rechenschaft gibt. *Kants* Vorstellung von der Rechtfertigung allen Rechts aus der sittlichen Freiheit jedes einzelnen Menschen trafen seine eigenen Vorstellungen. Für *Savigny* fallen Mensch, Person, Rechtssubjekt in der allgemeinen Rechtsfähigkeit zusammen. „Jeder Mensch und nur der einzelne Mensch ist rechtsfähig."Von diesem Ansatz her lehnte er z. B. die Rechtsfähigkeit juristischer Personen ab; er akzeptierte sie als reine Fiktivpersonen -, wie sein individualistischer Geist ohnehin gegen intermediäre Gruppierungen eingestellt war. Über *Kant* hinaus spaltet *Savigny* Recht und Sittlichkeit. Recht diene Sittlichkeit, aber nicht indem es ihre Gebote vollziehe, sondern diese Erfüllung ermögliche. *Savignys* Auffassung hat sich durchgesetzt. Folglich konnte von ihm erstmals ein systematisches Rechtsgebäude *aus Rechten,* nicht aus Pflichten errichtet werden. Da für ihn Recht kein Dasein für sich hatte, sondern das Leben des Menschen darstellte, von einer besonderen Seite gesehen, mußte sich dem ‚organischen' Denker alles Recht als organische Beziehungen von Menschen zu Menschen erweisen. Dafür prägt Savigny den Begriff des *Rechtsverhältnisses* als eines Gebietes „unabhängiger Herrschaft des individuellen Willens" (über den Rechtsverhältnissen thronen dann die Rechtsinstitute). Die einzelnen Freiheitszonen in den Rechtsverhältnissen markieren die *subjektiven Rechte,* die Rechte ‚im subjektiven Sinne'. Das subjektive Recht als ‚Willensmacht' ist seither *der Eckpfeiler* des bürgerlichen Rechtssystems. Die auf diese Weise rechtlich geregelten Freiheitssphären des Menschen - die rechtliche Verwandtschaft mit dem kategorischen Imperativ ist deutlich - werden Grundlage der privatrechtlichen Autonomie, die durch Herrschaft von Rechtssubjekten über Rechtsobjekte - Gegenstände (Sachenrecht, Eigentum) und andere Personen (Schuldrecht, Obligation) - gekennzeichnet ist und in Willenserklärungen und Rechtsgeschäften ausgeübt wird. Diese Grundlagen sind der Gegenstand der deutschen dogmatischen Rechtswissenschaft im 19. Jahrhundert, die ihr eine führende Position eintragen und die schließlich ins BGB eingehen. Grundlage dieser Grundlagen ist das doppelte Mißverständnis Savignys der beiden führenden Philosophen seiner Zeit, Kants und Hegels. Denn von der *Willensmacht* als Zentrum des Privatrechts war die *Macht* an *Kant* orientiert, der *Wille* an *Hegel.* Indessen war *Kants* Machtbegriff bezogen auf die *Pflicht* und *Hegels* Willensbegriff bezogen auf die *Idee* der Freiheit (Recht ist „Dasein des absoluten Begriffs, der selbstbewußten Freiheit"). Kants ‚Macht' ohne Kants Sittenlehre und Hegels ‚Wille' ohne Hegels Geschichtsphilosophie blieben für eine von rigoristischer Sittlichkeit ebenso wie von spekulativer Philosophie gleichermaßen freie Rechtswissenschaft schlicht Fremdkörper. Das subjektive Recht als Willensmacht konnte sich folglich nur in einer geschichtlichen Periode entfalten und erhalten, die dem Konzept im Grunde nichts zumutete. Das eben war der *bürgerliche Liberalismus.* Denn in ihm wird Bürgerliches Recht zum Recht des legitimen privaten, individualistischen Egoismus. Savignys privates *Herrschaftsrecht* hat Recht endgültig *formalisiert,* indem es ihm die sittliche Substanz entzog. Seine Gliederung des subjektiven Rechts im einzelnen mag hier dahin stehen. Wichtig für die weitere Entwicklung ist es zu wissen, daß er sich ein System rechtlicher Herrschaftsmacht gleichsam in konzentrischen Kreisen von Rechtsobjekten dachte, mit dem Menschen als Rechtssubjekt in der Mitte. Dabei bleibt ein innerer

Kreis von ‚Urrechten', die nicht subjektive Rechte sind: ‚Herrschaft' über die eigene Person, das eigene Leben. Savigny lehnte hier *Rechte* ab, vor allem aus Sorge vor der Konsequenz, ein Recht auf Selbstmord einräumen zu müssen. Auch insoweit hat er wohl Kant wie Hegel mißverstanden. In Wahrheit sind also seine persönlichen ‚Urrechte' *Nichtrechte,* sie markieren eine *rechtsfreie Zone. Savignys* Sicht hat sich indessen durchgesetzt. Auf sie geht es zurück, daß bis heute die Anerkennung eines allgemeinen Persönlichkeitsrechts so umstritten geblieben ist. Vom rechtsfreien inneren Bereich abgesehen, erstrecken sich bei Savigny die subjektiven Rechte über einen Zwischenbereich des Familienrechts, der Rechte und ‚Nichtrechte' vereinigt (deshalb ist ebenfalls bis heute umstritten, wie etwa im Eherecht deliktsrechtlicher Schutz gewährleistet werden kann!) bis zum Obligationen-, Sachen- und Erbrecht, in denen volle Herrschaft über Sachen (Eigentumsverhältnis) oder über ‚Handlungen' anderer Personen (Schuldverhältnis) statuiert wird.

Die *Willensherrschaft* als von den philosophischen Voraussetzungen gelöste reale Chance der Beherrschung anderer führte zwangsläufig um so stärker in Krisen, je weniger ihre politische Existenzbedingung im Liberalismus krisenfrei blieb:

1. Mit dem Zusammenbruch des Idealismus und dem Übergang in den ‚Naturalismus' in der 2. Hälfte des 19. Jhdts. geriet der Willensbegriff ins Schwimmen: ein Geisteskranker oder ein Baby wurden nicht mehr als willensfähig angesehen, waren aber gleichwohl rechtsfähig; die Rechtsfähigkeit als Rechtssubjektivität konnte folglich nicht mehr mit Willensmacht verbunden bleiben; das subjektive Recht mußte sich verändern oder absterben.

2. Das von aller ‚Pflichtigkeit' gelöste Herrschaftsdenken wurde in den Stürmen der Industrialisierung und Demokratisierung immer stärker als haltlose Konstruktion entlarvt: Das Wesentliche des Rechtsverhältnisses war eben nicht die *Berechtigungslage,* sondern die *Verpflichtungslage* (sei es des jeweiligen Schuldners oder z. B. auch des ‚Eigentümers', des ‚Arbeitgebers' selbst). Von Pflichtlagen her aber gab es selbstverständlich auch die Möglichkeit z. B. eines allgemeinen Persönlichkeitsrechts, ohne daß etwa Selbstmord als Recht überhaupt zur Debatte stehen konnte.

3. Wurde so zwar die ‚Pflichtigkeit' mitmenschlicher Beziehungen wieder in den Vordergrund gerückt - das gilt erst recht, seit sich die intermediären Gewalten, die wirtschaftlichen Interessengruppen, in das Zentrum des Rechtsgeschehens rückten, deren ‚Recht' schlechterdings nicht mehr *individualistisch* verstehbar blieb -, so war für sie angesichts der rigorosen Spaltung von Recht und Sittlichkeit im Grunde aber überhaupt kein Platz mehr vorhanden. ‚Pflichten' im Recht liefen leer, wurden konstruktiv zu reinen, aber überflüssigen ‚Rechtspflichten' und der Sache nach von *Rechtszwang* abgelöst, hinter dem *soziale Macht* sich entfaltete, die sich nach liberalstaatlichen Regeln durchsetzte. Folgerichtig gab es im 19. Jahrhundert vom Zivilrecht her auch keinen brauchbaren Ansatz mehr, um in der ‚sozialen Frage' ‚Rechte' mit *Sozialpflichten* auszustatten (der Satz: ‚Eigentum verpflichtet'! paßt nicht). An die Stelle der Pflicht tritt der *Mißbrauch* von Rechten, für den Kriterien anzugeben aber ebenfalls einem System, das in subjektiven Berechtigungen als Kern des Rechts denkt, im Grunde nicht möglich ist (Dies ist der Boden, auf dem die Formel von der Korrespondenz von ‚Recht' [Freiheit!] und Verantwortlichkeit gewachsen ist!).

4. Das Herrschaftsdenken im individualistischen Privatrecht paßte, wenn es überhaupt irgendwo berechtigt war, im Prinzip nur auf eine Rechtssituation, die deshalb zugleich den *Typus* des subjektiven Rechts im bürgerlichen Rechtsdenken geprägt hat: auf das *Eigentum.* Eigentum als ausschließliche, unbeschränkte und nur gegen faires Entgelt unter ganz besonderen

Umständen (Enteignung!) entziehbare Herrschaft der Person über Sachen (nicht - wie noch bei Kant - der Beziehungen von Person und Person) symbolisiert das ganze System. Am Eigentum waren schon die Freiheits- und Persönlichkeitsphilosophie *Kants, Hegels,* vor allem aber des jungen *Fichte* orientiert, ohne daß davon mehr als ein formaler Hauch im Recht spürbar geworden wäre. Am Eigentum entzündet sich der *Sozialismus (Proudhon:* Eigentum ist Diebstahl!, er meinte ‚arbeitsloses' Einkommen aus Eigentum), schließlich der *Kommunismus/Marxismus,* der das Verhältnis von Arbeit und Eigentum philosophisch (Freiheit) wie politisch (Gleichheit) aufnimmt, die bestehenden Eigentumsverhältnisse mit den Produktions-, Sozial- und politischen Verhältnissen verbindet und als Organisation der Klassengesellschaft mit dem Staat als Geschäftsausschuß der Bourgeoisklasse deutet. Diese Auseinandersetzung ist nicht abgeschlossen. Der Liberalismus, der auf seinem Höhepunkt *(Rotteck!)* sogar Recht mit seinem Freiheitsbegriff identifiziert, hat sie lediglich überlang verdrängt.

5. Stand hinter dem subjektiven Recht *Savignys* als politische Wirkung die Erhaltung und Sicherung bestehender Verhältnisse, so mußte schon in der zweiten Hälfte des vorigen Jahrhunderts Recht so umorientierbar werden, daß auch die - nichtsozialistische - *Veränderung von Verhältnissen* möglich wurde. Weil man im Bürgerlichen Recht im wesentlichen an der *individualistischen Grundkonzeption* festhielt, bildeten sich Arbeits-, Wirtschafts- und Sozialrecht aus. Aber auch im Bürgerlichen Recht selbst wurde dem subjektiven Recht ein neues Modell unterlegt: An die Stelle der Willensmacht trat das ‚rechtlich geschützte Interesse' (bahnbrechend: *R. v. Ihering).* Der Wechsel zielte auf Entformalisierung des Privatrechts, das von ‚Zwecken', nicht von Formen her strukturiert wird. Zwar ließen sich so soziale und politische Macht auch privatrechtlich zur Kenntnis nehmen, aber nicht wirklich, einarbeiten', d. h. Privatrecht ließ sich so nicht ‚politisieren'. Denn in der konstitutionellen Monarchie war inzwischen das Koordinatensystem von ‚öffentlichem Recht' und ‚privatem Recht' feste Grundlage allen Rechtsdenkens geworden. Die ‚Interessen' *Iherings* blieben so weithin, was *Savignys* subjektives Recht immer war: Herrschaftsrechte, System von Berechtigungen.

6. Rechtstechnisch löst sich vom subjektiven Recht der Anspruch ab (Höhepunkt: *B. Windscheid;* Anspruch = Recht, ein Tun oder Unterlassen von einem anderen zu verlangen), wodurch das subjektive Recht zusätzlich an Existenzberechtigung verlor. Seither ist über subjektive Rechte unendlich viel gestritten und geschrieben worden, im Grunde mit einem einzigen Ergebnis: für ein subjektives Recht ist kein Platz mehr, aber wir haben uns so daran gewöhnt! Uns schreckt mit Mehrheit wohl auch die ‚Politisierung' des Privatrechts unter dem Nationalsozialismus, der die ‚Volksgemeinschaft' und die ‚Volksgenossen' gleichschaltete (ein ‚Volksgesetzbuch' mit ‚deutschem Blut, deutscher Ehre und Erbgesundheit' als ‚Grundlagen des deutschen Volksrechts' war schon konzipiert; es hätte also wieder die unterschiedliche Rechtsfähigkeit für ‚Volksgenossen' und ‚Gäste' gebracht!). Daß von 1933-1945 Recht nazifiziert wurde, muß indessen, meine ich, zusätzlich ein Grund dafür sein, Recht heute zu demokratisieren (rechts- wie sozialstaatlich zugleich!), um erneuter Totalisierung auch vom Recht her vorzubeugen. Davon ist freilich nur mittelbar, oft undeutlich und fast immer auf komplizierten Umwegen heute etwas zu spüren. Das liegt an mangelhaften ‚Rechtstheorien' ebenso wie am Kenntnis- und Bewußtseinsstand der Rechtswelt. Moderne Bemühungen (vor allem: *J. Esser, L. Raiser, F. Wieacker)* setzen an der Funktion und an der Analyse der Rechtsprechung im Verhältnis zu einem nur noch äußerlich haltgebenden Rechtssystem an oder arbeiten die Rechtsinstitutionen eines gewandelten Rechts- und Gesellschaftsmodells heraus.

(Fortsetzung siehe IV 9)

IV. Rechtsgeschäft und Vertrag

1. Angebot und Annahme als übereinstimmende Willenserklärungen

a) Begriff der Willenserklärung

A bietet B an, ihm für 1800,- DM zwei gebrauchte Fernsehapperate zu verkaufen. B antwortet, er nehme einen für 900,- DM. Als A nicht liefert, fragt B, ob er einen Anspruch auf Lieferung des Fernsehapparats zum Preis von 900,- DM habe.

Nach § 433 Abs. 1 BGB könnte er als Käufer die Lieferung der Kaufsache und die Verschaffung des Eigentums verlangen. Voraussetzung ist, daß ein wirksamer Kaufvertrag zustande gekommen ist. Ein Vertrag kommt durch übereinstimmende Willenserklärungen zustande. Beim Kaufvertrag spricht man von Angebot und Annahme. A hat dem B die Lieferung von zwei Fernsehapparaten zum Preis von 1800,- DM angeboten. B hat jedoch nur für einen Apparat und zum Preis von 900,- DM angenommen. Damit hat B den ursprünglichen Antrag nicht angenommen, er hat ihn vielmehr eingeschränkt bzw. abgeändert. Nach § 150 Abs. 2 BGB gilt eine Annahme unter Erweiterungen und Einschränkungen oder sonstigen Änderungen als Ablehnung verbunden mit einem neuen Antrag. Diesen neuen Antrag hat A nicht angenommen. Also ist kein Kaufvertrag zustande gekommen. B kann nicht nach § 433 Abs. 1 die Lieferung und Übereignung der Kaufsache, hier des Fernsehapparats, verlangen.

Ob es sich hier um eine Annahme unter Erweiterung und Einschränkung oder sonstigen Änderungen handelt, ist nach objektiven Gesichtspunkten zu entscheiden. Der subjektive Wille des B ist für die Entscheidung dieser Rechtsfrage nicht maßgeblich. Andererseits ist nach § 133 BGB bei der Auslegung der Willenserklärung, also hier der Erklärung des B, der wirkliche Wille zu erforschen und nicht an dem buchstäblichen Sinne des Ausdrucks zu haften. Dies ändert nichts am Ergebnis der Prüfung. Denn der wirkliche Wille des B, wonach er nur einen Fernsehapparat kaufen wollte, unterscheidet sich nicht von dem nach außen in Erscheinung getretenen Willen, den A als Empfänger der Willenserklärung wahrgenommen hat.

Man unterscheidet bei der Willenserklärung zwischen einem subjektiven, inneren Tatbestand, den Willen der Person, und einem objektiven äußeren Tatbestand, der nach außen abgegebenen Erklärung. Innerer Wille und Erklärungstatbestand können auseinanderfallen. Ja es kann sogar an dem Bewußtsein fehlen, daß eine Handlung nach außen den Eindruck hervorgerufen hat, als ob eine Erklärung abgegeben worden wäre. Berühmt geworden ist der Fall der Trierer Weinversteigerung. Ein Neuankömmling winkt seinem Freund zu. Nach der bei dieser Versteigerung herrschenden Verkehrssitte bedeutet jedoch das Handaufheben, daß er ein Faß Wein zum nächsthöheren Gebot ersteigern will. Hier war sich der Handelnde nicht bewußt, überhaupt etwas Rechtserhebliches zu erklären. Es fehlt ihm das Erklärungsbewußtsein. Damit hat er nach traditioneller Auffassung keine Willenserklärung abgegeben. Auch wenn man dieser Auffassung nicht folgt, muß man ihm zumindest die Möglichkeit geben, von seiner Willenserklärung wieder loszukommen. Er hat zwar äußerlich den Anschein erweckt, eine Willenserklärung abgegeben zu haben. Ihm fehlt jedoch der innere Wille, er hat nicht einmal das Bewußtsein, eine Willenserklärung abzugeben **(fehlendes Erklärungsbewußtsein).** Der Bundesgerichtshof[322] stellt sich neuerdings auf den Standpunkt, daß auch bei fehlendem Er-

[322] BGHZ 91, 324

klärungsbewußtsein eine Willenserklärung vorliegt, wenn der Handelnde erkennen kann, daß die Handlung nach den Umständen vom Empfänger als Willenserklärung aufgefaßt werden durfte. In diesem Fall käme eine Anfechtung wegen Irrtums in Betracht (vgl. unten). Mit dieser Entscheidung entfernt sich der BGH von der sog. Willenstheorie, die im 19. Jahrhundert vorherrschend war und bei der Auslegung der Willenserklärung auf den inneren Willen abstellte, und stellt auf das nach außen Erklärte („Erklärungstheorie") ab, wobei der Empfängerhorizont maßgeblich ist.

Wenn A seinem Freund B verspricht, ihn am nächsten Tag mit dem Auto zum Büro mitzunehmen, so liegt in der Regel ebenfalls keine Willenserklärung vor. Beide gehen nämlich davon aus, daß es sich um eine reine Gefälligkeitszusage handelt. Allerdings ist es schwierig, die Grenze zwischen unverbindlichen Gefälligkeitszusagen und bindenden Rechtsgeschäften zu ziehen. Dies hängt von den jeweiligen Umständen ab, nach denen die Willenserklärung auszulegen ist (vgl. unten).

Wenn A die Zeitungsannonce liest, die von B aufgegeben wurde, und in der ein günstiges Angebot zum Kauf von Skistiefeln gemacht ist, so kann er diese Annonce auch nicht als ein Vertragsangebot betrachten. Es fehlt der Wille dessen, der die Annonce aufgegeben hat, ein Rechtsgeschäft bestimmten Inhalts mit einem bestimmten Vertragspartner vorzunehmen. Es fehlt also der **Geschäftswille.** Anders kann es sein, wenn ein Versandhaus seinen Kunden einen Katalog zuschickt, in dem es sich an bestimmte Preise, Mengen und Qualitäten für eine bestimmte Zeit gebunden erklärt. Noch weiter geht das Schweizer Zivilrecht. Auslagen in Schaufenstern mit Preisauszeichnung werden dort in der Regel als Vertragsangebote betrachtet[323]. Der Geschäftswille wird also unterstellt, jedenfalls dem Ergebnis nach.

b) Zugang der Willenserklärung

Eine mündliche Willenserklärung unter Anwesenden ist in dem Zeitpunkt wirksam, in dem sie abgegeben wird. Eine Willenserklärung unter Abwesenden muß dem Erklärungsempfänger zugehen. Erst dann wird sie wirksam. Dies folgt aus § 130 Abs. 1 BGB. Ist der Brief, in dem A dem B den Kauf der beiden gebrauchten Fernsehapparate angeboten hat, unterwegs verlorengegangen, so liegt keine wirksame Willenserklärung vor. Oft hängt jedoch die Wirksamkeit einer Willenserklärung oder eines Vertrages von dem Zeitpunkt ab, in dem eine der beiden Erklärungen zugegangen ist.

A bietet dem B schriftlich an, ihm seine Videoanlage für 1500,- DM zu verkaufen. Der Postbote wirft den Brief um 10.30 Uhr in den Brieffasten. A widerruft durch Telefonanruf bei B um 10.45 Uhr. B will den Widerruf nicht gelten lassen. Er nutzt das Telefongespräch dazu, das Angebot des A anzunehmen. Wie ist die Rechtslage?

Die Lösung dieses nicht ganz einfachen Falles erfordert ein kleines Rechtsgutachten. Es sind sämtliche Ansprüche und Gestaltungsrechte zwischen den Beteiligten A und B zu prüfen. Die Frage könnte auch anders formuliert werden: Welche Ansprüche stehen B zu? Oder: Kann B von A die Lieferung der Videoanlage verlangen?

Für die Abfolge der Argumentation ist der Gutachtenstil, nicht der Urteilsstil zu verwenden. Dies bedeutet, daß gefragt werden muß, wer von wem was woraus verlangen kann. Die Frage nach dem „woraus" ist die Frage nach der Anspruchsgrundlage. Mit ihr beginnt die juristische

---

[323] Vgl. Art. 7 Abs. 3 des Schweizer Obligationenrechts (OR)

Prüfung eines Falles in der Regel. Zu prüfen ist hier die Anspruchsgrundlage des § 433 BGB, aus dem die jeweiligen Ansprüche des Käufers und des Verkäufers folgen. Je nach Bedeutung des zu behandelnden Problems sind die jeweiligen Anspruchsvoraussetzungen kürzer oder ausführlicher abzuhandeln. Bei einer Klausurlösung werden in der Regel nur die Gesetze zitiert. Hinweise auf die Rechtsprechung sind nur notwendig, wenn bestimmte Rechtsfiguren nicht unmittelbar aus dem Gesetz folgen.

B könnte von A nach § 433 Abs. 1 die Lieferung und Übereignung der Videoanlage verlangen. Voraussetzung ist, daß ein wirksamer Kaufvertrag zustande gekommen ist. A hat dem B ein schriftliches Angebot gemacht, das um 10.30 Uhr in seinen Briefkasten geworfen wurde. Er hat dieses Angebot um 10.45 Uhr telefonisch widerrufen. Nach § 130 Abs. 1 S. 1 BGB wird das Angebot des A in dem Zeitpunkt wirksam, in welchem es dem B zugeht. Geht dem B vorher oder gleichzeitig ein Widerruf zu, so wird das Angebot nach § 130 Abs. 1 S. 2 nicht wirksam. Würde man den Zugang der Willenserklärung des A von dem Zeitpunkt abhängig machen, in dem der Empfänger von der Erklärung tatsächlich Kenntnis erlangt, so wäre dem B gleichzeitig ein Widerruf zugegangen. Das Angebot des A wäre also nicht wirksam geworden. Eine derartige Interpretation des Tatbestandsmerkmals „Zugang" würde jedoch das Wirksamwerden einer Willenserklärung von zahlreichen Zufällen im Bereich des Empfängers abhängig machen, auf die der keinen Einfluß hat, der die Erklärung abgegeben hat. Insbesondere wäre es z. B. in der Urlaubszeit völlig ungewiß, wann eine unter Abwesenden erklärte Willenserklärung zugehen würde, wann sie also wirksam würde. Deshalb verlangt die Rechtsprechung nur, daß die Willenserklärung so in den Einflußbereich des Empfängers gelangt ist, daß unter regelmäßigen Umständen damit zu rechnen ist, daß er von ihr Kenntnis nehmen kann. Wird die schriftliche Willenserklärung demnach in einem Brief übermittelt, so ist sie zugegangen, wenn sie in den Briefkasten des Empfängers eingeworfen worden ist. Dies war um 10.30 Uhr der Fall. Die Willenserklärung des A, das Angebot über den Verkauf einer Videoanlage für 1500,- DM, ist also wirksam abgegeben worden. An dieses Angebot ist A gebunden (§145), da er die Gebundenheit nicht ausgeschlossen hat. Sein Widerruf ist B erst nachträglich zugegangen. Aus § 130 Abs. 1 S. 2 folgt, daß ein nachträglicher Widerruf die Wirksamkeit der Willenserklärung nicht mehr beseitigen kann. Diese wirksame Willenserklärung hat B angenommen, indem er telefonisch sein Einverständnis mit den Vertragsbedingungen des A erklärt hat. Die telefonische Willenserklärung wird als Erklärung unter Anwesenden gewertet, sie geht dem Empfänger also sofort zu. Damit ist um 10.45 Uhr der Kaufvertrag wirksam geworden. B kann die Lieferung und Übereignung der Videoanlage nach § 433 Abs. 1 verlangen. Im Gegenzug kann A die Bezahlung der Anlage in Höhe von 1500,- DM und ihre Abnahme durch B verlangen (§ 433 Abs. 2).

c) Verpflichtungs- und Verfügungsgeschäfte

A verkauft B sein gebrauchtes Radiogerät für 100,- DM. Er gibt B das Gerät gleich mit, B bezahlt mit einem 100,- DM-Schein. Wie viele Verträge wurden abgeschlossen?

Nach § 433 Abs. 1 ist der Verkäufer A verpflichtet, die Kaufsache an den Käufer B zu übergeben und ihm das Eigentum an dem Radiogerät, also der Kaufsache, zu verschaffen. Im Gegenzug ist B nach § 433 Abs. 2 als Käufer verpflichtet, den vereinbarten Kaufpreis an A zu bezahlen und ihm die Kaufsache, das Radiogerät, abzunehmen.

Durch den Kaufvertrag werden die gegenseitigen Verpflichtungen begründet, Kaufsache und Kaufpreis zu übergeben und das Eigentum an ihnen zu übertragen. Die Erfüllung dieser Verpflichtungen ist im Sachenrecht geregelt. Durch sachenrechtliche Vorgänge soll die rechtliche

Herrschaft über Sachen (Radio und Geldschein) neuen Personen zugeordnet werden. Das Radiogerät ist eine bewegliche Sache. Nach § 929 S. 1 wird das Eigentum an ihm dadurch übertragen, daß sich A und B über den Eigentumsübergang einigen und das Radiogerät übergeben wird. Die Einigung von A und B, daß das Eigentum an dem Radiogerät von A auf B übergehen soll, ist ein sachenrechtlicher Vertrag. Er kommt wie jeder Vertrag durch Angebot und Annahme zustande. Nach § 929 S. 1 ist der Eigentumserwerb wirksam, wenn zu dem Einigungsvertrag die Übergabe der Sache kommt. Auch die Übereignung des 100,- DM-Scheins erfolgt nach § 929 S. 1. B und A einigen sich darüber, daß das Eigentum an dem Geldschein auf A übergehen soll; hinzu kommt, daß B dem A den 100,- DM-Schein übergibt.

Im Ergebnis werden also bei einem Kaufgeschäft insgesamt drei Verträge abgeschlossen. In der Praxis fällt der Abschluß aller drei Verträge vielfach zusammen, man nennt dies einen Handkauf. Rechtlich ist dieser einheitliche Lebensvorgang jedoch in drei getrennte Verträge aufzuspalten, ein schuldrechtliches Verpflichtungsgeschäft (Kaufvertrag) und zwei sachenrechtliche Übereignungsverträge (Erfüllungsgeschäfte), durch die der Kaufvertrag erfüllt, das heißt, das Eigentum an der Kaufsache auf den Käufer und an dem Geldschein auf den Verkäufer übertragen wird.

Nicht in jedem Fall muß ein schuldrechtliches Verpflichtungsgeschäft zwei sachenrechtliche Erfüllungsgeschäfte zur Folge haben. Beim Schenkungsvertrag (§ 516) entsteht z. B. nur eine Leistungspflicht für eine Seite, den Schenker. Also ist auch nur ein Erfüllungsgeschäft erforderlich, nämlich die Übertragung des Eigentums an den Beschenkten.

A verkauft B telefonisch seine Briefmarkensammlung für 800,- DM. Beide vereinbaren, daß A die Sammlung am darauffolgenden Tag bei B vorbei bringt. Zuvor erfährt A von C' daß dieser die Sammlung für 900,- DM kaufen will. Also verkauft er C die Sammlung für 900,- DM. Am nächsten Tag bringt er C die Sammlung. Nun verlangt B die Übereignung der Briefmarkensammlung. Wie ist die Rechtslage?

B könnte von A die Übereignung der Briefmarkensammlung nach § 433Abs. 1 BGB verlangen. Voraussetzung ist, daß zwischen A und B ein wirksamer Kaufvertrag zustande gekommen ist. Angebot und Annahme zum Preis von 800,- DM wurden fernmündlich übereinstimmend erklärt. Also ist der Kaufvertrag wirksam zustande gekommen. B kann die Übereignung der Sammlung verlangen. Da A die Sammlung inzwischen an C übereignet und damit den zweiten Kaufvertrag erfüllt hat, muß er sie sich wieder beschaffen, um seine Verpflichtung zur Lieferung und Übereignung an B erfüllen zu können. Gelingt ihm dies nicht, so stehen B nach dem Recht der Leistungsstörungen Ersatzansprüche bzw. andere Rechte zu (vgl. unten).

Der zwischen A und C abgeschlossene Kaufvertrag über die Lieferung der Sammlung für 900,- DM ist durch die Lieferung und Übereignung der Sammlung sowie durch die Abnahme und Bezahlung des Kaufpreises von beiden Vertragsparteien erfüllt worden. Es bestehen keine Ansprüche mehr. Insbesondere kann A von *C* nicht die Rückgewähr der Briefmarkensammlung verlangen. C ist aufgrund eines wirksamen Kaufvertrages Eigentümer der Sammlung geworden.

Hier sind drei Verträge zwischen A und C abgeschlossen worden. Zum einen hat A sich gegenüber C im Kaufvertrag verpflichtet, ihm die Briefmarkensammlung zu übergeben und das Eigentum an der Sammlung zu verschaffen. Im Gegenzug hat C sich verpflichtet, die Sammlung abzunehmen und den vereinbarten Kaufpreis in Höhe von 900,- DM zu bezahlen. In einem zweiten Vertrag hat A dem C durch Einigung und Übergabe nach § 929 BGB das Eigentum an der Kaufsache verschafft. In einem dritten Vertrag hat C dem A den Kaufpreis bezahlt, d. h. das Eigentum an dem zu bezahlenden Geld nach § 929 BGB verschafft. Die Trennung zwischen dem schuldrechtlichen Verpflichtungsgeschäft, dem Kaufvertrag, und dem sachenrechtlichen Verfügungsgeschäft, dem Übereignungsvertrag, nennt man das Abstraktionsprinzip. Aus den beiden Fällen wird deutlich, daß man sich auch mehrfach verpflichten kann, über dieselbe Sache zu verfügen. Wird diese Verpflichtung nicht eingelöst, so entstehen aus der Nichterfüllung des Verpflichtungsgeschäfts Ersatzansprüche und sonstige Rechte der anderen Vertragspartei. Beide Verpflichtungsgeschäfte sind jedoch wirksam. Es spielt hierbei keine Rolle, ob der Schuldner zur Zeit des Geschäftsabschlusses oder später in der Lage ist, die versprochene Leistung zu erbringen. Notwendig ist nur, daß eine Leistung der vereinbarten Art überhaupt möglich ist.

Die Unterscheidung zwischen Verfügungs- und Verpflichtungsgeschäften ist eine Besonderheit des deutschen Rechtssystems. Die französische Rechtsordnung benutzt z. B. eine andere Systematik (vgl. unten). Auf das Abstraktionsprinzip wird noch mehrfach zurückzukommen sein.

d) Konkludente Willenserklärungen

A geht morgens an den Zeitungsstand, greift sich eine „Süddeutsche Zeitung" und legt 1,60 DM auf den Ladentisch. Ist ein wirksamer Kaufvertrag zwischen A und dem Zeitungshändler Z zustande gekommen?

Dies ist der Fall, auch wenn zwischen den beiden kein Wort gesprochen wurde. Nach dem Abstraktionsprinzip unterscheiden wir zwischen drei Verträgen:

A und Z schließen einen Kaufvertrag über den Kauf der Zeitung für 1,60 DM ab. Z läßt es zu, daß A sich selbst den Besitz und das Eigentum an der Zeitung verschafft. A erfüllt seine Verpflichtungen zur Bezahlung des Kaufpreises und zur Abnahme der Zeitung. Die Willenserklärungen sind nicht ausdrücklich, mündlich oder schriftlich, abgegeben worden. Es liegen aber schlüssige Handlungen vor, aus denen ein unvoreingenommener Beobachter auf wirksame Willenserklärungen schließen kann. Man spricht hier von konkludenten Willenserklärungen. Aus den Handlungen der Beteiligten wird auf die Wirksamkeit ihrer Willenserklärung geschlossen.

A betritt den Selbstbedienungsladen, der der X-AG gehört. Er nimmt aus dem Regal eine Flasche Wein und fährt damit zur Kasse. Er bezahlt dort den angegebenen Kaufpreis und verläßt das Geschäft.

Auch hier wird zwischen den beteiligten Personen kein Wort gesprochen. Im übrigen ist die Aktiengesellschaft nur imstande, über ihre Organe zu handeln. Auch diese können nicht in jedem Filialgeschäft anwesend sein. Sie bedienen sich kaufmännischer Hilfspersonen. In diesem Fall gelten die jeweiligen kaufmännischen Angestellten an der Kasse als ermächtigt, die entsprechenden Willenserklärungen zum Abschluß von Kaufverträgen abzugeben. Da A sich erst an der Kasse endgültig entscheidet, ob er die Flasche Wein kaufen will - zuvor könnte er sie immer noch in das Regal zurückstellen -, kommt sein Vertragsangebot erst an der Kasse zustande. Die Verkäuferin erklärt die Annahme durch Eintippen in die Kasse. Der Kaufvertrag (Verpflichtungsgeschäft) wird von beiden Seiten sofort erfüllt. A bezahlt den Kaufpreis, die Verkäuferin übereignet für die X-AG die Kaufsache. Man nennt dies einen Handkauf, d. h. Verpflichtungs- und Verfügungsgeschäfte fallen zeitlich zusammen.

A schickt dem B ein Buch zur Ansicht. Falls B es nicht innerhalb von 2 Wochen zurück gebe, müsse er den Kaufpreis in Höhe von 40,- DM bezahlen. B schweigt. Er läßt das Buch unbenutzt und ungelesen liegen. Er weigert sich, den Kaufpreis zu bezahlen.

Nach § 433 Abs. 2 könnte B zur Bezahlung des Kaufpreises an A verpflichtet sein, wenn ein wirksamer Kaufvertrag über das Buch zustande gekommen ist. In der (unverlangten) Zusendung des Buches könnte das Angebot auf Abschluß eines Kaufvertrages liegen. B könnte dieses Angebot durch Schweigen angenommen haben. A hat ihm auch mitgeteilt, daß er sein Schweigen so auffassen würde. Aus dem Schweigen des B läßt sich jedoch keine wirksame Willenserklärung ableiten. Insbesondere kann ihm A nicht durch die Art seines Vertragsangebots eine solche Interpretation seines Schweigens aufnötigen. Das bürgerliche Recht wertet Schweigen in der Regel als Ablehnung. Niemand soll in Geschäfte verwickelt werden, mit denen er nichts zu tun haben will. Nur im Ausnahmefall kann auf eine wirksame Willenserklärung geschlossen werden. In der Regel wird diese **konkludente** Willenserklärung aus einem bestimmten Verhalten abgeleitet (vgl. den Zeitungskauf oben).

e) Auslegung der Willenserklärung (§ 133 BGB)

A bietet B Haakjöringsköd zum Preis von 10,- DM für das Kilo zum Verkauf an. B bestellt 10 Kilo. A wollte Walfleisch anbieten. Er liefert Walfleisch. B wollte auch Walfleisch bestellen. Haakjöringsköd bedeutet jedoch auf norwegisch „Haifischfleisch". Ist ein wirksamer Kaufvertrag zustande gekommen? Wenn ja, zu welchen Konditionen?

Objektiv hat A erklärt, Haifischfleisch verkaufen zu wollen, sein innerer Wille richtet sich jedoch auf den Verkauf von Walfleisch. Objektiv hat B erklärt, Haifischfleisch kaufen zu wollen, sein innerer Wille richtet sich jedoch auf den Kauf von Walfleisch. Nach § 133 BGB ist bei der Auslegung von Willenserklärungen der wirkliche Wille zu erforschen und nicht am Buchstaben des Ausdrucks zu haften. Beide wollten wirklich Walfleisch kaufen bzw. verkaufen, also ist durch übereinstimmende Willenserklärungen mit dem Inhalt „Walfleisch" nach dem wirklichen Willen der Beteiligten ein Kaufvertrag über Walfleisch zustande gekommen. Der Fall knüpft an eine berühmte Entscheidung des Reichsgerichts[324] an, in der diese Auslegungskriterien festgehalten wurden. In § 133 BGB ist ein alter Grundsatz des Römischen Rechts übernommen: Falsa demonstratio non nocet; d. h. die falsche Bezeichnung schadet nicht. Voraussetzung dafür, daß hier ganz im Sinne der „Willenstheorie" auf den inneren Willen und nicht auf das äußerlich Erklärte abgestellt wird, ist die Tatsache, daß beide Vertragsparteien etwas von ihrem inneren Willen Abweichendes und in der Abweichung dazu noch Übereinstimmendes erklärt haben. Anders wäre der Fall zu beurteilen, wenn nur eine der beiden Seiten ihrer Willenserklärung einen anderen Sinn als den äußerlichen, aus der Sicht des Empfängers allein zutreffenden beigelegt hätte. Dann käme eine Anfechtung wegen Irrtums in Frage (vgl. unten).

f) Wiederholung

Der Ölhändler V bietet mit Schreiben vom 12.3. dem K „besonders günstig wegen der OPEC-Preissenkung" 5000 l Heizöl zum Literpreis von 0,60 DM an. Als K das Schreiben des V am 13.3. liest, ruft er sofort bei V an und bestellt 5000 l Öl. Da bei V Mittagspause ist, spricht K auf das Band in dessen Anrufbeantworter. Nach der Mittagspause gibt die Telefonistin T so-

[324] RGZ 99, 147

fort die Bestellung an die Vertriebsabteilung durch, die dem Fahrer F eine Lieferung von 5000 l Heizöl zum Preis von 0,60 DM pro Liter in seinen Routenplan einträgt. Anschließend informiert T die Bestellabteilung. Als der zuständige Sachbearbeiter S bei K zurückruft und wegen gestiegener Einstandspreise vom Preis von 0,60 DM Abstand nimmt, beharrt K auf der Lieferung des Öls zum Preis von 0,60 DM pro Liter. Zu Recht?

K könnte von V die Lieferung der 5000 l Heizöl zum Preis von 0,60 DM pro Liter verlangen, wenn ein wirksamer Kaufvertrag zustande gekommen ist. V hat K zu diesem Preis ein Angebot gemacht. K könnte dieses Angebot dadurch angenommen haben, daß er bei V zurückgerufen hat. Fernmündliche Willenserklärungen gelten in der Regel als Erklärungen unter Anwesenden. K wußte jedoch, daß V abwesend war, und sprach deshalb auf das Band seines Anrufbeantworters. Deshalb handelt es sich hier um eine Willenserklärung unter Abwesenden. Sie wird nach § 130 Abs. 1 S. 1 in dem Zeitpunkt wirksam, in welchem sie V zugeht. Dies ist dann der Fall, wenn die Mittagspause beendet ist und der Anrufbeantworter ausgewertet werden kann. Damit ist die Annahme des K mit dem Ende der Mittagspause und der Möglichkeit der Aufnahme durch die Telefonistin T wirksam geworden. Der Kaufvertrag ist wirksam zustande gekommen. K kann von V die Lieferung des Öls zum Preis von 0,60 DM pro Liter verlangen.

g) Vertiefung: Die Causa im französischen Zivilrecht

In Frankreich gilt noch heute der Code Civil aus dem Jahre 1804. Dieses napoleonische Zivilgesetzbuch ist das große Vorbild vor allem der kontinentaleuropäischen Kodifikationen, auch des Bürgerlichen Gesetzbuchs von 1896. Der Code Civil beherrscht noch heute das belgische und luxemburgische Zivilrecht. Die patriarchalischen und individualistischen Grundvorstellungen, die diesem Gesetzeswerk zugrundeliegen, haben sich zwar im 20. Jahrhundert als korrekturbedürftig erwiesen. So mußten auch in Frankreich gesetzliche Einschränkungen der Privatautonomie im Miet- und Arbeitsrecht eingefügt werden. Viele Grundprinzipien des Code Civil sind jedoch bis heute unangetastet. Ein Grundprinzip, das dem Abstraktionsprinzip des BGB völlig entgegengesetzt ist, besagt, daß bei der Übertragung dinglicher Rechte obligatorisches und dingliches Geschäft eine Einheit bilden, daß also der Eigentumsübergang sich mit Abschluß des Verpflichtungsgeschäfts vollzieht. Oder andersherum ausgedrückt: Jedes Rechtsgeschäft bedarf einer Causa. Dies bedeutet, daß ohne eine Causa die Verfügung unwirksam ist. Wer nun vermutet, daß sich das deutsche und das französische Recht wegen dieser fundamentalen „dogmatischen" Unterschiede auch zu unterschiedlichen Lösungen hin entwickelt hätten, irrt sich. Auch das französische Zivilrecht trägt den Bedürfnissen des Verkehrsschutzes Rechnung. Eine schriftliche Verpflichtung ohne Angabe eines rechtlichen Grundes, die nach deutschen Recht als abstraktes Schuldversprechen oder Schuldanerkenntnis (vgl. §§ 780, 781 BGB) nach dem Abstraktionsprinzip ohne weiteres zulässig ist, wird nach französischem Recht z. B. in der Weise anerkannt, daß die Causa vermutet wird (vgl. Art. 1132 C.C.). Da die Verpflichtungserklärung schriftlich vorliegt, ist es im Prozeß so gut wie ausgeschlossen, diese Vermutung zu widerlegen. Die schriftliche Verpflichtung ohne Angabe eines Rechtsgrundes ist also auch in Frankreich für alle praktischen Fälle wirksam. Wechsel- und Scheckverbindlichkeiten werden darüber hinaus aus Gründen des Verkehrsschutzes als abstrakte Verbindlichkeiten zugelassen[325]. Frankreich setzt damit internationale Vereinbarungen um.

[325] Vgl. Art. 110 ff. und 1983 ff. Code de Commerce

Die französische Zivilrechtsdogmatik bietet den Vorteil, daß Verpflichtungs- und Verfügungsgeschäft nicht auseinandergerissen werden. Die juristische Konstruktion entspricht mehr der tatsächlichen Wahrnehmung der Vorgänge beim Vertragsschluß durch die Vertragsparteien. Die unterschiedlichen Lösungsansätze und die weitgehend übereinstimmenden Ergebnisse im deutschen und französischen Zivilrecht lassen erkennen, wie begrenzt die Bedeutung der juristischen Dogmatik sein kann, wenn die ihr zugrundeliegenden juristischen Zielsetzungen ähnlich oder gleich sind.

2. Inhalt des Vertrages

a) Einigung

A und B verhandeln lange über die Vermietung eines Autos. Der Vermieter A verlangt, daß der Mieter die Benzinkosten selbst trägt und pro Kilometer 0,40 DM bezahlt. Für die ersten 200 km braucht er nichts zu bezahlen. A verlangt außerdem, daß B die Kosten für eine Vollkaskoversicherung in Höhe von 90,- DM trägt. Eine Einigung über diesen letzten Punkt kommt nicht zustande. Kann B von A die Überlassung des Autos für den angegebenen Zeitpunkt verlangen?

Nach § 535 S. 1 BGB könnte der Mieter den vertragsgemäßen Gebrauch der vermieteten Sache während der Mietzeit verlangen. Voraussetzung ist, daß ein wirksamer Mietvertrag zustande gekommen ist. Nach § 154 Abs. 1 BGB müßten sich die Parteien über alle Punkte des Vertrags geeinigt haben, über die nach der Erklärung auch nur einer Partei eine Vereinbarung getroffen werden sollte. Es fehlt eine Einigung zur Frage der Vollkaskoversicherung. Nach dem Willen des A sollte sie getroffen werden. Also ist ein wirksamer Mietvertrag nicht zustande gekommen. Man nennt diesen offenen Einigungsmangel „offenen Dissens".

Hiervon zu unterscheiden ist ein versteckter Dissens. Die Parteien meinen, sie hätten sich über alle Punkte, über welche eine Vereinbarung getroffen werden sollte, geeinigt. In Wirklichkeit fehlt die Einigung aber zumindest zu einem Punkt. Es handelt sich hier um einen beiderseitigen Willensmangel. Beide Parteien glauben irrtümlich, sich über einen Vertrag mit einem bestimmten Inhalt geeinigt zu haben. Im Zweifel gilt hier das als vereinbart, über was sich die Parteien tatsächlich geeinigt haben (§ 155). Man muß aber davon ausgehen können, daß der Vertrag auch ohne eine Bestimmung über die noch ungeklärten bzw. ungeregelten Punkte geschlossen sein würde. Auf das Problem ist beim Irrtum zurückzukommen (vgl. unten).

b) Ergänzende Vertragsauslegung

Der Konditor K hat sein gutgehendes Geschäft an P verpachtet und bezieht von ihm monatlich 4000,- DM Pachtzins. Eines Tages eröffnet K genau neben seinem alten Laden ein neues Geschäft und zieht in kurzer Zeit P die alten Kunden wieder ab. Trotzdem verlangt er von P die Bezahlung des Pachtzinses, obwohl dieser wegen des Ausbleibens der Kundschaft inzwischen in wirtschaftliche Schwierigkeiten geraten ist. Als P gegen die Konkurrenz des K protestiert, beruft sich dieser darauf, es gebe weder ein gesetzliches noch ein vertragliches Konkurrenzverbot, das ihn an der Aufnahme eines neuen Geschäfts hindern würde. Kann P die Unterlassung der Konkurrenz durch K verlangen?

Weder allgemein noch im Recht des Pachtvertrages (vgl. §§ 581 ff. BGB) ist etwas über ein Konkurrenzverbot für derartige Fälle ausgesagt. Die Situation, daß der aus dem Vertrag ausscheidende Konditor seinem Pächter in seinem eigenen Laden Konkurrenz macht, ist also nicht gesetzlich geregelt. Es fragt sich jedoch, ob im Wege der ergänzenden Vertragsauslegung ein Konkurrenzverbot angenommen und damit ein Unterlassungsanspruch des P bejaht werden kann. Nach § 157 BGB sind Verträge so auszulegen, wie Treu und Glauben mit Rücksicht auf die Verkehrssitte es erfordern. Daß K nach Verpachtung seines Ladens an P unmittelbar daneben ein neues Geschäft eröffnet hat, ist treuwidrig. Von K ist zu erwarten, daß er P die vertragsgemäße Nutzung der Pachtsache gestattet. Durch sein Konkurrenzunternehmen vereitelt er diese vertragsgemäße Nutzung. Er handelt treuwidrig. Der Pachtvertrag ist nach § 157 ergänzend dahin auszulegen, daß K eine derartige Konkurrenz verboten sein soll. P kann von K Unterlassung der Konkurrenz verlangen.

c) Zwingendes und nachgiebiges (abdingbares) Recht

Der Ölhändler V bietet das Heizöl zum Literpreis von 0,60 DM an, setzt jedoch hinzu, das Angebot erfolge „freibleibend". K ruft einige Tage später bei V an und will das Angebot annehmen. V antwortet jedoch, er könne den Literpreis von 0,60 DM nicht mehr halten. Kann K von V die Lieferung des Öls zum Preis von 0,60 DM pro Liter verlangen?

Der Fall unterscheidet sich vom vorigen Wiederholungsfall dadurch, daß V die Klausel „freibleibend" verwendet. Damit will V zum Ausdruck bringen, daß er sich an den Antrag nicht gebunden fühlt. Nach § 145 ist es zulässig, die Gebundenheit auszuschließen. Die Vorschrift ist nachgiebiges Recht. V hat sein Angebot gleichzeitig mit der Annahme des K zurückgenommen. Dies war zulässig, da er an das Angebot nach § 145 nicht gebunden sein wollte. Da kein Kaufvertrag zustande gekommen ist, kann K nicht die Lieferung des Öls verlangen.

In vielen Fällen geht nicht aus dem Text des BGB hervor, daß eine Norm nachgiebiges Recht ist. Wird eine mangelhafte Kaufsache geliefert, so hat der Käufer nach § 462 BGB das Recht, Rückgängigmachung des Kaufes (Wandelung) oder Herabsetzung des Kaufpreises (Minderung) zu verlangen, wenn der Verkäufer den Mangel zu vertreten hat. Fehlt der verkauften Sache zur Zeit des Kaufes eine zugesicherte Eigenschaft, so kann der Käufer stattdessen Schadensersatz wegen Nichterfüllung nach § 463 BGB verlangen. Das gleiche gilt, wenn der Verkäufer einen Fehler arglistig verschwiegen hat. Der Käufer einer nur der Gattung nach bestimmten Sache (z. B. ein Zentner Kartoffeln) kann nach § 480 Abs. 1 BGB stattdessen verlangen, daß ihm anstelle der mangelhaften Sache eine mangelfreie geliefert wird. Bei diesem vierfachen Wahlrecht des Käufers handelt es sich um **nachgiebiges Recht.** Dies geht jedoch aus dem Gesetzestext nicht hervor.

Man muß wissen, daß nach der Systematik des BGB sachenrechtliche Normen (z. B. zum Eigentum) in der Regel zwingendes Recht sind, während schuldrechtliche Normen überwiegend nachgiebiges Recht sind. Da die gesetzestypische Regelung von den Vertragsparteien abbedungen werden kann, nennt man es auch **abdingbares Recht.** Ein anderes Begriffspaar ist „absolutes und relatives Recht" (vgl. oben). In Ausnahmefällen sind jedoch auch schuldrechtliche Normen zwingendes Recht. Hierzu gehören insbesondere die Schutzvorschriften für den Mieter, den Arbeitnehmer und den Abzahlungskäufer, aber auch solche Vorschriften, in denen die zwingende Geltung oder die beschränkte Abdingbarkeit ausdrücklich gesetzlich verankert ist. Eine der wichtigsten Grenzen der Abdingbarkeit steht in § 276 Abs. 2 BGB: Die Haftung wegen Vorsatzes kann dem Schuldner nicht im Voraus erlassen werden. Die gesetzestypische Regelung nach § 276 Abs. 1 S. 1 ist, daß der Schuldner Vorsatz und Fahrlässigkeit zu vertreten hat. Fahrlässig handelt er, wenn er die im Verkehr erforderliche Sorgfalt außer acht läßt. Die Haftung für Fahrlässigkeit ist jedoch abdingbar. Dann haftet der Schuldner nur für Vorsatz. Anders ist es nach § 278 bei der Haftung des Schuldners für seinen Erfüllungsgehilfen, d.h. für die Person, deren er sich zur Erfüllung seiner Verbindlichkeiten bedient. Diese Haftung ist abdingbar, weil eine Vorschrift fehlt, die § 276 Abs. 2 entsprechen würde.

d) Das Recht der Allgemeinen Geschäftsbedingungen

aa) Die Entwicklung bis zum AGB-Gesetz

Daß gerade im Schuldrecht viele nachgiebige (abdingbare, dispositive) Vorschriften bestehen, haben sich insbesondere wirtschaftlich mächtige Unternehmen zunutze gemacht. Sie verwenden in breitem Umfang Allgemeine Geschäftsbedingungen, das heißt vorweg ausgearbeitete Bestimmungen für eine Vielzahl von Verträgen. Hierbei ändern sie die gesetzlichen Ausgestaltungen des verwendeten Vertragstyps meist zu ihren Gunsten ab. Dem Kunden bleibt nichts anderes übrig, als die AGB zu akzeptieren, wenn er den Vertrag abschließen will. Oft liest er das Kleingedruckte nicht, das auf der Rückseite des Vertragsformulars lang und breit ausgeführt ist, so daß er sich über die Abänderungen, die der Verwender der Allgemeinen Geschäftsbedingungen zu seinen Gunsten vom gesetzlichen Vertragsrecht vorgenommen hat, nicht im klaren ist. Oft sind die Zusammenhänge aber auch so kompliziert, daß der Kunde die juristische Bedeutung bestimmter Klauseln nicht durchschaut.

Der Verwender der Allgemeinen Geschäftsbedingungen ist der anderen Vertragspartei typischerweise wirtschaftlich und intellektuell überlegen. Er ist selbst oder mit Hilfe seiner Verbände imstande, die AGB zu seinen Gunsten auszuformulieren. Die andere Vertragspartei ist weder genügend mächtig noch intellektuell in der Lage, mit eigenen Alternativen entgegenzutreten. Oft wäre ein solcher Widerstand nutzlos, da auch die Konkurrenten des Verwenders keine für den Kunden günstigeren AGB anbieten.

Als der Gesetzgeber im Jahre 1896 das BGB schuf, ging er nicht nur vom Grundsatz der Gleichordnung im Verhältnis der Staatsbürger untereinander aus. Er nahm auch an, daß zwischen den Vertragsparteien in etwa ein Kräftegleichgewicht herrsche. Zwar traf diese Annahme damals schon z. B. für den Arbeitsvertrag, für den Abzahlungskauf und für Mietverträge nicht zu. Die massenhafte Verwendung von vorformulierten Allgemeinen Geschäftsbedingungen hat sich aber erst im Laufe des 20. Jahrhunderts im Wirtschaftsleben durchgesetzt. Es wäre auch zu einseitig, wenn man die AGB lediglich unter dem Aspekt der Benachteiligung des Kunden betrachten würde. Sie rationalisieren den Vertragsabschluß, indem sie die Gewährleistungen auf bestimmte Geschäftstypen hin vereinheitlichen, die Haftung und andere Risiken begrenzen, so daß insgesamt eine unternehmerische Kalkulation und Organisation des Absatzes nach den standardisierten Vertragsinhalten möglich wird. Es ist heute müßig, darüber zu streiten, ob der Gesetzgeber schon 1896 diese Entwicklung hätte vorhersehen können. Dann hätte er möglicherweise weniger abdingbare und mehr zwingende Rechtsnormen in das Schuldrecht des BGB aufgenommen. Ihm war es ja darum zu tun, eine faire Ausgestaltung und Abwicklung der jeweiligen Verträge sicherzustellen. Viele Normen gestaltete der Gesetzgeber nur deshalb als abdingbares Recht aus, weil er meinte, es den gleichwertigen Vertragsparteien überlassen zu können, im Einzelfall selbst die jeweils gerechteste Lösung zu vereinbaren.

Die Rechtsprechung nahm die Allgemeinen Geschäftsbedingungen als selbstgeschaffenes Recht der Wirtschaft lange Zeit einfach hin. Erst nach und nach wurden im Bereich der Banken, der Versicherungen, der Warenhersteller und der Dienstleistungsbetriebe die Vertragsklauseln für den Kunden immer ungünstiger ausgestaltet. Die Verwender der AGB nutzten ihre wirtschaftliche Macht und ihren Informationsvorsprung gegenüber den schwächeren und weniger erfahrenen Kunden aus. Schließlich waren die Gerichte gezwungen, die Vertragsfreiheit der Verwender zum Schutze ihrer schwächeren Kunden zu korrigieren. Sie weigerten sich vor allem, die AGB als Gewohnheitsrecht anzuerkennen. Hinzu kam, daß sie Unklarheiten zu Lasten der Verwender von AGB auslegten. Überraschende Klauseln erklärten sie für ungültig, da das Einverständnis des Vertragspartners sich nur auf solche Bedingungen beziehe, mit deren Aufstellung er billigerweise rechnen könne[326].

Schließlich ging der Bundesgerichtshof soweit, die AGB im Interesse des anderen Vertragsteils einer Inhaltskontrolle zu unterziehen, um eine unangemessene Benachteiligung und damit eine Verletzung der Vertragsgerechtigkeit zu verhindern[327], ohne aber im übrigen die Geltung des Vertrages anzutasten. Als Einstieg verwendete der BGH insbesondere drei Vorschriften des BGB: Die Sittenwidrigkeit und Nichtigkeit nach § 138 bei einer Monopolstellung des Verwenders von AGB[328], die Anpassung des Vertrages nach § 242 (Grundsatz von Treu und Glauben) sowie eine Entscheidung nach billigem Ermessen im Urteil nach § 315 Abs. 3 Satz 2, wenn Vertragsbestimmungen nach billigem Ermessen hätten erfolgen sollen, aber die konkrete Vertragsbestimmung nicht der Billigkeit entspricht.

Der Nachteil dieser richterlichen Vertragskorrektur bestand darin, daß sie nur in dem jeweils zu entscheidenden Fall galt. Die Verwender von AGB konnten auch für unzulässig erklärte Vertragsklauseln weiter benutzen. Über die Sittenwidrigkeit oder Unbilligkeit der Vertragsbestimmungen mußte dann in jedem Urteil neu entschieden werden. Nach dem Grundsatz: Wo kein Kläger ist, ist auch kein Richter, wurden AGB auch dann weiterbenutzt, wenn sie bereits in höchstrichterlichen Urteilen korrigiert worden waren.

bb) Das AGB-Gesetz

Schließlich sah sich der Gesetzgeber zum Eingreifen gezwungen. Am 9.12.1976 wurde das Gesetz zur Regelung des Rechts der Allgemeinen Geschäftsbedingungen (AGBG) verabschiedet. Es ist auf Allgemeine Geschäftsbedingungen anzuwenden, das heißt auf alle für eine Vielzahl von Verträgen vorformulierten Vertragsbedingungen, die eine Vertragspartei (Verwender) der anderen Vertragspartei bei Abschluß des Vertrages stellt (§ 1 AGBG). AGB liegen nach der ursprünglichen Fassung des Gesetzes dann vor, wenn es sich um vorformulierte Vertragsbedingungen handelt, wenn der Verwender den Zweck verfolgt, sie in gleicher Weise für mehrere Verträge mit verschiedenen Partnern zu verwenden und wenn die Vertragsbedingungen nicht im einzelnen ausgehandelt sind (§ 1). Nach § 2 AGBG werden die AGB nur dann Vertragsinhalt, wenn der Verwender die andere Vertragspartei ausdrücklich oder durch deutlich sichtbaren Aushang am Ort des Vertragsschlusses auf seine AGB hinweist und wenn der anderen Vertragspartei die Möglichkeit verschafft wird, in zumutbarer Weise vom Inhalt dieser AGB Kenntnis zu erhalten. Schließt die andere Vertragspartei das Geschäft in Kenntnis des Umstandes, daß AGB verwendet werden, ohne Vorbehalt ab, so ist sie mit der Geltung der AGB einverstanden. Stehen die Vertragsparteien in ständigen Geschäftsbeziehungen, so können sie nach § 2 Abs. 2 AGBG in einer Rahmenvereinbarung die Geltung der AGB im voraus festlegen. Der Schutz des § 2 AGBG gilt nicht für Unternehmer.

---

[326] BGHZ 38, 183, 185
[327] Vgl. BGHZ 60, 243
[328] Vgl. BGHZ 20, 164, 168

Durch Umsetzung der EG-Richtlinie über mißbräuchliche Klauseln in Verbraucherverträgen[329] hat der Gesetzgeber im Jahre 1996 den Verbraucherschutz als speziellen Zweck des AGBG eingefügt. Nach § 24 a AGBG sind jetzt Verbraucher auch dann geschützt, wenn Unternehmer ihnen gegenüber eine Klausel nur in einem einzigen Vertrag verwendet haben. Bei der Beurteilung einer unangemessenen Benachteiligung nach § 9 sind auch die den Vertragsabschluß begleitenden Umstände zu berücksichtigen. In der ursprünglichen Fassung wird darauf abgestellt, ob die AGB Vertragsinhalt geworden sind.

Auch Unternehmer sind nach dem AGBG gegenüber unangemessenen AGBG-Klauseln nicht schutzlos. Zwar finden die Klauselverbote der §§ 10 und 11 ebensowenig wie die Vorschriften der §§ 2 und 12 Anwendung auf AGB, die gegenüber einem Unternehmer in Ausübung seiner gewerblichen Tätigkeit verwendet werden (§ 24 Nr. 1). Ihre Wertung wird aber auch in derartigen Fällen jedenfalls teilweise übernommen, weil die Generalklausel des § 9 auch bei der Verwendung von AGB gegenüber Unternehmern anzuwenden ist. Es ist in jedem Fall gesondert zu prüfen, ob die Bedürfnisse und Gebräuche des Handelsverkehrs eine entsprechende Anwendung der Klauselverbote aus §§ 10 und 11 rechtfertigen.
Es gibt heute zwei verschiedene persönliche Geltungsbereiche des AGBG[330]:

Unterschiedliche Geltung des AGBG je nach betroffenem Personenkreis[331].

§§ des AGBG	1	2	3-9	9	10-12	13-24	24a
Verbraucher	x	x	x	x	x	x	x
Unternehmer	x		x	x		x	

cc) Vier Grundregeln des AGBG

An dieser Stelle sollen lediglich **Grundregeln** für die Auslegung von Allgemeinen Geschäftsbedingungen vermittelt werden, die im AGB-Gesetz festgehalten sind, und zwar die Unwirksamkeit von überraschenden Klauseln, der Grundsatz der objektiven Auslegung, die Regel über die Auslegung von unklaren Klauseln zu Lasten des Verwenders der AGB und das sog. Verbot der geltungserhaltenden Reduktion von Allgemeinen Geschäftsbedingungen.

Das Gesetz geht davon aus, daß die Kunden sich den AGB nur unterwerfen, weil sie darauf vertrauen, daß diese keine einseitig nachteiligen oder außergewöhnlichen Klauseln enthalten. Dem Vertrauensschutz dient § 3 AGBG, wonach **„überraschende Klauseln“** auf keinen Fall Bestandteil des Vertrages werden. Überraschend sind die Klauseln dann, wenn sie für Geschäft der in Frage stehenden Art so ungewöhnlich sind, daß der Vertragspartner nicht mit ihnen zu rechnen braucht. Ein Beispiel ist, daß der Verwender der AGB auf eine Anlage verweist, die er aber nicht beigefügt hat[332]. Eine nach § 11 unwirksame Klausel braucht nicht mehr darauf überprüft zu werden, ob sie nach § 3 überraschend ist. Wird jedoch eine Klausel nach § 10 als wirksam bewertet, so kann ihre Geltung dennoch abgelehnt werden, wenn sie nach § 3 überraschend ist. Es ist allerdings möglich, daß der Verwender der AGB auf besondere Klauseln ausdrücklich hinweist; dann werden sie zum Vertragsbestandteil.

[329] Richtlinie 93/13, ABlEG L 95 vom 21. 4. 1993 S. 29, abgedruckt in NJW 1993, S. 1338 ff.
[330] Vgl. *Kittner*, Gesamtsystem Schuldrecht München 1998 S. 321
[331] Vgl. *Kittner*, Gesamtsystem Schuldrecht München 1998 S. 331
[332] Vgl. AG Dortmund NJW-RR 1996, 1358

Die AGB sollen eine gleichmäßige Abwicklung von immer wieder auftretenden Geschäften gleichen oder ähnlichen Inhalts ermöglichen. Für ihre Auslegung kommt es daher auf das Verständnis des Durchschnittskunden an. Es sind nur solche Umstände des Vertrages zu berücksichtigen, die für die Geschäfte des Verwenders typisch sind und deren Kenntnis bei allen Kunden des Verwenders erwartet werden kann. Man spricht hier vom Grundsatz der **objektiven Auslegung**[333].

Nach § 5 AGBG sind **unklare Klauseln zu Lasten des Verwenders auszulegen**. Die von der Rechtsprechung entwickelte Unklarheitenregel wurde also vom AGBG übernommen. Stehen Klauseln der AGB in unmittelbarem oder mittelbarem Widerspruch zu Einzelabsprachen der Parteien, so sind sie nach § 4 AGBG unwirksam. Die abweichende Einzelvereinbarung geht also gegenüber der AGB-Klausel vor.

Schließlich können Klauseln **aus inhaltlichen Gründen** der Vertragsgerechtigkeit unwirksam sein. Diese Gründe sind in §§ 9-11 AGBG geregelt. Soweit eine Klausel unter die Kataloge der Klauselverbote nach § 10 AGBG (Klauselverbote mit Wertungsmöglichkeit) und § 11 AGBG (Klauselverbote ohne Wertungsmöglichkeit) fällt, ist sie unwirksam. Es greift dann wieder das dispositive Geswetzesrecht ein, von dem die Klausel abweichen sollte. Es ist dem Richter nicht möglich, die Klausel auf einen Inhalt hin zu korrigieren, der gerade noch mit dem AGB-Gesetz vereinbar ist. Vielmehr muß er die Klausel für unwirksam erklären. Man nennt dies das **Verbot der geltungserhaltenden Reduktion**. Es folgt aus § 6 Abs. 2 AGBG. Dazu zwei Fälle:

Fall 1: Die unfairen Bankbedingungen:

A eröffnet bei der B-Bank ein Girokonto. Die B-Bank vereinbart mit ihm, daß für alle Geschäftsbesorgungen aus diesem Girokonto die von ihr verwendeten „Allgemeinen Bankbedingungen" gelten. Darin ist eine Klausel enthalten, wonach die Wertstellung von Bareinzahlungen auf Girokonten einen (Bank-)Arbeitstag nach der Einzahlung vorgenommen wird. Wer jedoch einen Kredit aufnimmt, muß die Sollzinsen für den Kredit schon vom Tage der Kreditaufnahme an zahlen. A fragt, ob er sich die diskriminierende Barzahlungsklausel gefallen lassen müsse.

In den §§ 10 und 11 AGBG ist ein Katalog von Klauseln enthalten, die unwirksam sind. Die in § 11 aufgezählten Klauseln sind stets unwirksam (Klauselverbote ohne Wertungsmöglichkeit). Die in § 10 genannten Klauseln werden vom Richter im konkreten Einzelfall gewertet (Klauselverbote mit Wertungsmöglichkeit). Stellt der Richter fest, daß die Anwendung der Klausel zu einer unangemessenen Benachteiligung des Kunden führen würde, so sind - nach dieser Wertung des Richters - die AGB insoweit unwirksam. Die Kataloge der §§ 10 und 11 sind abschließend.

Die Wertstellungsklausel der B-Bank ist nicht in den Klauselverboten der §§ 10 und 11 AGBG aufgeführt. Die Klausel kann aber nach § 9 AGBG unwirksam sein, da sie den Vertragspartner entgegen dem Grundsatz von Treu und Glauben unangemessen benachteiligt. Eine unangemessene Benachteiligung ist nach § 9 Abs. 2 im Zweifel anzunehmen, wenn eine Bestimmung

---

[333] BGHZ 79, 117

1. mit wesentlichen Grundgedanken der gesetzlichen Regelung, von der abgewichen wird, nicht zu vereinbaren ist, oder
2. wesentliche Rechte oder Pflichten, die sich aus der Natur des Vertrages ergeben, so einschränkt, daß die Erreichung des Vertragszwecks gefährdet ist.

In einer aufsehenerregenden Entscheidung vom 17.1.1989 hat der Bundesgerichtshof[334] festgestellt, daß durch derartige Klauseln die Kunden wie Kreditnehmer behandelt werden und im Ergebnis ihr eigenes Kapital verzinsen müssen. Dies betrachtet der BGH als unangemessen und treuwidrig. Die Klausel ist daher unwirksam. Es ist auch nicht möglich, die Klausel auf einen wirksamen Inhalt zurückzuführen. Nach § 6 Abs. 2 AGBG richtet sich der Vertragsinhalt nach den gesetzlichen Vorschriften, soweit Klauseln unwirksam sind (Verbot der geltungserhaltenden Reduktion). Die Klausel darf also nicht auf den Kern zurückgeführt werden, der gerade noch mit dem AGB-Gesetz vereinbar wäre. Dies entspricht dem Zweck des AGB-Gesetzes, auf einen angemessenen Inhalt der in der Praxis verwendeten AGB hinzuwirken und dem Verwender das Risiko der Unwirksamkeit der AGB aufzubürden.

Nach Maßgabe von § 24 AGBG ist A auch dann geschützt, wenn er Unternehmer ist. Die sogenannte Generalklausel des § 9 AGBG gilt auch für Unternehmer, während die Klauselverbote der §§ 10 und 11 AGBG nicht gelten. Unternehmer werden im Rechtsverkehr als weniger schutzwürdig angesehen und deshalb gegenüber den Privatleuten schlechter gestellt.

Fall 2: Die unfairen Beförderungsbedingungen der Fluggesellschaft:

Die X-AG ist eine international tätige Fluggesellschaft. In ihren Beförderungsbedingungen für Fluggäste und Gepäck steht u.a. folgendes:
Flugpläne unterliegen Änderungen ohne Vorankündigung. Der Luftfrachtführer kann, wenn die Umstände es erfordern, im Flugschein oder Flugplan genannte Zwischenlandepunkte ändern oder auslassen und kann ohne Vorankündigung andere Luftfrachtführer mit der Beförderung betrauen oder anderes Fluggerät einsetzen.

A hält dies für rechtswidrig. Er erhält die (zutreffende B.N.) Auskunft, daß das AGB-Gesetz auf derartige Beförderungsbedingungen anwendbar sei

Der Bundesgerichtshof[335] erklärte diese und eine Reihe von anderen Klauseln für unwirksam. Nach § 10 Nr. 4 AGBG kann sich der Verwender von AGB nicht ohne Einschränkung das Recht vorbehalten, die vereinbarte Leistung zu ändern oder von ihr abzuweichen. Vielmehr muß die Änderung oder Abweichung unter Berücksichtigung der Interessen des Verwenders für den anderen Vertragsteil zumutbar sein. Hier legt die Fluggesellschaft aber in ihren AGB ein vorbehaltloses Leistungsänderungsrecht fest, das heißt ein Recht, einseitig Flugpläne und Zwischenlandungspunkte zu ändern, andere Luftfrachtführer mit der Beförderung zu betrauen oder anderes Fluggerät einzusetzen. Diese Klausel ist unwirksam. Sie kann nicht im Wege der geltungserhaltenden Reduktion so interpretiert werden, daß die Leistungsänderung für den Kunden zumutbar sein müsse. Vielmehr greift wieder das dispositive Gesetzesrecht ein. Die Fluggesellschaft hat kein Leistungsänderungsrecht.

---

[334] BGHZ 106, 259
[335] BGHZ 86, 284

dd) Die Verbandsklage

Um es nicht bei einer bloßen Überprüfung von Einzelkonflikten durch die Gerichte zu belassen, eröffnet das AGBG die Möglichkeit der Verbandsklage (§§ 13-22). Wer in seinen AGB solche Bestimmungen verwendet, die nach dem Gesetz unwirksam sind, kann bei Wiederholungsgefahr auf Unterlassung in Anspruch genommen werden. Klageberechtigt sind Verbände, die es zu ihrer satzungsmäßigen Aufgabe gemacht haben, die Interessen der Verbraucher - beratend oder aufklärend - wahrzunehmen (§ 13 AGBG).

e) Vertragstypen und Anspruchsgrundlagen

Während wir an Verfügungsgeschäften bisher nur den sachenrechtlichen Vertrag zur Übertragung des Eigentums an beweglichen Sachen nach § 929 kennengelernt haben, sind in den bisher behandelten Fällen bereits mehrere Verpflichtungsgeschäfte aufgetaucht. Bei verpflichtenden Verträgen erstreben die Beteiligten als hauptsächliche Rechtsfolge die Entstehung, Bestätigung oder Abänderung von Pflichten. So erklären die Parteien eines Kaufvertrages, daß der Verkäufer verpflichtet sein soll, die Kaufsache dem Käufer zu übergeben und zu übereignen, während der Verkäufer zur Bezahlung des Kaufpreises und zur Abnahme der Kaufsache verpflichtet wird. Faßt man die verpflichtenden oder schuldrechtlichen Verträge nach Typen zusammen, so sind die Austauschverträge, die Gebrauchsüberlassungsverträge, die Dienstleistungsverträge und die anderen Verträge zu unterscheiden. Im folgenden sollen die jeweils für diese Vertragstypen geltenden grundlegenden Normen des BGB dargestellt werden, welche die wesentlichen vertraglichen Pflichten regeln und zugleich Anspruchsgrundlagen sind:

Der typische **Austauschvertrag** ist der Kaufvertrag, bei dem die Kaufsache um der Gegenleistung, des Kaufpreises, willen ausgetauscht wird. Nach § 433 Abs. 1 kann der Käufer die Übergabe und Übereignung der Kaufsache verlangen; nach § 433 Abs. 2 kann der Verkäufer die Bezahlung des Kaufpreises und die Abnahme der Kaufsache verlangen. Der Tauschvertrag (§ 515) unterscheidet sich vom Kauf nur dadurch, daß als Gegenleistung nicht Geld zu zahlen, sondern Eigentum und Besitz an einer anderen Sache oder ein anderes Recht zu verschaffen ist. Beim Werklieferungsvertrag (§ 651) verpflichtet sich der eine Teil gegen Entgelt, aus einem von ihm zu beschaffenden Stoff ein „Werk" herzustellen und dies dem anderen Teil zu übergeben sowie zu übereignen. Wirtschaftlich gesehen sind Kauf-, Tausch- und Werklieferungsvertrag sogenannte Umsatzgeschäfte. Hinzu kommt nach § 516 der Schenkungsvertrag, das heißt die Zuwendung, durch die jemand das Vermögen eines anderen bereichert und beide sich über die Unentgeltlichkeit dieser Bereicherung einig sind. Die Handschenkung, die sogleich durch die Übereignung der geschenkten Sache erfüllt wird, ist formfrei. Ein Schenkungsversprechen bedarf nach § 518 Abs. 1 der notariellen Beurkundung (vgl. unten). Bei Schenkungsverträgen fehlt es im Gegensatz zu den Austauschverträgen an der Verpflichtung zur Gegenleistung.

Miete, Pacht und Leihe sind **Gebrauchsüberlassungsverträge.** Durch den Mietvertrag (§ 535) wird der Vermieter verpflichtet, dem Mieter den Gebrauch einer Sache während der Mietzeit zu überlassen. Der Mieter ist zur Entrichtung des vereinbarten Mietzinses verpflichtet. Während der Mietzeit hat der Mieter das Recht zum tatsächlichen Gebrauch, wird jedoch nicht Eigentümer. Die Gebrauchsüberlassung ist in der Regel auf eine gewisse Dauer angelegt (Dauerschuldverhältnis). Der Pachtvertrag (§ 581) unterscheidet sich von der Miete nur dadurch, daß der Verpächter dem Pächter auch den Gebrauch und Genuß der Früchte überlassen muß. Im übrigen können auch Rechte (z. B. Patente) verpachtet werden, während nur Sachen vermietet werden. Miete und Pacht sind entgeltlich, die Leihe (§ 598) ist ein unentgeltlicher-

Vertrag. Der Entleiher muß für die Gebrauchsüberlassung nichts entrichten. Beim **Kreditvertrag,** der im Gesetz Darlehen genannt wird (§ 607), verpflichtet sich der Kreditgeber, dem Kreditnehmer eine bestimmte Geldsumme oder andere vertretbare Sachen auf Zeit zu überlassen. Nach Zeitablauf muß der Kreditnehmer das Empfangene in Sachen gleicher Art, Güte und Menge zurückerstatten. Beim Kreditvertrag wird nicht nur ein wirtschaftlicher Wert zum Gebrauch überlassen, sondern übereignet. Der Kreditnehmer muß daher den Wert zurückübereignen. Der Kredit kann unentgeltlich sein, in der Regel ist der Kreditnehmer jedoch zur Zahlung von Zinsen verpflichtet.

Dienstleistungsverträge, bei denen sich ein Teil zu einer bestimmten Tätigkeit für den anderen verpflichtet, sind der Dienstvertrag, der Werkvertrag und der Geschäftsbesorgungsvertrag. Beim Dienstvertrag (§ 611) ist der Dienstnehmer zur Leistung der versprochenen Dienste, der Dienstgeber zur Zahlung der vereinbarten Vergütung verpflichtet. Im Unterschied zum Mietvertrag wird hier ein persönlicher Einsatz geschuldet. Wichtigster praktischer Anwendungsfall des Dienstvertrages ist der Arbeitsvertrag. Der Arbeitnehmer verpflichtet sich hier gegenüber dem Arbeitgeber zur Leistung von unselbständiger, fremdbestimmter, abhängiger Tätigkeit gegen Entgelt. Beim Werkvertrag (§ 631) verpflichtet sich der Werkunternehmer, für den Besteller ein Werk gegen Entgelt zu erstellen. Über die Tätigkeit hinaus wird auch ein Erfolg geschuldet. Dies unterscheidet den Werk- vom Dienstvertrag.

Beim Auftrag (§ 662) verpflichtet sich der eine Teil, ein Geschäft unentgeltlich für den anderen Teil zu besorgen. Der Auftrag verhält sich zum Dienst- und Werkvertrag wie die Schenkung zum Kauf.

In § 675 ist der entgeltliche Geschäftsbesorgungsvertrag geregelt. Hier geht es um Tätigkeiten höherer Art mit wirtschaftlichem Einschlag, wie z. B. die Verträge zwischen Anwalt und Klient sowie die Verwaltung von Girokonten durch Banken und allgemein die Vermögensverwaltung. Es geht über die Leistung von Diensten hinaus um die treuhänderische Wahrung und Geltendmachung von anvertrauten Rechten eines anderen.

Im Maklervertrag (§ 652) verpflichtet sich der Kunde gegenüber dem Makler, eine Vergütung zu bezahlen, wenn infolge der Nachweis- oder Vermittlungstätigkeit des Maklers ein Vertrag mit einem Dritten zustandekommt.

Schließlich regelt das BGB noch den entgeltlichen oder unentgeltlichen Verwahrungsvertrag (§ 688). Weitere Dienstleistungsverträge sind im HGB geregelt.

Die **Gesellschaftsverträge** unterscheiden sich von den bisher beschriebenen Vertragstypen (§ 705) grundlegend dadurch, daß alle Vertragsbeteiligten sich verpflichten, die Erreichung eines gemeinsamen Zwecks zu fördern. Typische Vertragspflicht ist die Beitragsleistung. Das Besondere ist hier der gemeinsame Zweck. Mit der Durchführung des Gesellschaftsvertrages entsteht eine Vereinigung, also eine soziale Größe, für die der Vertragsschluß lediglich die Rechtsgrundlage bedeutet. Die Gesellschafter sind gleichzeitig Gründer und Mitglieder dieses Sozialgebildes. Neben der Gesellschaft bürgerlichen Rechts nach § 705 BGB gibt es die Handelsgesellschaften und die stille Gesellschaft, die im HGB oder in eigenen Gesetzen wie dem Aktiengesetz oder dem Gesetz über die Gesellschaften mit beschränkter Haftung (GmbH-Gesetz) geregelt sind.

Nach dem Grundsatz der Vertragsfreiheit sind auch andere als die gesetzestypisch genannten Verträge möglich (**Typendehnung und Typenmischung**). Die Grenzen der Vertragsfreiheit sind die allgemeinen Vorschriften über Rechtsmißbrauch, Sittenwidrigkeit und Treu und Glauben. Der Gesetzgeber kann auch bestimmte Vertragsarten, die immer wieder gebraucht werden, typisieren und die hierzu erforderlichen Regelungen treffen. So hat er im Jahre 1979 einen gemischten Vertrag, den Reisevertrag, in den §§ 651a-k geregelt. Erfaßt sind mit diesen Vorschriften insbesondere die Pauschalreisen, bei denen neben der Reise auch Transfer, Hotelunterkunft und Verpflegung geleistet werden. Ein weiterer gemischter Vertrag, der aber nicht gesetzlich geregelt ist, ist das Franchising. Beim Waren- oder Dienstleistungsfranchising werden eine berühmte Markenware oder eine Dienstleistung gegen Entgelt genutzt.

Nicht im Vertragsbegriff erfaßt sind die sog. **Gesamtakte,** z. B. die abgesprochene Kündigung mehrerer Mieter. Hier laufen zwar mehrere Willenserklärungen parallel, sie entsprechen sich aber nicht im Sinne der Annahme eines Angebots. Zwischen den kündigenden Mietern kommt kein Vertrag zustande.

f) Vertragsverhältnisse aus sozialtypischem Verhalten

A parkt seinen Wagen auf dem Privatparkplatz des B. Er erklärt diesem, für das Parken nichts bezahlen zu wollen. Als A nach zwei Stunden wieder abfahren will, verlangt B die nach seiner Gebührentabelle zu zahlende Vergütung in Höhe von 4,- DM. Muß A bezahlen?

A muß die Dienste aus den Bewachungsvertrag bezahlen, wenn ein wirksamer Vertrag zustande gekommen ist. Da A ausdrücklich erklärt hat, keinen Vertrag abschließen zu wollen, wäre B auf seine Ansprüche als Eigentümer (rechtliche Sachherrschaft) gegen den Besitzer (tatsächliche Sachherrschaft) aus ungerechtfertigter Bereicherung oder aus unerlaubter Handlung angewiesen. Darüber hinaus hat der Bundesgerichtshof eine vertragliche Pflicht zur Bezahlung des Parkgeldes anerkannt[336]. Hier sei **aus sozialtypischem Verhalten** ein Vertrag zustande gekommen; man nennt dies auch ein faktisches Vertragsverhältnis. Wenn jemand eine öffentlich dargebotene Leistung tatsächlich in Anspruch nimmt, soll er aus seinem sozialtypischen Verhalten zur Gegenleistung auch dann verpflichtet sein, wenn er keinen Vertrag abschließen will. Es ist zwar richtig, daß in vielen Bereichen nach dem äußeren Erscheinungsbild der handelnden Menschen keine Verträge mehr ausgehandelt, sondern nur noch dargebotene Leistungen ohne viel Aufhebens in Anspruch genommen werden. Es erscheint dennoch bedenklich, hier von den rechtlichen Erfordernissen Abschied zu nehmen, die für das Zustandekommen von Verträgen gelten.[337] Wenn jemand eine Handlung vornimmt, aus der typischerweise eine bestimmte Willenserklärung gefolgert wird, dann kann er sich nicht darauf berufen, etwas anderes zu wollen als das, was ein anderer aus seiner Handlung folgern darf. Schon die alten Römer kannten dieses Problem, die protestatio facto contraria (die der Handlung entgegengesetzte Protesterklärung). Auch sie hielten den Handelnden an der Bedeutung fest, die der Rechtsverkehr seiner Handlung beimaß[338]. Die dem eigenen Tun widersprechende Protesterklärung hat also keine Rechtswirkung. Im übrigen könnte der Gesetzgeber durch eine geringfügige Änderung des BGB sicherstellen, daß auch in derartigen Fällen Vertragsrecht angewendet werden kann, ohne daß das Institut des faktischen Vertrages bemüht werden müßte.

---

[336] BGHZ 21, 319; 23, 175

[337] Vgl. die Nachweise bei *Schwab*, Einführung in das Zivilrecht, 7. Aufl. 1987, S. 216.

[338] Vgl. *Däubler*, Bd. 1, S. 361

g) Wiederholung

Der Kaufmann K kauft von der M-AG einen Handpreisauszeichner, das heißt ein Gerät, mit dem er die Etiketten zur Preisauszeichnung gleichzeitig auf die Ware kleben und mit dem Preis bedrucken kann. K unterschreibt ein Vertragsformular, auf dessen Rückseite kleingedruckt geschrieben steht, daß der Käufer sich auch verpflichtet, die zur Benutzung des Geräts notwendigen Etiketten von der M-AG zu beziehen. K weigert sich, dieser Verpflichtung nachzukommen, da die Etiketten von anderen Unternehmen billiger hergestellt werden. Kann die M-AG von ihm den laufenden Bezug der Etiketten verlangen?

Die M-AG könnte von K den laufenden Bezug der Etiketten verlangen, wenn neben dem Kaufvertrag über das Gerät auch ein Rahmenvertrag über den Kauf der Etiketten zustande gekommen ist. Es ist davon auszugehen, daß bei dem Kauf des Geräts Allgemeine Geschäftsbedingungen verwendet und einbezogen wurden. K ist Unternehmer. Nach § 24 AGBG findet jedoch auch auf ihn die Vorschrift Anwendung, daß AGB-Bestimmungen, die nach den Umständen so ungewöhnlich sind, daß der Vertragspartner des Verwenders mit ihnen nicht zu rechnen braucht, nicht Vertragsbestandteil werden (§ 3). Hierbei ist insbesondere nach dem äußeren Erscheinungsbild des Vertrags zu fragen. Die Klausel über den laufenden Bezug der Etiketten war kleingedruckt auf der Rückseite des Vertragsformulars angebracht. Mit einer so ungewöhnlichen Zusatzverpflichtung braucht K nicht zu rechnen. Er wurde weder durch das äußere Erscheinungsbild des Vertragstextes noch durch besonderen Hinweis auf diese Klausel aufmerksam gemacht. Sie ist daher nicht Vertragsbestandteil geworden. K muß die Etiketten nicht beziehen. Darüber hinaus dürfte die Klausel gegen das Verbot in § 9 AGBG, d. h. gegen den Grundsatz von Treu und Glauben verstoßen, der nach § 24 AGBG auch zugunsten von Kaufleuten gilt.

Die kartellrechtliche Problematik derartiger Koppelungsgeschäfte wurde im Fall Meto- Handpreisauszeichner[339]. ebenfalls zugunsten des K entschieden. Entscheidend war, daß Meto eine Monopolstellung für die Geräte hatte und die Koppelung des Geräteverkaufs mit dem Etikettenbezug als mißbräuchlich angesehen wurde.

3. Die nichtige Willenserklärung

a) Formmangel

A verkauft an B das Grundstück Hafenstr. 15 für 200 000,-DM. Der Kaufvertrag wird schriftlich abgeschlossen. Als A von C ein Angebot erhält, das Grundstück für 300 000,- DM zu kaufen, fragt er an, ob der Kaufvertrag mit B wirksam geworden sei.

Der Kaufvertrag ist unwirksam. Er hätte nach § 313 der notariellen Beurkundung bedurft.

A verspricht dem B, ihm ein wertvolles Ölbild zu schenken. B läßt sich dieses Versprechen schriftlich geben. A erfährt hinterher, daß der Wert des Bildes noch viel höher ist, als er bisher angenommen hat. Ist er aus dem Schenkungsversprechen verpflichtet?

Nach § 518 Abs. 1 hätte auch dieser Vertrag der notariellen Beurkundung bedurft.
In beiden Fällen wird der Formmangel geheilt, wenn die versprochene Leistung bewirkt, das heißt das Eigentum an dem Grundstück oder der geschenkten Sache übertragen wird (Warn-

[339] KG WuW/E OLG 995 = JuS 1969, 590 Nr. 6

und Beweisfunktion). In anderen Fällen bleibt das Geschäft nichtig (z.B. § 766, nicht schriftlich erteilte Bürgschaft).

Ein formnichtiges Rechtsgeschäft kann nach § 140 BGB in ein anderes umgedeutet werden, das der Formvorschrift nicht unterworfen ist. Es ist dann wirksam. In Einzelfällen kann die Berufung einer Vertragspartei auf die Formnichtigkeit eines Geschäfts gegen Treu und Glauben (§ 242 BGB) verstoßen, das Rechtsgeschäft ist dann als wirksam zu behandeln. Dies gilt aber nur in besonderen Ausnahmefällen, etwa, wenn die Partei, die sich auf die Formnichtigkeit beruft, den Formmangel bewußt herbeigeführt hat. Im übrigen ist es nach dem Grundsatz der Vertragsfreiheit zulässig, daß die Parteien vertraglich eine besondere Form vereinbaren (§ 127).

Ist die gesetzlich vorgeschriebene Form nicht eingehalten, so ist das Rechtsgeschäft nach § 125 S. 1 nichtig. Ist eine besondere Form vereinbart, so ist das Rechtsgeschäft nach § 125 S. 2 nur „im Zweifel" nichtig, d. h., die Parteien können eine teilweise Geltung trotz Formmangels vereinbaren.

b) Gesetzliches Verbot

Ein Rechtsgeschäft, das gegen ein gesetzliches Verbot verstößt, ist nach § 134 nichtig. So ist also ein Gesellschaftsvertrag nichtig, in dem sich mehrere Einbrecher zur „Panzerknackergesellschaft Berlin" zusammenschließen, um Panzerschränke von Banken aufzuknacken.

Diese an sich klare Vorschrift kann aber im Einzelfall zu Anwendungsproblemen führen, weil gesetzliche Verbote sich nicht immer gegen den Abschluß von bestimmten Rechtsgeschäften richten. Dazu folgender Fall:

A kauft bei B, dessen Laden er an einem Sonntag durch die Hintertür betreten hat, einen Teppich zum Preis von 1800,- DM. Als der Teppich geliefert wird, gefällt er ihm nicht mehr. A behauptet, nicht zur Abnahme des Teppichs verpflichtet zu sein, weil bei dem Kauf gegen das Ladenschlußgesetz verstoßen worden sei.

Hier wendet sich das gesetzliche Verbot des Ladenschlußgesetzes gegen die Person des Ladeninhabers. Dieser begeht eine Ordnungswidrigkeit und muß ein Bußgeld bezahlen. Ziel des Verbots ist jedoch nicht, den Kunden in seiner Vertragsfreiheit zu beeinträchtigen und dem abgeschlossenen Vertrag die Wirksamkeit zu versagen. Die Übertretung der Ladenschlußzeiten ist nur Anlaß für das Kaufgeschäft. Das Verbot wendet sich nur als Ordnungsvorschrift gegen den Verkäufer. Es verbietet nicht den Abschluß von Kaufverträgen schlechthin. Es wendet sich daher nicht gegen den Inhalt des Kaufvertrages. Dieser ist wirksam. A muß den Kaufpreis für den Teppich in Höhe von 1800,- DM bezahlen.

c) Sittenwidrigkeit, Wucher

Nichtig ist auch ein Rechtsgeschäft, das gegen die „guten Sitten" verstößt (§ 138 Abs. 1 BGB). Im Einzelfall ist es schwierig, die Generalklausel der Sittenwidrigkeit auszufüllen. Es hilft auch nicht viel weiter, wenn man wie die Rechtsprechung die Sittenwidrigkeit mit der Formel „Verstoß gegen das Anstandsgefühl aller billig und gerecht Denkenden" umschreibt. Hier wird nur eine durch zwei neue Generalklauseln, nämlich durch die Begriffe „billig" und „gerecht", ersetzt. Es führt nur weiter, wenn man diesen Begriff anhand von Fallgruppen ausfüllt. Sittenwidrig sind demnach z. B. schwere Verstöße gegen die Moral nicht nur des Geschäfts-, sondern auch des Familienlebens, Treuebrüche und Verstöße gegen die Wertordnung, die durch die Grundrechte gebildet wird. § 138 BGB ist nach der derzeit herrschenden Rechtsprechung eines der Einfallstore für die Grundrechte in das Zivilrecht. Da nach dieser Rechtsprechung die Grundrechte nur mittelbar wirken (vgl.unten), bedarf es einer Ausfüllung dieser Generalklausel durch die Prinzipien und Wertmaßstäbe der Grundrechte, um eine freiheitliche und soziale, die Menschenwürde des Bürgers schützende Gemeinschaftsordnung im Zivilrecht durchzusetzen. Die Rechtsprechung erklärt auch Rechtsgeschäfte für sittenwidrig, die gegen den sogenannten „ordre public" verstoßen, d. h. gegen allgemeine Vorstellungen darüber, was der öffentlichen Ordnung gemäß ist und was nicht.

Die B-Bank, die dem A ein Darlehen gewährt hat, errechnet, daß dessen Ehefrau E sich für die Darlehensrückzahlung verbürgt. E ist vermögenslos. Kann die B-Bank sie als Bürgin in Anspruch nehmen, wenn A nicht zahlt ?

Der BGH[340] erklärt die Willenserklärung der E, durch die sie sich verbürgt (vgl. § 765 BGB) nach § 138 Abs. 1 BGB für sittenwidrig und nichtig. Sie als nahe Angehörige des A hätte von der B-Bank über die Risiken einer Bürgschaft aufgeklärt werden müssen. Dann hätte sich herausgestellt, daß sie finanziell kraß überfordert wurde.

A leiht dem B, der in Geldschwierigkeiten ist, 10 000,- DM zu einem Jahreszins von 50%. Nach einem Jahr zahlt ihm B nur 10 000,- DM zurück. Die Wucherzinsen in Höhe von 5000,- DM will er nicht bezahlen. Zu Recht?

Der Kreditvertrag könnte nach § 138 Abs. 2 nichtig sein, weil A sich bewußt einen Vermögensvorteil versprechen ließ, der in einem auffälligen Mißverhältnis zu seiner Leistung, der Hingabe des Kredits, steht. Hinzu kommen muß, daß er dies unter Ausbeutung der Zwangslage, der Unerfahrenheit, des Mangels an Urteilsvermögen oder der erheblichen Willensschwäche des B tut. Hier ist anzunehmen, daß B wegen seines Geldmangels in einer Zwangslage steht. Der Jahreszinssatz von 50 % spricht auch dafür, daß hier die Leistung in einem auffälligen Mißverhältnis zur Gegenleistung steht. Zwar legt der Wucherparagraph keine festen Obergrenzen für Kreditzinsen fest, maßgeblich ist vielmehr die jeweilige geldpolitische und wirtschaftspolitische Lage. Jahreszinsen von 50% bewegen sich jedoch in aller Regel jenseits der Wuchergrenze. Mit Recht wendet der BGH[341] den Wucherparagraphen auf Zinssätze an, welche den marktüblichen Satz um 100% übersteigen. Bei Jahreszinsen von 50% ist dies regelmäßig der Fall. Also hat A keinen Anspruch gegen B auf Zahlung der Jahreszinsen.

B will von A ein Bordell pachten, fragt aber an, ab derartige Verträge nicht sittenwidrig seien.

Der BGH hat früher die Sittenwidrigkeit eines Bordellpachtvertrages angenommen[342]. Neuerdings werden derartige Verträge zugelassen, wenn die Unterhaltung des Bordells straffrei und der Pachtzins nicht unangemessen hoch ist[343]. Der Vertrag zwischen Bordellbesucher und Prostituierter ist jedoch nach wie vor sittenwidrig, also nichtig[344]. Es fragt sich, ob diese Sicht am Ende des 20. Jahrhunderts noch aufrechterhalten werden kann, soweit es um einvernehm-

[340] BGH NJW 1999, 58
[341] BGH NJW 1990, 1595 und 1597
[342] BGHZ 41, 341
[343] BGHZ 63, 365
[344] OLG Düsseldorf MDR 1975, 661

liches sexuelles Verhalten von Erwachsenen geht, bei dem niemand verletzt wird. Schließlich müssen die Prostituierten seit einer Entscheidung des Bundesfinanzhofs aus dem Jahre 1964 Einkommensteuer, seit 1987 sogar Umsatzsteuer zahlen[345].

Ein Bauunternehmer hat gehört, daß man sich wegen Wuchers strafbar machen kann, wenn man Ausländer als sog. Grenzgänger unter Tarif einstellt. Sind seine „Befürchtungen" berechtigt?

Der BGH[346] leitet aus dem Wucherparagraphen des § 302a StGB ab, daß die Einstellung von Ausländern als „Grenzgänger" zu einem Lohn, der den Tariflohn sehr stark unterschreitet, Wucher ist. Diese Rechtsprechung zum sog. Lohnwucher hat viel Staub aufgewirbelt. Derartige Fälle kommen in der Praxis ja durchaus vor. Dem ausländischen Arbeitnehmer würde es freilich nichts nützen, wenn man den Arbeitsvertrag kurzerhand für sittenwidrig und nichtig erklären würde. Er ist daran interessiert, einen höheren Lohn zu bekommen. Der Vertrag wird von der Rechtsprechung zwar als rechtswidrig betrachtet[347], die Fehlerhaftigkeit der Klausel über die Lohnhöhe führt jedoch nur zu einer Vertragsanpassung. Es gilt nach § 612 BGB der „ortsübliche" Lohn als vereinbart[348].

d) Geschäftsunfähigkeit

Der fünfjährige A kauft sich ein Tretauto zum Preis von 40,- DM. Er bezahlt auch den Kaufpreis. Als nach wenigen Minuten seine Mutter mit A und dem Tretauto in das Geschäft zurückkommt, weigert sich der Verkäufer V die 40,- DM zurückzugeben. Zu Recht?

V könnte die Rückgabe nur verweigern, wenn der Kaufvertrag mit A wirksam geworden ist. A ist jedoch erst fünf Jahre alt und damit nach § 104 Nr. 1 geschäftsunfähig. Seine Willenserklärung ist nach § 105 Abs. 1 nichtig. Also ist ein Kaufvertrag nicht zustande gekommen. Die Mutter kann nach § 985 die Rückzahlung der 40,- DM an A als seine gesetzliche Vertreterin verlangen, je nach Lage des Falles ist sie selbst Eigentümerin des Geldes. Der Verkäufer ist Eigentümer des Tretautos geblieben. Sowohl das Verpflichtungsgeschäft des Kaufvertrages als auch die beiden Erfüllungsgeschäfte der Übereignung des Tretautos und des Geldes sind nichtig. V kann nach § 985 als Eigentümer von der Mutter die Herausgabe des Tretautos verlangen.

Geschäftsunfähig ist auch der Geistesgestörte nach § 104 Nr. 2. Nichtig ist nicht nur die Willenserklärung eines Geschäftsunfähigen, sondern auch die eines Bewußtlosen oder eines Menschen, dessen Geistestätigkeit vorübergehend gestört ist (§ 105 Abs. 2), also z. B. bei Volltrunkenheit und Hypnose. Seit dem Wegfall der Geschäftsunfähigkeit wegen Entmündigung (früher § 104 Nr. 3) gibt es eine beschränkte Geschäftsfähigkeit der zu Betreuenden ebenso wie schon bisher der Minderjährigen (vgl. unten).

e) Schein, Scherz und geheimer Vorbehalt

Der Karnevalsprinz A läßt sich von Oberbürgermeister B dessen stattlichen Privatwagen schenken. B beruft sich darauf, daß es sich hier um einen Scherz gehandelt habe.

---

345 Vgl. *Wesel*, Frauen schaffen an, das Patriarchat kassiert ab, NJW 1998, 120 f. m. w. N.
346 BGHSt 40, 120 = NJW 1994, 2369
347 Vgl. BAG AP Nr. 2 zu §138 BGB
348 Vgl. *Däubler*, Das Arbeitsrecht 2, 10 Aufl. 1995, S. 149

Nach § 118 ist seine Willenserklärung nichtig, weil sie nicht ernst gemeint war und in der Erwartung abgegeben wurde, der Mangel der Ernstlichkeit werde nicht verkannt werden.

Bei einer Scherzerklärung kann der andere Vertragsteil jedoch einen Schaden erleiden, weil er auf die Ernsthaftigkeit der Erklärung vertraut hat. Wenn er hierbei nicht fahrlässig gehandelt hat, kann er nach § 122 Abs. 1 den Ersatz des Schadens verlangen, den er dadurch erlitten hat, daß er auf die Gültigkeit der Erklärung vertraut hat (Vertrauensschaden).

Scheingeschäfte, bei denen sich beide Seiten von vornherein einig waren, daß das von ihnen abgeschlossene „Rechtsgeschäft" nicht verbindlich sein solle, sind nach § 117 Abs. 1 nichtig. Der Ersatz des Vertrauensschadens kann nicht verlangt werden, da sich beide Seiten ja einig sind.

Behält sich jemand nur insgeheim vor, das Erklärte nicht zu wollen (geheimer Vorbehalt), so ist seine Willenserklärung trotzdem wirksam (§ 116 S. 1). Nichtig ist sie allerdings, wenn der andere den Vorbehalt kennt (§ 116 S. 2).

f) Wiederholung

A verkauft an B das Grundstück Hafenstr. 15. Vor dem Notar erklären beide, um Steuern und Gebühren zu sparen, der Kaufpreis betrage 300 000,- DM. Dieser Betrag wird auch vom Notar als Kaufpreis beurkundet. Mündlich haben beide jedoch vereinbart, daß der Kaufpreis 400 000,- DM betragen solle. Später will A das Grundstück behalten. Kann B die Auflassung und Eintragung (Übereignung) des Grundstücks verlangen? Muß er 300 000,- DM oder 400 000,- DM bezahlen?

B könnte die Übereignung des Grundstücks, die nach §§ 873, 925 BGB durch Auflassung (Einigung) und Eintragung in das Grundbuch erfolgt, verlangen, wenn nach § 433 ein wirksamer Kaufvertrag über das Grundstück zustande gekommen ist. A und B haben zwar übereinstimmend vor dem Notar erklärt, daß das Grundstück für 300 000,- DM verkauft werden sollte. Beide Erklärungen waren aber nur zum Schein abgegeben. Der mit dem Kaufpreis von 300 000,- DM beurkundete Kaufvertrag ist daher nichtig (§ 117 Abs. 1 BGB).

Ein Kaufvertrag könnte jedoch in Höhe von 400 000,- DM zustande gekommen sein. Über diesen Betrag haben sich A und B in Wahrheit geeinigt. Nach § 117 Abs. 2 BGB gelten auch für diesen Kauf die Vorschriften, die für den Verkauf von Grundstücken normiert sind. Es handelt sich um einen verdeckten Vertrag. Nach § 313 S. 1 hätte der Kaufvertrag notariell beurkundet werden müssen. Diese Form wurde nicht eingehalten. Der Vertrag ist daher nach § 125 nichtig. B kann also auch nicht die Übereignung des Grundstückes zum Preis von 400 000,- DM verlangen. A kann demnach das Grundstück behalten. Er hat keine Kaufpreisansprüche. Die Heilung durch Auflassung und Eintragung ist möglich, d. h. wenn A die Auflassung mit B vereinbart und dieser als neuer Eigentümer ins Grundbuch eingetragen wird, ist der Formmangel des Kaufvertrages unbeachtlich.

4. Die Willenserklärung des Minderjährigen

a) Beschränkte Geschäftsfähigkeit

Volljährig wird man nach § 2 mit 18 Jahren. Wer sieben Jahre alt ist, ist nach § 106 minderjährig. Der Minderjährige bedarf nach § 107 zu einer Willenserklärung, durch die er nicht lediglich einen rechtlichen Vorteil erlangt, der Einwilligung seines gesetzlichen Vertreters. Gesetzliche Vertreter sind Vater und Mutter gemeinsam (§ 1629 Abs. 1 S. 2). Unter besonderen Voraussetzungen, etwa wenn nach einer Scheidung einem Elternteil allein das elterliche Sorgerecht zusteht, ist dieser Elternteil allein gesetzlicher Vertreter (z.B. nach § 1671), oder es wird ein Vormund bestellt (vgl. §§ 1773, 1793).

Beim Minderjährigenrecht geht es um die Abgleichung der (beschränkten) Handlungsfähigkeit Minderjähriger mit den Leitungsbefugnissen des gesetzlichen Vertreters, das heißt von Vater und Mutter. Andere Fälle der beschränkten Geschäftsfähigkeit regelt § 1903. Durch das Betreuungsgesetz wurden mit Wirkung vom 1. 1. 1992 Vorschriften für Volljährige eingeführt, die wegen Krankheit oder Behinderung betreut werden müssen. Für bestimmte Rechtsgeschäfte kann gerichtlich angeordnet werden, daß sie der Einwilligung des Betreuers bedürfen (§ 1903). Die zu Betreuenden werden dann wie Minderjährige behandelt.

b) Wirksame Rechtsgeschäfte

A schenkt dem minderjährigen B zu Weihnachten einen Kassettenrecorder. Darf B diesen behalten?

Die Schenkung bringt ihm lediglich einen rechtlichen Vorteil. Seine Willenserklärung beim Schenkungsvertrag und beim Übereignungsvertrag ist nach § 107 wirksam.

A schenkt dem minderjährigen B ein Grundstück.

Hier schließt B mit A zwei Verträge ab, den Schenkungsvertrag und den abstrakt dinglichen Übereignungsvertrag über das Grundstück, der Auflassung genannt wird und der gleichzeitigen Anwesenheit beider Teile vor dem Notar bedarf. Außerdem muß die Eigentumsänderung ins Grundbuch eingetragen werden (§§ 873, 925). In beiden Verträgen liegt zwar ebenfalls in der Hauptsache ein rechtlicher Vorteil für B. Daneben oder in der Folge der Schenkung können für B aber auch Verpflichtungen entstehen. So ist das Grundstück mit Steuern, Gebühren und Anliegerbeiträgen belastet. Da diese öffentlich-rechtlichen Verpflichtungen jedoch keine rechtsgeschäftlichen Folgen aus der Willenserklärung des Minderjährigen sind, bringt die Willenserklärung dem Minderjährigen im wesentlichen nur einen rechtlichen Vorteil. Deshalb ist auch die Schenkung und Übereignung des Grundstücks wirksam, weil die Erklärung des Minderjährigen nach § 107 wirksam ist. Anders ist zu entscheiden, wenn das Grundstück mit Hypotheken belastet ist. Denn der Grundstückserwerber wird durch diese Rechte wirtschaftlich belastet.[349]

Der minderjährige A kauft ein Moped zum Preis von 900,- DM. Die Eltern haben im voraus in das Geschäft eingewilligt.

Der Kaufvertrag ist mit der Einwilligung sofort wirksam (§ 107).

Der minderjährige A kauft mit seinem Taschengeld zwei Kassetten zum Preis von 20,- DM. Er durfte das Taschengeld auch zu diesem Zweck verwenden.

Der Vertrag ist hier von Anfang an wirksam, weil der minderjährige A die vertragsmäßige Leistung mit Mitteln bewirkt hat, die ihm zu diesem Zweck oder zur freien Verfügung vom

[349] Anders Bayerisches Oberstes Landesgericht, Rechtspfleger 1979, 197

gesetzlichen Vertreter überlassen wurden (Taschengeldparagraph, § 110). Haben die Eltern dem Minderjährigen jedoch verboten, das Taschengeld zu diesem Zweck zu verwenden, so greift § 110 nicht ein.[350]

c) Zustimmungsbedürftige Rechtsgeschäfte

Der minderjährige A kauft ein Moped zum Preis von 900,- DM ohne Einwilligung seiner Eltern. Wie ist die Rechtslage?

Schließt A den Vertrag ohne die Einwilligung des gesetzlichen Vertreters, so muß diese nachgeholt werden. Die Wirksamkeit des Vertrags hängt von der Genehmigung des gesetzlichen Vertreters ab (§ 108 Abs. 1). Der Verkäufer kann den Vertrag nach § 109 Abs. 1 bis zur Genehmigung durch den gesetzlichen Vertreter widerrufen; er kann den Widerruf auch dem Minderjährigen gegenüber erklären. Wird der Vertrag genehmigt, so ist er rückwirkend wirksam (§ 184 Abs. 1). Verweigert der gesetzliche Vertreter die Genehmigung, so ist der Vertrag von Anfang an nichtig. Der Minderjährige wird also gegen unvorteilhafte Rechtsgeschäfte geschützt.

Hat der Verkäufer das Moped bereits an A übereignet (§ 929), so ist der Übereignungsvertrag wirksam, da er dem A nach § 107 lediglich einen rechtlichen Vorteil bringt. Der Kaufvertrag ist jedoch unwirksam. Der Verkäufer kann von A die Rückübereignung des Mopeds nach § 812 Abs. 1 verlangen, da er ohne Rechtsgrund an A übereignet hat.

Es wird deutlich, daß die Ebenen des Verpflichtungs- und des Verfügungsgeschäfts strikt zu trennen sind. Ist wie hier ein Verfügungsgeschäft wirksam, während das zugrundeliegende Verpflichtungsgeschäft unwirksam ist, so wird § 812 benötigt, um das fehlgeschlagene Leistungsgeschäft (Übereignung des Mopeds) rückabzuwickeln.

Nach § 112 kann der gesetzliche Vertreter mit Genehmigung des Vormundschaftsgerichts dem Minderjährigen den Betrieb eines Erwerbsgeschäfts gestatten. Dieser ist dann unbeschränkt geschäftsfähig, soweit er im Geschäftsbetrieb Rechtsgeschäfte abschließt (vgl. die Ausnahme in § 112 Abs. 1 S. 2). Die Vorschrift ist heute wenig bedeutsam, da das Volljährigkeitsalter auf 18 Jahre gesenkt wurde (früher 21 Jahre).

Nach § 113 kann der gesetzliche Vertreter den Minderjährigen zur Eingehung eines Dienst- oder Arbeitsverhältnisses ermächtigen. Der Minderjährige ist dann für Rechtsgeschäfte in diesem Verhältnis unbeschränkt geschäftsfähig (vgl. zur Ausnahme auch hier § 113 Abs. 1 S. 2). Da diese Vorschrift nach allerdings umstrittener Auffassung für Auszubildende nicht anzuwenden ist, ist sie in der Praxis ebenfalls wenig bedeutsam. Im Zweifel ist davon auszugehen, daß der gesetzliche Vertreter eine so weitreichende Ermächtigung, wie sie § 113 beschreibt, nicht gibt.

Wird der Minderjährige volljährig, ehe das Geschäft genehmigt ist, so kann er selbst nach § 108 Abs. 3 entscheiden, ob er genehmigen will oder nicht.

Ein einseitiges Rechtsgeschäft eines Minderjährigen wie z. B. die Erteilung einer Vollmacht (vgl. unten), ist nach § 111 unwirksam, wenn nicht der gesetzliche Vertreter (die Eltern) eingewilligt hat.

---

[350] Bei § 110 ist vieles umstritten; vgl. *Schwab*, Einführung in das Zivilrecht, 7. Aufl. 1987, S. 299-300.

d) Wiederholung

A ist minderjährig. Er erhält von seinen Eltern 200,- DM zum Kauf eines Fahrrads. Unterwegs verliert er das Geld. Er kauft das Fahrrad bei B, erklärt jedoch, daß er die 200,- DM erst noch bei seinen Eltern holen müsse. Die Eltern meinen, A müsse die Folgen seiner Unachtsamkeit selbst tragen. Sie weigern sich, den Kaufpreis zu bezahlen. Muß A das Fahrrad zurückgeben?

Voraussetzung dafür, daß A das Fahrrad behalten kann, ist ein wirksamer Kaufvertrag (§ 433), der durch eine wirksame Übereignung (§ 929) erfüllt wurde. Der Übereignungsvertrag zu dem Fahrrad ist zwar nach §§ 107, 929 wirksam, da die Erklärung des A ihm lediglich einen rechtlichen Vorteil bringt. Ist jedoch der Kaufvertrag, weil ihn die Eltern nicht genehmigt haben, unwirksam, so ist A nach § 812 Abs. 1 zur Rückübereignung an B verpflichtet, da er das Eigentum an dem Fahrrad ohne Rechtsgrund erlangt hat. Die Eltern wollen, daß A das Fahrrad mit den überlassenen 200,- DM kauft. Sie wollen nicht, daß er sich beliebig in Höhe von 200,- DM zum Kauf von Fahrrädern verpflichtet. Sie wollen vielmehr den Kauf des Fahrrades mit dem konkret überlassenen Geldbetrag sicherstellen. Verwendet A das Geld hierzu, ist der Kaufvertrag nach § 110 von Anfang an wirksam. Verliert A das Geld unterwegs, so kann er einen wirksamen Kaufvertrag nicht mehr abschließen, da die Einwilligung der Eltern nach den Umständen nur für die konkret überlassene Geldsumme gilt. Die Wirksamkeit des schwebend unwirksamen Vertrages hängt nach § 108 Abs. 1 von der Genehmigung des gesetzlichen Vertreters ab. Da diese verweigert wird, ist der Vertrag endgültig unwirksam. Nach § 812 Abs. 1 S. 1 1. Alt. BGB kann der Verkäufer B von A das rechtsgrundlos übereignete Fahrrad zurückverlangen.

e) Zum Vergleich: Der Minderjährigenschutz im französischen Zivilrecht

Im Unterschied zum BGB gibt es im Code Civil keine Abstufung zwischen Geschäftsunfähigkeit und beschränkter Geschäftsfähigkeit nach dem Muster von § 104 Nr. 1 BGB.
Wer noch nicht 18 Jahre alt ist, wird auch nach dem Code Civil besonders geschützt. Das Gesetz stellt aber nicht darauf ab, ob ein Geschäft dem Minderjährigen nur einen rechtlichen Vorteil bringt, sondern darauf, ob er von der anderen Vertragsseite übervorteilt wurde oder nicht. Es geht damit auf einen alten Grundsatz des Römischen Rechts zurück: Minor restituitur non tamquam minor, sed tamquam laesus, d. h. der Minderjährige wird nicht wegen seiner Minderjährigkeit, sondern wegen seiner Übervorteilung im Einzelfall geschützt. Die Rechtsprechung läßt es als Grund für die Rückabwicklung des Vertrages ausreichen, daß der Minderjährige wegen seiner Vermögensverhältnisse den Vertrag als unangemessen ansehen konnte[351]. Daher sind alltägliche Geschäfte des Minderjährigen in der Praxis meist wirksam, Luxusgeschäfte können hingegen rückabgewickelt werden. Dies kommt im Ergebnis der deutschen Praxis nahe, die den Taschengeldparagraphen nach § 110 BGB großzügig auslegt.

[351] Vgl. *Hübner/Constantinescu*, S. 145, Grundlage in Art. 1305 Code Civil

5. Die anfechtbare Willenserklärung

a) Irrtum

aa) Motivirrtum

A nimmt bei B einen Bankkredit von 100 000,- DM auf. Der Zinssatz von 8 % wird auf 4 Jahre festgeschrieben. 8 Tage darauf sinken die banküblichen Zinsen um 1 %. A widerruft die Zinsbindung, er habe sich beim Abschluß des Kreditvertrages geirrt. Kann ihn die B-Bank am Kreditgeschäft festhalten?

Durch übereinstimmende Willenserklärungen ist nach § 607 ein Kreditvertrag zwischen A und B zustande gekommen. Der Zinssatz von 8 % ist Bestandteil des Kreditvertrages. Die Erklärung des A, daß er sich über die Zinshöhe geirrt habe und von dem Vertrag loskommen wolle, könnte als Anfechtung seiner Willenserklärung wegen Irrtums nach § 119 aufzufassen sein. A kann jedoch weder geltend machen, er habe eine Erklärung dieses Inhalts überhaupt nicht abgeben wollen (Irrtum in der Erklärungshandlung) noch war er über den Inhalt seiner Erklärung im Irrtum (Irrtum über die Erklärungsbedeutung). A kann allenfalls von dem irrigen Motiv geleitet gewesen sein, der bankübliche Zinssatz werde nicht weiter sinken, es sei daher sinnvoll, den Zinssatz im Vertrag auf 8 % festzusetzen und auf 4 Jahre festzuschreiben. Dieser Motivirrtum ist jedoch nach § 119 unbeachtlich. A kann seine Willenserklärung nicht anfechten. Er muß den Kreditvertrag erfüllen.

bb) Irrtum in der Erklärungshandlung (Abirrung)

K erhält von V einen Brief, in dem ihm dieser seine gebrauchte Stehlampe für 85,- DM anbietet. K schreibt zurück, er nehme das Angebot an. Als V die Stehlampe einpacken will, um sie bei K vorbeizubringen, entdeckt er, daß er sich in seinem Brief vertippt hat. Er wollte ein Angebot in Höhe von 850,- DM machen, hat jedoch die Null nicht eingetippt. Kann V von dem Kaufvertrag mit K loskommen?

V könnte sein Vertragsangebot nach § 119 Abs. 1 wegen Irrtums mit der Wirkung anfechten, daß es nach § 142 Abs. 1 als von Anfang an nichtig anzusehen ist. Voraussetzung ist, daß V sich in der Erklärungshandlung oder über die Erklärungsbedeutung geirrt hat. Da V sich beim Angebot vertippt hat, seine Erklärung also bei der Abgabe abgeirrt ist, wollte er eine Erklärung dieses Inhalts überhaupt nicht abgeben. Hier liegt ein Irrtum in der Erklärungshandlung (Abirrung) nach § 119 Abs. 1 vor; V muß gegenüber K mündlich oder schriftlich anfechten. Seine Erklärung gilt dann nach § 142 Abs. 1 als nichtig. V braucht nicht zum Preis von 85,- DM zu liefern. Er kann K jedoch ein neues Vertragsangebot in Höhe von 850,- DM machen.

cc) Irrtum über die Erklärungsbedeutung

O bestellt bei N 20 Dosen Haakjöringsköd. N übersetzt das Wort zutreffend und liefert Haifischfleisch. O wollte aber Walfleisch bestellen. Kann er von dem Kaufvertrag noch loskommen?

O wollte Hai, hat aber objektiv erklärt, Wal zu wollen. Seine subjektive Vorstellung weicht vom objektiven Inhalt seines Angebots ab. Er hat sich über die Bedeutung seiner Erklärung geirrt. Sein Vertragsangebot hatte einen anderen Inhalt, als er annahm. Daher kann er nach §

119 Abs. 1 seine Erklärung anfechten. Die Erklärung ist nach § 142 Abs. 1 als von Anfang an nichtig anzusehen. N hat ihm jedoch die 20 Dosen bereits zugeschickt. Da mit der Wirkung der Anfechtung der Kaufvertrag vernichtet wurde, kann N die ohne Rechtsgrund gelieferten 20 Fischdosen nach § 812 Abs. 1 S. 1 (ungerechtfertigte Bereicherung) zurückverlangen. Sind N im Vertrauen auf die Gültigkeit seiner Erklärung Kosten entstanden - möglicherweise hat er die Portokosten übernommen -, so ist O nach § 122 Abs. 1 zum Ersatz des Schadens verpflichtet, den N im Vertrauen auf die Gültigkeit seiner Erklärung erlitten hat. O muß also die Portokosten erstatten. Nicht zum Schadensersatz verpflichtet wäre O nur dann, wenn N den Grund der Anfechtbarkeit gekannt oder in folge von Fahrlässigkeit nicht gekannt hätte (§ 122 Abs. 2).

K hat mit dem Kunsthändler V lange über den Ankauf eines Bildes von Beckmann verhandelt. V hat 90 000,- DM verlangt. K konnte sich nicht zum Kauf entschließen. Als K bei V anruft und ihm anbietet, den Beckmann für 70 000,- DM zu kaufen, nimmt V an. Er meint jedoch ein anderes Beckmann-Gemälde, das K sich angesehen und über das bei den Verkaufsverhandlungen kurz gesprochen worden war. K läßt sich zwar von V das Bild kurz beschreiben, erkennt seinen Irrtum aber erst, als es geliefert wird. Kann er von dem Kaufvertrag noch loskommen?

K hat sich über die Identität der Kaufsache geirrt. Er meinte ein anderes Beckmann-Bild als das, von dem V nach den Vertragsverhandlungen ausgehen konnte. Nach § 119 Abs. 1 liegt hier ein Irrtum über die Erklärungsbedeutung vor. K kann also wirksam anfechten.

V ruft K an und teilt ihm mit, er könne günstig Kartoffeln zum Preis von 0,25 DM das Kilo bei einer Mindestabnahmemenge von 2 Zentnern liefern. K bestellt 5 Zentner. Er hat am Telefon 20 statt 25 Pfennig verstanden. Kann K, der den Irrtum nach Lieferung und Fakturierung erkennt, noch von dem Kaufvertrag loskommen?

K könnte nach § 119 Abs. 1 mit der Wirkung der Nichtigkeit nach § 142 anfechten, wenn er sich über die Bedeutung seiner Erklärung geirrt hat. A hat ein falsch verstandenes Angebot angenommen. Er hat daher seiner Annahmeerklärung die Bedeutung „20 Pfennig" beigemessen, während sie nach dem Inhalt des Angebots, auf das sich die Annahme bezog, „25 Pfennig" bedeutete. Da K die Erklärung des V zum Inhalt seiner Erklärung gemacht und sich über die Bedeutung dieser Erklärung geirrt hat, kann er nach § 119 Abs. 1 wirksam anfechten. Er muß allerdings nach § 122 Abs. 1 den möglichen Vertrauensschaden des V ersetzen.

Malermeister B hat dem A ein Angebot zur Renovierung seiner Wohnung gemacht. Er hat hierbei die Teile des geplanten Werks sorgfältig berechnet und ausgeführt. Das Angebot enthält alle Berechnungen, die Einzelsummen und die Gesamtsumme. Die Gesamtsumme beträgt 3 000,- DM. A nimmt unter der Voraussetzung an, daß B diese Summe nicht überschreiten dürfe. B stellt nachträglich fest, daß er ein Zimmer falsch ausgemessen hat. Bei richtiger Messung würde auf der Grundlage seines Angebots ein Preis von 3 300,- DM herauskommen. Kann B von dem Vertrag loskommen, wenn A nicht bereit ist, die zusätzlichen 300,- DM zu bezahlen?

B könnte seine Erklärung wegen Irrtums über die Erklärungsbedeutung nach § 119 Abs. 1 anfechten. Über die Bedeutung seiner Erklärung hat sich B jedoch nicht geirrt. Vielmehr liegt ein Kalkulationsirrtum vor. B kam aufgrund einer falschen Berechnung zu einer falschen Angebotssumme. In der Regel berechtigen Kalkulationsfehler nicht zu einer Irrtumsanfechtung, da sie den Erklärungsinhalt unberührt lassen. Hier ist jedoch deshalb eine Ausnahme zu machen, weil B dem A die gesamten Kalkulationsunterlagen und Einzelsummen mitgeteilt hat. A hätte erkennen können, daß für das eine Zimmer eine falsche Quadratmeterzahl eingesetzt wurde. B ist daher ausnahmsweise berechtigt, seine Erklärung nach § 119 Abs. 1 wegen Irrtums über die Erklärungsbedeutung anzufechten.

dd) Eigenschaftsirrtum

K hat im Schaufenster des Kunsthändlers V ein Beckmann-Gemälde gesehen. Es gefällt ihm sehr gut. Er kauft es für 2 000,- DM. Hinterher erfährt er, daß es sich um eine Kopie handelt. Das Original hätte 90 000,- DM gekostet. Kann K von dem Vertrag loskommen?

K hat sich weder in der Erklärungshandlung noch über die Erklärungsbedeutung geirrt. Er hat jedoch eine Kopie für ein Original gehalten. Hierin könnte ein Irrtum über eine verkehrswesentliche Eigenschaft der Kaufsache nach § 119 Abs. 2 liegen. Ein solcher Irrtum würde dann wie ein Irrtum über die Erklärungsbedeutung behandelt. Die Echtheit eines Gemäldes ist eine verkehrswesentliche Eigenschaft. Also kann K nach § 119 Abs. 2 wirksam anfechten. Es spielt hierbei keine Rolle, ob ein unbefangener Betrachter bei dem niedrigen Preis des Gemäldes hätte erkennen müssen, daß es sich hier nur um eine Kopie handeln konnte.

W kauft beim Trödler T ein alte, gerahmte Fotografie für 20 DM. Sie stellt sich später als eine wertvolle frühe Fotografie von Schopenhauer heraus, die 1 000 DM wert ist. Kann T seine Erklärung anfechten?

T hat sich weder in der Erklärungshandlung noch über die Erklärungsbedeutung geirrt. Er hat jedoch eine wertbildende Eigenschaft der von ihm verkauften Sache nicht erkannt. Hier handelt es sich jedoch um ein Geschäft mit spekulativem Einschlag. Fehlgeschlagene Erwartungen nutzt der Trödler ja auch zu seinen Gunsten aus, also muß er auch den „Fehlschlag" seiner eigenen Erwartungen gegen sich gelten lassen[352].

ee) Wer kann wie lange anfechten?

K hat sich zwar bei dem Kauf des angeblichen Beckmann-Bildes geirrt, nachträglich gefällt ihm die Kopie jedoch so gut, daß er sie behalten möchte. Hat V eine Möglichkeit, von dem Vertrag loszukommen?

Nein. Das Gestaltungsrecht der Anfechtung steht nur dem zu, der sich geirrt hat. Der Anfechtungsberechtigte hat es in der Hand, die Anfechtung zu erklären und dadurch das Rechtsgeschäft nach § 142 Abs. 1 rückwirkend zu vernichten. Tut er dies jedoch nicht, so bleibt es voll wirksam. V ist daher verpflichtet, den nicht angefochtenen Kaufvertrag zu erfüllen.

K entschließt sich nach 3 Monaten, die Kopie zurückzugeben. V hält ihm entgegen, daß er die Erklärung hätte früher anfechten müssen. Zu Recht?

Nach § 121 Abs. 1 muß wegen Irrtums oder falscher Übermittlung (§ 120) unverzüglich angefochten werden, nachdem der Anfechtungsberechtigte von dem Anfechtungsgrund Kenntnis erlangt hat. K muß also anfechten, wenn er bei Lieferung des Bildes erkennt, daß es sich nur um eine Kopie handelt. Die verspätete Anfechtung ist unwirksam. Ohne Rücksicht auf die Kenntnis des Irrtums erlischt das Anfechtungsrecht nach 30 Jahren (§ 121 Abs. 2 BGB). Dies

[352] Vgl. *Däubler*, Zivilrecht, Bd. 1, 1997, S. 283

entspricht der regelmäßigen Verjährungsfrist nach § 195. Der Gesetzgeber gibt in diesen Fällen der Rechtssicherheit den Vorrang vor der materiellen Gerechtigkeit.

b) Arglistige Täuschung

Der Händler V bietet dem K einen echten Teppich zum Preis von 4 000,- DM an. K entschließt sich zum Kauf. V gibt ihm den verkauften Teppich gleich mit. Beim Zusammenrollen des Teppichs gelingt es V, einen billigen maschinengewirkten Teppich an die Stelle des echten, handgeknüpften Teppichs zu setzen und dem K mitzugeben. Kann K die Lieferung des echten Teppichs verlangen?

Ja. Beide haben sich über diesen Teppich geeinigt. Also ist V nach § 433 Abs. 1 zur Lieferung und Übereignung des echten Teppichs verpflichtet.

Wie wäre zu entscheiden, wenn V den K über die Echtheit des Teppichs getäuscht hätte und K von dem Kauf loskommen will?

K könnte seine Erklärung nach § 123 Abs. 1 anfechten, wenn er zu ihr durch arglistige Täuschung bestimmt worden ist. Das Gesetz will sicherstellen, daß der Vertragspartner sich frei und unbeeinflußt durch falsche Informationen zu seiner Willenserklärung entscheidet. Hier ist K durch die Täuschung über die Echtheit des Teppichs zur Erklärung bestimmt worden. Er kann daher wegen arglistiger Täuschung nach § 123 Abs. 1 mit der Wirkung des § 142 Abs. 1 anfechten. K ist nicht verpflichtet, den Teppich abzunehmen.

c) Drohung

Wie wäre zu entscheiden, wenn V den K nicht über die Echtheit des Teppichs täuscht, ihm jedoch androht, die Nachbarschaft über die Tatsache zu informieren, daß der Sohn S des K drogenabhängig ist?

Hier kann K wirksam anfechten, weil er zur Abgabe seiner Willenserklärung widerrechtlich durch Drohung bestimmt worden ist (§123 Abs. 1). Drohung ist die Ankündigung eines empfindlichen Übels, das der Drohende dem anderen Teil entweder selbst zufügen will oder dessen Eintritt in der Hand zu haben er vorgibt. Die Drohung muß widerrechtlich sein. V kann von seiner Meinungsfreiheit Gebrauch machen, die Nachbarschaft also auch über die Drogenabhängigkeit des S unterrichten. Widerrechtlich ist seine Handlung, weil er sie als Mittel zu dem Zweck einsetzt, den K zum Abschluß eines Kaufvertrages zu bringen. Die Rechtsordnung mißbilligt es, wenn eine Vertragspartei auf diese Weise unter Druck gesetzt wird. V durfte das Mittel, die Nachbarschaft über S zu informieren, nicht zu dem Zweck einsetzen, den K zum Abschluß des Kaufvertrages zu zwingen. Die Anfechtung des K ist wirksam. Die Anfechtungsfrist beginnt nach § 124 Abs. 2 mit dem Zeitpunkt zu laufen, in dem die Zwangslage aufhört.

d) Exkurs: Wegfall der Geschäftsgrundlage

V stellt Fertighäuser her. Er verkauft ein solches Haus an K. Das Haus soll auf einem Grundstück montiert werden, von dessen Bebaubarkeit beide Vertragsparteien ausgehen. K erhält jedoch keine Baugenehmigung, da der entsprechende Bebauungsplan kurzfristig geändert wurde. Kann K noch von dem Kaufvertrag loskommen, wenn er kein anderes passendes Grundstück findet?

K kann nicht nach § 119 Abs. 1 oder Abs. 2 anfechten. Er hat genau das Fertighaus erhalten, das er bestellt hat. Die Bebaubarkeit des Grundstücks, auf welches das Haus gestellt werden soll, ist keine verkehrswesentliche Eigenschaft des Hauses. Das Grundstück, auf welches das Haus gestellt werden soll, ist nicht Bestandteil des Kaufvertrages geworden. An sich wäre der Irrtum darüber, daß für das gekaufte Fertighaus auch ein passendes, bebaubares Grundstück zur Verfügung stehe, ein unbeachtlicher Motivirrtum. Eine solche Lösung wäre jedoch unbillig. Beide Parteien sind davon ausgegangen, daß auf dem Grundstück gebaut werden könne. Diese Vorstellung ist Grundlage des Geschäfts geworden. Fehlt diese Geschäftsgrundlage oder fällt sie später weg, so ist der Vertrag an die tatsächliche Sachlage anzupassen. Der Benachteiligte soll nicht an dem Buchstaben des Vertrages festgehalten werden. Da für K der Kauf nur einen Sinn hätte, wenn er das Fertighaus auch auf einem Grundstück aufstellen kann, bleibt hier als Mittel der Vertragsanpassung nur die Rückgängigmachung des Kaufs[353]. Die Lehre von der Geschäftsgrundlage ist eine Ausprägung des Grundsatzes von Treu und Glauben aus § 242.Voraussetzung ist, daß ein Irrtum Grundlage des Geschäfts war, jedoch nicht Vertragsinhalt geworden ist. Der Wegfall der Geschäftsgrundlage darf nicht in den Risikobereich nur einer Vertragspartei fallen. Die Vertragsanpassung hat in erster Linie durch mildere Mittel zu erfolgen; im äußersten Falle ist der Vertrag jedoch rückgängig zu machen.

e) Wiederholung

A schließt mit der B-Bank einen Kreditvertrag über 100 000,- DM zu einem Zinssatz von 9 % ab. Die B-Bank erfährt hinterher, daß A schon mehrfach Konkurs anmelden mußte. Kann sie von dem Vertrag loskommen?

Die Erklärung der B-Bank ist nicht nach § 119 Abs. 1 anfechtbar, weil sie sich weder in der Erklärungshandlung noch über die Erklärungsbedeutung geirrt hat. Die Bonität ihres Kreditnehmers ist nicht Vertragsinhalt geworden. Die B-Bank könnte jedoch nach § 119 Abs. 2 wirksam anfechten, wenn die Bonität eine verkehrswesentliche Eigenschaft des Schuldners wäre, die zur Anfechtung wegen Eigenschaftsirrtums berechtigt. Nach § 119 Abs. 2 gilt als Irrtum über den Inhalt der Erklärung der Irrtum nicht nur über Sacheigenschaften, sondern auch über Eigenschaften der Person des Schuldners, die im Verkehr als wesentlich angesehen werden. Eigenschaften der Person oder der Sache sind tatsächliche und rechtliche Verhältnisse, die wegen ihrer Beschaffenheit und voraussichtlichen Dauer nach der Verkehrsanschauung einen Einfluß auf die Wertschätzung der Person oder der Sache ausüben. Hierzu gehört auch die Kreditwürdigkeit eines Kreditnehmers. Die B-Bank kann nach § 119 Abs. 2 wegen Eigenschaftsirrtums wirksam anfechten.

f) Zum Vergleich: Die Irrtumsanfechtung nach dem französischen Code Civil

Die Anfechtung wegen Irrtums und wegen arglistiger Täuschung bzw. Drohung werden häufig unter dem Oberbegriff „Anfechtung auf Grund von Willensmängeln" zusammengefaßt. Nach dem oben Gesagten kommt es bei der Auslegung einer Willenserklärung aber nicht auf den inneren Willen, sondern auf den geäußerten Willen an, so wie er aus dem Horizont des Empfängers der Willenserklärung verstanden werden konnte. Nun soll es bei der Anfechtung wegen Irrtums doch wieder auf den inneren Willen ankommen, d. h. eine Vertragspartei kann sich vom Vertrag lossagen, wenn ihr Wille, der ihrer Erklärung zugrundeliegt, fehlerhaft zustande gekommen ist. Während in Deutschland erhebliche Aufmerksamkeit auf den Tatbe-

---

[353] Vgl. BGH JZ 1966, 409

stand verwendet wird, daß die schlichte Vernichtung der Willenserklärung des Anfechtenden nach § 142 Abs. 1 BGB den Interessen des Vertragspartners nicht genügend Rechnung trägt, der sich auf die im rechtsgeschäftlichen Verkehr geäußerten Willen verlasssen hat, steht das französische Recht des Code Civil noch voll auf dem Boden der sog. Willenstheorie, welche nur fragt, ob die verpflichtete Partei, welche ihre Erklärung anficht, die Verpflichtung aus der Erklärung wirklich gewollt hat. In Art. 1109 C. C. steht, daß es an einer gültigen vertraglichen Einigung fehle, wenn diese Einigung nur „par erreur", „par violence" oder „par dol" zustande gekommen ist. In Art. 1110 C. C. steht, daß ein Irrtum einen Vertrag ungültig macht, wenn er „la substance même de la chose" betrifft. Damit ist freilich für die Lösung von praktischen Fällen noch nicht viel gewonnen. Die französische Jurisprudenz greift daher zu Kategorien, welche nicht allzuweit von denen des deutschen BGB entfernt sind: Man unterscheidet zwischen „erreur-obstacle", „erreur-vice de consentement" und „erreur indifférente". „Erreur-obstacle" ist der Irrtum über den Geschäftsinhalt im weiteren Sinne; er führt zur Nichtigkeit. „Erreur-vice de consentement" ist der Irrtum über die Substanz und die Person (vgl. Art. 1110 C. C.); er führt zur „nullité relative". Zum „erreur indifférente" gehört der Motivirrtum. Der Irrtum über die Erklärungsbedeutung müßte an sich als „erreur-obstacle" qualifiziert werden. Die Praxis läßt aber nur „nullité relative" eintreten, indem sie ihn als „erreur sur la substance" qualifiziert[354]. Irrtum über die Substanz bedeutet heute, daß alle Eigenschaften erfaßt werden, welche die Parteien übereinstimmend als wesentlich ansehen. Es ist umstritten, welche Rechtsfolgen an den Irrtum in der Erklärungshandlung (nach deutscher Terminologie) geknüpft werden sollen. Überwiegend will man heute die Anfechtung versagen, wenn die andere Vertragspartei gutgläubig ist. Bei sehr grober Darstellung kann man sagen, daß die beiden Rechtsordnungen sich aufeinander zubewegen. Die Abgrenzungen des BGB sind aber besser handhabbar als die des Code Civil.

6. Bedingung, Befristung (Zeitbestimmung)

A verkauft B eine Kaffeemaschine für 250,- DM unter Eigentumsvorbehalt. B soll den Kaufpreis nach 4 Wochen bezahlen. Zugleich soll das Eigentum an der Kaffeemaschine auf ihn übergehen.

Nach § 455 ist beim Kauf unter Eigentumsvorbehalt im Zweifel anzunehmen, daß die Übertragung des Eigentums (§ 929) unter der aufschiebenden Bedingung vollständiger Zahlung des Kaufpreises erfolgt. Nach § 158 unterscheidet man zwischen der aufschiebenden und der auflösenden Bedingung. Das aufschiebend bedingte Rechtsgeschäft wird mit dem Eintritt der Bedingung wirksam (§ 158 Abs. 1). Wird das Rechtsgeschäft unter einer auflösenden Bedingung vorgenommen, so wird es zwar sofort wirksam, tritt jedoch die Bedingung ein, so wird der frühere Rechtszustand wiederhergestellt (§ 158 Abs. 2). In dem Fall mit der Kaffeemaschine handelt es sich um eine aufschiebende Bedingung.
Für die Regelung des Schwebezustands bis zum Eintritt der Bedingung trifft das BGB eine Reihe von Vorkehrungen (§§ 159-161). Wird der Eintritt der Bedingung treuwidrig verhindert, so gilt sie als eingetreten (§ 162 Abs. 1). Wird er treuwidrig herbeigeführt, so gilt der Eintritt der Bedingung als nicht erfolgt (§ 162 Abs. 2).

Statt das Schicksal eines Vertrages vom Eintritt eines zukünftigen, ungewissen Ereignisses, also der Bedingung, abhängig zu machen, können die Beteiligten auch feste Termine vereinbaren. Sie befristen den Vertrag, wobei sowohl Anfangs- als auch Endfristen möglich sind. Die Regeln über die Bedingung gelten für befristete Rechtsgeschäfte entsprechend (§ 163).

---

[354] Vgl. *Hübner/Constantinescu*, S. 143

7. Vertretung

a) Vertreter und Bote

Schulze klingelt an der Haustür des Müller und sagt zu ihm: „Herr Meier läßt Ihnen ausrichten, daß er die beiden von Ihnen angebotenen gebrauchten Fernsehapparate für zusammen 1500,- DM kauft."

Hier überbringt Schulze als Bote eine Willenserklärung des Meier, nämlich die Annahme zu dem Kaufvertragsangebot von Müller. Anders wäre der Fall zu entscheiden, wenn Meier den Schulze bittet, für ihn die beiden Fernsehapparate zu kaufen. Der Fall würde sich dann wie folgt abspielen:

Schulze erklärt dem Müller, daß er für Meier das Angebot des Müller über den Verkauf der beiden Fernsehapparate zum Preis von 1500,- DM annehmen wolle.

Es handelt sich hier um einen Fall der Vertretung. Nach § 164 Abs. 1 wirkt die Willenserklärung des Schulze, die er im Rahmen der ihm zustehenden Vertretungsmacht im Namen des Meier abgibt, unmittelbar für und gegen den Meier. In diesem Fall hat Schulze ausdrücklich für den Meier gehandelt. Es hätte jedoch ausgereicht, daß man seinen Willen, für den Meier zu handeln, aus den Umständen entnehmen konnte (§ 164 Abs. 1).

b) Offene und verdeckte Stellvertretung

Stellvertretung setzt voraus, daß der Vertreter das Vertretungsverhältnis beim Abschluß des Vertrages offenlegt. Es spielt keine Rolle, ob dies ausdrücklich oder durch konkludentes Handeln geschieht. Schwierigkeiten ergeben sich aber dann, wenn der Handelnde beim Vertragsschluß nicht erwähnt, daß er nur als Stellvertreter für einen anderen handelt. Da es an der Offenkundigkeit des Stellvertreterhandelns fehlt, interpretiert man die Handlung in diesem Fall als sogenanntes Eigengeschäft. Nach § 164 Abs. 2 kann sich der, welcher die Stellvertretung nicht offengelegt hat, nicht darauf berufen, daß er nicht für sich selbst habe handeln wollen. Der Vertrag kommt mit ihm wirksam zustande.

Durch diese Auslegungsregeln wird zwar die erwünschte Rechtsklarheit für den Normalfall geschaffen. In vielen Geschäften des täglichen Lebens spielt die Frage der Vertretung für die Vertragsbeteiligten jedoch keine Rolle. Kauft jemand z. B. eine Tageszeitung am Kiosk, so ist es dem Händler gleichgültig, ob der Zahlende für sich oder für jemand anders kaufen will. Der Händler will das Geschäft mit dem abschließen, den es angeht. In Fällen, bei denen zumindest einer Vertragsseite die Kenntnis dessen, mit dem er das Geschäft abschließt, gleichgültig ist, läßt die Rechtsprechung den Vertrag mit dem zustandekommen, den es angeht. Hier werden zwar die Grenzen des § 164 Abs. 1 überschritten. Dies wird jedoch als noch zulässige Vertragsauslegung angesehen. Den Beteiligten kam es eben darauf an, Geschäfte des täglichen Lebens möglichst reibungslos abzuwickeln. Auf der einen Seite steht die sofortige Zahlung, auf der anderen die Zurechnung des Rechtsgeschäfts für den, den es angeht.

Im Handelsverkehr sind besondere Fälle der verdeckten Stellvertretung normiert. Nach § 383 HGB verkauft der Kommissionär Waren oder Wertpapiere gewerbsmäßig für Rechnung eines anderen (des Kommittenten) in eigenem Namen. Der Vertrag kommt zwar für und gegen den Kommissionär zustande. Dieser ist jedoch nach § 384 Abs. 1 HGB verpflichtet, das übernommene Geschäft im Interesse des Kommittenten wahrzunehmen und dessen Weisungen zu befolgen.

c) Handeln unter fremdem Namen

Schulze klingelt an der Wohnungstür des Müller, stellt sich als „Herr Meier" vor und kauft die beiden Fernsehapparate.

In diesem Fall hat Schulze unter dem Namen des Meier gehandelt. Wenn dies mit Meier so vereinbart war, hat die Rechtsordnung hiergegen grundsätzlich nichts einzuwenden. Man kann jedoch das Handeln unter fremdem Namen nicht in allen Fällen mit dem Handeln in fremdem Namen gleichsetzen. Die andere Vertragspartei soll in ihrem Vertrauen darauf geschützt werden, daß das Geschäft auch mit der Person zustande kommt, mit der sie abschließen wollte. Wollte Müller gerade mit Meier abschließen, etwa, weil er mit ihm die Vertragsverhandlungen geführt hat, so kommt der Vertrag mit Meier zustande. Ist der Name des Vertragschließenden für Müller hingegen Nebensache, so kommt das Geschäft mit der Person zustande, der er die Fernsehapparate verkaufen wollte. In diesem Fall hätte Müller den Schulze als Vertragspartei identifiziert, daß dieser unter dem Namen „Meier" aufgetreten ist, wäre dann gleichgültig.

Anders wäre der Fall als Massengeschäft des täglichen Lebens zu beurteilen. Hier wäre Müller die Person dessen, mit dem er den Vertrag abschließt, von vornherein gleichgültig. Er würde die - meist nicht teure - Kaufsache an den verkaufen, den es angeht (vgl. oben).

d) Vollmacht

aa) Erteilung und Widerruf der Vollmacht

Wer nicht kraft Gesetzes befugt ist einen andern zu vertreten - derartige Fälle haben wir bei der Vertretungsmacht der Eltern für ihre Kinder nach §§ 1626 und 1629 BGB sowie bei der Betreuung nach § 1902 BGB kennengelernt - , wer ferner nicht kraft organschaftlicher Stellung als Vorstand einen Verein (vgl. § 26 Abs. 2 BGB) oder eine Aktiengesellschaft (vgl.§ 78 Aktiengesetz) vertreten darf, der kann Vertretungsmacht durch Rechtsgeschäft erwerben. Der Vertreter bedarf, damit seine Erklärung für und gegen den Vertretenen wirksam werden kann, einer Ermächtigung durch den Vertretenen. Nach § 167 Abs. 1 wird die Vollmacht durch Erklärung gegenüber dem zu Bevollmächtigenden (Innenvollmacht) oder gegenüber dem Dritten, der mit dem Vertreter handeln soll (Außenvollmacht), erteilt. Für die Erteilung der Vollmacht gibt es keine Formvorschriften (§ 167 Abs. 2).

Wenn nichts anderes vereinbart ist, kann die Vollmacht nach § 168 jederzeit widerrufen werden. Bei der Frage, wem gegenüber der Widerruf zu erklären ist, muß man zwischen der Innen- und der Außenvollmacht unterscheiden (vgl. oben). Die Innenvollmacht wird nach §§ 168 Satz 3, 167 Abs. 1 gegenüber dem Bevollmächtigten (Vertreter) widerrufen. Die Außenvollmacht bleibt wirksam, bis der Widerruf dem Dritten, dem sie erteilt wurde, angezeigt wird (§ 170). Ist die Außenvollmacht durch besondere Mitteilung an den Dritten (§ 171) oder durch Vollmachtsurkunde (§ 172) erteilt, so gilt sie solange als fortbestehend, bis sie über dieselbe Informationsquelle widerrufen worden ist (§§ 170-172). Hierdurch soll der Rechtsverkehr geschützt werden.

bb) Duldungs- und Anscheinsvollmacht

Die Rechtsprechung hat den Verkehrschutz auch auf die Fälle ausgedehnt, in denen zwar niemals eine Vollmacht erteilt wurde, der Vertretene jedoch vom Auftreten seines Vertreters gewußt hat und hiergegen nicht eingeschritten ist (Duldungsvollmacht). Der Vertretene hat hier durch seine Duldung den Anschein geschaffen, als habe er eine wirksame Vollmacht erteilt. Er hat durch diese Duldung zurechenbar einen Rechtsschein verursacht, aus dem er verpflichtet ist, die vorgenommenen Handlungen des Vertreters gegen sich gelten zu lassen.[355]

Schließlich ging die Rechtsprechung so weit, die Rechtsscheinhaftung des Vertretenen auch auf die Fälle auszudehnen, in denen er von den Vertretungshandlungen nichts wußte, dies jedoch bei gehöriger Sorgfalt hätte wissen müssen (Anscheinsvollmacht). Gibt also jemand Briefformulare mit Blankounterschrift einem anderen in Verwahrung, so muß er sich die unbefugte Ausfüllung der Blankette zurechnen lassen.

A läßt Geschäftsbriefe mit seiner Blankounterschrift im unverschlossenen Schreibtisch herumliegen. B weiß davon. A läßt es zu, daß B zu seinem Schreibtisch Zutritt hat.

Wenn B ein Blankoformular entnimmt und hieraus eine Warenbestellung anfertigt, so muß A seine Unterschrift gegen sich gelten lassen. B hat unter dem Namen des A gehandelt. A hat zurechenbar den Rechtsschein veranlaßt, daß er selbst diese Bestellung herausgegeben habe. Er hat nämlich fahrlässig B den Zugriff auf die Blankoerklärungen ermöglicht.

Die Grenzen des Instituts der „Anscheinsvollmacht" sind nicht leicht zu ziehen. Die Frage ist, inwieweit eine Haftung aus Rechtsschein zurechenbar ist. Die Fahrlässigkeit dessen, für den gehandelt wurde, muß sich auf die konkrete Rechtsfolge beziehen. Läßt also jemand einen Zettel mit seiner Unterschrift herumliegen, so braucht er nicht damit zu rechnen, daß ein Betrüger hieraus eine Verpflichtungserklärung verfertigt. In dem Fall der Blankoformulare sind jedoch bereits Verpflichtungserklärungen in Aussicht genommen. Die Blankounterschriften stehen ja auf Geschäftsbriefen des A. Deshalb hat er auch die konkrete Rechtsfolge zurechenbar veranlaßt, daß er sich mit der Unterschrift zu der Bestellung verpflichtet habe, die B fälschlich und pflichtwidrig eingefügt hat.

cc) Reichweite der Vollmacht im BGB und im Handelsrecht

Die *Generalvollmacht* erstreckt sich auf alle Rechtsgeschäfte für und gegen den Vertretenen. Die *Spezialvollmacht* erstreckt sich auf einen abgegrenzten Geschäftsbereich oder auf einzelne Geschäfte. Die *Einzelvollmacht* beschränkt sich auf ein einziges Rechtsgeschäft. Alle diese Arten der Vollmacht sind nach dem Grundsatz der Privatautonomie zulässig. Es ist auch möglich, die Vollmacht auf den Empfang von Willenserklärungen für den Vertretenen zu beschränken (Empfangsvollmacht).

Besondere, formalisierte Arten der Vollmacht gibt es im *Handelsrecht*. Man unterscheidet die *Prokura* und die *Handlungsvollmacht*. Die von einem Vollkaufmann nach §§ 48 und 49 HGB erteilte *Prokura* kann vom Vertretenen gegenüber Dritten nicht eingeschränkt werden, wenn man von eng begrenzten Ausnahmen absieht (§§ 49, 50 HGB). So ist der Prokurist nach § 49

---

[355] *Säcker* in Münchener Kommentar § 167 Rz. 47. Die Duldung wird verschiedentlich auch als konkludente Vollmacht interpretiert, so *Flume*, Allgemeiner Teil des Bürgerlichen Rechts, Band 2, Das Rechtsgeschäft, 3. Aufl. 1979, § 493. OLG Oldenburg, NJW 1993, 1400 (BTX)

Abs. 2 HGB zur Veräußerung und Belastung von Grundstücken nur ermächtigt, wenn ihm diese Befugnis besonders erteilt ist. Die Prokura ermächtigt zu allen Arten von gerichtlichen und außergerichtlichen Rechtshandlungen, die der Betrieb eines Handelsgewerbes mit sich bringt. Eine Beschränkung der Prokura auf den Betrieb einer von mehreren Niederlassungen des Geschäftsinhabers ist Dritten gegenüber nach § 50 Abs. 3 HGB nur wirksam, wenn die Niederlassungen unter verschiedenen Firmen (Namen) betrieben werden.

Daneben gibt es die *Handlungsvollmacht* (§§ 54 und 55 HGB). Sie ermächtigt entweder generell zum Betrieb eines bestimmten Handelsgewerbes - man nennt dies *Generalhandlungsvollmacht* - oder zur Vornahme einzelner zu einem bestimmten Handelsgewerbe gehörigen Geschäfte - man unterscheidet hier zwischen *Arthandlungsvollmacht* und *Spezialhandlungsvollmacht*. Wer zum „ständigen Vertreter des Chefs" ernannt wird, erhält eine Generalhandlungsvollmacht; wer als Kassierer eine Inkassovollmacht zur Entgegennahme von Zahlungen erhält, hat Arthandlungsvollmacht; wer bevollmächtigt wird, einen bestimmten Gebrauchtwagen für das Unternehmen zu verkaufen, hat Spezialhandlungsvollmacht. In § 54 Abs. 2 HGB ist ein Katalog von Rechtsgeschäften enthalten, die auf keinen Fall durch eine Handlungsvollmacht gedeckt sind. Dazu zählen die Veräußerung und Belastung von Grundstücken, die Eingehung von Wechselverbindlichkeiten, die Aufnahme von Darlehen und die Führung von Prozessen. Wenn der Handlungsbevollmächtigte derartige Handlungen wirksam vornehmen will, bedarf er hierzu einer besonderen Ermächtigung. Sonstige Beschränkungen der Handlungsvollmacht braucht ein Dritter nach § 54 Abs. 3 HGB nur dann gegen sich gelten zu lassen, wenn er sie kannte oder kennen mußte.

Wer als selbständiger Gewerbetreibender ständig damit betraut ist, für einen anderen Unternehmer Geschäfte zu vermitteln oder in dessen Namen abzuschließen, ist nach § 84 Abs. 1 S. 1 HGB *Handelsvertreter*. Je nachdem, ob ein Handelsvertreter für einen oder mehrere Unternehmer tätig ist, unterscheidet man den „*Einfirmenvertreter*" und den „*Mehrfirmenvertreter*". Der Handelsvertreter ist Kaufmann (vgl. oben). Für ihn gelten neben den Vorschriften des BGB die Spezialvorschriften der §§ 84 ff. HGB.

Schaubild 5: Arten der Vertretungsmacht (nicht abschließend)

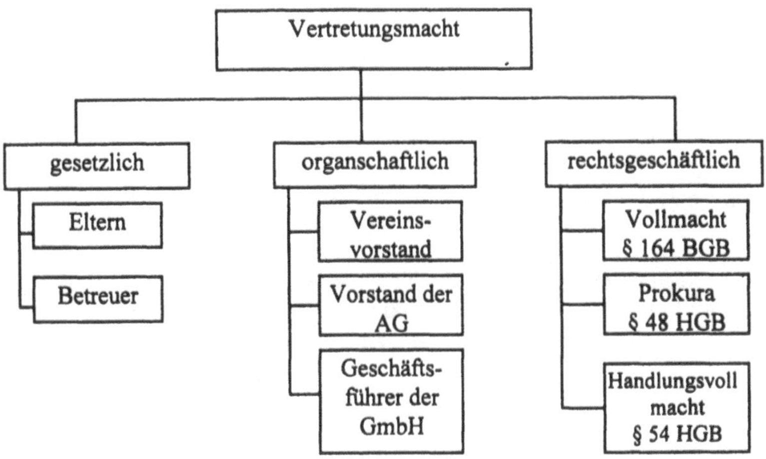

dd) Innen- und Außenverhältnis

Die Vollmacht regelt den Handlungsrahmen des Vertreters gegenüber dem Geschäftspartner im Außenverhältnis. Soweit dies durch die Vollmacht gedeckt ist, kann der Vertreter den Vertretenen im Außenverhältnis wirksam verpflichten. In aller Regel besteht jedoch zwischen dem Vertreter und dem Vertretenen ein besonderer Vertrag im Innenverhältnis, der den Vertreter zur Beachtung der Interessen des Vertretenen verpflichtet. So wird z. B. mit dem Prokuristen ein Dienstvertrag abgeschlossen, in dem die Rechte und Pflichten genauestens festgelegt sind. Derartige Verträge betreffen das Innenverhältnis. Sie sind zwar für die Wirksamkeit der Vertretung im Außenverhältnis ohne Belang, aus einer Verletzung der Pflichten im Innenverhältnis können sich jedoch Schadensersatzpflichten ergeben. In besonderen Fällen kann das Dienstverhältnis gekündigt werden.

Nach § 168 erlischt die Vollmacht, wenn das ihr zugrundeliegende Innenverhältnis beendet wird. Endet also der Dienstvertrag des Prokuristen, so müßte in der Regel auch die Prokura enden. Aus § 52 HGB ergibt sich nichts Gegenteiliges. Hinzukommt allerdings, daß die Prokura ins Handelsregister eingetragen ist (§ 53 HGB) und daß der hierdurch veranlaßte Rechtsschein durch Löschung beseitigt werden muß.

Wird die Vollmacht widerrufen, so braucht damit das Innenverhältnis nicht gleichzeitig beendet zu werden (§ 168 S. 2 BGB). Demnach kann die Prokura widerrufen werden, während das Dienstverhältnis mit dem Prokuristen weiterbesteht. Es verändern sich dann nicht die Rechte und Pflichten aus dem Dienstvertrag, wohl aber hat der bisherige Prokurist seine Prokura verloren.

Häufig wird eine weitreichende oder gar unbeschränkte Vollmacht erteilt, während im Innenverhältnis das Handeln des Vertretenen an bestimmte Zustimmungen oder die Einhaltung bestimmter Grenzen gebunden wird. Das Innenverhältnis weicht hier vom Außenverhältnis ab. Der Vertrag mit dem Dritten ist wirksam, im Innenverhältnis muß möglicherweise Schadensersatz geleistet werden.

A hat P Prokura erteilt, ihn im Dienstvertrag jedoch an die Einhaltung zweier Grenzengebunden: Zum einen soll P bei Verträgen mit einem Umfang von über 10 000,- DM vorher die Zustimmung des A einholen. Zum anderen soll er bei allen Geschäften mit der X-AG nur gemeinsam mit A handeln. P schließt einen Kaufvertrag mit einer Gesamtsumme von 100 000,- DM ohne Zustimmung des A ab. Ist A verpflichtet, die Ware an den Käufer K zu liefern?

K kann von A die Lieferung der Kaufsache verlangen, wenn zwischen beiden ein wirksamer Kaufvertrag zustande gekommen ist. A hat P Prokura erteilt. Nach § 50 Abs. 1 HGB ist der Umfang der Prokura unbeschränkt. Also muß A an K die Ware liefern und übereignen. Er kann Bezahlung des Kaufpreises und Abnahme der Ware verlangen (§ 433 BGB).

Im Innenverhältnis zwischen A und P hat P jedoch seine Verpflichtung aus dem Dienstvertrag verletzt, weil er die Obergrenze von 10000,- DM nicht eingehalten hat. Falls A ein Schaden entstanden ist, kann er dessen Ersatz von P verlangen (vgl. Recht des Dienstvertrages).

ee) Untervollmacht

Der Vertreter kann Untervollmacht erteilen, d. h. seinerseits einen Dritten ermächtigen, im Namen des Vertretenen zu handeln. Die Erklärung des Unterbevollmächtigten wirkt dann für und gegen den Vertretenen. Der Vertretene kann die Erteilung einer Untervollmacht ausdrücklich oder konkludent untersagen, z. B. wenn er am Abschluß des Geschäfts durch die Person des Vertreters ein besonderes Interesse hat.

In der Praxis des Handelsverkehrs gibt es „*Generalvertreter*" und „*Untervertreter*", die einem Unternehmer zugeordnet sind. Erteilt der Generalvertreter die Untervertretungsmacht, so spricht man von einer „echten" Untervertretung; daneben gibt es die „unechte" Untervertretung, bei der der Unternehmer die „Untervertreter" neben dem Generalvertreter direkt bestellt.

e) Willensmängel

A bittet den B, ein bestimmtes Porzellanservice, das im Schaufenster des C für 1 900 ,- DM ausgestellt ist, für ihn zu kaufen. B kauft das Service bei C. Nachträglich stellt sich heraus, daß C das Fenster inzwischen umdekoriert hat und ein anderes Service ausgestellt hat. Kann A den Kaufvertrag mit C rückgängig machen?

A könnte die Willenserklärung, die ihm zugerechnet wird, wegen Irrtums nach § 119 anfechten. Bei Willensmängeln kommt es nach § 166 Abs. 1 auf die Person des Vertreters, nicht auf die des Vertretenen an. B hat sich über die Identität des Services geirrt. Er war nicht darüber informiert, daß C inzwischen umdekoriert hatte. A kann daher die Willenserklärung, bei deren Abgabe ihn B vertreten hatte, wegen Irrtums über die Erklärungsbedeutung nach § 119 Abs. 1 anfechten.

A bittet B, ein Beckmann-Gemälde, das er im Schaufenster des C gesehen hat, für ihn zu kaufen. Als B das Gemälde bei C kaufen will, klärt ihn dieser darüber auf, daß es sich um eine Kopie handelt. B kauft das Bild.

Hier kann A nicht wegen Irrtums über eine verkehrswesentliche Eigenschaft nach § 119 Abs. 2 anfechten, da sich der Vertreter B, auf dessen Kenntnis zur Frage der Echtheit des Bildes es in diesem Fall nach § 166 Abs. 1 ankommt, nicht geirrt hat.

f) Vertretung ohne Vertretungsmacht

A kauft bei B einen PC für 1500,- DM. Er behauptet, im Namen des X zu kaufen. B, der den X als zahlungsfähigen Schuldner kennt und schätzt, ist bereit, auf Wunsch des A den Kaufpreis zu stunden. Kurz vor Auslieferung des PC telefoniert B wegen einer anderen Angelegenheit mit X und erfährt, daß dieser gar keinen PC bestellt habe. Wie ist die Rechtslage?

A ist als Vertreter des X bei B aufgetreten, ohne von X hierzu ermächtigt zu sein. Es liegt auch kein Eigengeschäft des A vor, weil er ja offen im Namen des X gehandelt hat. Zu fragen ist, ob das Geschäft gegenüber X wirksam geworden ist. Nach § 177 Abs. 1 hängt die Wirksamkeit der Erklärung des A von der Genehmigung des Vertretenen X ab. Dadurch erhält X die Möglichkeit, den Mangel der Vertretungsmacht nachträglich zu heilen und das Geschäft von Anfang an wirksam werden zu lassen (§ 184 Abs. 1). Er könnte also den PC abnehmen und den Kaufpreis hierfür bezahlen. Verweigert X jedoch die Genehmigung des Vertrages, so ist A nach § 179 Abs. 1 dem B nach dessen Wahl zur Erfüllung oder zum Schadensersatz verpflichtet. B kann sich also aussuchen, ob er den PC an A verkaufen und übereignen will oder ob er von A Schadensersatz verlangt.

Bis zur Entscheidung des angeblich Vertretenen über die Genehmigung des Rechtsgeschäfts ist der vom Vertreter ohne Vertretungsmacht abgeschlossene Vertrag schwebend unwirksam. Der Geschäftspartner kann nicht unbegrenzt darauf warten, ob der fälschlich Vertretene seine Genehmigung erteilt oder nicht. Daher gestattet ihm § 177 Abs. 2, daß er den Vertretenen zur Erklärung über die Genehmigung auffordert. Dieser muß ihm gegenüber die Genehmigung erklären. Er hat hierzu zwei Wochen Zeit, danach gilt die Genehmigung als verweigert (§ 177 Abs. 2). Eine vorher gegenüber dem Vertreter erteilte Genehmigung wird durch die Aufforderung unwirksam (§ 177 Abs. 2 S. 1). Nahm A irrtümlich an, von X zum Kauf des PC bei B ermächtigt zu sein, so ist er dem B nach § 179 Abs. 2 nur zum Ersatz des Vertrauensschadens verpflichtet. Es spielt keine Rolle, ob der Irrtum des A auf Fahrlässigkeit beruhte oder sonst vermeidbar war. Kannte B den Mangel der Vertretungsmacht des A oder hätte er ihn kennen müssen, so haftet A nach § 179 Abs. 3 S. 1 nicht. Dasselbe gilt, wenn A beschränkt geschäftsfähig ist und der gesetzliche Vertreter nicht zustimmt (§ 179 Abs. 3 S. 2). In beiden Fällen ist das Vertrauen des B nicht geschützt.

Ermächtigt B den A, für ihn PCs zu verkaufen, und schließt A einen solchen Kaufvertrag mit sich selbst ab, so scheitert dies an § 181. Der Vertreter kann nicht im Namen des Vertretenen mit sich selbst ein Rechtsgeschäft vornehmen. Ausnahmen von diesem Verbot des sogenannten *In-sich-Geschäfts* sind jedoch möglich. Dies kann z. B. durch Vertrag geschehen. In-sich-Geschäfte sind in jedem Fall wirksam, wenn sie ausschließlich in der Erfüllung einer Verbindlichkeit bestehen (§ 181).

g) Wiederholung

A ermächtigt den B, für seine Rechnung bei C Lebensmittelkonserven bis zu einem Limit von 20 000,- DM zu kaufen. B überschreitet dieses Limit und kauft Konserven im Wert von 40 000,- DM. C liefert die Ware. Welche Ansprüche bestehen zwischen den Beteiligten?

C könnte von A die Bezahlung des Kaufpreises nach § 433 Abs. 2 in Höhe von 40 000,- DM verlangen. B war jedoch nur in Höhe von 20 000,- DM bevollmächtigt. Nur in dieser Höhe ist der Kaufvertrag im Außenverhältnis gegenüber C wirksam geworden. Also kann C von A nur die Bezahlung von 20 000,- DM verlangen. Hinsichtlich der restlichen 20 000,- DM ist der Kaufvertrag jedoch nicht von vornherein unwirksam. Die Willenserklärung des B, die er insoweit als Vertreter ohne Vertretungsmacht abgegeben hat, hängt nach § 177 Abs. 1 von der Genehmigung des Vertretenen A ab. Erteilt A die Genehmigung, so kann C von ihm die vollen 40 000,- DM verlangen. Verweigert A die Genehmigung, so kann C nach § 179 Abs. 1 nach seiner Wahl von B Erfüllung des Restkaufvertrages in Höhe von 20 000,- DM oder Schadensersatz verlangen (anders bei Prokura, vgl. oben).

Möglicherweise bestehen Schadensersatzansprüche des A gegen B im Innenverhältnis, weil dieser den Umfang seiner Vollmacht überschritten hat. Hierüber ist im Sachverhalt nichts ausgesagt.

h) Zum Vergleich: Vertretung und Vollmacht nach dem französischen Code Civil

Als der Code Civil geschaffen wurde, war die rechtsdogmatische Trennung zwischen Außen- und Innenverhältnis, die nach dem BGB zu der Beschränkung der Stellvertretung auf das Außenverhältnis führt, noch nicht entwickelt. Im täglichen Sprachgebrauch wird beides ohnehin nicht auseinandergehalten. Wer „Auftrag" sagt, meint das Innen- und Außenverhältnis. Im französischen Sprachgebrauch wird - auch von Juristen - „mandat" und „procuration" synonym mit „représentation" (Stellvertretung) verwendet. Nach französischem Recht ist zur Erteilung einer Vollmacht ein Vertrag zwischen dem Bevollmächtigenden (Auftraggeber) und dem Bevollmächtigten (Beauftragter) erforderlich. Allerdings wurde aus Art. 2005, 2009 C. C. das Institut der Anscheinsvollmacht (mandat apparent) entwickelt. Ist demnach der Vertrag fehlerhaft oder nichtig, so kann über dieses Rechtsinstitut Abhilfe geschaffen werden[356].

Im Falle einer Vertretung ohne Vertretungsmacht ist der Vertretene, wenn das Geschäft für ihn vorteilhaft ist, nach Art. 1375 C. C. an die Erklärung des vollmachtlosen Vertreters gebunden und muß ihm die notwendigen und die nützlichen Verwendungen ersetzen. Ist das Geschäft jedoch nicht vorteilhaft, so haftet der vollmachtlose Vertreter auf das negative Interesse (Art. 1382 C. C.). Er muß den Schaden des anderen Vertragsteils ersetzen, den dieser im Vertrauen auf die Wirksamkeit der Vertretungsmacht erlitten hat. Eine Haftung des fälschlich Vertretenen scheidet aus.

8. Übungsfälle

a) Das Angebot im Internet

Dr. S. bietet im Internet ein sogenanntes Anti-Virenprogramm an. Jeder Surfer kann es sich aus dem Internet „ziehen", d. h. er kann sich das Programm auf seinen Personalcomputer laden. Das Programm wird drei Wochen zur Ansicht angeboten, danach schaltet es sich von selbst ab. Wer das Programm erwerben will, muß eine bestimmte Adresse anrufen, anfaxen oder „anmailen", und zwar innerhalb der Zeit von drei Wochen. A arbeitet seit 1. September mit einem derartigen Programm. Er „mailt" am 20. September an die ihm angegebene Adresse, daß er das Programm zu dem von Dr. S angegebenen Preis von 100.- DM erwerben will. Infolge eines für Dr. S nicht erkennbaren und von A nicht zu vertretenden technischen Fehlers bei der Absendung wird die E-Mail des A von Dr. S erst am 25. September empfangen. Inzwischen hat A, weil er sich über die Abschaltung des zur Ansicht angebotenen Programms ärgerte, am 23. September ein Fax an Dr. S geschickt und seine Erklärung vom 20. September „widerrufen". Dr. S verlangt am 25. September per E-Mail, die A am selben Tag empfängt, die Bezahlung des Kaufpreises. Zu Recht?

Lösungsvorschlag:
Dr. S kann von A die Bezahlung des Kaufpreises für das Anti-Virenprogramm verlangen, wenn ein wirksamer Kaufvertrag zwischen beiden zustande gekommen ist. Die Placierung des Anti-Virenprogramms im Internet ist noch kein Angebot, da es sich an alle Nutzer des Internets, d. h. an eine unbestimmte Vielzahl von Personen richtet, und noch keinen konkreten Geschäftswillen gegenüber einer bestimmten Person oder einem bestimmten Personenkreis erkennen läßt. Ein Angebot des Dr. S liegt aber darin, daß A sich das Anti-Virenprogramm vom Internet auf seinen PC „zieht". A fügt zu der Aufforderung des Dr. S eine Bestimmung der Person, nämlich seiner eigenen, an die sie sich richten soll. Dadurch wird die bisher unbestimmte Aufforderung zu einem Angebot im Rechtssinne. Dieses Angebot kann A innerhalb von drei Wochen annehmen.

Die durch E-Mail versandte Annahme des A geht Dr. S infolge eines Übermittlungsfehlers erst nach Ablauf der dreiwöchigen Annahmefrist zu. Nach § 148 ist diese Annahme nicht mehr wirksam. Nach § 150 Abs. 1 gilt die verspätete Annahme als neuer Antrag. Dieser Antrag (Angebot) ist Dr. S am 25. September zugegangen. Zuvor ist ihm allerdings am 23. Sep-

---

[356] Vgl. *Hübner/Constantinescu*, S. 151

tember der Widerruf des A zugegangen. Nach § 130 Abs. 1 ist das Angebot daher nicht wirksam geworden. Das E-Mail des Dr. S vom 25. September kann nicht als Annahme dieses nicht wirksam gewordenen Angebots des A gewertet werden. A ist nicht verpflichtet, den Kaufpreis zu zahlen.

b) der minderjährige Mopedkäufer

A und B sind 17 Jahre alt, sehen aber älter aus. Am 1.2. bittet A den B, in seinem Namen ein Moped zu kaufen, das er bei C gesehen hat. B tut dies am 8.2. C gewährt für den Kaufpreis in Höhe von 800,- DM ein Zahlungsziel bis 1.6. A soll das Moped am 10.2. abholen. Zuvor erklären jedoch die Eltern von A und B übereinstimmend, sie seien mit dem Vertrag nicht einverstanden. Welche Ansprüche hat C?

Lösungsvorschlag:
C könnte von A die Bezahlung des Kaufpreises (800,- DM) für das Moped nach § 433 Abs. 2 BGB verlangen. Voraussetzung ist, daß zwischen C und A ein Kaufvertrag zustande gekommen ist (Angebot und Annahme). Bei der Abgabe des Angebots hat B für A gehandelt. Fraglich ist, ob er hierzu wirksam bevollmächtigt war. Die Vollmacht (einseitig empfangsbedürftige Willenserklärung) hat der minderjährige A (vgl. §§ 164 Abs. 1 S. 2, 106) konkludent erteilt, indem er B „gebeten" hat, das Moped zu kaufen (Innenvollmacht). Nach § 111 S. 1 wäre hierzu die Einwilligung des gesetzlichen Vertreters, d. h. beider Elternteile, erforderlich. Diese Einwilligung (vorherige Zustimmung) lag nicht vor. Also ist keine wirksame Vollmacht erteilt.

B hat als Vertreter ohne Vertretungsmacht gehandelt (§ 177 Abs. 1). A kann diesen schwebend unwirksamen Vertrag genehmigen. Da ihm diese Erklärung nicht lediglich einen rechtlichen Vorteil bringt, braucht er die (vorherige) Einwilligung des gesetzlichen Vertreters (§ 107) oder die (nachträgliche) Genehmigung (§ 108 Abs. 1). Beides liegt nicht vor. Der Vertrag ist nicht genehmigt. A muß nicht den Kaufpreis zahlen, kann aber auch nicht die Lieferung des Mopeds verlangen (§ 433).

C könnte von B als Vertreter ohne Vertretungsmacht nach § 179 Abs. 1 Erfüllung des Kaufvertrages oder Schadensersatz verlangen. Nach § 179 Abs. 3 S. 2 haftet B nicht, da er minderjährig ist und ohne Zustimmung seines gesetzlichen Vertreters gehandelt hat.

Ergebnis: C hat keine Ansprüche gegen A und B.

c) die mißglückte Stoffbestellung

K bestellt bei V 10 Rollen imprägnierten Stoff nach Katalog für 4000,- DM. Er übersieht bei der Bestellung, daß das von ihm gewünschte Muster in Kunstfaser geliefert wird, während alle anderen auf dieser Katalogseite aufgeführten Muster in Baumwolle geliefert werden. K will nachträglich ein ähnliches Muster nehmen, das in Baumwolle lieferbar ist.
a) Wie ist die Rechtslage, wenn die Bestellung dem V am 15. 1. zugegangen ist, K jedoch dem V gleichzeitig seinen Änderungswunsch mitgeteilt hat?
b) V hat sich mit Schreiben vom 16. 1. mit der Bestellung einverstanden erklärt. Kann K, wenn er diese Antwort gelesen hat, noch von der Kunstfaserlieferung loskommen?

Lösungsvorschlag:

a) V könnte von K die Bezahlung des Kaufpreises für die 10 Rollen Kunstfaserstoffes in Höhe von 4000,- DM nach § 433 Abs. 1 verlangen. Voraussetzung ist, daß ein Kaufvertrag über den Kunstfaserstoff zustande gekommen ist. Die Bestellung des K ging V am 15. 1. zu, gleichzeitig teilte er jedoch seinen Wunsch mit, ein ähnliches Muster in Baumwolle zu nehmen. Die ursprüngliche Willenserklärung des K ist nach § 130 Abs. 1 nicht wirksam geworden, da V gleichzeitig ein Widerruf zugegangen ist. Dieser Widerruf besteht darin, daß K ein neues, abgeändertes Vertragsangebot macht. Dieses Angebot kann V annehmen. Dann kann er die Bezahlung des Kaufpreises verlangen.

b) V könnte von K die Bezahlung des Kaufpreises für die 10 Rollen Kunstfaserstoff in Höhe von 4000,- DM nach § 433 Abs. 1 verlangen. Durch das Angebot des K, das V am 15.1. zugegangen ist, und die Annahme des V, die K nach Zugang gelesen hat, ist ein wirksamer Kaufvertrag über den Kunstfaserstoff zustande gekommen.
K könnte seine Erklärung anfechten, wenn er sich nach § 119 Abs. 1, Abs. 2 geirrt hat. K hat sich weder in der Erklärungshandlung noch über die Erklärungsbedeutung geirrt. Er wollte die 10 Rollen imprägnierten Stoffes in dem von ihm ausgesuchten Muster kaufen. Er nahm jedoch irrig an, der Stoff sei in Baumwolle ausgeführt, während er in Wirklichkeit in Kunstfaser geliefert wird. Hierin könnte ein Irrtum über eine verkehrswesentliche Eigenschaft der Kaufsache nach § 119 Abs. 2 liegen. K kann dann wirksam anfechten. Ob ein Stoff in Baumwolle oder Kunstfaser ausgeführt wird, ist verkehrswesentlich, da die Verwendungsmöglichkeiten des Stoffs von diesen Qualitätsunterschieden erheblich beeinflußt werden. Außerdem ist damit auch in der Regel ein erheblicher Wertunterschied verbunden. Zu fragen ist jedoch, ob diese Eigenschaft überhaupt zum Gegenstand des Geschäfts geworden ist, das zwischen V und K abgeschlossen wurde. Aus dem Katalog geht eindeutig hervor, daß der Stoff in Kunstfaser geliefert wird. K hat dies lediglich übersehen. Er kann anfechten, da er nach Katalog und damit in Kunstfaser bestellt hat, während er sich einen anderen Wirklichkeitssachverhalt, in diesem Fall die Lieferung in Baumwolle, vorgestellt hat. Die Eigenschaft ist Geschäftsinhalt. Die Anfechtung des K kann sich auf § 119 Abs. 2 (Irrtum über eine verkehrswesentliche Eigenschaft) stützen. Der Kaufvertrag wird nach § 142 Abs. 1 rückwirkend vernichtet.

d) das mißbrauchte Briefformular

A entwendet aus dem Schreibtisch des B einen Geschäftsbrief und tippt darauf eine Bestellung über 10 Rollen Stoff in Höhe von 4000,- DM ein. Er fälscht die Unterschrift des B und setzt sie unter die Bestellung. Kann C, bei dem der Stoff bestellt wird, von B die Bezahlung des Kaufpreises und die Abnahme der Kaufsache verlangen?

Lösungsvorschlag:
C könnte nach § 433 Abs. 2 die Bezahlung des Kaufpreises und die Abnahme der Kaufsache verlangen. Zwischen B und C wurde kein Kaufvertrag abgeschlossen. Es könnte jedoch sein, daß B sich die Unterschrift entgegenhalten lassen muß, die A gefälscht hat. Es handelt sich hier um Handeln unter fremden Namen. A hat über die Identität des Unterschreibenden getäuscht, indem er die Unterschrift des B gefälscht hat. Der Fall könnte wie eine Anscheinsvollmacht des B zu behandeln sein. Voraussetzung wäre, daß B zurechenbar den Rechtsschein veranlaßt hat, die Bestellung stamme von ihm. Dadurch, daß B Formulargeschäftsbriefe benutzt und gelagert hat, setzt er jedoch noch keinen Rechtsschein, sich möglichen Lieferanten gegenüber wirksam verpflichten zu wollen. Einen solchen Rechtsschein würde er allenfalls veranlassen, wenn er bereits eine Unterschrift geleistet hätte. Die Fälschung des A ist B nicht zuzurechnen. Der Fälscher A ist wie ein Vertreter ohne Vertretungsmacht zu behandeln; B

kann das Geschäft nach § 177 Abs. 1 noch genehmigen. Tut er dies nicht, so kann C von A nach seiner Wahl Erfüllung des Kaufvertrages oder Schadensersatz verlangen.

9. Vertiefung

Auszug aus Wiethölter, Rechtswissenschaft, 1968, 195-200 (Fortsetzung von III 6)

„An einer Reihe von exemplarischen Sachverhalten möchte ich ‚privatrechtliches' Arbeiten in unserer Zeit skizzieren.

[Punkt 1 nicht abgedruckt]

2. Als Methode in der ‚Aufbereitung' modernen bürgerlichen Rechts spielt heute eine große Rolle die Durchdringung des Privatrechts von der Verfassung her. Methodisch ‚sauber' ist das freilich auf alten Systemgrundlagen nicht zu schaffen. Das Zauberersatzwort deshalb lautet: **Drittwirkung von Grundrechten!** Die Grundrechte, so meint man hier, müßten außer im Verhältnis des einzelnen zum Staat auch im Verhältnis des einzelnen zum einzelnen gelten, vorsichtig zwar und mit Grenzen und Ausnahmen, aber jedenfalls im Prinzip. Diese Methode zeigt deutlich, daß sie die bisherige, aber überholte Spaltung von öffentlichem und privatem Recht nicht aufhebt, sondern fortsetzt. In Wahrheit sind Grundrechte eben nicht ausschließlich Abwehrrechte des einzelnen gegen den Staat (der heute die demokratische politische Gesellschaft selbst ist, an der jeder einzelne seinen Anteil hat und nimmt!), sondern Ausdruck der **Rechtsposition**, die jedem einzelnen für seine Teilhabe und Teilnahme zukommt. Dann aber kann sich z. B. eine Apothekenangestellte selbstverständlich nicht - auch nicht unter Berufung auf Grundrechte (Gewissen!) - weigern, etwa empfängnisverhütende Mittel zu verkaufen, sonst muß sie z. B. in eine Konditorei gehen. Umgekehrt aber hat selbstverständlich - auch ohne Berufung auf Grundrechte! - ein Mitglied in einem Sportverein, ein Unternehmen in einem Verband Anspruch auf Gleichbehandlung, weil das ein politisches Gerechtigkeitsprinzip ersten Ranges im Gruppen- und Verbandsrecht ist in einer Zeit, in der jeder einzelne ohne Repräsentation Interessen nicht mehr durchsetzen kann und unversorgt bliebe.

3. Auch im Recht der Generalklauseln zeichnen sich erst langsam modernere Auffassungen ab. Wenn der Bundesgerichtshof die Reklame ‚Ja Markenbenzin!' einer markenfreien Tankstelle oder die Zusendung unbestellter Waren als **sittenwidrig** i. S. von § 1 UWG erklärt und damit verbietet, dann sind eben nicht Sitten betroffen, sondern die **‚gute Ordnung'** (ordre public!) der Bundesrepublik selbst: Im Markenbenzinfall geht es nämlich wirtschaftspolitisch um die Absicherung des sog. zweigleisigen Vertriebs von Markenartikeln, der nur bei Geheimhaltung und Intransparenz funktioniert. Im Warenzusendungsfall geht es wirtschaftspolitisch um eine Belästigungsflut, gegen die der einzelne schlicht machtlos ist. Sittenwidrigkeit als Kontrollmaßstab ist also auch im Privatrecht - ähnlich wie im Strafrecht - der Sache nach längst gestorben und durch **Rechtswidrigkeit** abgelöst, weil Recht selbst und allein - ohne Verweisung auf ohnehin höchst plurale außerrechtliche Wertvorstellungen - die Maßstäbe guter Ordnung des Zusammenlebens setzt. Nicht Moral tut hier not, sondern public policy!

4. Das *allgemeine Persönlichkeitsrecht* hat sich trotz des und gegen das BGB durchgesetzt. Sicher mit Recht! Nur fragt sich, was unter seinem Segel wirklich schützenswert ist. Als Herrschaftsrecht oder auch als Interessenrecht ist es nicht mehr verständlich zu machen. Es schützt den Menschen als Menschen! Je *‚privater'* also seine gestörte menschliche Sphäre, desto massiver muß der Schutz sein. Je *‚kommerzieller'* und *‚politischer'* hingegen die gestörte Sphäre

ist, desto weniger Schutz ist mit einem Persönlichkeitsrecht zu rechtfertigen. Wer sich z. B. auf seine verletzte Persönlichkeit beruft, weil er in einer Fernsehsendung als übler Denunziant im letzten Kriege, dessen Opfer aufs Schafott gerieten, gezeigt wird, oder weil er für seine Rinderzucht sich nicht an genossenschaftliche Besamungsorganisationen halten will, oder weil er in einer Zeitung wahrheitsgetreu als korrupter Politiker geschildert wird - alles Fälle aus der Rechtsprechung -, beruft sich eben nicht auf schützenswerte Zonen privater, ungestörter menschlicher Existenz, sondern auf soziale, ökonomische, politische Interessen. Ein falsches Denken in Berechtigungen erschwert auf diesem Felde wie auch anderswo unsere juristischen Leistungen. Ein richtiges Denken in Institutionen der politischen wie privaten Existenz heute könnte die Leitlinien für die Orientierung dagegen setzen. Persönlichkeitsschutz ist sicher kein leerer Wahn, aber unter ihm darf nicht Wirtschaftskampf oder Pressefreiheit begraben werden, von ihm darf nicht Kommerzialisierung der menschlichen Würde gerechtfertigt werden. Umgekehrt wäre Ausdehnung des Persönlichkeitsrechtsschutzes vom rein geistig-schöpferischen Bereich auf den soliden Schutz der ‚Beleidigten und Erniedrigten' wie ‚Mühseligen und Beladenen' eine dankbare Aufgabe gerade für das Recht.

[Punkt 5 nicht abgedruckt]

6. Im bürgerlichen Vermögensrecht sind mithin die alten Systemsäulen subjektives Recht und Privatautonomie verfallen, aber nicht zerbrochen. Sie erschweren die moderne Arbeit.

Hat also jeder das Recht auf Entfaltung seiner Persönlichkeit (Art. 2 GG), dann ist es korrekt das Recht, *sich* zu entfalten, und es ist *Recht* nicht als Herrschaft und nicht als Interesse, also nicht als subjektives (weder privates noch öffentliches) Recht, sondern als Menschen- *und* Bürgerrecht. Recht auf Heimat mag deshalb Heimat als Völkerrecht sein, wie z. B. Recht auf Bildung korrekt ‚Bildung als Bürgerrecht' *(R. Dahrendorf)* ist.
Und ein Recht der Nase oder an meiner Nase habe ich sowenig wie auf meine oder aus meiner Nase; die Nase ist auch nicht ihrerseits etwa ein Recht. Ich bediene mich schließlich ihrer auch nicht zum Riechen, ich rieche. Wer mich darin rechtswidrig stört oder schädigt, der hat weder das Recht noch mein Recht verletzt, sondern mich, und ich *bin im Recht,* wenn ich Aufhebung der Störung oder Schädigung verlange.
Diese Antwort hätte *Schiller* kaum schon erhalten können. Schlimmer ist, daß er sie vermutlich auch heute noch nicht erhalten würde".

(Hervorhebungen: B. N.)

Nachtrag: der Text stammt aus dem Jahre 1968. Inzwischen hat das Bundesverfassungsgericht seine Rechtsprechung zu den Grundrechten in der Weise weiterentwickelt, daß es Verträge unter Berufung auf die zu schützende Allgemeine Handlungsfreiheit des schwächeren Vertragspartners korrigiert (vgl. unten).

V. Schuld und Haftung

1. Die Vertragsschuld

a) Anspruch und Schuld

Nach § 194 ist ein Anspruch das Recht, von einem andern ein Tun oder Unterlassen zu verlangen. Aus der Sicht des anderen bedeutet dies eine Verpflichtung oder Schuld. Hat jemand einen Anspruch gegen einen andern, so besteht zwischen beiden ein Schuldverhältnis. Nach § 241 ist der Gläubiger kraft des Schuldverhältnisses berechtigt, von dem Schuldner eine Leistung zu fordern. Man spricht auch von einer Forderung des Gläubigers gegen den Schuldner. Ein Gläubiger kann gegenüber einem Schuldner auch zu einer Gegenleistung verpflichtet sein. Er ist dann gleichzeitig Gläubiger und Schuldner. Typisches Beispiel für einen Vertrag, in dem sich beide Seiten sowohl als Gläubiger wie als Schuldner gegenüberstehen, ist der Kaufvertrag. Nach § 433 Abs. 1 kann der Käufer vom Verkäufer verlangen, daß dieser ihm die Kaufsache übergibt und ihm das Eigentum an ihr verschafft. Er hat den Anspruch auf Übergabe und Übereignung. Der Verkäufer kann nach § 433 Abs. 2 vom Käufer verlangen, daß er ihm die Sache abnimmt und den Kaufpreis bezahlt. Er hat den sogenannten Kaufpreisanspruch und den Anspruch auf Abnahme der Sache. Diesen Ansprüchen stehen die Verpflichtungen gegenüber, welche die andere Vertragsseite dem Anspruchsinhaber schuldet. Wie es der Text des § 433 formuliert, ist der Verkäufer zur Übergabe und Übereignung der Sache verpflichtet (Abs. 1), der Käufer zur Bezahlung des Kaufpreises und zur Abnahme der Sache (Abs. 2). Im Zweiten Buch des BGB, d.h. im Schuldrecht, werden die Begriffe Anspruch und Forderung, Verpflichtung und Schuld jeweils synonym verwendet.

b) Erfüllung

Nach § 362 Abs. 1 erlischt das Schuldverhältnis, wenn die geschuldete Leistung an den Gläubiger bewirkt wird. Die Leistung muß in der Regel nicht höchstpersönlich bewirkt werden, der Schuldner kann zur Bewirkung der Leistung auch Hilfspersonen einsetzen. Hilfspersonen, die bei der Erfüllung von vertraglichen Pflichten mitwirken, nennt man Erfüllungsgehilfen. Erfüllt ist eine vertragliche Schuld in der Regel erst, wenn nicht nur die Hauptleistung bewirkt ist, sondern auch alle ausdrücklich oder stillschweigend vereinbarten Nebenleistungen bewirkt sind. Wer z. B. einen Mikrowellenherd kauft, ist in der Regel nicht damit zufrieden, nur den Herd in der Küche stehen zu haben. Er will auch eine Bedienungsanleitung haben. Erst wenn auch sie geliefert ist, hat der Herdverkäufer den Vertrag erfüllt[357]. Erfüllt ist die Schuld, wenn die Leistung real bewirkt ist; nicht notwendig ist ein Vertrag über die Erfüllung[358]. Wer erfüllt, kann eine Quittung des Leistungsgläubigers verlangen (§ 368 Abs. 1), um die Erfüllung nachweisen zu können. Wer einen Schuldschein ausgestellt hat, kann nach § 371 dessen Rückgabe verlangen.

c) Erfüllungssurrogate

aa) Leistung an Erfüllungs statt

---

[357] Vgl. *Däubler* Bd. 1 S. 547

[358] Vgl. BGH NJW 1991, 1294 f.; NJW 1992, 2698 f.

Das Schuldverhältnis erlischt nach § 364 Abs. 1 auch dann, wenn der Gläubiger eine andere als die geschuldete Leistung anstatt der geschuldeten annimmt. Man spricht hier von **Leistung an Erfüllungs Statt**. Genau genommen handelt es sich um eine Vertragsänderung. Die Leistungspflicht des Schuldners wird vertraglich abgeändert[359]. Diese neue Leistungspflicht erlischt durch Erfüllung.

bb) Leistung erfüllungshalber

Häufig versucht der Schuldner, durch eine andere als die geschuldete Leistung zu erfüllen, ohne daß der Gläubiger hiermit von vorneherein einverstanden wäre. Man spricht hier von einer **Leistung erfüllungshalber.** Der Gläubiger will abwarten, ob der Erfüllungsversuch des Schuldners zum Erfolg führt und die Leistung erst dann als bewirkt gelten lassen. Er will keine zusätzlichen Risiken eingehen, was die Erfüllung seiner Forderung angeht. Ein Beispiel für eine derartige Fallkonstellation ist, daß der Käufer den Kaufpreis mit Scheck bezahlt. Der Verkäufer wird nur in den seltensten Fällen die Hingabe eines Schecks an Erfüllungs statt annehmen. Er wird vielmehr den Scheck bei seiner Bank einlösen und abwarten, ob der Scheck gedeckt ist, ob ihm der Betrag also auf sein Konto gutgeschrieben wird. Der Gläubiger wartet also ab, ob der Erfüllungsversuch erfolgreich ist. Wenn ja, läßt er die Leistung gelten, wenn nein, greift er wieder auf seine ursprüngliche Forderung zurück. Im Zweifel nimmt ein Gläubiger eine andere als die geschuldete Leistung nur erfüllungshalber an (§ 364 Abs. 2).

cc) Aufrechnung

Eine Schuld kann auch durch **Aufrechnung** erfüllt werden. Voraussetzung ist nach § 387, daß sich gleichartige Forderungen zweier Personen gegenüberstehen und jeder von ihnen die Leistung des andern fordern bzw. seine eigene Leistung bewirken kann. Man spricht hier von der Aufrechnungslage. Ein Beispiel ist, daß A und B jeweils gegen den andern eine fällige Kaufpreisforderung in Höhe von 100 DM haben. Hat A gegen B eine Forderung von 200 DM, B gegen A aber nur eine Forderung von 100 DM, so kann in Höhe von 100 DM aufgerechnet werden. Nach § 388 genügt zur Aufrechnung eine einseitige, empfangsbedürftige Willenserklärung des Aufrechnungsberechtigten; es braucht kein Aufrechnungsvertrag abgeschlossen zu werden; die Erklärung darf aber nicht bedingt oder befristet sein. Nach § 389 gelten die Forderungen, wenn die Aufrechnung erklärt wird, von dem Zeitpunkt an als erloschen, in welchem sie sich zur Aufrechnung geeignet gegenübergestanden sind. Wurde eine Forderung an einen Dritten abgetreten, so kann der Schuldner nach § 406 auch gegenüber dem neuen Gläubiger aufrechnen. Dies gilt nicht, wenn der Schuldner seine Gegenforderung erst erwarb, als er bereits von der Abtretung Kenntnis hatte oder daß er sie zwar vorher erwarb, daß sie jedoch erst nach der abgetretenen Forderung fällig wurde.

Mit einer Forderung, der eine **Einrede** entgegensteht, kann nach § 390 S. 1 nicht aufgerechnet werden. Ist also die Kaufpreisforderung des A gegen B verjährt, d. h., steht ihr nach §§ 195 ff. die Einrede der Verjährung entgegen, so kann A mit dieser Forderung nicht gegen die Kaufpreisforderung des B aufrechnen. Wäre die Aufrechnung aber schon vor Eintritt der Verjährung möglich gewesen, so bleibt die Aufrechnung nach § 390 S. 2 weiter möglich.

Gegen eine **unpfändbare Forderung** darf nicht aufgerechnet werden (§ 394). Praktisch bedeutsam wird dieses Aufrechnungsverbot insbesondere, wenn ein Gläubiger auf Gehaltsansprüche des Schuldners zugreifen will. Nach § 850a ff. ZPO sind Gehaltsforderungen bis zu

[359] Vgl. *Däubler* Bd. 1 S. 551 m. w. N.

einer bestimmten Höhe (Pfändungsgrenze) von der Pfändung ausgenommen. Der Gesetzgeber will ein Existenzminimum des Schuldners sichern. Dieser Sicherungszweck soll nicht durch eine mögliche Aufrechnung eines Gläubigers mit Gegenansprüchen unterlaufen werden.

dd) Hinterlegung und Selbsthilfeverkauf

Wenn der Gläubiger die Leistung ablehnt (Annahmeverweigerung), wenn der Schuldner nicht genau weiß, wer und wo der Gläubiger ist, oder wenn der Schuldner sonst aus einem in der Person des Gläubigers liegenden Grund nicht leisten kann, so kann er Geld, Wertpapiere und sonstige Urkunden nach § 372 S. 1 beim Amtsgericht hinterlegen. Verzichtet er auf die Rücknahme, so wird er von seiner Verbindlichkeit frei (§ 378). Sind andere Sachen geschuldet, so kann der Schuldner sie nach §§ 383 ff. am Leistungsort versteigern lassen. Das Entgelt muß er hinterlegen, wenn er dies als Erfüllung gelten lassen will.

d) Haftung für Vertragsverletzungen

Wenn A seine Briefmarkensammlung zuerst an B für 800.- DM und dann an C für 900.- DM verkauft, wenn A ferner die Briefmarkensammlung an C übereignet und dieser sie nicht mehr hergeben will (vgl. den Fall oben), dann stellt sich die Frage nach den Ansprüchen des B. A hat sich wissentlich und willentlich in eine Lage gebracht, in der ihm die Erfüllung seiner Verpflichtung aus dem Kaufvertrag, die sich auf Übergabe und Übereignung der Kaufsache richtet, subjektiv nicht mehr möglich ist. Um ein Funktionieren des Kaufrechts sicherzustellen, muß der Gesetzgeber für diesen Fall der Vertragsverletzung Sanktionen bereitstellen. Da die Interessenlage für andere Verträge ähnlich ist, etwa für Werkverträge, Miet- und Pachtverträge, hat der Gesetzgeber derartiger Vertragsverletzungen vor die Klammer gezogen und nicht im Kaufrecht, sondern im allgemeinen Schuldrecht geregelt. Unter welchen Voraussetzungen im einzelnen der Leistungsschuldner dem Gläubiger bei einer Vertragsverletzung haftet, soll an anderer Stelle erörtert werden[360]. Hier ist nur festzuhalten, daß A, weil er nach Abschluß des Kaufvertrages mit B vorsätzlich sein Unvermögen zur Leistung herbeigeführt hat (nachträgliche subjektive Unmöglichkeit), wegen dieser Leistungsstörung dem B auf Schadensersatz haftet. B kann nach § 249 verlangen, so gestellt zu werden, wie wenn das schadensbringende Ereignis nicht eingetreten wäre (Grundsatz der Naturalrestitution). In diesem Fall ist B so zu stellen, wie wenn A ihm die Briefmarkensammlung übereignet hätte. Da die Leistung dem A nicht möglich ist, hat er den B nach § 251 Abs. 1 in Geld zu entschädigen.

2. Die Schuld aus Unerlaubter Handlung (Delikt)

a) Ansprüche aus Delikt - ein Grundfall

Der Handwerker H ist dabei, das Dach des E auszubessern. Als er sechs in Folie eingeschweißte Dachziegel auf das Dach des E transportiert, reißt die Folie. Zwei Dachziegel fallen vom Gerüst und verletzen den X schwer. X verlangt von H Schadensersatz für die Beschaffung von Medikamenten und für eine Krankenbehandlung sowie Schmerzensgeld. Zu Recht?

Für den unbefangenen Beobachter dieses Falles stellen sich viele Fragen: X hat keinen Vertrag mit H abgeschlossen. Daran könnte sein Schadensersatzanspruch scheitern. Andererseits

[360] Vgl. WR II S. 99-129 (vertragliche Leistungsstörungen)

wurde X in seinem Körper und in seiner Gesundheit geschädigt. Der Schaden wurde nicht zufällig verursacht, sondern durch eine Handlung des H. Wenn H beim Transport der Dachziegel auf dem Gerüst vorsichtiger gewesen wäre, hätte der Schaden des X vermieden werden können. Soll man den ganzen Schaden oder nur einen Teil auf den H verlagern, indem man ihn eine Geldsumme an den X bezahlen läßt? Soll man die Entscheidung davon abhängig machen, ob H eine Haftpflichtversicherung abgeschlossen hat? Was ist, wenn auch X versichert ist? Soll sich X zusätzlich oder zumindest für den Fall, daß H nicht zahlen kann, an den vermögenden Grundstückseigentümer E halten können?

Wer sich nicht in uferlosen Gedankenspielen verlieren will, muß sich an die Methode erinnern, die schon bei der Lösung von Fällen im Vertragsrecht erfolgreich war: Es gilt, eine Anspruchsgrundlage aufzufinden, auf die sich der geschädigte X berufen kann. Eine solche Anspruchsgrundlage bietet § 823 Abs. 1 BGB. Wer das Leben, den Körper, die Gesundheit, die Freiheit, das Eigentum oder ein sonstiges Recht eines andern rechtswidrig und schuldhaft verletzt, ist ihm zum Ersatz des daraus entstehenden Schadens verpflichtet. Daß H den Schaden bei X verursacht hat, ist eindeutig. Hätte er die Folie mit den Dachziegeln nicht auf das Dach des E transportiert, so hätten die beiden Dachziegel sich nicht lösen und auf den X fallen können. Es gibt auch keinen Rechtfertigungsgrund für das Verhalten des H. Er hat z. B. nicht in Notwehr gehandelt, um mit dem Wurf der Ziegel einen gegenwärtigen und rechtswidrigen Angriff des X von sich oder andern abzuwehren (vgl. § 227).

Fraglich ist allein, ob H schuldhaft gehandelt hat. Bei der Frage nach dem Verschulden des H kann man auf eine Vorschrift des allgemeinen Schuldrechts zurückgreifen, die wir schon im Vertragsrecht kennengelernt haben. Nach § 276 Abs. 1 S. 1 hat der Schuldner, soweit nicht etwas anderes bestimmt ist, Vorsatz und Fahrlässigkeit zu vertreten. Nach § 276 Abs. 1 S. 2 handelt er fahrlässig, wenn er die im Verkehr erforderliche Sorgfalt außer acht läßt. Daraus ergeben sich bestimmte Pflichten, die zum Teil als Verkehrssicherungspflichten oder Verkehrspflichten durch eine umfangreiche Fallrechtsprechung ausdiffereinziert wurden. Hier ist der Sachverhalt einfach gelagert. Was H genau getan hat, muß zwar erst im Prozeß geklärt werden. Wir können aber für die Fallösung unterstellen, daß jemand, der in Folie eingeschweißte Dachziegel auf einem Gerüst transportiert, fahrlässig handelt, wenn er nicht ganz besondere Gründe geltendmachen kann, die sein Verschulden in dem konkreten Fall ausschließen. Zweck der Folie ist, die Ziegel beim Transport zur Baustelle zu schützen und das Be- und Entladen der Ziegel zu erleichtern, nicht aber, einen sicheren Transport auf dem Gerüst zu ermöglichen. H durfte nicht darauf vertrauen, daß die Folie bei einem Transport auf dem Gerüst halten würde. Also hat H die im Verkehr erforderliche Sorgfalt mißachtet; er hat fahrlässig und damit nach § 276 Abs. 1 S. 1 schuldhaft gehandelt. Er muß dem X Schadensersatz zahlen. Für den Umfang des Schadensersatzes gilt § 249. Danach hat der H den X so zu stellen, wie dieser stünde, wenn das schadensbringende Ereignis nicht eingetreten wäre. X hätte dann nicht die Kosten für Medikamente und Krankenbehandlung zu tragen gehabt. Also muß H ihm diese Kosten voll ersetzen. Das Gesetz verfolgt hier das „Alles-oder-nichts-Prinzip“, d. h., wenn die Voraussetzungen erfüllt sind, bekommt der Kläger „alles“, ansonsten „nichts“. Da H den X an seinem Körper verletzt hat, muß er ihm nach § 847 Abs. 1 auch Schmerzensgeld, d. h. eine billige Entschädigung in Geld für den Schaden, der nicht Vermögensschaden ist, zahlen. Die Höhe der Entschädigung setzt im Prozeß der Richter fest.

Was die Systematik des BGB anbelangt, so faßt es die Schuld aus Vertrag und die Schuld aus Delikt oder Unerlaubter Handlung im Zweiten Buch, im Recht der Schuldverhältnisse, zusammen. Der Verschuldensmaßstab des § 276, der Vorsatz und Fahrlässigkeit umfaßt, gilt für Schuldverhältnisse aus Vertrag und Delikt gleichermaßen. Der Umfang des Schadensersatzes bemißt sich nach § 249, gleichgültig, ob wegen der Verletzung einer Vertragspflicht oder wegen eines Delikts Ersatz geleistet werden muß. Allein die Pflicht zur Zahlung eines Schmerzensgeldes nach § 847 ist an die Voraussetzung geknüpft, daß der Körper oder die Gesundheit eines anderen verletzt wurde, was bei der Verletzung einer vertraglichen Pflicht in der Regel ausscheidet. Allein § 847 ist demnach sozusagen für das Deliktsrecht reserviert. Andere Normen wie § 249 und 276 gelten hingegen für das Vertrags- und Deliktsrecht.

Im Gegensatz zum Vertragsrecht richten sich die meisten deliktischen Ansprüche nicht auf Erfüllung, sondern auf Schadensersatz. Ausgangspunkt des deliktischen Anspruchs ist ja eine zum Schadensersatz verpflichtende, unerlaubte Handlung. Es sind aber auch Erfüllungsansprüche zum Schutz der im Deliktsrecht genannten Rechtsgüter möglich, etwa, wenn eine Prinzessin, die durch eine Pressekampagne in den Schmutz gezogen wurde, Widerruf und Unterlassung verlangt, oder wenn ein Automobilhersteller eine Rückrufaktion durchführt, weil er einen Fehler beseitigen muß, um seine Verkehrssicherungspflicht zu erfüllen.

Im folgenden sollen die drei wichtigsten Anspruchsgrundlagen des Deliktsrechts vorgestellt werden, die sämtlich auf Schadensersatz gerichtet sind.

b) Die drei wichtigsten deliktischen Anspruchsgrundlagen

aa) § 823 Abs. 1

Die wichtigste deliktische Anspruchsgrundlage wurde bereits genannt: Nach § 823 Abs. 1 BGB wird an die Verletzung bestimmter Rechtsgüter die Rechtsfolge der Schadensersatzpflicht geknüpft, wenn die Verletzung rechtswidrig und schuldhaft begangen wurde. Eindeutig bestimmbar sind die in der Vorschrift ausdrücklich genannten Rechtsgüter Leben, Gesundheit, Körper und Freiheit. Das Rechtsgut „Eigentum“ ist in § 823 Abs. 1 rein zivilrechtlich zu verstehen, also im Sinne des Rechts auf absolute Sachherrschaft nach § 903, nicht als subjektives, vermögenswertes Recht i. S. von Art. 14 GG. Die Interpretation von § 823 Abs. 1 hat sich also nicht geändert, als durch die Weimarer Reichsverfassung und das Grundgesetz eine andere Interpretation des Begriffs „Eigentum“ für die Zwecke des Verfassungsrechts ermöglicht wurde. Der Begriff „sonstiges Recht“ ist ausfüllungsbedürftig. Die Rechtsprechung versteht darunter ein absolutes Recht, das - wie die anderen in § 823 Abs. 1 genannten Rechte - für und gegen jedermann wirkt. Als ein sonstiges Recht wurde z. B. das allgemeine Persönlichkeitsrecht anerkannt, das den Schutz der Privatsphäre, der Ehre, des Namens und das Recht am eigenen Bild eines Menschen umfaßt. Also kann die Prinzessin, wenn sie unter Verletzung ihres Persönlichkeitsrechts durch eine Veröffentlichung in den Schmutz gezogen wurde, Schadensersatz verlangen[361].

Nicht nach § 823 Abs. 1 geschützt ist allgemein das Vermögen einer Person, insbesondere sind nicht bloße Vertragsansprüche geschützt. Bei ihnen handelt es sich nicht um absolute Rechte. Sie wirken nur „relativ“ gegenüber dem jeweiligen Vertragspartner (vgl. oben). Die Schöpfer des BGB wollten damit eine ausufernde Haftung vermeiden, die sich aus einer deliktischen Generalklausel hätte ergeben können.

Für eine derartige Generalklausel gab es, als das BGB geschaffen wurde, durchaus Vorbilder: So hält der französische Code Civil in Art. 1382 fest: „Tout fait quelconque de l'homme, qui cause à autrui un dommage, oblige celui par la faute duquel il est arrivé, à le reparer (Jede

[361] Vgl. im einzelnen die Fälle in WR II S. 53 f.

vorsätzliche Handlung eines Menschen, die bei einem andern einen Schaden verursacht, verpflichtet den, durch dessen Fehler sie entstanden ist, zum Schadensersatz.). Und Art. 1383 fügt hinzu, daß jemand auch für den Schaden verantwortlich ist, der durch seine „negligence" oder „imprudence" verursacht wurde. Eine ähnliche Generalklausel enthält § 1295 des österreichischen Allgemeinen Bürgerlichen Gesetzbuchs (ABGB) aus dem Jahre 1811. Danach ist jedermann berechtigt, von dem Beschädiger den Ersatz des Schadens zu fordern, welchen dieser ihm aus Verschulden zugefügt hat.

Es ist müßig, darüber zu spekulieren, wie sich das Deliktsrecht in Deutschland entwickelt hätte, wenn auch im BGB eine Generalklausel nach dem Muster von Art. 1382 des Code Civil eingeführt worden wäre. Die Generalklausel hätte dann wie in Frankreich durch Richterrecht ausgefüllt werden müssen. Insbesondere hätte geklärt werden müssen, was unter „Schaden" zu verstehen ist, ob z. B. auch reine Vermögensschäden zu ersetzen sind. Das französische Deliktsrecht ist heute im wesentlichen Richterrecht; die Urteile halten sich oft nur formal an den Text des Code Civil[362].

bb) § 823 Abs. 2

Eine andere Anspruchsgrundlage des Deliktsrechts findet sich in § 823 Abs. 2. Danach trifft die Ersatzpflicht auch den, welcher schuldhaft gegen ein den Schutz eines anderen bezwekkendes Gesetz verstößt. Wenn H die Dachziegel auf den Kopf des X fallen läßt, begeht er auch eine fahrlässige Körperverletzung nach § 230 StGB. Diese Vorschrift ist ein Schutzgesetz nach § 823 Abs. 2. Ein anderes Schutzgesetz ist z.B. die Betrugsvorschrift des § 263 StGB. Im Fall eines Betruges kann nach § 823 Abs. 2 auch der Ersatz des reinen Vermögensschadens verlangt werden, dessen Ersatz nach § 823 Abs. 1 nicht möglich wäre. Als Schutzgesetze sind nicht nur die Vorschriften des Strafgesetzbuchs anerkannt, sondern z. B. auch die Normen des Verbraucherschutzes im Lebensmittelrecht oder des Arbeitsschutzes im Arbeitsschutzgesetz.

cc) § 826

Nach § 826 ist derjenige, welcher in einer gegen die guten Sitten verstoßenden Weise einem anderen vorsätzlich Schaden zufügt, dem anderen zum Ersatz des Schadens verpflichtet. Diese Vorschrift ist als Auffangtatbestand gedacht. Wenn die engen Voraussetzungen der Sittenwidrigkeit und des Vorsatzes bejaht werden können, ist ein allgemeiner Schadensersatzanspruch gegeben, der nicht an die Verletzung bestimmter Rechtsgüter wie in § 823 Abs. 1 gebunden ist. Die Vorschrift ist in ihrem praktischen Anwendungsbereich sehr begrenzt. Vorsatz bedeutet, daß der Handelnde weiß, daß durch sein Handeln ein anderer geschädigt wird und daß er die Schädigung will. Ein solcher Nachweis gelingt im Prozeß nur selten. Sittenwidrig ist nach der Rechtsprechung, was gegen das Anstandsgefühl aller billig und gerecht Denkenden verstößt. In die Auslegung dieses Begriffs fließen nach dem Wortlaut der Vorschrift (Sitte, Anstand) moralische Wertungen ein[363]. Eine derartige Wertung paßt noch im Falle des Betruges und der Körperverletzung, aber z. B. nicht mehr im Wettbewerbsrecht, in dem es nicht um Moral, sondern um den „ordre public" geht[364], d. h. um die von der Rechtsprechung anerkannten Prinzipien und Standards, insbesondere auch um die Wertordnung der Grundrechte und des Grundgesetzes. Bei der Auslegung von § 826 ist demnach ein Funktionswandel zu

[362] Vgl. *Kötz,* Deliktsrecht, 7. Aufl. 1996, S. 10
[363] Vgl. BGHZ 17, 327, 332: „Durch § 826 BGB macht sich das Gesetz Vorschriften der Moral zu eigen..."
[364] Vgl. im einzelnen *Kötz,* Deliktsrecht, 7. Aufl. 1996, S. 79 m. w. N.

beobachten. Insofern ist § 826 interessant: Er ist wie §§ 138 und 242 als Generalklausel ein Einfallstor für die Wertentscheidungen der Grundrechte und des Grundgesetzes.

c) Rechtfertigungsgründe

aa) Notwehr

Nach § 227 BGB ist eine durch Notwehr gebotene Handlung nicht widerrechtlich. Notwehr ist diejenige Verteidigung, welche erforderlich ist, um einen gegenwärtigen, rechtswidrigen Angriff von sich oder einem anderen abzuwehren.

Wir unterscheiden zwischen einer Notwehrlage und einer Notwehrhandlung. Die *Notwehrlage* umfaßt einen Angriff, der gegenwärtig und rechtswidrig sein muß. Trifft die alte Dame den Handtaschenräuber, der ihr vor zwei Stunden die Handtasche mit 30 DM „Inhalt" entrissen hat, in der Einkaufspassage wieder, so ist der Angriff des Räubers nicht mehr rechtswidrig. Die Notwehrlage ist vorbei. Anders ist es zu beurteilen, wenn der Passant A den Angriff des Räubers mit ansieht und diesen „auf frischer Tat" verfolgt. Die Notwehrlage besteht weiter.

Die Verteidigung (*Notwehrhandlung*) muß zur Abwehr des Angriffs erforderlich sein. Auf den Passanten A bezogen bedeutet dies: Er kann dem Räuber die Handtasche wieder entreißen. Damit wehrt er dessen gegenwärtigen Angriff von einem anderen, d. h. der alten Dame, ab. Wenn er dem Räuber einen Fußtritt versetzt, um ihn zum Straucheln zu bringen und dadurch leichter an die Tasche zu kommen, die der Räuber fest in der Hand hält, so ist auch diese Verteidigung „erforderlich". A kann mit der Notwehrhandlung auch ein höherwertiges Rechtsgut des Angreifers, dessen Körper, zum Schutze eines geringerwertigen Rechtsguts, das Eigentums der alten Dame, verletzen. Es gilt der Grundsatz: Recht braucht dem Unrecht nicht zu weichen. Die Erforderlichkeit wird objektiv bestimmt, nicht nach dem subjektiven Empfinden des Passanten A. Notwehrfähig ist nicht nur die Freiheit und das Eigentum, sondern jedes rechtlich anerkannte Interesse. Der Angriff muß rechtswidrig sein. Waltet z. B. ein Gerichtsvollzieher seines Amtes und pfändet eine Sache beim Schuldner, so kann dessen Freund die Sache nicht nach § 227 mit Gewalt dem Gerichtsvollzieher wegnehmen und dem Schuldner zurückgeben.

Die erforderliche Verteidigung darf ihrerseits bestimmte rechtliche Grenzen nicht überschreiten. Sie darf nicht rechtsmißbräuchlich sein. Der Passant A darf den Räuber nicht mit der Pistole niederschießen, auch wenn er das tagtäglich in amerikanischen Action-Filmen sieht. Das zu schützende Rechtsgut darf nicht in einem krassen Mißverhältnis zu dem Rechtsgut stehen, das bei der Verteidigungshandlung verletzt wird. Das Leben des Räubers zählt demnach mehr als das Eigentum der alten Dame. Die Beurteilung kann sich aber dann ändern, wenn der Inhalt der Tasche für sie sehr wertvoll war. Rechtsmißbräuchlich ist es auch, wenn der Angreifer schuldlos handelt und man ihm leicht ausweichen könnte, dies aber nicht tut, sondern sich verteidigt und ihn dabei verletzt. Das Ausweichen muß wiederum zumutbar sein. Niemand braucht eigene Interessen preiszugeben. Ist also ein Kind gerade dabei, das Auto eines Parkenden zu zerkratzen, so muß dieser nicht zuwarten, bis das Werk vollendet ist, sondern kann sich gegen das Kind, auch wenn es schuldunfähig ist, zur Wehr setzen.

Schlägt der Passant A den Räuber, nachdem ihm dieser die Tasche bereits zurückgegeben hat, so sprechen wir von einem *Notwehrexzeß*. A ist über die Grenzen des Erforderlichen hinausgegangen. A muß dem Räuber nach § 823 Abs. 1 die Schäden ersetzen, die aus dieser zusätzlichen Handlung entstanden sind. Insoweit war die Handlung nicht gerechtfertigt.

Nimmt A irrtümlich an, der Räuber habe der alten Dame die Tasche gegen deren Willen entrissen, während die beiden in Wahrheit nur in einem Spielfilm mitwirken, so handelt A in *Putativnotwehr*. Er nimmt irrtümlich eine Notwehrlage an. Ob A dem „Scheinräuber" auf Schadensersatz haftet, hängt davon ab, inwieweit der Irrtum entschuldbar ist. War für A nicht zu erkennen, daß es sich lediglich um eine Filmszene handelte, so haftet er dem Räuber nicht[365].

bb) Defensiver Notstand

Nach § 228 BGB handelt rechtmäßig, wer eine fremde Sache beschädigt oder zerstört, um eine durch sie drohende Gefahr von sich oder einem andern abzuwenden; die Handlung muß zur Abwehr der Gefahr erforderlich sein; der Schaden darf nicht außer Verhältnis zu der Gefahr stehen. Dieser Notstand, auch Verteidigungsnotstand oder *defensiver Notstand* genannt, setzt ähnlich wie die Notwehr in § 227 BGB eine Notstandslage und eine Notstandshandlung voraus. *Notstandslage* bedeutet, daß durch die fremde Sache eine Gefahr für den Handelnden oder einen Dritten droht. Das Reichsgericht[366] hat eine Notstandslage in einem Fall bejaht, in dem auf einem brennenden Schiff ein Tank mit Schmieröl zur Ausweitung des Brandes beizutragen drohte. *Notstandshandlung* bedeutet, daß die Einwirkung auf die fremde Sache zur Abwehr der Gefahr erforderlich ist. Die Einwirkung muß also verhältnismäßig sein. Bei der Güterabwägung sind auch ideelle Gesichtspunkte zu berücksichtigen. Wer von einem fremden Hund angegriffen wird, darf seinen eigenen Hund auf den fremden hetzen und diesen dadurch verletzen, wenn dies zur Abwehr der Gefahr erforderlich ist; hierbei spielt es keine Rolle, daß der fremde Hund ein Rassehund und der eigene Hund „nur" eine „Promenadenmischung" ist[367].

Wenn der Handelnde die Gefahr verschuldet hat, ist er zum Schadensersatz verpflichtet (§ 228 S. 2). Wer einen fremden Hund zum Angriff reizt, darf sich zwar gegen diesen Angriff wehren, ist aber dem Hundeeigentümer nach § 823 Abs. 1 zum Schadensersatz verpflichtet.

cc) Aggressiver Notstand

Nach § 904 S. 1 BGB handelt rechtmäßig, wer auf fremde Sachen einwirkt, sofern dies zur Abwehr einer gegenwärtigen Gefahr notwendig ist und der drohende Schaden gegenüber dem aus der Einwirkung auf die Sache deren Eigentümer entstehenden Schaden unverhältnismäßig groß ist. Der Eigentümer kann Ersatz des entstehenden Schadens verlangen (§ 904 S. 2). Wer beispielsweise einen fremden Damm durchsticht, um aufgestautes Wasser ablaufen zu lassen und dadurch eine Gefahr zu beseitigen, handelt nach § 904 rechtmäßig, wenn der durch das aufgestaute Wasser drohende Schaden unverhältnismäßig größer als der Schaden ist, der dem Eigentümer des Damms entsteht[368]. Der Handelnde ist allerdings dem Eigentümer des Dammes ersatzpflichtig.

dd) Selbsthilfe

Wie oben bereits erwähnt, setzt die rechtfertigende Selbsthilfe nach § 229 BGB voraus, daß ein privatrechtlicher, durchsetzbarer Anspruch besteht, obrigkeitliche Hilfe nicht rechtzeitig

---

[365] Vgl. zur Putativnotwehr BGH NJW 1981, 745, NJW 1987, 2509

[366] RGZ 143, 187

[367] Vgl. OLG Koblenz NJW-RR 1989, 541

[368] Vgl. RGZ 71, 242

zu erlangen ist und ohne sofortiges Eingreifen die Gefahr besteht, daß die Verwirklichung des Anspruchs vereitelt oder wesentlich erschwert wird. Mittel der Selbsthilfe sind nach § 229 die Wegnahme, Zerstörung oder Beschädigung einer Sache, die Festnahme eines Verpflichteten bei Fluchtverdacht und die Beseitigung des Widerstandes des Verpflichteten gegen eine Handlung, die dieser zu dulden hat. Der Gläubiger darf also dem Schuldner den Paß entreißen, wenn dieser dabei ist, die Flucht ins Ausland zu ergreifen, und wenn die Voraussetzungen des § 229 vorliegen (vgl. oben).

Nach § 230 Abs. 1 darf die Selbsthilfe nicht weiter gehen, als zur Abwehr der Gefahr erforderlich ist. Der Gläubiger darf dem Schuldner nicht noch dessen Geldbörse entreißen, wenn er bereits den Paß in Händen hält und dadurch die Flucht vereiteln kann. Nach § 230 Abs. 2-4 muß die Selbsthilfe in einzelnen Fällen nachträglich gerichtlich bestätigt werden. Liegen die Voraussetzungen der Selbsthilfe nicht vor, ist nach § 231 BGB Schadensersatz zu leisten.

d) Die Haftung für Verrichtungsgehilfen und Erfüllungsgehilfen

Eine der wichtigsten schuldrechtlichen Besonderheiten des Deliktsrechts ist in § 831 geregelt. Die Besonderheit wird nicht unmittelbar aus dem Gesetzestext deutlich, sondern erst dann, wenn man die entsprechende vertragsrechtliche Vorschrift vergleicht. Nach § 831 haftet ein Geschäftsherr für Schäden, die sein sogenannter **Verrichtungsgehilfe** einem Dritten widerrechtlich zufügt. Voraussetzung ist, daß er den Gehilfen zu dieser Verrichtung bestellt hat. Der Geschäftsherr haftet nicht für das (fremde) Verschulden des Verrichtungsgehilfen, sondern für das (eigene) Verschulden bei der Auswahl oder Überwachung des Verrichtungsgehilfen. Dieses Verschulden wird im Prozeß vermutet. der Geschäftsherr kann sich aber entlasten. Er kann den sogenannten **Exkulpationsbeweis** antreten, indem er nachweist, daß er den Verrichtungsgehilfen ordnungsgemäß ausgewählt oder überwacht hat. Die Rechtsprechung ist bei der Anerkennung eines derartigen Exkulpationsbeweises großzügig. Sie läßt den „dezentralisierten“ Entlastungsbeweis zu, d. h. der Geschäftsherr kann sich damit entlasten, daß er zur Überwachung der Verrichtungsgehilfen Leitungspersonal einstellt. Er muß dann nur noch nachweisen, daß er dieses Leitungspersonal sorgfältig ausgewählt und überwacht hat[369]. Dies führt zu einer Privilegierung von Großunternehmen. Hier kann die Geschäftsleitung ihre Haftung für Gehilfen auf das Leitungspersonal abschieben. Ist die Organisation dieses Leitungs- und Überwachungspersonals oder allgemein des Geschäftsbetriebs so, daß man daraus ein **Organisationsverschulden** des Geschäftsherrn ableiten kann, so kann er sich jedoch nicht nach § 831 exkulpieren[370]. Da bei dem Gehilfen, der rechtswidrig gehandelt hat, meist nichts zu holen ist, und da der Geschäftsherr sich meist nach § 831 exkulpieren kann, ist die Haftung für Verrichtungsgehilfen heute praktisch bedeutungslos[371].

Ganz anders sieht die **vertragsrechtliche Haftung** für Gehilfen aus. Nach § 278 hat der Schuldner ein Verschulden der Personen, deren er sich zur Erfüllung seiner Verbindlichkeiten bedient, in gleichem Umfang zu vertreten wie eigenes Verschulden. Der Schuldner haftet also für (fremdes) Verschulden seines **Erfüllungsgehilfen.** Er kann keinen Entlastungsbeweis antreten. Der Schuldner kann die Haftung zwar vertraglich abbedingen. Verwendet er aber Allgemeine Geschäftsbedingungen, so kann er sich nach § 11 Nr. 7 ABGB nur von der Haftung für leichte Fahrlässigkeit des Erfüllungsgehilfen freizeichnen. Er haftet auch nach einer Freizeichnung für dessen Vorsatz oder grobe Fahrlässigkeit. Daß die Haftung nach § 278 nicht für

---

[369] Vgl. schon BGHZ 4, 1
[370] Vgl. BGHZ 17, 214, 220
[371] Vgl. *Kötz,* Deliktsrecht, 7. Aufl. 1996, S. 115

deliktische Schadensersatzansprüche wegen einer rechtswidrigen Handlung des Gehilfen gilt, folgt daraus, daß § 831 als spezielle Norm die deliktsrechtliche Gehilfenhaftung abdeckt. Aus dem Text des § 278 ergibt sich eine solche Begrenzung der Anwendbarkeit nicht.

Im Laufe der Jahrzehnte hat die Rechtsprechung eine Fülle von Konstruktionen entwickelt, um die Schwäche der Gehilfenhaftung nach § 831 zu überwinden. Die wichtigsten Konstruktionen bestanden in einer Ausdehnung der Vertragspflichten, die dazu führte, daß der Gehilfe als Erfüllungsgehilfe in bezug auf diese Vertragspflichten behandelt werden und die Haftung des „Geschäftsherrn" über § 278 begründet werden konnte[372].

Andere vom Gesetzgeber gewollte Ungleichbehandlungen deliktischer im Vergleich zu vertraglichen Ansprüchen sind im allgemeinen Teil des Schuldrechts geregelt. So ist z. B. eine **Aufrechnung** gegen eine Forderung aus vorsätzlich begangener unerlaubter Handlung nach § 393 nicht zulässig. Wer einen anderen vorsätzlich geschädigt hat, soll sich seiner Ersatzpflicht nicht durch Aufrechnung mit einer eigenen Forderung entziehen können. Der umgekehrte Fall ist unproblematisch. Wer einen Schadensersatzanspruch wegen vorsätzlicher unerlaubter Handlung gegen einen andern hat, kann diese Forderung dafür verwenden, gegen eine andere Forderung seines Schädigers aufzurechnen.

Das **französische Zivilrecht** kennt das Problem der unzureichenden Haftung des Geschäftsherrn für seine Verrichtungsgehilfen nicht. Nach Art. 1384 Abs. 5 C. C. haftet der Geschäftsherr für das Verschulden seines Verrichtungsgehilfen (préposé). Auf das eigene Verschulden des Geschäftsherrn (commettant) kommt es nicht an; ein Entlastungsbeweis ist nicht möglich. Erforderlich ist lediglich, daß der Gehilfe in der Funktion gehandelt hat, in der er beschäftigt wird, ein Umstand der auch in der Formulierung „in Ausübung der ihm zustehenden Verrichtungen" in § 831 Abs. 1 berücksichtigt wird.

e) Gefährdungshaftung

Das **Deliktsrecht des BGB** basiert, abgesehen von der Tierhalterhaftung, auf dem Grundsatz der **Verschuldenshaftung**. Diese Verschuldenshaftung galt aber schon zur Zeit der Verabschiedung des BGB nicht ausschließlich. So haftet seit 1871 nach § 1 des Reichshaftpflichtgesetzes - inzwischen in „Haftpflichtgesetz" umbenannt - der Betreiber einer Eisenbahn ohne Verschulden, wenn bei deren Betrieb ein Mensch getötet, der Körper oder die Gesundheit eines Menschen verletzt oder eine Sache beschädigt wird. Der Grundgedanke für eine derartige „strikte" Haftung (ohne Verschulden) ist: Wer eine besondere Gefahr schafft, soll für die dadurch entstandenen Schäden haften müssen, ohne daß ein Verschuldensnachweis nötig wäre. Der Gesetzgeber des Reichshaftpflichtgesetzes trägt mit dieser Haftungsausweitung dem Gedanken Rechnung, daß der, welcher in erlaubter Weise zusätzliche gesellschaftliche Risiken schafft und daraus Vorteile zieht, auch die Nachteile tragen soll.

Die Gefährdungshaftung wurde in den Jahrzehnten, welche auf das Inkrafttreten des BGB folgten, erheblich ausgeweitet. Sie gilt heute im Straßen- und Luftverkehr nach dem Straßenverkehrsgesetz und dem Luftverkehrsgesetz, im Falle der Verwendung bestimmter Energieträger nach dem Haftpflichtgesetz, ferner nach dem Atomgesetz, dem Wasserhaushaltsgesetz, dem Produkthaftungsgesetz und dem Umwelthaftungsgesetz, um nur die wichtigsten zu nennen. Es gilt das **Enumerationsprinzip:** Der Gesetzgeber muß ausdrücklich eine Gefähr-

[372] Vgl. die Ausführungen zur positiven Vertragsverletzung, zum Vertrag mit Schutzwirkung für Dritte und zur Haftung für culpa in contrahendo in WR II, S. 117-122

dungshaftung normieren. Am allgemeinen Grundsatz der Verschuldenshaftung wird demnach festgehalten. Die Rechtsprechung kann auch nicht im Wege der Analogie zu bestehenden Normen der Gefährdungshaftung weitere Haftungstatbestände schaffen[373].

3. Haftung und Versicherung

Neben dem Instrumentarium der zivilrechtlichen Verschuldens- und Gefährdungshaftung hat der Gesetzgeber auch die Möglichkeit, dem Geschädigten einen Anspruch gegen einen Versicherungsträger zu verschaffen. Dieser Anspruch kann zu dem Ersatzanspruch aus Verschuldens- oder Gefährdungshaftung hinzukommen, er kann auch an die Stelle derartiger Ansprüche treten. Man spricht dann von der Haftungsersetzung durch Versicherungsschutz. Im Rahmen eines solchen Schadensverteilungssystems kommt es für den Geschädigten darauf an, daß er die Voraussetzungen nachweisen kann, deren Erfüllung der Gesetzgeber verlangt, wenn er Zutritt zu dem Schutz des Schadensverteilungssystems begehrt. Der Gesetzgeber kann auch einen Entschädigungsfonds schaffen, in den alle Verursacher einer bestimmten Gefahr einzahlen müssen. Im Gegensatz zu einer Versicherung, die auch noch andere Risiken abdeckt und andere Geschäftsfelder betreibt, konzentriert sich der Fonds meist auf ein bestimmtes Risiko oder eine bestimmte Gruppe von Risiken. Der Grundgedanke der kollektiven Risikobewältigung ist aber derselbe.

Die Konstellation wird an einem hypothetischen Beispiel deutlich: Richtet der Gesetzgeber einen Entschädigungsfonds für Lärmschäden aus dem Verkehr von Überschallflugzeugen ein[374], dann muß der Aufwand, den die Entschädigungsleistungen und die Verwaltungskosten dieses Fonds verursachen, auf alle Halter von Überschallflugzeugen nach dem Verhältnis verteilt werden, mit dem sie zur Schaffung des Schadensrisikos beitragen. Der Verteilungsmaßstab muß anhand eines Schlüssels ermittelt werden, in den z. B. die typische Lärmentwicklung eines Flugzeugs einfließt, aber auch die Häufigkeit der Flüge.

Verschuldens- und Gefährdungshaftung einerseits und Versicherungslösung andererseits können miteinander verkoppelt werden. Die Halter von Überschallflugzeugen können wegen der Schäden durch Lärm einer Umkehr der Beweislast im Rahmen der Verschuldenshaftung oder einer Gefährdungshaftung unterworfen werden. Ihnen kann vorgeschrieben werden, eine Haftpflichtversicherung abzuschließen. Dem Geschädigten kann schließlich ein unmittelbarer Anspruch gegen den Haftpflichtversicherer eingeräumt werden. Dann ist der Unterschied zu der oben skizzierten Fondslösung nur noch gering.

Eine Mischung aus Gefährdungshaftung, Verschuldenshaftung und Versicherungslösung enthält das Straßenverkehrsgesetz[375]. Der Halter unterliegt einer Gefährdungshaftung nach § 7 Abs. 1 StVG, der Führer einer Verschuldenshaftung mit Verschuldensvermutung und Exkulpationsmöglichkeit nach § 18 Abs. 1 StVG. Nach dem Pflichtversicherungsgesetz muß der Halter eine Haftpflichtversicherung abschließen. Der Geschädigte kann sich direkt an die Versicherungsgesellschaft halten.

In anderen Fällen erscheint es gerechtfertigt, Ansprüche gegen den Halter oder Betreiber der gefährlichen Sache auszuschließen und den Geschädigten ausschließlich auf den Weg über die Versicherungsgesellschaft oder den Entschädigungs- bzw. Versicherungsfonds zu verweisen.

---

[373] Vgl. RGZ 147, 353; BGHZ 54, 332, 336; 55, 229; auf Einzelheiten wird in WR II, S. 65-82, einzugehen sein.
[374] Vgl. das Beispiel bei *Kötz* S. 4
[375] dazu im einzelnen WR II, S. 65 ff.

Ein Beispiel für eine derartige Ersetzung der Haftung durch Versicherungsschutz ist die Gesetzliche Unfallversicherung. Sie ist in dieser Form seit dem 1. 1. 1997 im Sozialgesetzbuch VII geregelt und deckt das Risiko von Gesundheitsschädigungen der Arbeitnehmer im Zusammenhang mit dem Arbeitsleben (Arbeitsunfall, Wegeunfall, Berufskrankheit) ab. Die Unternehmer tragen die Beiträge (§ 150) und werden dafür von der Haftung gegenüber den Arbeitnehmern freigestellt (§ 104). Das gleiche gilt für die Arbeitnehmer im Verhältnis untereinander (§ 105). Der Haftungsausschluß gilt nicht bei Vorsatz. Im Schadensfall haben die geschädigten Arbeitnehmer einen direkten Anspruch gegen die Träger derVersicherung, die Berufsgenossenschaften und Unfallkassen (vgl. die beispielhafte Aufzählung in § 26 SGB VII). Direkte Ansprüche gegen den Unternehmer oder den schädigenden Arbeitnehmer bestehen nicht. Hierdurch wird eine mögliche Belastung der Zusammenarbeit im Betrieb vermieden, die durch Individualklagen verursacht werden könnte.

VI. Ratschläge für die Lösung von privatrechtlichen Fällen

Während das Gericht erst den Sachverhalt aufklären muß und dann über die Anwendung der gesetzlichen Tatbestände auf diesen Sachverhalt entscheidet, erhalten die Studenten in der Klausur einen festliegenden Sachverhalt, sie prüfen also nur noch die Rechtsanwendung.

Sie erstellen hierzu ein Rechtsgutachten. Ausgangspunkt ist die Fragestellung im Fall, z. B. die Frage

a) Wie ist die Rechtslage?
b) Welche Ansprüche stehen A zu?
c) Kann A von B die Bezahlung des Kaufpreises verlangen?

Man kann hierzu die Eselsbrücke mit den fünf „W"s benutzen: Wer will was von wem woraus?

zu a): Hier sind sämtliche Ansprüche und Gestaltungsrechte (z. B. Kündigung) zwischen den Beteiligten zu prüfen.
Zu b): Hier sind nur die Ansprüche des A zu prüfen.
zu c): Hier ist nur der Anspruch des A gegen B nach § 433 Abs. 2 BGB auf Bezahlung des Kaufpreises zu prüfen. Nicht zu prüfen sind andere Ansprüche und Gestaltungsrechte.

Für die Abfolge der Argumentation ist der Gutachtenstil, nicht der Urteilsstil zu verwenden. Zu prüfen ist die Anspruchsgrundlage (z. B. § 433 Abs. 2 BGB); darin sind die Anspruchsvoraussetzungen (Tatbestandselemente) je nach Bedeutung der zu behandelnden Probleme kurz oder ausführlich zu prüfen.

Beispiel 1: (Vertrag)

A könnte von B die Bezahlung des Kaufpreises in Höhe von 85,- DM für das Paar Schuhe beanspruchen. Voraussetzung ist, daß zwischen A und B ein wirksamer Kaufvertrag zustande gekommen ist. In den Worten des A, diese Schuhe könne er für 85,- DM und damit besonders preiswert abgeben, liegt ein Angebot. Hierauf hat B nicht geantwortet. Er könnte den Kaufvertrag durch schlüssiges Handeln angenommen haben, indem er... Dafür, daß hierin eine Annahmeerklärung zu sehen ist, spricht ... (wird ausgeführt). Dagegen spricht, ... (wird ausgeführt). Diese Überlegungen werden jedoch durch folgende zuerst genannten Gesichtspunkte widerlegt ... (wird ausgeführt). Also hat B das Angebot des A angenommen; ein Kaufvertrag ist zustande gekommen; A kann von B die Bezahlung des Kaufpreises nach § 433 Abs. 2 BGB verlangen.

Beispiel 2: (Delikt)

A könnte von B Schadensersatz nach § 823 Abs. 1 BGB verlangen. Dadurch, daß er die Salatschale des A zertrümmerte, hat B dessen Eigentum verletzt. Ein Rechtfertigungsgrund ist nicht ersichtlich. B hat wissentlich und willentlich, also vorsätzlich und demnach schuldhaft gehandelt. Er ist A zum Ersatz des Schadens verpflichtet.

Ein großes Problem sind Anspruchskonkurrenzen. Zum Teil verdrängen Ansprüche einander, zum Teil müssen sie nebeneinander geprüft werden. Als Grundregel für das Verhältnis von vertraglichen und deliktischen Ansprüchen gilt: Vertragliche Ansprüche sind zuerst zu prüfen. In einer Reihe von Fällen verdrängen sie deliktische Ansprüche.

In der Klausur werden in der Regel nur die Gesetze zitiert. Hinweise auf die Rechtsprechung sind nur notwendig, wenn bestimmte Rechtsfiguren (z. B. faktische Verträge, Wegfall der Geschäftsgrundlage) nicht unmittelbar aus dem Gesetz folgen.

Anders ist es bei Hausarbeiten. Hier sind Literatur und Rechtsprechung aufzuarbeiten und dort, wo auf sie Bezug genommen wird, zu zitieren (vgl. die Zitierhinweise am Anfang). Zu jeder Hausarbeit gehört eine Gliederung und ein Literaturverzeichnis. Ein Abkürzungsverzeichnis ist nicht erforderlich. Man sollte aber auf die in einem gebräuchlichen Kommentar benutzten Abkürzungen verweisen.

VII. Die Wirkung der Grundrechte auf das Privatrecht

1. Grundrechte als Wertordnung

Die Grundrechte sind als Abwehrrechte gegen den Staat entstanden. Auf diese ursprüngliche Funktion der Grundrechte weist das Bundesverfassungsgericht regelmäßig hin. Das Grundrechtsverständnis ist jedoch in einem Wandel begriffen. Die Funktion der Grundrechte wird heute auch darin gesehen, daß sie die Teilhabe an staatlichen Leistungen garantieren sollen, daß sie sich für objektive Werte entscheiden, daß sie Institutionen garantieren und daß sie eine Organisation oder ein Verfahren zur Durchsetzung der Rechte des Bürgers garantieren. Dieser Wandel des Grundrechtsverständnisses hat dazu geführt, daß die Frage der Drittwirkung der Grundrechte nicht mehr von vornherein verneint wird. Drittwirkung bedeutet die Wirkung der Grundrechte gegenüber Privatpersonen. Unbestritten gibt es eine Drittwirkung des Grundrechts der Koalitionsfreiheit aus Art. 9 Abs. 3, keine Drittwirkung ist denkbar bei Grundrechten, die ausschließlich gegen den Staat gerichtet sind, wie z.B. das Grundrecht der Kriegsdienstverweigerung nach Art. 4 Abs. 3 GG. Im Grunde handelt es sich bei den sogenannten Drittwirkungsfällen in aller Regel auch um Beeinträchtigungen der Bürger durch den Gesetzgeber, der einem Privaten die Beeinträchtigung gestattet, oder durch den Richter, der das Recht falsch auslegt.[376]

Die *unmittelbare Drittwirkung der Grundrechte* auf den Privatrechtsverkehr wird vom Bundesarbeitsgericht in ständiger Rechtsprechung bejaht. Die Grundrechte werden als Ordnungsgrundsätze für das soziale Leben betrachtet. Das Bundesverfassungsgericht und das überwiegende Schrifttum gehen demgegenüber von einer nur *mittelbaren Drittwirkung* der Grundrechte im privaten Rechtsverkehr aus. Danach gelten die Grundrechte nicht direkt im Privatrecht, sie sind also z.B. keine allgemeinen Verbotsgesetze im Sinne von § 134 BGB. Sehr wohl beeinflussen die Grundrechte aber das Privatrecht, weil sie eine objektive Wertordnung darstellen. Jede zivilrechtliche Vorschrift muß im Einklang mit dem Grundgesetz ausgelegt werden.[377] Medien für die Ausstrahlung der Grundrechte auf das bürgerliche Recht sind vor allem die Generalklauseln. Sie werden als „Einbruchsstellen“ der Grundrechte in das Zivilrecht bezeichnet.[378] Durch Generalklauseln wie „sittenwidrig“ sowie „Treu und Glauben“ und „billiges Ermessen“, können die Wertentscheidungen der Grundrechte in die Zivilrechtsdogmatik eingebracht werden. Das Bundesverfassungsgericht hält sich für befugt zu überprüfen, ob die Ausstrahlungswirkung der in den Grundrechten enthaltenen Wertentscheidungen auf das Zivilrecht hinreichend beachtet ist. Je nachhaltiger ein zivilrechtliches Urteil die Grundrechtsphäre des im Prozeß Unterlegenen trifft, desto strengere Anforderungen sind an die Begründung dieses Eingriffs zu stellen und desto weiterreichender sind folglich die Nachprüfungsmöglichkeiten des Bundesverfassungsgerichts. Das Gericht prüft zuerst, ob eine Vorschrift verfassungskonform ausgelegt werden kann. Die Vorschrift behält dann in dieser Interpretation ihre Gültigkeit. Es prüft sodann, ob die Vorschrift Lücken läßt, die mit Hilfe von Verfassungsgrundsätzen ausgefüllt werden können. Erst wenn diese „milderen“ Mittel der Durchsetzung der Verfassungsgrundsätze scheitern, stellt sich die Frage nach der Korrektur der Rechtsnormen durch verfassungsgerichtliche Entscheidung.

---

[376] Vgl. *Schwabe*, Die sogenannte Drittwirkung der Grundrechte, 1971, S. 26 ff.
[377] BVerfGE 7, 198, 205
[378] Vgl. BVerfGE 7, 206

2. Korrektur des Vertragsrechts

Es fragt sich, inwieweit diese verfassungsrechtlichen Grundsätze auch zu einer Korrektur des Vertragsrechts berechtigen, das durch „freie" Vereinbarung der Vertragsparteien begründet wurde. Diese Frage rührt insofern an den Grundfesten der bürgerlichen Rechtsordnung, als die Vertragsfreiheit auf der Privatautonomie fußt und diese wiederum als allgemeine Handlungsfreiheit in Art. 2 Abs. 1 GG verfassungskräftig abgesichert ist.

Das Bundesverfassungsgericht befaßte sich mit dem Problem in der Entscheidung über die Karenzentschädigung für Handelsvertreter[379]. Der Entscheidung lag folgender Fall zugrunde:

Ein Handelsvertreter hatte sein Vertragsverhältnis mit dem Unternehmer gekündigt, war von diesem aber durch das Versprechen von Vertragsverbesserungen zur Rücknahme der Kündigung veranlaßt worden. Der Handelsvertreter hatte aber bereits einen Anstellungsvertrag mit einem Konkurrenten des Unternehmers abgeschlossen und trat die Arbeit auch an. Hierauf kündigte der Unternehmer den Handelsvertretervertrag fristlos. Als wichtigen Grund für die Kündigung gab er an, daß der Handelsvertreter dadurch, daß er in ungekündigter Stellung ein Arbeitverhältnis bei einem Dritten aufgenommen habe, seine Pflichten aus dem Handelsvertretervertrag verletzt habe. Für den Fall, daß der Vertrag aus einem vom Handelsvertreter verschuldeten wichtigen Grund gekündigt würde, sah der Vertrag folgendes vor:

„Nach Auflösung des Vertrages ist der Mitarbeiter für die Dauer von zwei Jahren verpflichtet, jede Tätigkeit für ein Konkurrenzunternehmen zu unterlassen ... . Die Parteien sind sich darüber einig, daß wegen der Beschränkung dieses Wettbewerbsverbotes für den Fall der vom Mitarbeiter schuldhaft verursachten Vertragsbeendigung eine Entschädigung von der Firma nicht gezahlt werden braucht."

Der Unternehmer klagte auf Unterlassung der Tätigkeit für das Konkurrenzunternehmen. Der zu Recht gekündigte Handelsvertreter wollte weiter für das Konkurrenzunternehmen arbeiten. Falls er schon ein vertragliches Wettbewerbsverbot von zwei Jahren hinnehmen mußte, wollte er wenigstens die sog. Karenzentschädigung erhalten, die seine durch das Wettbewerbsverbot verursachten Schwierigkeiten ausgleichen sollte. In seiner damaligen Fassung sah § 90a Abs. 1 S. 3 HGB eine Karenzentschädigung für die Zeit des vertraglichen Wettbewerbsverbots vor. Auch mußte dieses auf zwei Jahre befristet werden. Wenn der Unternehmer das Vertragsverhältnis jedoch wegen schuldhaften Verhaltens des Handelsvertreters aus wichtigem Grunde kündigte, fiel der Anspruch auf Karenzentschädigung nach § 90a Abs. 2 S. 2 HGB weg. Das Landgericht wies die Unterlassungsklage ab, das OLG gab ihr statt. Der BGH wies die Revision zurück, erhielt also das OLG-Urteil aufrecht. Der vom Bundesverfassungsgericht zu überprüfende Handelsvertretervertrag sah ein Wettbewerbsverbot ausschließlich für solche Fälle vor, in denen der Anspruch auf Karenzentschädigung nach § 90a Abs. 2 S. 2 HGB wegfiel. Das Bundesverfassungsgericht mußte also, wenn es das Wettbewerbsverbot aufheben oder den Anspruch auf Karenzentschädigung zuerkennen wollte, das Gesetz korrigieren, auf dem die vertragliche Abrede fußte.

Das Bundesverfassungsgericht erklärte den generellen Ausschluß der Karenzentschädigung nach § 90a Abs. 2 S. 2 HGB für verfassungswidrig und die darauf fußende Vertragsklausel für überprüfungsbedürftig. Es unterstellte, daß das vertragliche Wettbewerbsverbot nur zusammen mit dem Ausschluß der Karenzentschädigung gelten sollte. Da dieser auf § 90a Abs. 2 S.

---

[379] BVerfGE 81, 242 = NJW 1990, 1469, Vgl. oben zu Art. 12 GG

2 HGB beruhte und das Gericht diese Vorschrift als zwingendes Recht ansah, machte es die Wirksamkeit der Vertragsklausel davon abhängig, daß § 90a verfassungskonform war. Es prüfte sodann, ob § 90a mit der Berufsfreiheit des Art. 12 Abs. 1 GG vereinbar sei. Den völligen Ausschluß einer Karenzentschädigung in dem Fall, daß der Handelsvertretervertrag infolge einer schuldhaften Vertragspflichtverletzung des Handelsvertreters fristlos gekündigt wurde, sah es als Verstoß gegen die Freiheit der Berufswahl aus Art. 12 Abs. 1 GG an. Auf den ersten Blick erscheint dies als eine unmittelbare Anwendung des Art. 12 GG auf das Vertragsrecht des BGB und des HGB. Damit hätte sich das Gericht für die Drittwirkung des Grundrechts ausgesprochen. Schaut man sich aber die Begründung der Entscheidung genauer an, dann erscheint die Begründung viel komplizierter. Sie lautet zusammengefaßt wie folgt:

Dem Handelsvertreter wird durch das vertragliche Wettbewerbsverbot für zwei Jahre seine berufliche Tätigkeit in einer Art und einem Umfang verschlossen, daß dies einer Beeinträchtigung der Berufswahl nahekommt. Da er selbst diesem Verbot vertraglich zugestimmt hat, gilt dies zuerst einmal als Ausübung der Privatautonomie, dem Strukturelement einer freiheitlichen Gesellschaftsordnung, wonach die Vertragspartner ihre Rechtsbeziehungen eigenverantwortlich gestalten. Der Staat hat diese Autonomie zwar grundsätzlich hinzunehmen, aber nicht schrankenlos. Privatautonomie besteht nur im Rahmen der geltenden Gesetze; diese sind wiederum an die Grundrechte gebunden. Die Grundrechte treffen objektive Wertentscheidungen, die für alle Bereiche des Rechts, also auch für das Zivilrecht gelten. Diese Wertentscheidungen gelten vor allem für die Vorschriften, welche zwingendes Recht enthalten und damit der Privatautonomie Schranken setzen.

Hat einer der Vertragsteile, so das Bundesverfassungsgericht, ein so starkes Übergewicht, daß er vertragliche Regelungen faktisch einseitig setzen kann, dann bewirkt dies für den anderen Vertragsteil Fremdbestimmung. Wird hierbei über grundrechtlich verbürgte Positionen verfügt, dann kann mit den Mitteln der Vertragsfreiheit kein angemessener Ausgleich geschaffen werden; vielmehr müssen staatliche Regelungen die Grundrechte sichern. Damit wird zugleich das Sozialstaatsprinzip (Art. 20, 28 GG) verwirklicht. In der Frage, wann er die Ungleichgewichtslagen korrigiert, hat der Gesetzgeber einen besonders weiten Beurteilungs- und Gestaltungsspielraum. Er muß auch die berufliche Entfaltungsmöglichkeit der stärkeren Vertragsseite beachten. Soweit der Gesetzgeber nicht tätig wird, greifen ergänzend solche zivilrechtliche Generalklauseln ein, die als Übermaßverbote wirken, vor allem die §§ 138, 242, 315 BGB. Gerade bei der Konkretisierung und Anwendung dieser Generalklauseln sind die Grundrechte zu beachten. Der entsprechende Schutzauftrag der Verfassung richtet sich hier an den Richter, der den objektiven Grundentscheidungen der Grundrechte in Fällen gestörter Vertragsparität mit den Mitteln des Zivilrechts Geltung zu verschaffen hat.

Das Gericht schlägt sodann einen kühnen Bogen von diesen allgemeinen Ausführungen zu der zwingenden Norm des § 90a HGB, in der ein Ausschluß der Karenzentschädigung in den Fällen der vom Handelsvertreter verschuldeten Vertragsbeendigung gerade ausgeschlossen wird. Es erklärt den Schutz, den der Gesetzgeber dem gegenüber dem Unternehmer typischerweise wirtschaftlich unterlegenen Handelsvertreter verschafft, für nicht ausreichend und folgert daraus die Verfassungswidrigkeit des § 90a Abs. 2 S. 2 HGB (in der damaligen Fassung). Es verweist den Fall an das OLG zurück und läßt offen, ob den Anforderungen des Art. 12 GG im Rahmen des geltenden Zivilrechts Geltung getragen werden könne oder das Verfahren bis zu einer gesetzlichen Neuregelung auszusetzen sei. Es bleibt also offen, ob nur die Sperre verfassungswidrig sein soll, die der Gesetzgeber für Karenzentschädigungen im Fall der fristlosen Kündigung des Unternehmers wegen schuldhafter Vertragsverletzung des Handelsvertreters setzt, oder ob der Gesetzgeber unter bestimmten Voraussetzungen auch bei schuldhafter Vertragsverletzung des Handelsvertreters eine Karenzentschädigung vorzusehen hat. Im ersten Fall kann der Schutz des Handelsvertreters in gewissem Umfang durch die zivilrechtlichen Generalklauseln der §§ 138, 242 und 315 BGB sichergestellt werden. Der Richter wägt also die gegenseitigen Interessen ab. Im zweiten Fall trifft den Gesetzgeber eine Schutzpflicht, der er bislang nicht genügt hat[380]. Er stellt durch seine Intervention den Grundrechtsschutz und damit die Ausgewogenheit des Vertrages sicher. Er ermöglicht erst eine richtig verstandene Autonomie für jeden einzelnen Bürger, die nicht individualistisch verkürzt, sondern in einen Zusammenhang mit den Rechten anderer gebracht wird.

Der zweite Aspekt der gesetzgeberischen Intervention wird derzeit besonders intensiv diskutiert, und zwar unter dem Schlagwort „Untermaßverbot". Ebenso wie der Gesetzgeber nicht übermäßig in Grundrechtspositionen eingreifen darf, ohne gegen das im Grundsatz der Verhältnismäßigkeit enthaltene Übermaßverbot zu verstoßen, darf er den Grundrechtsschutz auch nicht in der Weise schleifen lassen, daß der erreichte Standard unter dem Maß bleibt, das den verfassungsrechtlichen Grundentscheidungen entspricht, von denen das Bundesverfassungsgericht in der Handelsvertreterentscheidung neben den Grundrechten ausdrücklich das Sozialstaatsprinzip erwähnt.

Der Gesetzgeber ist demnach verpflichtet, die Privatautonomie einzuschränken, wenn und soweit dies zum Schutze der Grundrechte und der Grundentscheidungen der Verfassung geboten ist. Er hat zwar ein weiten Beurteilungs- und Gestaltungsspielraum, muß sich aber im Rahmen der Verfassung halten. Soweit der Gesetzgeber nicht tätig wird, haben die Gerichte die Möglichkeit und die Pflicht, den Grundrechtsschutz über die Auslegung der zivilrechtlichen Generalklauseln zu verwirklichen. Das Gericht nennt §§ 138 (Sittenwidrigkeit), 242 (Treu und Glauben) und 315 BGB (Billiges Ermessen bei einseitiger Leistungsbestimmung). Hinzuzunehmen ist § 9 AGBG, der ebenfalls den Grundsatz von Treu und Glauben zum Inhalt hat. Auf dieser Grundlage haben die Gerichte die Möglichkeit, die zivilrechtlichen Generalklauseln als „Einfallstore" für die Verwirklichung der Grundentscheidungen der Verfassung zu benutzen, soweit dies im Rahmen der Vertragsauslegung und der Ausfüllung von Lücken möglich ist. Errichtet der Gesetzgeber Sperren, so können diese gerichtlich auf ihre Vereinbarkeit mit den Grundrechten und den Grundentscheidungen der Verfassung überprüft werden.

3. Grundrechte im Verwaltungsprivatrecht

Umstritten ist, ob und in welchem Ausmaß der Staat die Grundrechte zu beachten hat, wenn er selbst in der Form des Privatrechts handelt. Schafft der Staat z.B. die für die Verwaltungstätigkeit notwendigen Sachgüter an oder wird er erwerbswirtschaftlich tätig, so erfüllt er nicht unmittelbar und ihrem Wesen nach öffentliche Aufgaben. Also müßte bei derartigen Tätigkeiten die Geltung der Grundrechte verneint werden. Man kann diesem Ergebnis nur mit der Einschränkung zustimmen, daß die Vertragsfreiheit nicht dazu benutzt werden darf, den Genuß der Grundrechte im Einzelfall auszuschließen, das heißt, ihnen ohne sachlichen Grund zuwiderzuhandeln.

[380] In einer Novelle aus dem Jahre 1989 hat der Gesetzgeber § 90a Abs. 2 HGB lediglich ergänzt, das vom BVerfG inkriminierte Wettbewerbsverbot ohne Karenzentschädigung aber nicht beseitigt.

Brisant kann die Bindung des Staates an die Grundrechte bei Subventionsentscheidungen werden. Die höchstrichterliche Rechtsprechung[381] nimmt ohnehin an, daß die Entscheidung über die Bewilligung der Subvention dem Öffentlichen Recht unterfällt. Hier hat der Staat die Grundrechte wie bei jedem anderen Verwaltungsakt zu beachten. Sie unterscheidet davon das privatrechtliche Abwicklungsverhältnis, also die Auszahlung und Rückzahlung des Darlehens oder die privatrechtliche Umsetzung einer anderen Vergünstigung. Auch in diesem Privatrechtsverhältnis unterliegt der Staat den öffentlich-rechtlichen Bindungen, insbesondere muß er auch den Schutz der Grundrechte beachten. Häufigster Streitpunkt ist, ob Art. 3 GG beachtet ist, ob also jemand zu Unrecht ungünstiger als ein anderer gestellt wurde, dessen Fall sich nicht wesentlich unterscheidet. Dieser Streit betrifft zwar meist das öffentlich-rechtliche „Ob" der Subvention, er kann aber auch auf die privatrechtliche Abwicklung durchschlagen.

4. Perspektiven

Da die Grundrechte und die verfassungsrechtlichen Grundprinzipien vom Gesetzgeber auch im Zivilrecht zu beachten sind, ist eine schrankenlose Privatautonomie in Deutschland nicht zulässig. Die Rechtslage hat sich seit 1900, als das BGB in Kraft trat, geändert. Der Gesetzgeber hat die Schranken für die Privatautonomie zu setzen, insbesondere die Grundrechte der schwächeren Vertragsseite zu schützen. Trifft er eine Regelung, so unterliegt er einem „Untermaßverbot", d. h. er darf keine abschließende Regelung treffen, die nicht ausreicht, um die Grundrechte des Schwächeren zu schützen. Bleibt der Gesetzgeber untätig oder ist seine Regelung auslegungsbedürftig, so sind die Gerichte aufgerufen, die zivilrechtlichen Generalklauseln, vor allem die §§ 138, 242 und 315 BGB sowie § 9 AGBG, als „Einfallstore" für die Verwirklichung der Grundrechte und der verfassungsrechtlichen Grundentscheidungen zu nutzen.

Analysiert man die Tätigkeit des Gesetzgebers und die Rechtsprechung, dann ist die Korrektur der Privatautonomie im Arbeitsrecht, im Mietrecht und im Recht der Allgemeinen Geschäftsbedingungen, um nur drei besonders wichtige Gebiete herauszugreifen, deutlich zu erkennen. Auch im Handelsrecht und im sonstigen Wirtschaftsrecht sind vereinzelt Korrekturen der Privatautonomie erkennbar, wenn typische Ungleichgewichtslagen aufgefangen werden müssen. Die Karenzentschädigung des Handelsvertreters im Falle eines nachvertraglichen Wettbewerbsverbots ist hier nur ein Beispiel. Andererseits war und ist die Grundannahme der Privatautonomie als staatsfreie Rechtssphäre in der Zivilrechtsdogmatik noch fast unangefochten.

Gerade weil die zivilistische Sicht des Vertrages unter Freien und Gleichen den Schöpfern und Interpreten des BGB den Blick für die Besonderheiten des Arbeitsmarktes und des Arbeitsvertrages versperrte, mußte sich das Arbeitsrecht am Zivilrecht vorbei als eigenes Rechtsgebiet entwickeln. Im Arbeitsvertrag ist der Arbeitnehmer (eigentlich: Arbeitgeber, da er seine Arbeitskraft zur Verfügung stellt) schon im Ausgangspunkt die schwächere Vertragspartei: Er ist „doppelt frei" - frei von Arbeitsbeschränkungen, wie es sie im Feudalismus gab, aber auch frei von Produktionsmitteln - und garantiert durch den Verkauf seiner Arbeitskraft das Funktionieren der kapitalistischen Produktionsweise. Wird der Arbeitnehmer über den Kamm des allgemeinen Zivilrechts geschoren, dann schützt der Staat die Herrschaft des Produktionsmittelbesitzers, dem der Arbeitnehmer seine Arbeitskraft verkauft. Unter dem Schleier des Abschlusses und der Abwicklung von Verträgen unter Freien und Gleichen erscheint dieser Herrschaftsschutz aber als Sicherung des Marktes. Der Arbeitsmarkt wird mit den Gü-

---

[381] Vgl. BVerwGE 1, 308, 310; 35, 170 ff., 45, 13 ff. und BGHZ 61, 296 ff.

termärkten gleichgesetzt. Der Schein der Gleichheit in der Zirkulationssphäre der Gütermärkte verdeckt die Polarität in der Produktionssphäre. Eine so verstandene Privatautonomie schützt im Arbeitsleben das Privateigentum des Produktionsmittelbesitzers gegen die Teilhabeforderungen des Arbeitnehmers. Das Arbeitsrecht muß dieses Ungleichgewicht korrigieren. Es „verdankt" seine Existenz einer systematischen Ungleichheit. Deshalb fällt der Arbeitsgerichtsbarkeit auch die direkte Korrektur der Privatautonomie durch die Grundrechte so leicht. Das BAG und die übrigen Gerichte der Arbeitsgerichtsbarkeit erkennen in ständiger Rechtsprechung die Drittwirkung der Grundrechte im Arbeitsverhältnis an. Wenn es aber zu Grundrechtskonflikten kommt, ist die Rechtsprechung keineswegs einheitlich[382]. Zur Korrektur der Ungleichgewichte ist nicht in erster Linie der Staat aufgerufen. Vielmehr verbürgt die Koalitionsfreiheit des Art. 9 Abs. 3 GG ein Freiheitsrecht der Selbstorganisation zur Regelung der Arbeits- und Wirtschaftsbedingungen, das vorzugsweise die Arbeitnehmerseite schützt. Andere Selbstorganisationsrechte sind in der Vereinsfreiheit des Art. 9 Abs. 1 GG und in der Allgemeinen Handlungsfreiheit des Art. 2 Abs. 1 GG geschützt.

Nimmt man „Wirtschaftsrecht" als einen Oberbegriff, der die Wirtschaftssteuerung und -aufsicht sowie die wirtschaftliche Eigentätigkeit der öffentlichen Hand und das bürgerliche Vermögensrecht mit dem Handels- und Gesellschaftsrecht umfaßt, so muß schon im Rahmen dieses privatrechtlichen Teils eine Garantie- und Kontrollfunktion erfüllt werden. Dazu gehören z. B. der Schutz des Abzahlungskäufers, der Mieterschutz und der Schutz des Arbeitnehmers im Betrieb. Garantie und Kontrolle werden in der Regel durch die Gerichte sichergestellt, im Arbeitsrecht gibt es aber auch eine kollektive Interessenvertretung, den Betriebsrat. Man muß diesen allerdings im Rahmen der realen Machtverhältnisse als eine Institution betrachten, die ohne die Gewerkschaften nicht viel wert wäre.

Der Garantie und der Kontrolle dient auch das AGB-Gesetz. Es stellt in seinem materiellen Teil u.a. einen Katalog von absolut und relativ unwirksamen Klauseln auf. Dadurch schränkt es die Machtentfaltung der Verwender von AGB ein. Es handelt sich hier in der Regel um Unternehmen, die mächtiger und besser informiert als der Konsument sind, dem sie die AGB vorlegen. Ihr Machtüberhang und Informationsvorsprung wird eingeschränkt. Andererseits garantiert ihnen das AGB-Gesetz gerade durch diese Korrektur die privatautonome Sphäre des Wirtschaftens und ihr Privateigentum an Produktionsmitteln. Daran ändert auch die Tatsache nichts, daß zur Durchsetzung der Normen des AGB-Gesetzes die Verbandsklage eröffnet wurde. Trotz alledem bleibt der Verwender des AGB in der Vorhand. Die gesetzliche Kontrolle einschließlich des prozessualen Mittels der Verbandsklage ist ebenso wie die Festlegung von Rechenschaftslasten, rules of reason und Verkehrspflichten reaktiv. Es fragt sich allerdings, welche Anreize durch die Anwendung des AGB-Gesetzes für das Verhalten der Verwender in der Zukunft gesetzt werden. Hierbei ist es von Bedeutung, welche Rechtsfolge der Gesetzgeber an die Unwirksamkeit von AGB knüpft. Außerdem ist die Publizität der Gerichtsverhandlungen und insbesondere der Verbandsklagen wichtig. Verwender von unzulässigen AGB werden in der Öffentlichkeit angeprangert.

Ein wichtiges Organisationsgesetz, das ebenfalls der Kontrolle und der Garantie von Rechtspositionen dient, ist das Betriebsverfassungsgesetz. Hinzu kommt die Regelung der Unternehmensmitbestimmung in den entsprechenden Gesetzen (Montanmitbestimmungsgesetz, Mitbestimmungsgesetz und Betriebsverfassungsgesetz 1952). Großunternehmen als intermediäre Gewalten entfalten ihre Macht auch gegenüber ihren Arbeitnehmern. Diese Machtentfaltung im Innern wird durch Organisationsnormen eingeschränkt, die eine kollektive Interes-

---

[382] Vgl. BAG NJW 1957, 1688 f.; NJW 1973, 77 f. und die unter Art. 9 Abs. 3 berichteten Fälle

senvertretung der Arbeitnehmerseite sichern. Dies ist nicht nur ein unternehmenspolitisches Problem. Hier geht es auch um die Effektivierung von Grundrechten der Arbeitnehmer. Durch die Wahl von Repräsentanten in die Unternehmensorgane effektivieren sie ihr Grundrecht aus Art. 12 Abs. 1 (Berufsfreiheit), durch die Wahl von Gewerkschaftsvertretern ihre Koalitionsfreiheit aus Art. 9 Abs. 3 GG. Bei der Interaktion im Betrieb und im Unternehmen handelt es sich um eine arbeitsteilige Grundrechtsausübung, denn auch die Manager und Anteilseigner verwirklichen Grundrechte aus Art. 12 Abs. 1 und Art. 14 Abs. 1 GG. Für den Gesetzgeber geht es darum, konkurrierende Freiheiten miteinander verträglich auszugestalten.[383] Der Gesetzgeber hat Spielregeln zu schaffen, mit deren Hilfe alle an dieser Kommunikation und Interaktion im Unternehmen Beteiligten ihre Grundrechte möglichst effektiv wahrnehmen können. Richtig ist das Argument des Bundesverfassungsgerichts in seinem Mitbestimmungsurteil, das Eigentum an Produktionsmitteln stehe in einem sozialen Bezug[384]. Der Gesetzgeber ist zwar nicht dazu verpflichtet, eine Unternehmensmitbestimmung nach dem Modell des Gesetzes von 1976 einzuführen, tut er dies aber, so ist er hierbei ein legitimer Garant und Förderer von Arbeitnehmergrundrechten. Im Rahmen seines Ermessensspielraums kann er die arbeitsteilige Grundrechtsausübung der Beteiligten miteinander verträglich ausgestalten.

Auch wenn man die Außenbeziehungen mächtiger Großunternehmen betrachtet, kann man ihnen die Privatautonomie nicht mit derselben Begründung zubilligen wie dem Kleinhändler oder dem Privatmann. Als intermediäre Gewalten tragen sie in ihrer Funktion eine öffentliche Verantwortung. Die Privatheit der vertraglichen Herrschaftsmechanismen wird hinfällig. Als Konnexinstitut zum Privateigentum ist die Privatautonomie dieser Großunternehmen durch den Zusatz eingeschränkt: „Privatautonomie verpflichtet, ihr Gebrauch soll zugleich dem Wohl der Allgemeinheit dienen. Inhalt und Schranken bestimmt der Gesetzgeber."

Die Vorstellung von der Äquivalenz der privatautonomen Vertragspartner verträgt sich nur schlecht mit der sozialen Wirklichkeit, wie sie sich für einen sehr großen Teil der Bürger darstellt. Also verlangt der Bürger Verfahrenssicherungen und Mitspracherechte, z. B. im Verhältnis zu seinem Arbeitgeber. Wenn es um den Status des Bürgers gegenüber dem Staat geht, so erkennt selbst die traditionelle liberale Gesellschaftstheorie, die strikt zwischen Staat und Gesellschaft trennt, die Rechtsetzungs- und Regelungskompetenz des Staates an. Aber auch hier fragt es sich, ob der Schutz des Bürgers gegenüber dem Staat lediglich als Individualschutz verwirklicht werden soll, wie dies z. B. beim Eigentumsschutz in Art. 14 Abs. 1 GG der Fall ist. Am Fall des Studienbewerbers, der sich um den Zugang in ein Numerus clausus-Fach bewirbt, läßt sich zeigen, daß es ihm in erster Linie um Teilhabe an staatlichen Ausbildungsangeboten geht. Diese Teilhabe wird am besten durch Organisations- und Verfahrensregelungen gesichert, wie dies das Bundesverfassungsgericht für die Numerus clausus-Fächer auch gefordert hat.

Nimmt man beides zusammen, den Schutz des Bürgers gegen den Staat und gegen die intermediären Gewalten, so trägt die Rechtsprechung zu den Grundrechten dem Individualschutz des Bürgers am besten dadurch Rechnung, daß sie neben Anspruchsgrundlagen auch Organisations- und Verfahrensregelungen bereithält. Das Bundesarbeitsgericht betrachtet die Unternehmen, also die intermediären Gewalten, in ihrem Innenbereich und gleicht die Rechte der Arbeitgeber mit denen der Arbeitnehmer ab. Es wendet die Grundrechte im Arbeitsverhältnis direkt an, insbesondere den Gleichheitssatz aus Art. 3 Abs. 1 GG und das Grundrecht der

[383] Vgl. *Suhr*, Die Entfaltung des Menschen durch die Menschen, 1976, 129F; *Böckenförde*, Grundrechtstheorie und Grundrechtsinterpretation, NJW 1974, 1529 f; *Nagel*, Paritätische Mitbestimmung und Grundgesetz, 1988, 38 f

[384] BVerfGE 50, 290, 349

Meinungsfreiheit aus Art. 5 Abs. 1 GG. Damit stellt es den Machtüberhang des Arbeitgebers gegenüber dem einzelnen Arbeitnehmer in Rechnung. Soweit es um die kollektive Interessenwahrnehmung der Arbeitnehmer geht, hat das Bundesarbeitsgericht mit der direkten Anwendung der Grundrechte auf das Arbeitsrecht ebenfalls keine Schwierigkeiten: Es stehen sich die Grundrechte der Arbeitnehmer aus Art. 9 Abs. 3 und der Arbeitgeber aus Art. 14 Abs. 1 und Art. 9 Abs. 3 gegenüber. Gerade wenn man die direkte Wirkung der Grundrechte im Arbeitsrecht anerkennt, kann man sich dann dem eigentlichen juristischen Problem zuwenden, nämlich der Abgleichung der Grundrechtskonkurrenzen und -kollisionen.

Diese Konzeption ist auch im allgemeinen Zivilrecht tragfähig. Die Privatautonomie und Vertragsfreiheit ist im Grundrecht der allgemeinen Handlungsfreiheit aus Art. 2 Abs. 1 GG verankert. Im klassischen Austauschgeschäft kann dem Verkäufer, der sich auf dieses Grundrecht und damit auf seine Vertragsfreiheit beruft, nicht entgegengehalten werden, er müsse alle potentiellen Vertragspartner wegen des Gleichheitssatzes aus Art. 3 Abs. 1 GG gleich behandeln. Sehr wohl aber ist der Staat legitimiert, die Grundrechte von solchen Vertragspartnern zu effektivieren, die auf den Bezug einer bestimmten Ware des Verkäufers angewiesen sind, weil er eine Monopolstellung hält. Diesen Schutz hat der Gesetzgeber z.B. in § 20 des Gesetzes gegen Wettbewerbsbeschränkungen Rechnung getragen. Er verbietet darin den marktbeherrschenden Unternehmen, ihre abhängigen Nachfrager zu diskriminieren oder unbillig zu behindern.[385] Hier handelt es sich um eine legitime Effektivierung eines Diskriminierungsverbotes, dessen Prämisse letztlich auf Art. 3 Abs. 1 GG beruht. Der Staat ist nicht verpflichtet, ein solches Gesetz zu verabschieden. Tut er dies aber, so effektiviert er gleichzeitig Grundrechte der Wirtschaftsbürger im Rahmen des Wettbewerbsrechts.

Auch im Zivil- und Wirtschaftsrecht geht es nicht nur um geeignete Anspruchsnormen zur Sicherung der Rechte von Vertragsparteien, sondern zunehmend auch um Rechtsschutz durch Organisation und Verfahren, damit der Status des Wirtschaftsbürgers gesichert und ausgestaltet werden kann. Ein derartiges Verfahren muß nicht immer von den Gerichten, sondern kann auch von anderen, z. B. von Mitbestimmungs-, Selbstverwaltungs- und Schlichtungsgremien, durchgeführt werden.

Wohlgemerkt, bei dieser Relativierung der Privatautonomie von intermediären Gewalten geht es nicht um den Abbau, sondern gerade um die Herstellung der Privatautonomie für jeden einzelnen Bürger, nicht nur für den Besitzbürger der individualistischen liberalen Wirtschaftstheorie. Die bestehenden parlamentarischen Institutionen allein sind nicht imstande, diesen Schutz gegen den Staat und die intermediären Gewalten sicherzustellen.

Es ist hier nicht der Ort, um alle Möglichkeiten auszuloten, wie sich Mißbräuche dieses - allen Bürgern zugänglichen - Individualschutzes verhindern oder korrigieren lassen[386]; Erfahrungen aus der Verkehrsplanung in der Schweiz sprechen dafür, die Ausuferung des Individualschutzes dadurch zu verhindern, daß Strukturentscheidungen durch Volksabstimmungen legitimiert werden. Jedenfalls löst das Festhalten an der Privatautonomie des klassischen Liberalismus die Probleme nicht.

Ein weiterer Grund, der die Abkehr von der bisherigen, individualistischen Sicht und der Konfliktbewältigung vor den Zivilgerichten dringlich erscheinen läßt, ist die zunehmende Kosten-

---

[385] Mißbrauch gegen andere Bürger, Generalklauseln (138, 242) und AGB-Gesetz. Reicht das?

[386] Mißbrauch gegen den Staat durch exessive Wahrnehmung von Einspruchs- und Beteiligungsrechten: letztlich: Rechtssicherheit und materielle Gerechtigkeit.

belastung, welche durch die ständig anschwellende Prozeßflut vor deutschen Gerichten, insbesondere vor den Zivilgerichten, verursacht wird. Die Anlässe für diese Prozeßflut sind nicht in erster Linie in der verstärkten gesellschaftlichen Steuerung durch staatliche Normen („Normenflut") zu erblicken, sondern vor allem in der Auflösung konfliktbewältigender Sozialbeziehungen und in der Steigerung des Anspruchsdenkens, das gerade in jüngster Zeit verstärkt zu beobachten ist[387]. Michael Kohlhaas scheint ein in Massen auftretender Sozialisationstyp geworden zu sein. Der Gesetzgeber kapriziert sich gegenwärtig auf eine Kostenentlastung der Gerichte durch eine Straffung der Verfahren, Heraufsetzung der Streitwertgrenzen und Reduzierung von Zuständigkeiten der Kollegialgerichte zugunsten von Zuständigkeiten der Einzelrichter. Es erscheint notwendig, mehr Anreize zur außergerichtlichen Streitbeilegung zu schaffen. Freiwillige Schiedsstellen, eine professionelle Vermittlung in Konfliktsituationen und eine Verbesserung der Schiedsgerichtsbarkeit können hier Abhilfe schaffen. Die Schwierigkeit besteht darin, ein faires Verfahren und eine angemessene Qualität der Entscheidungen sicherzustellen. Auch hier geht es um die Sicherung von Grundrechten und von prozeduralen Garantien. Im Ergebnis kann eine derartige außergerichtliche Konfliktbeilegung der Sicherung einer richtig verstandenen Autonomie dienen, die sich unter der Geltung des Grundgesetzes von der wirtschaftliberalen Privatautonomie emanzipiert hat.

[387] Vgl. insgesamt *Hoffmann-Riem*, Konfliktbewältigung in einer angebotsorientierten Rechtsschutzordnung, ZRP 1997, 190 ff.

Stichwortverzeichnis

www.ingramcontent.com/pod-product-compliance
Lightning Source LLC
LaVergne TN
LVHW091728021026
849161LV00003BB/398